ICI ET AILLEURS

Questions de principe X

Paru dans Le Livre de Poche :

AMERICAN VERTIGO

LES AVENTURES DE LA LIBERTÉ

LA BARBARIE À VISAGE HUMAIN

COMÉDIE

LE DIABLE EN TÊTE

ÉLOGE DES INTELLECTUELS

L'IDÉOLOGIE FRANÇAISE

QUESTIONS DE PRINCIPE II

QUESTIONS DE PRINCIPE III : LA SUITE DANS LES IDÉES

QUESTIONS DE PRINCIPE IV : IDÉES FIXES

QUESTIONS DE PRINCIPE V : BLOC-NOTES

QUESTIONS DE PRINCIPE VI : AVEC SALMAN RUSHDIE

QUESTIONS DE PRINCIPE VII : MÉMOIRE VIVE (*inédit*)

QUESTIONS DE PRINCIPE VIII : JOURS DE COLÈRE (*inédit*)

QUI A TUÉ DANIEL PEARL ?

RÉCIDIVES

RÉFLEXIONS SUR LA GUERRE, LE MAL ET LA FIN
DE L'HISTOIRE *précédé de* LES DAMNÉS DE LA GUERRE

LE SIÈCLE DE SARTRE

Collection dirigée par Jean-Paul Enthoven

BERNARD-HENRI LÉVY

Ici et ailleurs

Questions de principe X

LE LIVRE DE POCHE

Ce dixième volume de « Questions de principe » reprend, comme « Questions de principe V », « Questions de principe VII » et « Questions de principe VIII », les blocs-notes hebdomadaires donnés par Bernard-Henri Lévy au *Point* depuis 1993. Ici, la période qui s'étend du 1er avril 2004 au 31 mai 2007.

L'Éditeur.

© Librairie Générale Française, 2007.
ISBN : 978-2-253-08440-2 – 1re publication LGF

2004

Suicide d'une jeune fille.

Je ne parlerai, cette semaine, ni du séisme des régionales, ni de la solitude de Jacques Chirac, ni de Mel Gibson.

Je n'ai le cœur à aucun des événements, des sujets nobles et majeurs, qui font la grande Histoire et, pour l'heure, l'actualité.

Je veux, aujourd'hui, vous parler d'un événement infime dont aucun autre journal, aucune agence de presse ne se fera vraisemblablement l'écho – je veux vous parler d'une toute jeune fille, Homa Safi, journaliste stagiaire aux *Nouvelles de Kaboul*, le mensuel franco-afghan lancé il y a deux ans, et dont j'apprends, à l'instant, qu'elle vient de se suicider.

Homa avait 21 ans.

Elle était l'une des innombrables femmes de Kaboul que la chute des talibans semblait avoir rendues à l'existence.

Elle était belle. Très belle. Je me souviens, pour l'avoir croisée aux tout débuts de l'aventure des *Nouvelles*, d'une grande fille, drapée dans de longues tuniques et portant, selon les jours, un léger voile gris perle ou vert sur les cheveux. Elle avait une bouche tendre et, me semble-t-il, imperceptiblement maquillée. Des grands yeux curieux qu'éteignait parfois un accès de timidité. Mais il suffisait, me dit Eric de Lavarène, le directeur de la rédaction du journal, d'un mot, d'un encouragement, d'une commande d'article qui lui plaisait, d'un sourire, pour que son joli visage se ranime et retrouve sa gaieté.

Homa, en réalité, était amoureuse.

Elle avait rencontré un jeune homme qui travaillait, lui aussi, pour une ONG occidentale et dont, comme toutes les filles de son âge, elle souhaitait partager la vie.

Or lorsque, il y a quelques semaines, après le nouvel an afghan, les deux familles se sont rencontrées, lorsque la famille du jeune homme vint, dans sa petite maison d'un quartier misérable de la périphérie de Kaboul, demander sa main à son père, celui-ci la refusa au double motif que le prétendant était chiite et qu'elle était, de toute façon, promise au fils d'une famille amie.

Alors, Homa ne s'est pas révoltée. Elle n'a pas fui, comme dans nos romans de jadis, avec l'élu de son cœur. Elle a juste demandé une avance sur son salaire. Elle a acheté des médicaments dans une pharmacie proche du journal. Elle a parlé une dernière fois, au téléphone, sans rien laisser paraître de son intention, avec quelques-unes de ses amies. Et elle a choisi de prendre congé d'un monde où la liberté d'une femme est chose inconnue ou incongrue.

Le pire, me dit-on, est que le père de Homa était proche de sa fille et n'a probablement pas pensé, en lui signifiant son choix, qu'il la détruisait. C'était un père imbécile mais aimant. Attaché à la tradition mais fier, en même temps, de sa petite Homa et de ce nouveau métier de journaliste qui l'avait notamment mêlée, sans qu'il en prît trop ombrage, à notre numéro spécial sur les femmes de Kaboul, leur condition, leurs droits, leurs espoirs. Il était comme tant de pères afghans qui ne sont ni des monstres ni des salauds officiels mais pensent simplement qu'il est conforme à la loi divine et naturelle de marier sa fille à un inconnu. Et l'on me rapporte d'ailleurs qu'aujourd'hui, fou de désespoir, prostré, il jure à qui veut l'entendre que si c'était à refaire, si Dieu lui rendait l'enfant chérie qu'il a tuée, bien sûr qu'il la donnerait au jeune homme qu'elle aimait…

Homa, autrement dit, est morte, non pas exactement de la méchanceté, mais de l'infinie bêtise que porte en lui le fondamentalisme.

Homa, comme les trois cents femmes qui, l'an dernier, dans la seule ville de Herat, la capitale d'Ismael Khan, le seigneur de la guerre de l'Ouest afghan, se sont immolées par le feu pour échapper à la condition d'esclaves conjugales qui est le lot de l'immense majorité des jeunes Afghanes, est morte de ce fanatisme sans âge qui s'appelle l'islamisme et qui n'a pas disparu, loin s'en faut, avec la déroute militaire des mollahs.

Le cas de Homa est juste exemplaire, en un mot, d'un pays magnifique mais terrible où, quand une femme est, comme Massouda Jalal, candidate à la prochaine élection présidentielle, on l'enregistre sous l'étiquette : « une femme » – oui, juste « une femme », ce sexe qu'il faut taire, ou décliner comme une infamie, ou, comme dans le film « Ousama », commencer par déguiser en homme pour avoir une chance de le faire accéder à la lumière des jours !

Nul besoin de préciser que nous sommes tous, à Kaboul et à Paris, abasourdis par la nouvelle. Nul besoin, non plus, de s'attarder sur les mille et une questions qui, inévitablement, et comme toujours, se pressent : « comment ? pourquoi ? vertige des responsabilités, des causes ? et si les ONG elles-mêmes, en promettant plus qu'elles ne tiennent et ne pourront jamais tenir... ? » Pour ceux d'entre nous qui aiment l'Afghanistan et continuent de croire, malgré tout, en son futur démocratique, pour ceux qui ne veulent ni ne peuvent se résoudre à l'idée d'un monde où une moitié seulement du genre humain aurait droit aux droits de l'homme et, surtout, des femmes, le suicide de la petite Homa résonne comme une invitation à en faire, non pas moins, mais plus encore – il sonne comme le rappel à l'ordre d'une solidarité qui nous oblige d'autant plus qu'elle a, aussi, ses martyrs.

1er avril 2004.

Les Inrocks *et Foucault. Mel Gibson révisionniste.*

Je vois mieux, avec le recul, ce qui me gênait tant dans le fameux manifeste des *Inrocks* protestant contre la « guerre à l'intelligence » menée par la droite de gouvernement. Et ce qui me le fait voir, ce qui me rend le malaise soudain plus palpable, ce qui me confirme dans l'impression étrange donnée par la mise dans le même sac des préoccupations des psys et des intermittents, des gens de science et de théâtre, des profs, des fonctionnaires, des repentis italiens des années de plomb, des infirmières, c'est un long entretien de Michel Foucault, le plus long de « Dits et Ecrits », tome II, donné en 1978 au journal italien *Il Contributo* et sur lequel je tombe par hasard. Toutes ces études locales, lui demande le journaliste... Toutes ces enquêtes que vous menez sur la folie, la médecine, la loi et le droit, le régime des peines et des châtiments... Est-ce que vous ne perdez pas le sens du « tout » ? Est-ce que vous ne vous privez pas d'une « vision générale » des choses ? Est-ce que vous ne devriez pas relier ces combats, les intégrer dans une stratégie de « contestation » globale ? Et, en ne le faisant pas, en isolant chacune de vos études, ne manquez-vous pas la « dimension politique » des problèmes, leur « nécessaire articulation à l'intérieur d'une action ou d'un programme plus amples » ? Et Foucault de répondre, superbe : ces problèmes que vous croyez locaux sont « au moins aussi généraux que ceux que l'on a l'habitude de considérer statutairement comme tels ». Puis : « la généralité que j'essaie de faire apparaître n'est pas du même type » que celle dont vous me parlez et dont s'occupent, en général, « les partis politiques ou les grandes institutions théoriques qui définissent les grands problèmes de société ». En d'autres termes, et en clair : il y a les partis, d'un côté, qui fédèrent les luttes à l'ancienne, dans des grands ensembles abstraits où chacun est supposé conspirer avec chacun et où, en défendant les uns, on est censé libérer mécaniquement les autres et il y a moi, Foucault, qui tiens bon sur la spécificité de chaque « conflit », la singularité de chaque « enquête », la précision extrême de chacune de mes « excavations », car c'est ainsi, et ainsi seulement, que se fait la bonne généralité et, donc, la vraie politique. Voilà. Le manifeste des *Inrocks* portait la trace et comme la nostalgie de la mauvaise généralité rejetée par Michel Foucault. Il était dans cette logique de l'amalgame où l'auteur de « L'archéologie du savoir » voyait la propre signature d'un progressisme périmé car, au fond, sans effet. Et c'est la raison pour laquelle je ne l'ai, personnellement, pas signé.

Sur l'affaire Jésus, sur l'éternelle question de savoir qui a tué l'homme de Nazareth, sur cette obsession récurrente qui est encore en train, ces jours-ci, avec le film gore de Mel Gibson, de revenir hanter les esprits et qui consiste à faire retomber sur la tête des juifs le sang du Crucifié, ne pourrait-on s'entendre, une bonne fois, sur quelques vérités élémentaires, reconnues par tous les historiens ? Le fait que Jésus était juif, bien sûr, né de père et de mère juifs. Le fait que rien, dans l'enseignement de ce juif, ne s'opposait assez frontalement aux prescriptions de la Torah pour que les autorités de l'époque, les rabbins, la foule filmée par Gibson en train de flageller le condamné, de le conspuer, de hurler à la mort sur son passage, aient eu à le considérer comme plus blasphémateur que n'importe quel autre prédicateur du moment. Le fait que, de toute façon, quand bien même la tentation eût existé, quand bien même une poignée de notables juifs un peu plus clairvoyants que les autres eussent anticipé l'ampleur de la révolution inaugurée par ce prêcheur qui se disait fils de Dieu, la Judée vivait sous occupation et ni le Sanhédrin, ni Hérode Antipas, ni aucune autorité autre que romaine n'avait le pouvoir de prononcer, et encore moins d'exécuter, pareille sentence de mort. Le fait qu'un homme enfin, un seul, avait le pouvoir en question et que cet homme s'appelait Pilate, préfet de Rome, commandant en chef des armées romaines, et dont la réputation de brutalité envers les fauteurs de troubles juifs du genre de ce Jésus était assez bien établie pour que Tibère luimême, quelques années après les faits, ait cru nécessaire de le rappeler. Que Rome ait eu à se laver, ensuite, de ce crime commis par l'un des siens, que les chrétiens non juifs, c'est-à-dire les Romains, aient tout fait, dans les siècles suivants, pour effacer cette faute originaire, que, dans la phase où le débat entre tenants de la nouvelle et de l'ancienne alliance s'est durci, puis figé, ils n'aient reculé devant aucun moyen pour rejeter sur leurs nouveaux ennemis la responsabilité du forfait ancien, qu'ils aient trafiqué les faits, produit des faux, qu'ils aient imaginé telle épître apocryphe du IIe siècle où l'on voyait déjà, comme dans « La Passion du Christ », un Pilate humain, rongé par le doute, presque déjà disciple de celui qu'il mettait en croix, tout cela est exact ; peut-être était-ce même de bonne guerre ; sauf que c'est très exactement la guerre à laquelle l'Eglise catholique a, depuis Vatican II, choisi de renoncer ; et c'est pourquoi le film de Gibson est, du point de vue même de l'Eglise, un acte de révisionnisme historique doublé d'une mauvaise action.

15 avril 2004.

Une semaine à New York.

Tout le monde, à New York, ne parle que de cela. Le livre. Le scandale. Le récit extraordinaire, par Bob Woodward, des coulisses de l'entrée en guerre en Irak. Et la découverte, stupéfiante pour les Américains, de l'étrangeté des processus de décision à la Maison-Blanche au temps de Bush. Les relations, presque comiques tant elles sont exécrables, entre Cheney et Powell. La nullité de George Tenet, le patron de la CIA, apportant au président son paquet d'informations foireuses sur les armes de Saddam et lui disant : « c'est du béton ». La légèreté de Bush lui-même. Sa désinvolture insensée. Le deal offert par les Saoudiens : « si vous attaquez l'Irak, nous baissons le prix du baril de pétrole et vous faisons gagner vos élections ». Le tout auréolé du sérieux prêté, à juste titre, aux enquêtes d'un Woodward dont nul, ici, n'oublie qu'il fut, avec Carl Bernstein, le tombeur légendaire de Nixon. Il était, hier, l'invité du « 60 minutes program », avant un autre segment où je parlerai, moi, du futur procès de Saddam Hussein et de son sulfureux avocat, Jacques Vergès. Il sera, tout à l'heure, chez Charlie Rose, le must des talk-shows new-yorkais. Fébrilité. Polémiques. Commentaires sans fin dans la presse écrite. Discussion, ce soir, à toutes les tables du Spice Market, le restaurant branché du bas de la ville, sur le thème : « tournant, ou non, de la campagne ? atmosphère, déjà, de commencement de fin de règne ? » Woodward contre Bush. Un incontestable parfum d'Irakgate.

Mariage de Salman Rushdie avec la belle actrice indienne Padma Lakshmi. Un grand studio, toujours Downtown. La petite troupe des amis, venus de tous les coins du monde : Londres, Paris, Delhi, Berlin, Islamabad. Les deux familles : surtout, il me semble, celle de la mariée. Un représentant du maire de New York : solennel, intelligent. On commence par la lecture d'un texte sacré hindou. Puis un poème de Tagore adapté par Neruda. Puis Shakespeare. Puis un autre texte indien. Puis l'échange laïque des anneaux. Puis, encore, un charmant moment où Salman est supposé enfiler une bague à l'un des doigts du pied nu de son aimée et n'est plus capable, tout à coup, tant il est ému, de distinguer son pied droit de son pied gauche. Pas l'ombre, me semble-t-il, d'un élément de rite musulman (sinon, peut-être, la musique sur laquelle Padma fait son entrée pour venir rejoindre Salman sous le chapiteau de roses où le représentant du maire va les unir et qui est, je crois, du grand chanteur pakistanais d'origine soufie Nusrat Fateh Ali Khan). L'atmosphère est bon enfant. Mylène Farmer, Arielle Dombasle et Paul Auster devisent avec les cousins de Bombay. Francesco Clemente, Iman Bowie, Brice Marden et Christian Louboutin félicitent la maman. On dîne. On danse. On applaudit beaucoup. C'est à peine si l'on aperçoit, parfois, un gaillard qui pourrait être un agent de sécurité. Je connais Salman depuis les premiers jours de la fatwa. Je l'ai accompagné à chacune des étapes, ou presque, de son calvaire. Et c'est la première fois, en quinze ans, que je le vois si gai, si serein – c'est la première fois que je le rencontre sans sentir, au-dessus de sa tête, le poids de la tragédie suspendue. Bonheur. Poésie. Pluie de pétales de roses. Magie de l'amour triomphant. Et *aussi*, pourquoi ne pas le dire ? un magnifique pied de nez à ceux qui, si longtemps, pensaient l'avoir définitivement empêché de vivre – une vraie victoire, palpable, contre la sale folie des intégristes.

L'autre grande question, notamment chez les démocrates : « Ben Laden ? quand arrêtera-t-on Ben Laden ? et quel effet la chose aura-t-elle sur la réélection, ou non, de Bush ? » Deux camps, en vérité. Ceux qui prêtent à la CIA toutes les habiletés et qui nous disent, en gros : « elle sait où se terre Ben Laden et elle attend, pour aller le chercher, le moment d'efficacité électorale maximale – trop près de l'échéance, ça fera coup monté ; trop loin, ça aura tout le temps de perdre son effet ». Ceux qui, à l'inverse, ne croient plus – cf. Woodward – en cette puissance secrète et démoniaque des services : « ils sont nuls ou ils ne le sont pas ; et si l'on pense qu'ils le sont, si l'on pense qu'ils se sont ridiculisés dans la préparation de la guerre en Irak, alors il faut être cohérent et ne pas leur prêter, soudain, tous les pouvoirs sous prétexte qu'il s'agirait de la capture de Ben Laden ». Je me méfie toujours, pour ma part, des théories qui font la part trop belle au complot. Sauf que, en l'espèce, il y a aussi les services pakistanais qui ont fait, eux, maintes fois la preuve qu'ils savent très exactement où se trouvent les responsables d'Al-Qaeda et à quel rythme, quel moment, en échange de quoi il convient de les livrer : l'un, le jour anniversaire du 11 septembre ; l'autre, la semaine du débat, au Sénat, sur le montant de l'aide américaine à Islamabad ; le troisième, la veille du vote à l'ONU de la résolution sur la guerre en Irak et alors que Moucharraf sait qu'il s'abstiendra et qu'il lui faudra se faire pardonner son abstention ; quand, alors, au terme de quel marchandage, l'assaut à la cache de Ben Laden par ses protecteurs de l'Isi ? C'est, cette semaine, à New York, la seule question qui vaille.

22 avril 2004.

Vues sur l'Europe.

Réparation. Revanche. Ce sont les premiers mots qui venaient à l'esprit, samedi, à Dublin, face à l'image si émouvante des dix chefs de gouvernement des dix nations nouvellement rentrées dans le giron de l'Europe élargie. Nous les avions tant trahies ! Nous avons, si longtemps, avec tant de désinvolture et de veulerie, tenu pour un fait acquis, presque une fatalité, cette inscription de l'autre Europe, non seulement dans un autre espace, mais dans un autre temps qui était celui du totalitarisme! Eh bien voilà. C'est fini. L'outrage est réparé. Et pour tous les antitotalitaires, pour tous ceux qui, dans les années 70, 80, pleuraient de rage et de honte quand ils voyaient nos chefs d'Etat, à droite autant qu'à gauche, intérioriser sans états d'âme cette idée des deux Europes, c'est le grand événement de la semaine – bien plus important que l'affaire Ambiel, les péripéties de la guerre en Irak, la sortie de Sarkozy sur l'antisémitisme ou l'expulsion de l'imam de Vénissieux.

Dilution de l'Europe? Oui, bien sûr, dilution. Risque, plus exactement, en laissant le concept d'Europe retrouver son extension, de le voir perdre en compréhension et donc, provisoirement, en identité. Mais en même temps… Franchement… Souvenons-nous de la crise irakienne et de la piteuse désunion, dans l'épreuve, des peuples et des gouvernements d'Europe. Rappelons-nous, il y a dix ans, lors des guerres de Yougoslavie, ces villages rasés, ces populations expulsées et assassinées, au cœur d'une Europe supposée une et pacifiée. L'Europe était plus que diluée, elle était liquidée. L'identité européenne, cette mémoire de valeurs partagées censée la constituer, n'était pas en crise, elle était foulée aux pieds, tous les jours, par ceux-là même qui étaient censés la mener sur les fonts baptismaux. Quelle drôle d'idée, alors, de donner à l'élargissement la responsabilité de la crise! Quel culot de faire porter à dix petits pays dont certains sont, depuis mille ans, le cœur battant du continent, le chapeau d'une dilution dont le moins que l'on puisse dire est qu'elle n'a pas attendu Dublin pour s'opérer!

Fin de l'Europe fédérale ? Plus grande difficulté, à vingt-cinq qu'à quinze, de bâtir ce super-Etat supranational dont rêvent les fédéralistes européens ? C'est vrai aussi. Mais là, pour le coup, tant mieux. Car je n'ai jamais cru, moi, que l'aventure de l'Europe dût se réduire au simple remplacement des petits Etats-nations par un gros Etat fédéral. Je n'ai jamais pensé qu'Europe ne soit que l'autre nom d'une macrobureaucratie venant se substituer aux microbureaucraties des Etats traditionnels. Bon, alors, tout ce qui permet de briser ce lieu commun, ce schéma. Excellent, tout ce qui peut aider le rêve européen à se dissocier de cette idée pauvre, triste, qu'est l'idée d'un grand Léviathan fédéral dont la vertu serait, hors tout souci de civilisation, de faire pièce à la puissance américaine. Et excellentissime, donc, l'entrée de nos dix nouveaux partenaires si elle peut aider l'Europe à se poser enfin la question de la forme inédite dont elle doit se doter pour être à la hauteur de son ambition, de son projet.

Car l'enjeu est bien là. Non pas, je le répète : l'Europe contre les nations (le thème du Drieu la Rochelle des années 30). Pas davantage : une mégacommunauté, juste plus grosse, plus grande, plus performante, que les minicommunautés des âges antérieurs (ce que j'appelle l'Europe triste, réduite à la seule logique des pouvoirs). Même pas : un transfert de responsabilités depuis les vieux Etats abandonnant une part de leur souveraineté en faveur de plus souverain qu'eux (simple élévation à la puissance supérieure du modèle classique de la fabrication de la volonté générale selon, par exemple, le Rousseau du « Contrat »). Mais une autre forme d'organisation, vraiment. Un régime d'institution du politique et du social qui n'aurait plus rien à voir avec les typologies d'avant l'Europe et qui, en cessant de s'obnubiler sur la seule question de la distribution des compétences et des pouvoirs, en acceptant, peut-être même, qu'une part de ce pouvoir se perde en chemin et s'évapore, en nous faisant entrer, donc, pour de bon, dans l'ère post-rousseauiste, mais aussi post-hobbesienne, ajouterait, mine de rien, à la liberté concrète de chacun.

C'est ce que disait Julien Benda dans son « Discours à la nation européenne ». C'est ce que dira le traité de Maastricht dans son extrême attention à ne pas conférer à l'Union européenne de personnalité juridique qui l'assimile à un Etat. Mais c'est, surtout, ce qu'opposa Vaclav Havel, dans un dialogue fameux, à un Jacques Delors qui en tenait, lui, pour la forme fédérale classique : « à quoi bon, disait en substance l'écrivain devenu président, réinventer l'Europe si c'est pour la couler dans le moule des entités anciennes ? à quoi bon une Europe qui n'aurait pas une Constitution *sui generis*, irréductible à tout ce que raconte le droit public traditionnel ? » Eh bien, c'est à cela que servira, j'en suis sûr, l'entrée de la République tchèque. C'est à nous rappeler à l'ordre de ce devoir absolu d'invention que s'emploieront, dès demain, nos frères reconnus de Prague, Varsovie, Budapest, pour qui ces débats ont la fraîcheur de la liberté retrouvée. Et c'est la raison pour laquelle l'élargissement est une bénédiction pour les peuples de l'autre Europe, la nôtre, si étrangement lassée d'elle-même.

6 mai 2004.

Remarques sur le néoantisémitisme.

Cette question étrange et, depuis quelque temps, étrangement insistante : les juifs n'en font-ils pas trop ? n'ont-ils pas fâcheusement tendance à monopoliser le malheur du monde ? Cette volonté, par exemple, de maintenir, coûte que coûte, le souvenir de la Shoah, cette confiscation, à leur profit, des ressources mondiales de la compassion, n'ont-elles pas pour effet d'occulter les autres souffrances d'aujourd'hui et d'abord, bien entendu, celle des Palestiniens ? On peut répondre, premièrement, que le raisonnement est nauséabond. On peut plaider, deuxièmement, qu'il n'a pas de sens puisque c'est chez ceux qui, au contraire, cultivent ce souvenir de la Shoah que l'attention aux massacres de Bosnie ou du Rwanda s'est trouvée être, ces dernières années, la plus aiguë, la plus constante. Mais on peut surtout, et troisièmement, pousser le renversement encore plus loin et dire que, confiscation pour confiscation, c'est la focalisation sur la cause palestinienne qui aurait tendance, aujourd'hui, à occulter les autres tragédies. D'un côté les cinq mille victimes de la guerre israélo-palestinienne : aux funérailles de chacune, toutes les caméras, tous les journaux du monde. De l'autre les millions de morts du Burundi, du Sud-Soudan, de Sri Lanka : pas un mot, pas une image, des morts sans sépulture et, à la lettre, sans visage. Et quand, à la Conférence de Durban, début septembre 2001, les survivants de ces guerres oubliées ont l'espoir de faire entendre enfin leur pauvre cri, cette clameur qui, aussitôt, le couvre : il n'y a qu'une idéologie criminelle, c'est le sionisme ; il n'y a qu'une victime intéressante, c'est le Palestinien ; si vous n'êtes ni palestinien ni persécuté par le sionisme, votre malheur est historiquement nul, non avenu, sans importance.

Cette autre question, alors : le sionisme ? A-t-on le droit, comme on dit, de se déclarer antisioniste ? Peut-on, plus exactement, affirmer sa détestation du sionisme comme de n'importe quel autre « isme » contemporain ? La dégradation du climat est telle qu'il est temps, là aussi, de répondre clairement, sans langue de bois. Outre que cet antisionisme a l'effet que je viens de dire, outre qu'il est comme un nuage d'encre tendant à nous rendre aveugles à tous les malheurs du monde autres que le malheur palestinien, je pense qu'il n'est, effectivement, jamais exempt d'antisémitisme. On peut, cela va sans dire, être farouchement opposé à tel ou tel gouvernement israélien. On peut condamner aussi vivement qu'on le souhaite la politique, par exemple, de Sharon. Le sionisme étant le sol, le socle, le principe constitutif, non de son gouvernement, mais d'Israël en tant que tel, l'antisionisme a pour conséquence et horizon l'hostilité de principe à l'existence même d'Israël. L'antisionisme, pour cette raison, est l'habit neuf de l'antisémitisme. L'antisionisme, parce qu'il refuse aux juifs ce droit à un Etat reconnu à tous les peuples du monde et notamment, d'ailleurs, aux Palestiniens, est la façon moderne de dire la discrimination qui fut, millénairement, le lot des juifs. Vous vous souvenez du mot énigmatique de Bernanos sur l'hitlérisme qui aurait « déshonoré » l'antisémitisme ? Eh bien voilà. L'antisionisme réhabilite ce que l'antisémitisme avait disqualifié. L'antisionisme rend de nouveau légitimes un ensemble de réflexes que la lutte contre l'antisémitisme croyait avoir proscrits. Argent, complot, puissance mondiale et maléfique, les Palestiniens peuple-Christ et le recyclage, alors, de toute l'inspiration des accusations de déicide – nous y sommes.

Dernière question, enfin. La montée de cet antisémitisme et l'inquiétude qu'il inspire, non seulement aux juifs, mais aux républicains de notre pays. Mettez bout à bout cet antisionisme estampillé progressiste. La profanation des tombes de Herrlisheim par, sans doute, des néonazis. Les beurs qui, dans les banlieues, rêvent de prolonger l'Intifada. Les altermondialistes qui fraternisent avec Ramadan. Les bons Français qui, comme autrefois Louis-Ferdinand Céline, ne doutent pas que le minuscule Etat juif soit plus dangereux pour la paix du monde que la Corée du Nord, la Russie, le Pakistan, l'Amérique réunis. L'islamisme radical. Le lepénisme. Je n'ai pas l'habitude de jouer avec ces sujets. Et je suis de ceux qui, depuis vingt ans, face aux incendiaires des âmes, tentent plutôt de calmer le jeu. Mais tout cela, à force, finit par faire un air du temps. Et l'expérience prouve que, face à un tel air du temps, face à l'accumulation de ces attracteurs du pire, face à ce cocktail, en un mot, de forces venues de toutes parts mais convergeant mystérieusement vers la même haine compulsionnelle, il est urgent d'en appeler à la conscience de chacun. Les médias, bien sûr (encore que l'on s'y acquitte globalement bien du devoir d'information et de vigilance). Les politiques, évidemment (encore que, passé le premier moment de flottement et d'hésitation à nommer la chose, ils se soient, eux aussi, honnêtement mobilisés). Non. Le véritable enjeu, aujourd'hui, c'est l'opinion publique elle-même. La véritable urgence est d'expliquer à tous que l'antisémitisme n'est pas mon problème mais le leur – que ce n'est pas le problème des juifs mais de la France.

13 mai 2004.

Lectures : Lewis Lapham et Cécile Guilbert.

Connaissez-vous Lewis Lapham ? C'est le directeur de la rédaction, à New York, de l'influent *Harper's Magazine*. Mais c'est aussi l'un des intellectuels les plus critiques, les plus radicaux, les plus vigoureusement démocrates, les plus hostiles, en un mot, à la politique de George Bush, que compte l'Amérique d'aujourd'hui. En sorte que son dernier livre, cette « Amérique bâillonnée » qui paraît simultanément – bravo pour la performance ! – chez Penguin Press à New York et, en France, aux Editions Saint-Simon, donne une assez bonne idée, et de l'état d'esprit de cette « autre Amérique » dont il est l'une des figures emblématiques, et de ce qui, décidément, ne va plus au pays de Thomas Paine et de John Kennedy. Tout n'est pas bon à prendre, cela va de soi, dans ce livre. Et je ne suivrai certainement pas l'auteur quand il compare son pays à l'Allemagne de Weimar ou quand, emporté par son radicalisme tendance Michael Moore, il transforme les kamikazes d'Al-Qaeda – pourquoi pas, tant que l'on y est, les égorgeurs de Daniel Pearl et de Nicholas Berg ? – en jeunes écervelés voyant dans le meurtre de masse une sorte de « visa de sortie » hors de la sphère du « désespoir ». Mais si vous voulez comprendre, en revanche, les vraies raisons de l'entrée en guerre en Irak, si le fonctionnement du clan néoconservateur et néoévangélique qui a pris d'assaut le cerveau de George Bush vous passionne ou, au moins, vous intrigue, si le parfum d'ordre moral qui flotte sur les télévisions et la presse new-yorkaises d'aujourd'hui accable, en vous, l'ami sincère de l'Amérique, si, enfin, les images des tortures et humiliations sexuelles dans la prison d'Abou Ghraib vous ont bouleversé et révolté, alors il faut lire ce petit livre d'humour et de colère qui, en prenant les choses de haut, et de loin, est l'indispensable complément de ceux, par exemple, de Bob Woodward et Richard Clarke. Nous allons bientôt fêter le soixantième anniversaire du Débarquement, en France, de cette magnifique armée de libération que fut, alors, l'armée américaine. Quel changement en soixante ans ! Quelle révolution mystérieuse, lisible à même les visages de la soldate Lynndie England ou du sergent Javla Davis ! D'où vient que l'on soit passé, en si peu de temps, du vertueux GI des plages de Normandie au soudard, au tortionnaire, de ces terribles photos qui font, depuis huit jours, la une de la presse américaine ? D'où, ce parfum de décomposition ? D'où, ces stigmates d'empire finissant avec, comme à l'époque romaine, l'armée des citoyens qui laisse apparemment la place à celle des barbares de la 372e compagnie ? Réponse, oui, dans Lewis Lapham.

Peut-on préméditer un best-seller ? Etre un bon écrivain et avoir du succès ? Peut-on, quand on écrit, vouloir aussi la célébrité et prétendre se sauver dans cette vie autant que dans l'autre ? Peut-on, quand on invente une langue et que les livres que l'on fait sont aussi novateurs que ceux de Proust ou Kafka, peut-on quand il vous est donné d'écrire dans cette fameuse « langue étrangère » qui est, selon Proust justement, le propre des très grands, peut-on, oui, dans ce cas-là aussi, échapper au malentendu auquel, selon l'opinion commune, seraient voués ce type d'écrivains ? Qu'est-ce, d'ailleurs, qu'un écrivain novateur ? Qui sont les lecteurs pour s'aviser de son irruption ? Que ses livres soient achetés par des gens sachant, souvent, à peine lire plaide-t-il contre lesdits livres, et en quoi ? Ses semblables, vraiment, ces lecteurs ? Ses frères, vous êtes sûrs ? Est-il possible, en un mot, d'échapper au sort de Baudelaire, Rimbaud, Ducasse, ces poètes du surlendemain, ces condamnés au posthume, ces génies bafoués, mortifiés, par une époque tout entière passée aux ordres des philistins ? A ces autres questions, réponse dans un autre livre qui sort également ces jours-ci et qui, sous le pavillon officiel d'une biographie de Laurence Sterne, sous l'apparence d'une « Vie et opinions de l'auteur de "Tristram Shandy" », constitue la charge la plus efficace que j'aie lue depuis longtemps contre le mythe romantique du chef-d'œuvre méconnu, de l'écrivain douloureux et maudit, de la littérature fille aînée du malheur. Ce livre s'appelle « L'écrivain le plus libre » (Gallimard). Il brosse le portrait, donc, de Laurence Sterne, ce précurseur de Joyce et de Jarry, ce double de Wagner, ce frère jumeau de Nietzsche, ce philosophe-artiste qui, bien avant l'auteur d'« Ecce Homo », bien avant les modernes en général et leur expérience des limites, s'est voulu libre créateur d'une œuvre souveraine, irréductible aux péripéties biologico-familiales auxquelles on réduit trop souvent la généalogie d'un écrivain. Et son auteur, Cécile Guilbert, à qui l'on devait déjà un beau roman ainsi que deux essais importants sur Saint-Simon et Guy Debord, poursuit là, à mi-chemin de la fiction, de la fable, de la réflexion critique et de la satire, sa guerre de longue durée contre un sainte-beuvisme dont on ne dira jamais assez le mal qu'il a fait, et continue de faire, aux écrivains. Jouir en écrivant ? Ecrire en bouffonnant, contre les spectres, les tarentules et, bien sûr, les biographes ? Eh oui. Laurence Sterne. Et, par conséquent, Cécile Guilbert dans cet inattendu et bienvenu manifeste pour une littérature heureuse.

20 mai 2004.

Les fantômes d'Abou Ghraib.

De jeunes militaires hilares en train de photographier leurs victimes et de se pavaner à côté d'elles.

Des photos d'humiliations, de sévices, prises sans penser à mal et envoyées, telles des photos de chasse ou de vacances, aux familles en mal de nouvelles.

Cet étalage d'innocence et de barbarie, de cynisme joyeux et de cruauté pornographique – cette façon de dénuder un homme, de l'animaliser, de le tenir au bout d'une laisse et d'en rire avec les copains, cette façon de se mettre dans le cadre comme si l'on était juste en train de tourner un épisode particulièrement savoureux d'un film de téléréalité.

J'entends, ici et là, que la situation est sans précédent et laisse, pour cela, les responsables américains sans voix.

Je lis qu'il fallait, pour que l'on en arrive là, le triomphe, justement, de la téléréalité et de la confusion qu'elle induit entre le monde et ses reflets.

Je lis, dans le texte, notamment, qu'a donné Susan Sontag, ce dimanche, au *New York Times Magazine*, qu'il y fallait l'âge postmoderne, sa folie de l'image et du virtuel, son warholisme généralisé et son quart d'heure de célébrité pour chacun, je lis qu'il fallait la présence, dans le paquetage de chaque soldat de l'US Army, de la minuscule caméra digitale qui permet de filmer comme on respire, de se filmer en train, littéralement, de vivre et de respirer, et puis de déjouer ensuite, grâce à Internet, les barrages de la censure militaire pour expédier les images au bout du monde.

Oui et non.

Car il y a un précédent, au moins, à cette farandole de l'ignoble.

Il y a un cas, plus ancien, dont je m'étonne que nul ne se souvienne et qui, même si les situations n'ont rien à voir, a anticipé le dispositif.

Ce cas c'est celui de la grande exposition Reemtsma, du nom de Jan Philipp Reemtsma, héritier des cigarettes allemandes du même nom et qui, à la fin des années 90, à travers sa Fondation pour l'étude de la guerre, a retrouvé puis exposé des milliers de clichés du même genre, ensevelis depuis un demi-siècle dans la poussière des archives soviétiques, et où l'on voyait les appelés de la Wehrmacht chargés du « nettoyage » du front de l'Est poser, exactement comme les geôliers d'Abou Ghraib, aux côtés de rabbins humiliés, moqués, plongés dans un bassin alors qu'ils ne savaient pas nager, tondus, rasés de force, bousculés, puis, à la fin, pendus à la branche d'un cerisier tandis que les camarades de chambrée se poussaient abondamment du coude pour avoir ne serait-ce qu'un bout du visage dans le cadre.

Alors, les situations ne sont, je le répète, pas comparables.

Et aucun, pour le moment, des prisonniers d'Abou Ghraib n'a été pendu à la branche d'un cerisier, ni envoyé en camp, ni même délibérément assassiné.

Mais qu'il y ait une similitude de structure entre les deux cas n'est, pour autant, pas douteux.

Que les images des soldats Jeremy Sivits ou Lynndie England rappellent celles de ces troufions ordinaires qui n'étaient nullement membres de la SS mais trouvaient déjà, non seulement normal, mais essentiel d'immortaliser leurs scènes de chasse en Pologne afin de les expédier, le jour venu, à la famille et aux amis, est, hélas, une évidence.

Mieux : que le choc ressenti en Amérique, que notre irrépressible dégoût face à ces scènes où l'on ne sait ce qui est le plus insupportable de l'image de la soldate souriant donc à l'objectif ou, sur le cliché original et non encore recadré, du nombre d'autres soldats qui étaient juste là, vaquant à leurs occupations et ne prêtant au contraire – autre variante, terrible – même plus vraiment d'attention à cette mise en scène digne d'un mauvais remake du « Salo » de Pasolini, que ce dégoût, oui, puisse et doive faire penser à l'onde de choc qui parcourut, dans les années 1998 et 1999, toutes les villes d'Allemagne où tourna l'exposition, c'est, me semble-t-il, inévitable.

Et, pour ceux qui voient dans la mémoire du nazisme une mesure de l'inhumain, un étalon du crime et de l'horreur, pour ceux qui, tout en sachant que ses crimes sont uniques et incomparables, fruits d'une irruption du démoniaque jusqu'aujourd'hui sans pareille, entendent se servir de leur souvenir comme de ce que Walter Benjamin nommait un « avertisseur d'incendie », cela dit et prouve au moins trois choses.

Que la barbarie, justement, n'a pas d'âge.

Qu'elle est là, tout de suite, au cœur de chacun et, en particulier, de chaque soldat, dès lors que craque le mince vernis de règles et d'interdits.

Qu'il appartient à l'administration et, au premier chef, à Bush lui-même de cesser de finasser, de jouer avec les mots, de refuser, par exemple, de prononcer ce fameux mot de « torture » dont Donald Rumsfeld, récemment encore, expliquait doctement qu'il ne saurait se confondre avec « abus » – qu'il appartient aux responsables ultimes de ce désastre d'avoir ne serait-ce qu'un peu du courage qu'a eu la presse de leur pays en déclarant, très vite, que la grande démocratie américaine est vivante mais malade ; pleine de ressource, mais aussi d'infamie ; et qu'elle vient, tout doucement, sans presque s'en aviser, de venir très près du bord où tourbillonne le pire.

27 mai 2004.

Stendhal et l'Europe. Baudelaire et les enfants. Ni suisse ni juif, dit Giraudoux. Antiraciste façon Fanon. La reine et la pucelle. Les gays et le mariage. Hegel, le vieil homme. Europe chrétienne?

Election européenne. Passion triste. Ennui. Langueur extrême. Stendhal, dans « De l'amour », rappelle que langueur, en latin, signifie aussi fiasco. En sommes-nous là ?

Sur la parole des enfants, sur la confiance aveugle et presque religieuse qu'il faudrait lui prêter, sur son accord natif et définitif avec le beau, le bien et, surtout, le vrai, que ne s'est-on souvenu de Baudelaire ! et de Freud ! L'enfant pervers polymorphe… La proximité de l'enfance au péché originel, donc au péché tout court, au mensonge, au mal…

Où étions-nous demain ? Ou en serons-nous hier ?
Dans le recueil d'« enquêtes surréalistes » réédité, ces jours-ci, par Jean-Michel Place, la réponse de Jean Giraudoux à la question fameuse, mais qui trouve là, en 1919, sa toute première occurrence, « pourquoi écrivez-vous ? » : j'écris, dit l'auteur de « La guerre de Troie n'aura pas lieu », parce que « je ne suis ni suisse ni juif ». Pourquoi suisse ? Pourquoi les coiffeurs ?

D'un grand penseur anticolonialiste – Franz Fanon, pour le nommer – cette réfutation de la tradition philosophique qui va de Descartes à Hegel : entre l'âme et le corps le même rapport, arbitraire donc, qu'entre signifié et signifiant. Saussurisme politique. Formule d'un antiracisme conséquent – mais risqué.

Dans le « Troie » de Wolfgang Petersen, tout est là, tous les épisodes canoniques du grand récit d'origine – sauf un : l'entrée dans le ballet guerrier de Penthésilée et de ses Amazones. Concession au politiquement correct ?

Terribles, ces hommes dont on dit communément qu'ils n'ont jamais été jeunes, qu'ils sont en quelque sorte *nés vieux* (Hegel selon Dilthey : « der alte Mann », « le vieil homme »). Mais aussi terrible, la situation inverse : ces amnésiques heureux, ces ignorants satisfaits, ces gens (jeunes et moins jeunes jeunistes du début du XXIe siècle) dont on a envie de dire qu'ils n'ont nulle intention de vieillir et n'ont, eux, *jamais été vieux*.

Malheur aux hommes oublieux, infidèles au secret qu'ils ignorent – malheur à celui qui, parmi nous, vient à ne plus savoir ce qu'il cache.

Soixantième anniversaire du débarquement américain. Je me souviens, il y a dix ans, du cinquantième anniversaire : chiffre rond, demi-siècle – l'événement, en principe, aurait dû être encore plus considérable ; or, non ; le contraire ; tellement moins fêté, célébré, commémoré, que celui-ci. Alors ? Progrès du devoir de mémoire, finalement ? Heureuse et grandissante piété ? Ou juste l'envie d'opposer la bonne à la mauvaise Amérique ?

Dans la même réédition des enquêtes surréalistes, « le suicide est-il une solution ? », cette réponse de Tzara : « on vit ; on meurt ; quelle est la part de la volonté en tout cela ? »

Une future reine qui a déjà été mariée. Nos amis espagnols ont-ils conscience de l'incongruité de la situation ? de sa profonde nouveauté ? Première mondiale depuis les temps bibliques. Triomphe de l'idéal démocratique.

Que l'on soit pour ou contre cette affaire de mariage des homosexuels n'a finalement pas tant d'importance qu'on nous le dit : a-t-on à être « contre » le carnaval ?

« pour » la mascarade ? Plus intéressant, en revanche, le fait que les gays « mamérisés » risquent de devenir, à ce train, les derniers à croire encore à cette chose presque passée qu'est l'institution même du mariage. Toujours la même histoire. Toujours la même aventure du rebelle couronné, du mutin de Panurge rentré dans le rang. Les léninistes ont sauvé l'Etat bourgeois. Les libertaires, le libéralisme. Les ex-maos, une certaine idée de l'élite. Eh bien voilà. Le mariage sauvé par les gays. A l'heure où l'on se marie si souvent sans y croire ou, comme dit Beigbeder, pour trois ans, un shoot de croyance, un revival de la foi.

L'Europe chrétienne ? L'étroite relation, comme dit le cardinal Martino, président du Conseil épiscopal, entre l'Eglise et le continent ? Soit. Mais chacun sait en même temps l'immense part juive dans, par exemple, la culture allemande et centre-européenne. Chacun sait que, sans la médiation de l'islam, il n'y aurait pas eu de Renaissance et, donc, pas de réveil européen. Chacun sait combien l'histoire savante, intellectuelle et, tout simplement, populaire de l'Europe fut aussi faite de la lutte des hommes contre le dogme, le préjugé, le principe d'autorité et, par conséquent, tous les clergés. Serais-je, moi, l'athée, moins européen que le chrétien ? Non. Et c'est pourquoi je suis contre l'inscription de cette référence dans notre future Constitution.

3 juin 2004.

La loi de Thucydide. Margolin et les enfants-soldats. Péan-Cohen-Fayard : sur un air de débandade.

Qui dit construction de l'Europe dit invention d'une culture commune. Qui dit invention d'une culture commune dit histoire et mémoire partagées. Et qui dit histoire et mémoire partagées dit un événement ou plusieurs qui aient, dans tous les pays concernés, la même signification, la même place : le problème, disait Thucydide, c'est que le même événement, selon qu'on le considère depuis Athènes, Sparte ou Salamine, revêt un sens différent, victoire pour les uns, défaite ou désastre pour les autres – en sorte que la loi des confédérations politiques réussies c'est qu'il leur faut un ou plusieurs événements dont, une fois n'est pas coutume, le sens soit partout le même et devienne, à proprement parler, réversible. Eh bien voilà. Nous y sommes. C'est très exactement ce qui vient de se passer, samedi dernier, avec la participation de Gerhard Schröder, aux côtés des chefs d'Etat ou de gouvernement français, américain, britannique, aux cérémonies de commémoration du Débarquement. C'est très exactement ce que nous a dit le patron de la nouvelle Allemagne quand, refusant de se rendre au cimetière des SS tombés en Normandie, choisissant de se recueillir au contraire dans un cimetière où reposent principalement des soldats alliés, renouant, autrement dit, avec le geste du président Weizsäcker déclarant naguère que le jour de la chute du nazisme fut celui, non d'une défaite, mais d'une délivrance pour son pays, il a posé qu'il y avait là un événement qui devrait être lu, désormais, selon la même grille de lecture à Paris, Londres ou Berlin. Et c'est pourquoi ces cérémonies de commémoration,

35

ces deux journées de deuil et de fraternité doivent et devront être vues, non seulement comme un épisode de plus dans l'histoire des relations entre France et Amérique, mais comme un vrai et grand moment de la construction européenne.

Les enfants-soldats libériens filmés par François Margolin dans l'excellent documentaire diffusé la semaine dernière par Arte, je ne les connais évidemment pas. Mais j'ai rencontré leurs analogues au Burundi et en Angola. J'ai, dans le nord de Sri Lanka, à Jaffna, interviewé le jumeau de ce « Commandant Zig-Zag Master » passé maître dans l'art d'ouvrir d'un coup de couteau les poitrines de ses victimes, de leur arracher le cœur, de le cuisiner à petit feu puis de le donner à déguster à ses soudards de 8 ans. Ce mélange d'innocence et de sauvagerie lisible à même les visages. Cet air mêlé d'enfance et, soudain, dans l'éclat froid d'une pupille, de vieillesse sans âge et terrible. Cette proximité – si bien vue par le Baudelaire des « Fusées » – entre la toute petite enfance et l'extrême du mal radical. Et mon effroi le jour où je compris – c'était, de nouveau, à Sri Lanka, face à un tueur de 11 ans qui, comme le « Capitaine Charlie » de Margolin, m'expliquait que le meurtre en série, l'énucléation et la castration de ses victimes, leur éventrement, la dispersion méthodique de leurs restes étaient devenus son métier, son mode de survie –, mon effroi, donc, le jour où je compris que, si les seigneurs de la guerre font si volontiers monter en première ligne ces bataillons de « petits soldats », c'est parce qu'ils savent que l'enfant en eux ne fait jamais très bien la part du réel et du jeu, que sa violence ne connaît, par conséquent, ni limite ni tabou et qu'il sera le plus cruel, le plus acharné, bref, le meilleur des combattants. Ce sont les pires souvenirs de mes reportages sur les guerres oubliées. C'est, dans le monde d'aujourd'hui, l'un des problèmes les plus tragiques qu'ait à traiter la communauté des nations. Puisse ce beau film, au-delà même de cette première diffusion, contribuer à cette prise de conscience.

Un éditeur, Fayard, renonçant « à toute nouvelle édition et publication » d'un livre dont il décide, fait unique dans le métier, de briser net la carrière. Des auteurs, Philippe Cohen et Pierre Péan, expliquant qu'ils n'ont pas dit ce qu'ils ont dit, pas écrit ce qu'on croyait qu'ils avaient écrit et que les naïfs qui auraient pris pour argent comptant les « informations » les plus spectaculaires distillées dans « La Face cachée du *Monde* » en seront pour leurs frais puisqu'ils les retirent maintenant, en bloc et en détail, et « regrettent » – sic – les « blessures » qu'ont « pu causer les passages qui y sont consacrés ». Tel est le résultat de la médiation menée par le premier président de la Cour de cassation entre les protagonistes de ce que l'on a appelé l'« affaire *Le Monde* ». Tel est l'épilogue d'une affaire qui a défrayé la chronique et qui se dégonfle, d'un seul coup, sur un air de débandade et d'excuses. Cette façon de lancer un brûlot, de souffler sur les braises du scandale, d'attirer le chaland en lui promettant le pire comme marchandise d'appel, puis, les bénéfices de l'opération engrangés, de capituler en rase campagne et de consentir à ce que s'efface le corps même du délit, est à proprement parler ahurissante. Une première, oui, dans l'histoire de l'édition. Une variante jamais vue dans l'histoire du débat d'idées. Je n'aimerais pas être à la place des auteurs le jour où ils tenteront de nous refaire le coup en nous vendant, sur le même ton, leur prochaine « face cachée ».

10 juin 2004.

Au jour le jour.

Un tiers des voix, en Pologne, pour les populistes, ultranationalistes et autres militants du parti Droit et Justice : chagrin ; pitié ; et pour les amis de l'autre Europe, pour ceux qui attendaient de l'Europe captive, au sens de Kundera, qu'elle nous soit comme une réserve, une ressource, d'esprit européen, quelle gifle !

La voix de François Hollande, le soir de la victoire, empruntée, presque fausse, flottant autour de lui comme s'il l'avait prise à un autre : *c'est* celle, soudain, de François Mitterrand !

La mémoire, dit Cocteau dans le « Journal d'un inconnu », c'est un peu comme des grottes ou, mieux, des villes enfouies. Elles sont obturées. Occultées. Mais voici que l'on perce un petit trou. Et hop ! Un nuage de poussière ! Et nous voilà dans une enfilade de salles qui sont comme une Atlantide retrouvée, insoupçonnée. Ce trou, c'est un visage. Un geste. Une lettre retrouvée. Ou une inflexion de voix et un mot.

Ray Charles sur France 3. Voix d'or. Génie pur et sophistiqué. Et, revenu à sa chambre d'hôtel, seul avec son manager français, cette banalité fascinante, captée par la caméra, des occupations, préoccupations, conversations de chaque soir. Version moderne de la toujours si vraie leçon de Chateaubriand : « les princes, au fond, n'ont rien à dire ».

Et si ce n'était que cela, un grand penseur, un grand artiste : quelqu'un qui écoute autrement ?

Ce soupçon, parfois, qu'un intellectuel puisse n'être qu'un écrivain manqué. Cette idée a peut-être moins d'influence que l'auteur d'un vrai, d'un grand, parfois d'un seul livre opérant son autre travail de taupe dans les esprits. « Ulysse », par exemple, dont on célèbre aujourd'hui, à Dublin, l'anniversaire.

J'avais oublié que c'était lui, Arthur Cravan, le « colosse mou » qui servit de modèle au Lafcadio des « Caves du Vatican ».

J'avais oublié cet admirable « Bagne » de Genet, mis en scène par Antoine Bourseiller à Nice et qui, avec cinquante ans d'avance, nous dit déjà tout de Abou Ghraib.

Un écrivain, ce serait donc sa vie. Les péripéties, toutes les péripéties, d'une biographie soumise à la grande violence hystérique du sens. Conception policière de l'Histoire. Obsession du complot, de l'occulte, de l'envers du décor, de la combine, du double jeu. Ecrivains, vos papiers. Votre casier judiciaire, pas vos livres.

Et puis, à l'inverse encore, André Breton répondant, dans « Nadja », à ceux qui, n'ayant rien compris à rien, s'inquiéteraient d'une littérature trop subjective, trop prise dans le vif de la vie, et dont on reconnaîtrait trop aisément les modèles (la gêne très étrange qui, aujourd'hui, accueille le « Je te laisse » de Jean-Marc Roberts) : « je persiste à réclamer les noms, à ne m'intéresser qu'aux livres qu'on laisse battants comme des portes, et desquels on n'a pas à chercher la clef ».

Les hommes dont on subit le regard avant même qu'ils ne vous fixent.

Cette façon qu'ont les politiques, les soirs d'élection, de vous fixer, vous regarder, mais parler, en fait, pour ne rien dire – juste se justifier d'exister.

Mais n'y a-t-il pas deux « Bagne » de Genet, l'un comme l'autre inachevés ? La pièce, oui. Mais encore sa version scénario (éditions de L'Arbalète) qui lui faisait dire en substance, à la façon de Beckett avec « Film » : quand je fais des livres ce sont des livres ; quand je ferai des films ce seront des films et ils ne devront presque plus rien aux mots – retour, chez un écrivain, du rêve du grand cinéma muet.

Refuser les honneurs, ce rite funéraire pour vivants. Mais cette jolie statuette remise, l'autre samedi, aux vingt parrains survivants de l'aventure SOS Racisme ?

Un baron de l'UMP préférant voter pour un UDF proche de Massoud (Morillon) que pour une UMP ayant soutenu Saddam Hussein (Bachelot). Un grain de vérité, tout à coup. Noblesse retrouvée de la politique.

Quel est votre secret ? Mais avoir une âme, c'est avoir un secret.

Barthes, dans ses conversations de 1977 avec Jean-Marie Benoist et moi, telles que les réédite, ces jours-ci, France Culture – quelle émotion… Si j'écrivais mes Mémoires ? Je choisirais des événements. Quelques rares événements. Ils seraient comme des objets flottants, déliés de ce qui fit leur contexte – un nom sans le visage qui allait avec, un visage sans le nom qui le portait, un nom sans les autres noms qui faisaient sa circonstance : des ofnis, oui, des objets flottants non identifiés ou, à la façon de Naipaul (« Pour en finir avec vos mensonges », éditions du Rocher), « des petits cailloux jetés dans un étang d'eau claire et provoquant de grandes ondes concentriques » – ici une lumière ; là une ombre ; et là, soudain très nette, une silhouette, un visage, puis, enfin, une scène qui revient.

Littérature ? Politique ? Guerre ? La littérature est un art martial.

17 juin 2004.

Pourquoi il ne faut pas extrader Cesare Battisti.

Entendons-nous bien. Si je suis hostile à cette extradition, ce n'est évidemment pas que je nourrisse la moindre indulgence à l'endroit d'un terrorisme que je n'ai cessé depuis trente ans, quel qu'en soit le visage, en Italie comme à Karachi, de dénoncer pour ce qu'il est : une inexcusable barbarie, un fascisme.

Ce n'est pas au nom de cette fameuse « doctrine Mitterrand » brandie comme un fétiche par nombre de ceux qui partagent mon point de vue et qui se réuniront, ce samedi 26, au théâtre de l'Œuvre, à Paris : Mitterrand, après tout, pourrait s'être trompé ; la parole mitterrandienne, sur ce point comme sur d'autres, n'a jamais été parole d'Evangile ; je ne serais nullement gêné, autrement dit, de m'inscrire en faux, s'il le fallait, contre une « doctrine » dont on a assez vu, ailleurs, de Papon à Bousquet ou à la Bosnie, les limites, les égarements.

Ce n'est même pas au nom de cette « parole donnée », de cet « engagement pris par la France », de cette « continuité de l'Etat » qui ne saurait être « brisée » sans « honte » ni « déshonneur », invoqués par certains des amis de l'ancien apôtre de la lutte armée : là n'est pas non plus mon langage ; ce n'est pas sur ce type de critères que je me détermine et forge mes maximes ; mon amour, mon respect, de « l'Etat » ne sont, pour tout dire, ni si vifs ni si catégoriques qu'ils doivent faire passer au second plan, lorsqu'ils sont avérés, la condamnation de principe des actes terroristes.

Non. Si je reviens sur cette affaire, si je choisis, quoi qu'il en coûte (et la romancière Fred Vargas a récemment dit ce que lui a coûté de réprobation, d'incompréhension chez ses lecteurs, d'insultes, de solitude, le fait de s'être portée à la pointe de ce combat en lui consacrant un petit livre de colère, « La vérité sur Cesare Battisti », Viviane Hamy), si je choisis, coûte que coûte, à la veille de la décision qui sera prise, ce 30 juin, par la chambre de l'instruction de la cour d'appel de Paris, de redire pourquoi un jugement d'extradition me semblerait inique, contraire aux règles et usages de la justice de mon pays, catastrophique, c'est parce que j'ai pris le temps, moi aussi, de regarder de près le dossier et que j'y ai trouvé trois raisons au moins d'être extraordinairement prudent.

La bizarrerie, d'abord, d'un procès bâclé qui fit, en 1993, endosser par un seul homme 100 % des actes délictueux – quatre crimes de sang, plus une soixantaine de braquages – commis par une organisation dont il n'était, que l'on sache, ni le seul activiste ni, tant s'en faut, le chef.

L'anomalie juridique, ensuite, qui permettait, dans l'Italie des années de plomb, de condamner un présumé terroriste sur la seule foi d'un « repenti » négociant, en échange d'aveux possiblement fantaisistes, la réduction, voire la suppression, de sa propre peine – l'anomalie, oui, pour ne pas dire le scandale au regard de la morale et du droit, qui fit, en l'espèce, que les seules preuves « irréfutables » permettant de confondre Battisti et de lui attribuer les meurtres du gardien de prison Santoro puis du policier Campagna furent l'accusation de son ancien camarade Pietro Mutti, obtenant, lui, en retour, blanchiment et libération.

Et puis cette autre particularité, enfin, de la situation italienne qui veut qu'un condamné par contumace n'a plus droit, s'il finit par se livrer ou être livré, à un second procès lui permettant de plaider sa cause et de prouver son éventuelle innocence – cette spécificité, tout de même très problématique, qui fait que, le droit italien étant ce qu'il est et l'héritage des années noires pesant encore très lourd sur l'arsenal de ses jurisprudences et de ses lois « spéciales », Cesare Battisti, condamné à la prison à perpétuité alors qu'il avait fui son pays et qu'il n'était en mesure ni de se défendre ni de communiquer avec ses avocats, filerait, si nous l'extradions, directement et sans recours à la case prison à vie.

Je sais que les juges français savent cela. Je sais, pour le connaître un peu, que le garde des Sceaux ne peut être insensible à ces arguments de justice, d'humanité, de droit. La vérité c'est qu'aucun d'entre nous n'a de certitude quant à ce qu'a réellement fait, ou n'a pas fait, l'homme dont le destin se joue là et qui, soit dit en passant, vient encore de redire (*Le Monde*, 3 avril) son abjuration des « années d'errements » qui firent « tant de morts et de deuils » et dont il voudrait « éviter » la tentation chez « les jeunes gens » d'aujourd'hui. Mais la vérité c'est aussi que, dans le doute, face à cette Italie qui, encore une fois, peine à exorciser le spectre de ses années de plomb, face à ce pays ami auquel il n'est pas question de donner je ne sais quelles leçons de démocratie mais dont on ne peut ignorer non plus qu'il garde, au cœur de ses institutions, des lois dont la Fédération internationale des Ligues des droits de l'homme, Amnesty International, d'autres, ont eu plus d'une fois l'occasion de dire combien elles contrevenaient à « tous les accords européens et internationaux » sur les « procès équitables », la présomption d'innocence doit primer – et Battisti, par conséquent, bénéficier plus que jamais de l'hospitalité de la France.

24 juin 2004.

Nabokov. Dispot. Giraudoux par Body. Leiris et Bataille. Marcel Schwob. Gary. Hertzog et Bradbury.

Une Lolita avant « Lolita » ? Mais oui. Dans *La Règle du jeu*. Traduite et présentée par Laurent Dispot. C'est comme « Le livre de Monelle » (1894), dont Marcel Schwob a toujours pensé – et cette seule idée mettait Gide en fureur – que les « Nourritures » (1897) s'étaient éhontément inspirées.

Un jeune juif poignardé à Anvers. Vlaams Blok et recrudescence de l'antisémitisme d'extrême droite ? Voyous de banlieue et antisémitisme d'origine islamiste ?

Le nez, non de Cléopâtre, mais de Lolita. L'autre. Celle dont Jacques Body, dans sa monumentale biographie de Giraudoux (Gallimard), montre qu'elle a, en se refusant à lui, secrètement décidé du destin – érotique ? littéraire ? – de l'auteur de « Pleins pouvoirs ».

Substituer l'expérience à l'utopie. Le pessimisme à tous les progressismes.

Les scènes de ménage métaphysiques de Leiris et Bataille. Les chassés-croisés du Collège de sociologie et du groupe antifasciste Contre-Attaque. Colette Peignot. Marcel Moré. L'écho, enfin, de ma propre conversation avec Leiris, il y a quinze ans, où il s'était gentiment moqué de la « puérilité » de l'auteur de « Madame Edwarda ». Tout cela, dans « Echanges et correspondances », chez Gallimard, reçu ce matin et aussitôt dévoré.

Dernière image de Marie-Claire Mendès France. Ses traits aigus d'oiseau pâle, un soir, dans une manifestation pour la paix au Proche-Orient.

De l'influence secrète de Schwob sur l'Artaud d'« Héliogabale », le Borges de l'« Histoire secrète de l'infamie » – mais aussi, et c'est moins connu, le Leiris d'« Aurora ».

Dans le même « Giraudoux » de Body, ce titre d'un article du futur commissaire général à l'Information des années 1939-1940 : « Ecrivain journaliste ». Puis cette phrase dont je m'avise, non sans malaise, que j'aurais presque pu l'endosser : « l'écrivain doit devenir un élément toujours présent, mobilisable chaque jour, un ouvrier de toute heure, un journalier, un journaliste ».

La force de ne vouloir plaire à personne. La souveraineté que donne l'absence du désir de séduire.

Giraudoux, donc, par Body. Blanchot par Bident. Le « Michaux », encore, de Jean-Pierre Martin. Chaque fois, manque la force qui tenait tous les moments de la vie ensemble. Toujours, fait irrémédiablement défaut l'invisible magnétisme qui agglomérait les biographèmes, leur donnait leur poids spécifique, leur sens ou, souvent, leur non-sens. Restent des moments épars qui sont comme des mirages, des vieux textes qui s'effacent à la lumière trop crue du jour, des palimpsestes, des bouts de momies.

Ce ministre, dont on sent qu'il a encore le choix, comme le héros des « Oiseaux vont mourir au Pérou », entre « le genre aventurier » et « le style distingué ».

Que fera-t-il ? Où penchera-t-il ? L'une des vraies questions politiques du moment.

Une idée simple pour réformer l'ONU. Aux Etats terroristes, génocidaires, voyous, infliger le même type de traitement que, dans la vie, à un grand criminel. Suspension des droits civiques. Interdiction provisoire du droit et du pouvoir de décider, comme n'importe quel Etat normal, de la marche de la planète.

Schwob toujours. Ses « Vies imaginaires ». Et Gilles Hertzog, rédacteur en chef de la revue *La Règle du jeu* (cf. Dispot, exhumation de la « Lolita » de von Lichberg, etc., etc.) qui, au lieu d'Empédocle, Lucrèce, Pétrone, Uccelo ou Cecco Angiolieri, met en scène, lui, le duel de Titien et de Michel-Ange. Le siècle ou le ciel. Le salut en ce monde ou le pari sur l'autre temps. Les deux choix. Les deux voies. Les ruses de la gloire et de son histoire. Lambron, Nourissier, l'ont dit mieux que je ne saurais le faire s'agissant d'un ami – et quel ami ! Dans ce face-à-face où tout est vrai et tout, néanmoins, imaginé, dans ce « Séjour des dieux » qui est, d'abord, un très beau roman, c'est l'éternel dilemme qui se joue – celui des écrivains qui n'ont, au fond d'eux-mêmes, jamais renoncé à rien.

Quand on dit de la philosophie qu'elle n'a pas d'histoire, que dit-on ? Que rien ne lui arrive ? Ou que rien de ce qui arrive n'échappe à son enveloppement ?

Issue du Washington Institute for Near East Policy, la première description concrète du fameux mur de séparation entre Israël et Palestine. Où l'on découvre que ce sont 12,5 % du territoire cisjordanien – et 1 % de sa population – qui tomberaient du côté israélien. C'est beaucoup. C'est trop. Mais on est loin du mur de la honte censé, à en croire la propagande, enfermer les Palestiniens, les déposséder de leurs droits nationaux.

Tous ces gens qui, aux obsèques de X, viennent juste constater, mutuellement, leur existence.

Prémices de la rentrée littéraire. Premiers colis de romans. Cette drôle d'idée, désormais, qu'écrire est un droit de l'homme.

Ray Bradbury n'est pas content. Il n'aime pas l'usage que fait Michael Moore de son « Fahrenheit 451 ». Sauf qu'il ne fait pas de procès. Il dit juste – et c'est magnifique : « je veux contraindre ce Monsieur à se conduire en gentleman ».

1er juillet 2004.

Je ne défends pas Battisti, mais la justice, l'Italie et l'Europe.

On me dit : « et le terrorisme ? n'avez-vous pas cent fois écrit, ici même, que le terrorisme est notre ennemi et que nous sommes en guerre contre cet ennemi ? » Oui, bien sûr, je l'ai écrit. Je suis même, à l'époque, allé, non seulement l'écrire, mais le crier à la barbe des intéressés dans ces grands rassemblements de Rome ou de Bologne où il fallait convaincre les « extraparlementaires » tentés par l'action directe que c'était une tentation fasciste. L'époque, simplement, a changé. Le fascisme n'a plus vraiment le même visage. Et faire une affaire d'Etat de l'extradition d'un ancien activiste devenu gardien d'immeuble et romancier, c'est juste se tromper de cible, d'enjeux historiques, d'époque – c'est, à l'âge d'Al-Qaeda, trahir notre impuissance en amusant la galerie.

On dit : « les victimes »… On dit (Perben, dans *Le Figaro* de l'autre matin) : « quand j'entends le nom de Battisti, ce sont ses victimes que je revois et qui me hantent »… Allons, messieurs les ministre et président ! Je ne sache pas qu'elles vous aient, ces victimes, empêché de dormir depuis vingt ans ! Et l'on ne vous a pas beaucoup entendus – pas plus, d'ailleurs, que vos collègues de gauche et de droite se réveillant, tout à coup, pour hurler que « Battisti doit payer » – quand nous allions, sur le terrain encore, dans les colloques marquant, à la fin des années 80, la sortie des années de plomb, rendre hommage aux familles endeuillées. Pourquoi ce zèle, alors ? Pourquoi, en l'absence d'élément nouveau, cette soudaine passion pour le policier Campagna et le gardien-chef Santoro ? Quel calcul ? Quel marchandage ? Avec qui ?

On dit : « devoir de mémoire… nous avons, vis-à-vis de ces temps de fureur, un devoir de fidélité, de mémoire… » Soit. Mais qui dit mémoire dit histoire. Et qui dit histoire dit possibilité, pour les acteurs, de sortir de la clandestinité en ayant la garantie de pouvoir se mettre à parler sans danger. C'est ce que nous avons fait, nous, Français, en amnistiant, sous de Gaulle, les amis du FLN. Puis, sous Mitterrand, les crimes de l'OAS. Et tel est le vrai service que nous pouvons, aujourd'hui, rendre à nos amis transalpins : les aider à penser, vouloir, cette amnistie ; les faire bénéficier de notre petite expérience historique en ces matières hautement explosives ; les encourager, pour tout dire, à sortir de la logique du talion pour entrer, trente ans après, dans celle d'un examen permettant que s'écrive, un jour, le livre noir des années de sang.

« Oui, mais Battisti... Il a une sale tête, ce Battisti... Ni sympathique ni recommandable... Et cette façon de regretter sans regretter – avez-vous jamais entendu dans sa bouche un mot de pénitence ? » Je laisse à ses amis le soin d'opposer à cette objection tel ou tel texte attestant de la sincérité de sa conversion. Car, d'une certaine façon, peu importe. La justice n'est pas là pour faire la morale, mais pour dire le droit. Son rôle n'est pas de savoir si nous sommes de bons garçons, mais si nous avons tué et pourquoi. Battisti a la tête qu'il a. Il a les convictions qu'il veut. Qu'il ait rompu ou non, par exemple, avec un marxisme-léninisme d'essence totalitaire, cela pourrait être, entre lui et moi, matière au plus vif des débats. Cela n'a rien à faire avec le fait qu'il soit, ou non, coupable.

« Sauf que coupable, il l'est... Reconnu tel, nous le savons, au terme d'un procès, puis d'un procès d'appel et de cassation, dans une Italie qui n'est pas le Chili... » Eh bien justement. Nous n'en savons rien. Personne, en réalité, n'est sûr de rien. Car, si l'Italie n'est en effet pas le Chili, elle garde, dans son système judiciaire, des sédiments (Code Rocco des années 30, lois Reale et Cossiga des années 70 et 80) de situations dont elle n'a, en vérité, pas fait le deuil. Et, dans ces sédiments, il y a le fait, par exemple, qu'un homme peut être condamné sur la foi du seul témoignage d'un repenti obtenant, en échange, la prescription de ses propres crimes (dans le cas de Battisti, Pietro Mutti) – ou le fait, fort peu démocratique lui aussi, qu'un condamné par contumace dont il est avéré qu'il eut connaissance de son procès ne peut, une fois livré, bénéficier d'un nouveau jugement.

« L'Europe, enfin… Comment pouvez-vous être européen, donc favorable à l'unification de l'espace judiciaire du continent, et ne pas applaudir à l'extradition ? » Précisément. C'est le dernier, et peut-être le plus déterminant, des arguments plaidant en faveur de la prudence. L'Europe, en l'espèce, n'est pas encore l'Europe. Son espace judiciaire – cette affaire de contumace en est un exemple – connaît de vraies disparités. Et c'est la raison pour laquelle l'attitude la plus digne eût consisté, pour Chirac, à dire à nos amis italiens : « oui, peut-être, à l'extradition ; mais quand vous vous serez mis en règle avec les principes qui, partout, sont la condition d'un verdict équitable – quand vous garantirez à cet homme le droit à un second procès où il puisse être certain de faire valoir, lui-même, contradictoirement, ses arguments. Question de principe, là encore. Ce n'est pas lui, Battisti, que je défends – mais la justice, l'Italie, l'Europe.

8 juillet 2004.

Otages français en Irak.

A l'heure – mardi 31 août au soir – où j'écris, il est impossible de faire le moindre pronostic quant au sort de Christian Chesnot et Georges Malbrunot.

On ne peut, selon le tempérament de chacun, qu'espérer, calculer, parier, hurler, prier.

On ne peut qu'imaginer, ou s'efforcer d'imaginer, cette situation limite (peur… incrédulité stupéfiée… perte des repères et des codes… silence et assombrissement du monde… déréliction… abandon…) qui fut celle, déjà, d'Enzo Baldoni, l'otage italien exécuté, il y a huit jours, par la même milice de lyncheurs – on ne peut qu'essayer d'imaginer, dans leur cellule secrète d'Iskandaria ou de Latifa, cette déshumanisation programmée qui fut, avant eux, le lot de Nicholas Berg, et celui de Daniel Pearl, et celui de plusieurs autres, tombés dans ce Kidnapland qu'est le triangle sunnite irakien.

On ne peut que s'associer, ou tenter de s'associer, à l'angoisse des familles, des amis, des confrères du *Figaro* et de RFI – on ne peut que dire sa fraternelle mais, hélas, bien vaine solidarité à tous ces proches qui, comme Ruth, la mère de Daniel Pearl, se sont peut-être dit, mais sans oser le formuler assez clairement : « et si c'était le voyage de trop ? le reportage de tous les dangers ? l'infime mais fatale erreur qui guette, un jour ou l'autre, chaque reporter de guerre ? »

Et puis on ne peut pas ne pas songer, aussi, au piège où ce type de situation nous précipite presque inévitablement – on ne peut pas ne pas s'inquiéter de tous les mauvais réflexes, de toutes les sales pensées, qui nous assaillent tous, toujours, dès lors que s'enclenche la mécanique de ces prises d'otages sans vraie logique ni revendication, sans négociation possible, sans adversaire identifié.

N'y a-t-il pas quelque chose d'étrange, par exemple, dans le réflexe que nous avons tous eu d'attendre des musulmans français qu'ils se démarquent des kidnappeurs et, lorsque cela fut fait, lorsque l'on eut vu des beurs et des beurettes manifester au Trocadéro, de saluer la bonne nouvelle, de s'émerveiller de ce prodige républicain – d'avouer, en d'autres termes, que nous les tenions, jusqu'à preuve du contraire, pour comptables des agissements de leurs « frères » irakiens ?

N'y a-t-il pas quelque chose, non seulement d'étrange, mais d'extraordinairement inquiétant dans cette façon que nous avons eue, à l'inverse, de nous féliciter des appels à la raison lancés par tel chef du Hezbollah libanais, tel leader du Hamas palestinien, tel imam égyptien ou londonien prêchant à longueur d'année les attentats-suicides contre « les juifs et les croisés » mais expliquant là, soudain, que l'on se trompait de cible ? n'y a-t-il pas quelque chose d'obscène dans la promotion, chez certains, d'Al-Jazira au rang de nouveau canal démocratique exhortant, entre deux communiqués d'Al-Qaeda, à libérer les kidnappés ? ou, pis, dans la métamorphose d'un Tariq Ramadan que l'on avait quitté embourbé dans ses arguties sur la lapidation de la femme adultère et que l'on retrouve, plus tartufe que jamais, dans le rôle de champion d'un islam de dialogue, de tolérance et de modération ?

Et puis nos diplomates eux-mêmes… Cette façon, chez quelques-uns de nos diplomates, de dire : « on ne comprend pas… nous avions donné tous les gages… payé tous les tributs… passe encore l'Italie, alliée de Bush… mais la France… un Français… la bonne politique de la France, censée faire rempart aux exactions des fanatiques »… Ce lapsus, version planétaire, des « Français innocents » de naguère, qui fait dire à tel responsable du

Quai d'Orsay que les assassins se sont derechef trompés de cible et qui sous-entend, par conséquent, qu'il pourrait y avoir de bonnes cibles pour les soudards de ce que l'on persiste à appeler la « résistance » irakienne... Cette manière, en un mot, de cracher le morceau de la fameuse « politique arabe de la France » qui était notre non-dit depuis trente ans et qui, pour la première fois, s'énonce en termes si crus et avoue si naïvement que son objectif était de nous protéger des coups : tout cela n'est-il pas, oui, terriblement gênant ?

Entendons-nous. Je pense, moi aussi, que tous les moyens sont bons pour obtenir la libération de Chesnot, de Malbrunot, ainsi, même et surtout si l'on en parle moins, que de Mohammed al-Joundi, leur fixeur. Je me souviens d'Aldo Moro, otage des Brigades rouges et victime des rodomontades d'une classe politique italienne prétendant que jamais, au grand jamais, elle ne parlerait avec les assassins ; et, parce que je me souviens de cela, parce que j'ai encore, trente ans après, les oreilles pleines de leur hypocrite et meurtrière « raison d'Etat », je crois que le seul devoir est, en pareille circonstance, d'essayer d'être plus rusé, plus retors, plus malin que le Malin. Mais impossible, tout de même, de ne pas garder ouverte la troisième oreille pour l'autre voix : celle qui, oublieuse du bon art de la guerre, nous fait dupes de nos ruses, complices de nos arrière-pensées et, d'accommodement en reculade, aveugles au fascisme à visage islamiste.

2 septembre 2004.

Poutine et les enfants martyrs.

Avec la prise d'otages de Beslan, avec ce massacre d'innocents qui nous frappe tous d'une terreur presque sacrée, avec cette cruauté, ce carnage, avec la décision insensée de briser ce tout dernier tabou qu'est le tabou de l'enfance, le terrorisme international vient de franchir un degré nouveau dans l'escalade.

Pas d'excuse, à cet égard, pour les hommes et les femmes capables d'une telle abomination.

Pas d'explication – le désespoir, la misère, les crimes d'Etat de l'armée russe – qui, en inscrivant ce geste dans la continuité d'une histoire pitoyable et tragique, vaudrait justification, excuse.

Et évidence – immédiate, indiscutable – d'une compassion dont le seul et unique objet doit être le spectacle de ces familles brisées, ivres d'incrédulité et de douleur, qui portent, depuis vendredi, le deuil des enfants martyrs d'Ossétie.

N'empêche.

Oui, n'empêche que cette évidence ne doit pas nous dispenser non plus d'un minimum de réflexion critique sur les tenants et aboutissants du drame.

Poutine, par exemple. La façon dont Vladimir Poutine n'a cessé, durant toute la durée de la crise, de désinformer les parents, de mentir, de faire taire les journalistes trop curieux, de saboter les possibles médiations. La brutalité de l'intervention. La folie de ces chars qui, selon certains témoignages, tirèrent au canon sur les murs de l'école. Cette indifférence à la mort des autres que l'on avait déjà vue à l'œuvre au moment du naufrage du « Koursk » ou de la prise d'otages du théâtre de la Doubrovka et qui l'a conduit, là, en lançant dans la bataille des éléments insuffisamment armés et entraînés du FSB, à prendre sciemment le risque d'un terrible bain de sang. Il faut dire et répéter cela. Il faut dire et répéter que Poutine, au lieu, comme il l'avait annoncé vingt-quatre heures avant l'assaut, de tout faire pour « protéger les enfants », a littéralement donné, au contraire, le signal de la boucherie. Les terroristes sont les terroristes, mais Poutine leur a pavé la voie.

Les Tchétchènes. La façon dont on essaie déjà, à Moscou, de faire que la nation tchétchène tout entière sorte déshonorée de l'aventure. L'alqaedisation de la Tchétchénie. La disqualification dont on voudrait frapper les plus modérés de ses mots d'ordre indépendantistes. L'amalgame, autrement dit, entre le fait de protester contre le meurtre méthodique de ces autres enfants martyrs que sont les enfants de Tchétchénie et l'appartenance à la nébuleuse noire d'un terrorisme universellement réprouvé. Cet amalgame n'est pas supportable. Il faut, en même temps que l'on pleure les morts de Beslan, refuser de toutes ses forces l'assimilation de tous les Tchétchènes à ce symbole moderne de l'inhumanité qu'est le meurtre de masse des civils. Il y avait des Tchétchènes, bien entendu, parmi les trente ou quarante geôliers de toutes nationalités qui ont investi la petite école ; mais c'était, déjà, une prise d'otages – c'était une poignée de nihilistes faisant main basse sur une cause dont ils se moquaient, par définition, autant que Ben Laden des Palestiniens.

Les Tchétchènes, encore. L'idée, qui court déjà les rues d'Ossétie et de Russie, que seule une solution définitive à l'interminable question tchétchène permettra à l'Etat de se remettre de son 11 Septembre national.

Les Tchétchènes ne sont pas des humains, dit l'un, ce sont des animaux, des fauves… Staline n'avait pas tort, dit l'autre, de vouloir les exterminer jusqu'au dernier – il faut, jusque dans les chiottes, aller finir le travail du maître de toutes les Russies… Et voilà toute la classe politique et militaire post-soviétique qui, de fait, tient pour acquis que c'est, non pas moins, mais plus de terreur antitchétchène qui seule sera en mesure de répondre à la terreur des terroristes… Eh bien, sur ce point aussi, il faut se désolidariser de la classe politique et militaire post-soviétique. Eh bien, sur ce point comme sur les autres, il faut avoir le courage de dire aux « siloviki », aux ex-kagébistes, qui inspirent Vladimir Poutine et, peut-être, le contrôlent, qu'être en première ligne de la guerre contre le terrorisme ne leur donne pas pour autant tous les droits : et pas celui, en tout cas, de répondre à l'horreur par l'horreur et de disposer à leur guise de la vie des citadins de Grozny.

Chirac ne l'a pas fait ? Ni Schröder ? Ni Bush ? Ni le ministre des Affaires étrangères néerlandais, qui, au premier froncement de sourcil de son homologue russe, retira poliment la toute petite question qu'il s'était permis de glisser sur les conditions dans lesquelles a finalement été décidé l'assaut ? Ce n'est pas le moins navrant de l'affaire. Ni, surtout, le moins honteux pour de grandes démocraties en lutte contre la barbarie et pour les droits de l'homme et la transparence. Comme si notre terreur de la terreur nous interdisait déjà de compter jusqu'à deux. Un : la condamnation, sans réserve, de ce fascisme propre à notre temps qu'est le terrorisme d'origine islamiste. Deux : le refus d'une politique qui, en se vengeant sur d'autres enfants du mal fait à nos enfants, ajoute à la douleur du monde et ne règle évidemment rien.

9 septembre 2004.

Mallarmé à Londres. Bergson, Proust et les boules Quies. La poubellication selon Lacan. La politique d'après Chateaubriand. L'accent de Heidegger. Pour une analytique de le bêtise. La chouette de Minerve. Derrida lecteur de Pythagore.

Présence des morts ? Oui. Classique. Mais l'inverse n'est pas moins vrai, ainsi qu'une bonne polémique vous le fait toujours découvrir : il y a, parmi les vivants, plus de morts qu'on ne le croit ; il y a, au nombre des prétendus vivants, un grand contingent d'inoffensifs mais effrayants morts-vivants.

Le vrai problème des écrivains à la télévision (et je ne m'en excepte, bien entendu, pas) : quel sens y a-t-il à écouter un homme qui se sait vu en train de penser ?

Du génial « nous sommes tous des juifs allemands » de Mai 68 au pauvre, réducteur, insulteur et, finalement, pousse-au-crime « vous êtes tous des juifs sharoniens » d'aujourd'hui, quel chemin !

Quand naît le reality-show ? Il y a un siècle. En atteste Mallarmé racontant, lors d'un de ses mardis de la rue de Rome, être tombé, dans un music-hall de Londres, sur ce spectacle extraordinaire : « sans drame, sans vaudeville, sans argument et même sans action apparente, un couple simplement venait vivre sa soirée en public ».

Bergson ne se reconnaissait qu'une dette à l'endroit de son cousin, le petit Marcel, qui, pourtant, était déjà Proust : la découverte de la boule Quies.

Demander aux écrivains de parler de leurs livres, quelle drôle d'idée, oui, quand on y pense ! Le livre fait, il m'échappe. J'écris, non pour me souvenir, mais pour oublier. Très exactement ce qu'entendait Lacan quand, au lieu de *publier*, il disait *poublier*.

A un journaliste qui lui demande s'il a jamais été tenté, comme d'autres, de devenir ministre : « ce qui m'intéresse, c'est l'Histoire, pas la politique ; ou alors la politique, en effet, mais comme objet de littérature ».

Le style, pour un écrivain, un philosophe, est un devoir. C'est un impératif moral et, d'une certaine façon, politique. La langue, quand elle est bien formée, n'est-elle pas ce qui rend le monde habitable ?

Le propre de l'homme : s'assembler sans nécessité – former des sociétés qui ne soient plus dictées par le besoin. Morale, encore. Politique. Et, toujours, Mallarmé : éloge des communautés dont on est assuré qu'elles sont sans rime ni raison – qu'elles ne serviront jamais à rien.

« Conduire les Français par les songes », recommandait Chateaubriand. On en est loin. A gauche autant qu'à droite, il semble que l'on ait oublié jusqu'au souvenir de la pastorale rêvée de Chateaubriand. Signe des temps... Insuffisance des hommes... Ou figure terminale d'une politique décidément à l'agonie.

Etre ? Estre ? Aître ? On trouve les trois mots, les trois orthographes, chez Heidegger. Comme dans les langues – Homère – dont des pans entiers nous ont échappé et qui recèlent, pour cela, d'étroites mais vertigineuses failles dans la fixation du sens.

Cette façon qu'a la voix des morts de poursuivre, seule, sa course dans nos cœurs, nos esprits.

Autre version du fameux « à partir de 40 ans un homme est responsable de son visage », ce fragment de « La volonté de puissance » de Nietzsche : « l'âme fait son corps ; le corps, pour qui sait l'examiner ou l'entendre, finit de la révéler ».

L'accent de Heidegger en allemand. Celui de Proust, de Céline, en français. De Joyce, Faulkner ou Roth en anglais. Celui, en fait, de tous les écrivains qui comptent et qui sont toujours des écrivains *à accent*.

Goethe disait que même les dieux ne pouvaient rien contre la bêtise humaine. Et Deleuze que rien n'était plus urgent qu'une analytique de la bêtise. Kantien, goethéen, comme Gilles Deleuze.
De quelle famille est-il ? Ceux qui ajoutent à la connaissance que nous avons des choses ? Ou ceux qui, plus modestement (?), proposent leur idiosyncrasie, ajoutent une singularité au monde.

Doute, alors, quant à la « grosse erreur » de Heidegger et son traitement dans la terrible conférence

60

de Brême. Car soupçon, tout à coup, que ce texte sur l'agriculture mécanisée et la Shoah pouvait s'entendre aussi comme : les juifs sont morts de la mort la plus inhumaine, privés de leur propre mourir, réduits au rang de matière dans un processus de fabrication de cadavres. Auquel cas…

L'erreur, c'est l'ombre portée de la vérité. C'est cette ombre que fait la pensée quand, à l'inverse de la chouette de Minerve, elle n'attend pas la nuit tombée pour s'envoler. Un intellectuel qui ne se tromperait jamais : un homme qui aurait perdu son ombre.

De la politique conçue comme art du contretemps, du contre-pied : à bon entendeur, salut.

C'est Derrida, je crois, qui rêvait d'un faux livre de souvenirs, une boucle sans fin, un ruban de Moebius, des lettres, vraies ou fausses, un autoportrait cubiste. Supplément à « Comédie ».

Pythagore dont la légende voulait qu'il ait vécu « vingt vies entières » – voilà.

16 septembre 2004.

Arguments européens à l'attention de mon ami Laurent Fabius.

Parce que le projet de Constitution que vous vous apprêtez à récuser commencera de doter l'Europe de cette défense et diplomatie communes qui nous ont, de la Bosnie à l'Irak, si cruellement fait défaut ;

parce qu'il parle pour la première fois d'instituer un ministre des Affaires étrangères donnant, outre un corps, une voix à cette certaine idée du monde qu'ont les peuples de la vieille Europe et dont nous avons, ensemble, au moment de la Bosnie justement, si souvent déploré l'absence ;

parce qu'il reconnaît aux citoyens des Etats membres, dès son article I. 1, un type de souveraineté qu'ils n'avaient pas dans les traités de Nice et de Maastricht et qui leur permettra de peser enfin, vraiment, sur le choix de la Commission et sur celui de son président ;

parce qu'il représente un petit pas, mais décisif, et si précieux, sur la voie de cette fameuse démocratie que le grand européen que vous êtes appelle, depuis si longtemps, de ses vœux ;

parce que, au-delà même des mécanismes institutionnels, il confirme le pouvoir qu'a toujours eu l'idée européenne d'aimanter ce qu'il y a de meilleur dans les traditions démocratiques – ou, en ce qui concerne la France, démocratiques *et républicaines* – des pays constituants ;

parce que ses rédacteurs ont renoncé, par exemple, à la référence malheureuse à l'héritage chrétien de l'Europe et ont accompli ainsi l'incroyable tour de force d'imposer à un pays comme la Pologne un cadre, presque un corset, laïque ;

parce qu'il inscrit en tête de notre charte partagée des valeurs aussi essentielles que l'esprit séculier, le respect des minorités, la parfaite égalité entre hommes et femmes ;

parce que ce texte prétendument « néolibéral » parle, non d'économie de marché, mais, pour la première fois, et la différence n'est pas négligeable, d'économie *sociale* de marché ;

parce que, loin d'être, comme cela s'est trop dit, un texte antisocial, il est le premier qui, au contraire, exige de l'Union (article 3.117) qu'elle « prenne en compte les exigences liées à un niveau d'emploi élevé, à la garantie d'une protection sociale adéquate, à la lutte contre l'exclusion ainsi qu'à un niveau élevé d'éducation, de formation et de protection de la santé » ;

parce qu'il constitutionnalise les notions de partenaires sociaux, de droit de grève, de services d'intérêt général et, au fond, de service public qui sont chères aux syndicats et dont l'explicite mention fait qu'ils n'hésitent d'ailleurs pas à prôner la ratification ;

parce qu'il y a des avancées dans ce projet et, au fond, aucun recul ;

parce que ses insuffisances – et, bien sûr, il y en a ! – n'ont, contrairement encore à ce que vous semblez croire, nulle raison d'être plus « gravées dans le marbre » que celles du traité de Nice, qui, à l'heure où nous parlons, fait loi et, si nous votions non, continuerait, hélas, de faire loi ;

parce que de deux choses l'une : ou bien ce texte est un traité et un autre traité viendra, le moment venu, si les peuples le souhaitent, se substituer à lui comme lui-même, aujourd'hui, se substitue au traité de Nice ; ou bien c'est une Constitution et c'est là, pour le coup, qu'il conviendrait de se souvenir d'un certain François Mitterrand combattant, en d'autres temps, le « coup d'Etat permanent » représenté par une autre Constitution avant, finalement, de s'aviser qu'il est dans la nature des Constitutions d'être des textes souples, labiles, valant ce que valent et veulent les hommes d'Etat qui s'en emparent ;

parce que l'Europe est fragile enfin, réversible, parce qu'il n'y a pas de main invisible présidant à son nécessaire avènement, parce qu'elle n'est pas inscrite dans je ne sais quel sens de l'Histoire continuant de cheminer quel que soit notre bon ou mauvais vouloir, parce que plusieurs fois déjà, dans les siècles passés, elle a failli se faire et s'est défaite, et parce que nous pourrions bien être, à nouveau, dans un de ces moments critiques où un faux pas symbolique suffirait à tout jeter par terre ;

pour toutes ces raisons, oui, je pense que le procès fait, cher Laurent Fabius, à ce projet constitutionnel est un mauvais et fâcheux procès : poser des questions, bien sûr ; ouvrir le débat, sans doute ; s'atteler, dès aujourd'hui, avec la force et l'autorité qui sont les vôtres, à préparer le coup, l'étape, le texte et le traité d'après, pourquoi pas ? entrer en campagne, autrement dit, pour, le soir même du oui, nous convaincre de l'urgence d'un autre document, meilleur encore, plus juste, plus fort, c'eût été à la fois légitime et audacieux ; mais l'espérance est comme une longue chaîne et je crains qu'en disant non, en votant non, en refusant, au motif qu'il est bon mais pas parfait, le texte proposé, vous ne preniez le risque de rompre purement et simplement la chaîne de l'espérance. Pour l'Europe, alors, quel gâchis ! Et pour vous, ami, pour votre destin, quelle erreur !

23 septembre 2004.

Sagan, Zeller, Finkielkraut.

Les grands écrivains sont comme le duc de Guise, plus grands morts que vivants. On les lit, bien sûr, de leur vivant. On leur reconnaît une certaine existence. Mais distraitement. Du bout des lèvres. Sur un ton où, au souci de la littérature, se mêle tout un ramassis de rumeurs, ragots, légendes, malveillances, qui ne peut que les réduire. Et ce n'est qu'à la toute fin, pour ne pas dire au lendemain de la toute fin, que, à la façon des ongles et des cheveux, leur renommée finit de croître pour atteindre sa vraie taille. Ainsi Françoise Sagan. Ainsi l'admirable auteur de « Bonjour tristesse » et du « Miroir égaré » qui témoigne, plus que quiconque, de cette alchimie terrible, de cette loi d'airain de l'outre-tombe et du posthume. Je vois l'hommage unanime rendu par la nation reconnaissante. Je lis les communiqués des huiles, grands personnages, présidents, ministres, se bousculant, tout à coup, pour saluer la disparue. Et je ne peux m'empêcher de me repasser, en esprit, le film de ma dernière rencontre avec elle, à l'époque où les mêmes, ou presque les mêmes, s'accommodaient si bien de la voir s'enliser dans la désolation, la ruine. Nous sommes, avec Nicole Wisniak, dans un appartement de la rive gauche déjà vidé par les huissiers. Devant nous, sur une moquette, la copie de quelques-uns des innombrables arrêts, saisies, redressements fiscaux et autres, qui l'enserrent comme un lacet. Et elle, petit animal apeuré, plus bégayant encore qu'à l'accoutumée, assistant à ce qu'il fallait bien appeler une entreprise de démolition. Trêve d'hypocrisie. La légère, l'insouciante, la gracieuse Françoise Sagan, l'écrivain délicieux que chacun feint de regretter, la romancière au « charme subtil » (Chirac) et au « sourire mélancolique et pourtant joyeux » (Raffarin) est, aussi, une suicidée de la société.

De nouveau, à propos du troisième roman de Florian Zeller, « La fascination du pire » (Flammarion), l'éternelle question de savoir si l'on a le droit, ou non, de critiquer les religions en général et l'islam en particulier. La réponse est oui, bien sûr. La réponse est, une fois de plus : oui, cent fois oui, l'islam est, tout autant que le christianisme, le judaïsme, le bouddhisme, justiciable de la bonne et saine interpellation des Lumières. Houellebecq, alors ? Les déclarations de Houellebecq, il y a deux ans, dans sa tristement fameuse interview au magazine *Lire* ? Il s'agissait d'une interview, justement, non d'un roman. Il s'agissait de la mise en cause, non d'un texte, mais d'une communauté d'hommes et de femmes aux prises avec ce texte et affreusement insultés. Zeller, lui, s'en tient à son roman. Les questions posées sur la place de la sexualité dans le monde arabo-musulman et, en l'espèce, dans l'Egypte d'aujourd'hui le sont à travers le prisme d'une fable qui allège ce que la thèse pourrait avoir de réducteur, de vulgaire. Et c'est pourquoi la démarche, la mise en scène des dispositifs de frustration en vigueur dans cet espace géographique et mental que l'on nomme, faute de mieux, « l'islam », l'histoire de ce jeune lettré parti sur les traces de Flaubert et découvrant un pays où la lecture même de « Madame Bovary » devient un quasi-délit, c'est pourquoi, oui, tout cela est parfaitement salutaire, bienvenu. « Ce livre est une fiction, annonce l'auteur, à moins que ce ne soit le narrateur ; la plupart de ce qui y est dit est faux ; le reste, par définition, ne l'est pas non plus » : la formule est belle ; et voilà qui, en effet, donne à un écrivain tous les droits.

La naissance d'une revue est toujours une bonne nouvelle. Celle-ci s'appelle *Médias*. Elle est notamment animée par Emmanuelle Duverger et Robert Ménard, mieux connus dans leur autre rôle d'animateurs de Reporters sans frontières. Et elle est si riche, si diverse, elle va tellement plus loin que ce que l'on attend du traditionnel bulletin paroissial d'une ONG que la nouvelle, pour le coup, fait presque figure d'événement. Au sommaire du numéro 2, une interview de la lumineuse Isabelle Huppert, un texte de Stephen Smith sur la presse en Côte d'Ivoire, un portrait de Sarkozy par Patrice Lestrohan, une vitupération de l'ex-situationniste Raoul Vaneigem, une tentative plus discutable d'écorner le « mythe Albert Londres » et, surtout, une interview d'Alain Finkielkraut où je retrouve, comme en condensé, l'essentiel de ce qui me sépare et me rapproche de mon vieil ami-ennemi. Au chapitre du différend, l'affaire Renaud Camus, les attaques obsessionnelles contre *Le Monde* ou un inquiétant « Je n'ai pas d'hostilité de principe à la censure ». Sur l'autre bord, quelques paragraphes bien sentis sur la criminalisation d'Israël, la transformation en injure du beau nom de sionisme, les dérapages antisémites d'une extrême gauche chauffée à blanc et se permettant, par exemple, de qualifier un Alexandre Adler de *« mythomane sioniste »* ou le fait que ce climat nauséabond soit à mettre au compte, non des institutions, mais d'une opinion publique dont le problème, l'année dernière, fut moins de protéger les juifs des insanités d'un Dieudonné que de protéger

Dieudonné de l'intolérance, sic, des juifs. Souvent, j'entends : « Finkielkraut est très bien ; mais, dès qu'il s'agit d'Israël, il perd la tête. » Et si c'était l'inverse ? Et si c'était là, sur ce terrain de la défense intransigeante, courageuse, quoique sans concession, d'Israël que l'auteur de « L'avenir d'une négation » était, au contraire, à son meilleur ?

30 septembre 2004.

Pourquoi nul ne peut prédire qui l'emportera de Bush ou de Kerry.

Quelques mots, puisque je me trouve les vivre au jour le jour, sur ces élections américaines, plus que jamais cruciales.

La toute première donnée, celle qui décidera de tout et que les observateurs européens ont tendance à perdre de vue, est la singularité extrême d'un système qui intriguait déjà Tocqueville et où le président sera l'élu, le moment venu, non pas exactement de la Nation, mais d'un collège de grands électeurs eux-mêmes élus de chaque Etat.

Il n'y a pas une élection, autrement dit, mais cinquante, autant que d'Etats fédérés.

Il n'y en a même pas cinquante, mais dix, douze, peut-être quinze, autant que de *swing States*, ces fameux Etats bascules où les deux candidats sont au coude-à-coude et jettent, par conséquent, toutes leurs forces dans la bataille.

Il y a des zones entières du pays, autrement dit encore, il y a des Etats entiers et non des moindres, puisqu'il s'agit de l'Etat de New York ou de la Californie, où, les jeux étant faits, la victoire étant acquise (en l'occurrence pour John Kerry) et l'étant *de la même manière* quel que soit l'écart final, aucun des deux candidats ne prend plus la peine de rassembler ses partisans ni même de se déplacer.

Et cela, ce système, cette concentration de l'effet de campagne sur ce nombre limité d'Etats et le fait, encore une fois, que vous raflez la totalité des délégués quelle que soit l'ampleur de votre victoire, ce processus de désignation qui veut qu'un candidat n'a, à la limite, et on l'a bien vu il y a quatre ans face à Al Gore, nul besoin de la majorité des électeurs dès lors qu'il a celle des délégués, cette obligation qui lui incombe d'aller, dans chaque *swing State*, que dis-je ? dans chaque comté de chaque *swing State* de l'Amérique la plus profonde, chercher les niches d'électeurs indécis qui feront, à la marge, la différence, toute cette mécanique complexe mais, aux yeux d'un Américain, très simplement liée à l'immensité du pays et à la nature fédérale de ses institutions, emporte, évidemment, plusieurs conséquences de taille.

C'est la raison pour laquelle, par exemple, les fameuses « grandes questions » qui sont, en Europe, ne fût-ce que sur le mode de la nostalgie, au cœur de nos joutes politiques n'ont, ici, que peu de place : si le but est de gagner les 10 000 voix qui feront la différence dans l'Arkansas, le Missouri ou l'Ohio, alors le problème de la guerre en Irak, ou celui du multilatéralisme, ou celui, même, de la catastrophique privatisation des services publics par l'administration sortante, aura par définition moins d'importance que, mettons, la loi sur la réglementation des armes en vente libre.

C'est la raison pour laquelle les sondages nationaux que scrutent, semaine après semaine, les commentateurs européens et qui, ces jours derniers, semblaient redonner espoir aux amis étrangers de John Kerry n'ont, vus d'ici, qu'une valeur très indicative : grimper dans les intentions de vote parce que l'on est en train de franchir la barre des 50 % dans un ou plusieurs *swing States* est une chose ; grimper parce qu'une bonne dynamique politique fait prendre trois, cinq, ou dix points de plus dans un Etat déjà acquis dont on a déjà, de toute façon, la totalité des délégués en est une autre dont la différence de sens n'est pas lisible dans le sondage mais qui, à l'arrivée, sera sans effet.

Et c'est la raison, enfin, pour laquelle les face-à-face de fin de campagne, les fameux débats télévisés du type de celui que vient, de l'avis général, de remporter justement John Kerry, ces affrontements de corps et de discours qui sont, dans une élection à la française, les vrais temps forts de la bataille, ces épreuves initiatiques ou finales, ces ordalies, ont, dans le système américain, un poids moins décisif : bien plus important, là encore, de gagner, à l'arraché, presque une à une, les voix de 2 000 partisans du mariage gay en Pennsylvanie ; de 5 000 Hispaniques attachés, en Floride, au double affichage, anglais et espagnol, dans les magasins ou les publicités ; ou bien des 10 000 Arabes américains qui, à Dearborne, Michigan, permettront peut-être de rafler les 17 délégués de l'Etat.

Des élections antilyriques, en quelque sorte.

Des élections pauvres en rhétorique, en effets de manches, en grands élans.

Des élections où tout semble organisé pour casser les grands récits, décourager les emportements idéologiques, les envolées – des élections où la première chose qui frappe l'observateur français qui suit les candidats Bush et Kerry est l'effort acharné, et que l'on dirait calculé par les stratèges des deux camps, pour, entre deux mots, presque toujours choisir le moindre.

Ce système, le problème est moins de le déplorer ou de le louer que d'en prendre acte. L'élection américaine est à la fois l'élection mondiale par excellence et la quintessence de la démocratie locale. Elle signe indifféremment, et selon que l'on s'en fait une idée grandiose ou modeste, l'extinction de la politique ou son triomphe. Et son résultat est, soit dit en passant, telle la logique leibnizienne des « petites perceptions », rigoureusement indécidable.

7 octobre 2004.

Tombeau pour Jacques Derrida.

Ce qui restera de Derrida, pour ma génération au moins, c'est un style, une méthode, qui font de la glose, du commentaire, du corps-à-corps avec les textes, la voie royale de la pensée.

Ce qui restera de Derrida, c'est ce que nous appelions, Rue d'Ulm, la stratégie de la torchère : des blocs de pensée, des pans entiers de philosophie, jetés dans la raffinerie, engloutis, consumés, puis ressortant sous la forme d'un philosophème subtil et nouveau.

Ce qui restera de Derrida, c'est l'idée, partagée alors par l'autre « caïman » de l'Ecole normale, Louis Althusser, selon laquelle la jeunesse d'un discours se mesure au grand âge de ses citations : non pas le neuf contre l'ancien, la grâce de l'inspiration contre le poids de la tradition, mais une parole dont l'originalité est proportionnelle à la quantité d'autres paroles qu'elle a traversées, relevées, et qu'elle s'est incorporées.

Ce qui restera de Derrida, c'est la réconciliation de Husserl et de Spinoza, de la phénoménologie et du formalisme géométrique : aller aux choses mêmes, oui ; se soucier de politique, ô combien, surtout dans la dernière période, celle qui commence avec « Spectres de Marx » ; mais à condition de ne pas oublier que c'est en passant par les textes, en allant des textes aux textes, que l'on en arrive le plus sûrement aux choses – à condition de se souvenir de cette leçon qui fut, encore une fois, celle de tout l'« antihumanisme théorique » des années 60 et qui veut qu'une politique n'est jamais si juste que lorsqu'elle est instruite, savante, gorgée d'ellipses et de mémoire.

Ce qui restera de Derrida, c'est la conviction que la pensée ne se passe pas plus de « traces » que la parole d'« écriture ».

Ce qui restera de Derrida, c'est la certitude que, de même que la parole pleine est un mythe (car, avant toute parole, il y a toujours, déjà, une « archi-écriture »), de même l'accès direct au monde est une illusion (car, entre le monde et mon texte, il y a toujours, indéfiniment, un autre texte).

Ce qui reste de Derrida, c'est le congé ainsi donné à l'opposition convenue du philosophe et du professeur : ah ! Canguilhem, Hyppolite, Martial Gueroult, ses maîtres !

Ce qui reste de Derrida, c'est, pour ceux qui, comme moi, eurent le privilège non seulement de le lire, mais de l'entendre et d'apprendre à lire à son contact, la déconsidération des philosophies de l'immédiateté : oh ! l'anathème jeté sur les pensées de l'intuition, de la fusion avec le vrai, du bon sens.

Ce qui restera de Derrida, c'est un usage savant des mots les plus courants (le « pli », le « glas », l'« hymen », la « pharmacie ») ou c'est la fabrication de mots entrant, avec lui, dans l'usage commun des philosophes (le « logocentrisme », le « phallogocentrisme », la « différance » et, bien sûr, la « déconstruction »).

Ce qui restera de Derrida, c'est cette pratique de la déconstruction à entendre non, comme on le lit partout et notamment ici, sur les campus américains, comme révolution, destitution, démontage des philosophies existantes, mais comme leur mise à l'épreuve lente, l'exploration de leurs limites et de leurs marges – et la découverte, à la fin des fins, que ces marges ne sont pas des bords et que la thématique heideggérienne d'une clôture de la métaphysique s'applique à tous les systèmes de pensée.

Ce qui restera de Derrida, c'est une tentative – peut-être la dernière – de philosopher après Heidegger au sens où le XIXe siècle voulut philosopher après Hegel.

Ce qui restera de Derrida, c'est une lecture de Heidegger – peut-être la seule – s'efforçant de penser ensemble le fait que l'auteur de « Sein und Zeit » fut un authentique nazi en même temps que le plus grand philosophe du XXe siècle.

Ce qui restera de Derrida, c'est, à la façon de Heidegger justement, une obscurité réglée qui, loin d'être l'effet de l'on ne sait quel goût du paradoxe ou coquetterie, aura été le signe même du travail de la pensée.

Ce qui restera de Derrida, c'est son dialogue avec Mallarmé autant qu'avec Levinas ; avec Artaud, Celan,

Cixous ou Sollers autant qu'avec Condillac ; ce qui restera de Derrida, c'est la promotion des écrivains au rang d'interlocuteurs philosophiques à part entière et c'est le fait, par exemple, que le dernier de ses concepts philosophico-politiques, la notion de « démocratie à venir » que sa mort laisse en souffrance, emprunte sa tessiture au « Livre à venir », de Blanchot.

Ce qui restera de Derrida, c'est un style au sens classique du mot. Nous avions, depuis longtemps, cessé de nous voir au moment de l'affaire dite « de Cambridge » et de la levée de boucliers académiques suscitée par l'octroi, à l'auteur de « L'archéologie du frivole », d'un doctorat honoris causa. Mais je me rappelle ma joie quand j'appris que son crime était de professer des « doctrines absurdes » ne permettant plus de « distinguer entre fiction et réalité ». Et je me rappelle m'être dit : « voilà, oui, ce qui, un jour, restera de lui – une nouvelle illustration de la loi qui veut que les vrais philosophes, même et surtout professeurs, sont toujours de grands écrivains ».

14 octobre 2004.

Vu dans la campagne électorale américaine.

Une Amérique *« out of joint »*, hors de ses gonds, pleine de fureur et de bruit, déboussolée, voilà l'image qui s'impose au voyageur témoin de cette élection hors normes – voilà la métaphore que nous filons, avec mon ami Adam Gopnik, lors du colloque organisé par le magazine *The New Yorker*. Mais que veut dire, en l'espèce, *out of joint* ? Le gond, vraiment ? Ou l'huis ? Ou le pêne ? Ou la clé – mais de quoi ? Perte des repères, en tout cas. Déplacement des lignes entre les partis et, de plus en plus, au sein des partis. Rupture, par exemple, si Bush l'emporte, de l'alliance des conservateurs classiques et des néoconservateurs. Refondation, si c'est Kerry qui gagne, du vieux pacte démocrate et de ses ambiguïtés. Ces gays républicains qui ne voteront pas, cette fois-ci, pour le candidat de leur parti. Cet ancien directeur de la CIA qui, tout en restant démocrate, m'explique, lui, qu'il votera Bush. On dit : une Amérique apolitique. On dit : une Amérique soumise à la loi du spectacle, de la marchandisation des choses et des convictions. Eh bien non. Une Amérique où, au contraire, l'on n'a jamais tant parlé politique. Une Amérique qui, depuis le 11 septembre et, plus encore, depuis le début de la campagne, n'a jamais tant débattu. Mobilisation. Tension. Bataille des inscriptions, jusqu'au tout dernier moment, sur les listes électorales. Jamais, non, depuis des décennies, échéance électorale n'aura brassé pareils enjeux. Jamais, de mémoire d'Américain, l'on n'avait vu les convictions s'affronter avec tant de virulence. Idées contre idées. Retour du politique.

Les thèmes de la campagne ? La guerre en Irak, bien sûr. Mais aussi les problèmes de santé. Mais aussi la politique de la fiscalité. Mais aussi cette séparation des Eglises et des Etats qui a toujours été, quoi qu'on en dise, l'un des fondements de la démocratie américaine, et dont les néo-évangélistes sont en train de saper les bases. Mais encore, et c'est peut-être le plus étonnant, le fantôme du Vietnam, oui, j'ai bien dit du Vietnam, qui revient, plus de trente ans après, dicter aux uns et aux autres, plus encore que l'actualité irakienne, leurs grands récits et leurs coups bas. Le thème central des partisans de John Kerry, leur argument massue depuis la convention démocrate d'août dernier : si notre héros est si remarquable, s'il est destiné à devenir un si extraordinaire président et chef des armées, c'est parce qu'il a servi là-bas, au Vietnam, et qu'il s'y est conduit en héros. Le thème de ses adversaires, l'argument qui, selon eux, suffit à démontrer, qu'il est *« unfit to command »*, inapte au commandement : telle petite phrase des années 60 ; telle manifestation pacifiste de l'époque où l'on commençait de dénoncer les crimes de l'armée américaine à My Lai ; sans parler de l'hallucinante campagne de calomnies lancée par un groupe de « vétérans des vedettes fluviales » martelant, depuis des mois, que le sénateur du Massachusetts aurait menti sur ses blessures, truqué son passé militaire et volé, au fond, ses médailles. Sordide. Nauséabond. Mais significatif, en même temps, du décalage à l'œuvre dans cette campagne. Comme si les années 60 revenaient, inopinément, hanter ce début de siècle. Comme si 2004 se jouait autour de ce que, à Paris, nous appellerions l'esprit de 1968. Intempestivité. Ruse de l'Histoire. Retour non seulement du politique, mais de son refoulé le plus têtu.

Bush. Kerry. Je rencontre le premier, à Detroit, devant un parterre de Noirs américains de la National Urban League : roué, malin, certainement pas le crétin que décrivent ses adversaires ; mais une bizarre immaturité, en revanche ; des moments de panique soudaine et que rien n'explique ; petit lapin dans les phares ; enfant apeuré bernanosien ; ce sourire figé, faussement railleur, dont ses conseillers ont dû lui dire qu'il ferait grand garçon et vrai président ; je repense à

Sharon Stone me le décrivant, dans sa villa de Beverly Hills, en petit homme qui n'a jamais voulu être roi et que d'autres – la mère ? la femme ? les conseillers ? les lobbys ? – ont poussé là. Et puis Kerry, deux jours durant, dans l'avion de campagne qui va de Phoenix à Vegas, puis de Vegas à Des Moines : cette élégance patricienne qui le desservait mais qui fait, à présent, partie de son personnage ; sa longue silhouette maladroite, face aux « *steel workers* » de l'Iowa ou aux « *fire fighters* » du Nevada ; son cou interminable ; son visage gothique, un peu rupestre, de Christ de Perpignan que contredit, au fil des heures, la fièvre triomphante du regard ; son éloquence sèche mais précise ; sa capacité, de plus en plus rare chez les politiques américains, de parler sans prompteur, d'improviser ; ce judéo-catholicisme dont il se réclame et qui est l'exact opposé de l'anabaptisme de son adversaire ; et puis, pour la petite histoire, l'embarras comique de l'état-major chaque fois que je menace d'approcher de trop près celui dont le principal péché, aux yeux d'une certaine presse, reste de boire de l'Evian et d'être le candidat des Français.

21 octobre 2004.

Les altermondialistes et Le Monde diplo *peuvent-ils, encore, soutenir Tariq Ramadan ?*

Il fallait que quelqu'un s'y mette. Il fallait que quelqu'un prenne la peine et le temps de se plonger dans les scripts de ses interventions et les cassettes de ses prêches. Il fallait retrouver la préface qu'il a donnée à l'un des livres de Yahya Michot, ce Belge converti à l'islam dont l'un des titres de gloire reste d'avoir justifié « coraniquement » l'assassinat des moines trappistes de Tibéhirine. Bref, il fallait que quelqu'un – un chercheur de préférence – accepte de se plonger dans la masse de documents produits depuis dix ans par ce tartuffe, expert en double langage, qu'est Tariq Ramadan. Caroline Fourest l'a fait. Et son livre, s'il est lu, devrait, en bonne logique, mettre un terme à une polémique que seules la confusion et l'ignorance ont pu entretenir aussi longtemps.

Avec ses 420 pages bardées de témoignages, de références et de citations qui n'étaient, encore une fois, généralement connus que des initiés, « Frère Tariq » (Grasset) démontre, en effet, au moins ceci.

1. L'administrateur du Centre islamique de Genève n'est pas seulement le petit-fils (ce qui, en soi, ne prouverait rien) du fondateur des Frères musulmans, Hassan al-Banna, mais il en est l'héritier lucide, actif, méthodique – bien décidé à « ne laisser échapper aucun moyen » de faire avancer la stratégie de conquête et d'islamisation « par étapes », il dit parfois « en escalier », définie par son grand-père.

2. Lorsqu'il entreprend, en 1998, de parfaire sa formation théologico-politique, lorsqu'il décide de se donner les moyens de faire avancer le « face-à-face des civilisations », qu'il appelle, lui aussi, de ses vœux, il choisit l'Islamic Foundation de Leicester, qui fut l'une des sources de l'appel au lynchage contre Salman Rushdie et reste l'un des lieux où l'on enseigne la pensée de Sayyid Qotb, cet apôtre du djihad armé dont se réclamèrent, avant les kamikazes irakiens, les assassins de Boudiaf et de Sadate – Ramadan, nous dit en passant

Caroline Fourest, ne parle jamais de l'« assassinat », mais de l'« exécution » de Sadate…

3. Lorsqu'il se sent libre de ses propos, lorsqu'il ne se croit observé ni par la presse démocratique ni par ses compagnons de route altermondialistes, il ne craint pas de dénoncer « l'opération de dénigrement » dont lui semble victime cet autre inspirateur de l'islamisme assassin qu'est Ibn Taymiyya, et il ne craint pas non plus, le 12 juillet 2004, de s'afficher, à Londres, au côté de Youssef al-Qaradhawi, cet autre idéologue, président du Conseil européen de la fatwa, qui fut l'auteur, à ce titre, d'une fatwa présentant les attentats-suicide du Hamas comme conformes au Coran.

4. Sa condamnation du terrorisme et, notamment, du 11 Septembre ne s'exprime pas dans les mêmes termes selon qu'il a devant lui le ministre de l'Intérieur ou les jeunes de Vénissieux ; et, face à ces derniers, dans un prêche dont il n'imaginait pas qu'il tomberait un jour dans de si mauvaises mains, il se laisse aller à expliquer que la culpabilité de Ben Laden est loin d'être prouvée et que, s'il y a un Etat qui avait intérêt au massacre, c'est, bien entendu, Israël – on est loin du bon démocrate, respectueux des lois de son pays, qui, récemment encore, au début des tractations pour la libération de nos otages en Irak, posait au médiateur plein de mesure et de sagesse !

5. Le Centre islamique de Genève, enfin, cette base stratégique et idéologique dont il est, au côté de son frère Hani, l'un des inspirateurs les plus écoutés, n'a cessé, depuis dix ans, selon des sources proches du juge espagnol Garzon, d'entretenir des relations troubles avec telle cellule de la mouvance Al-Qaeda ou tel lea-

der terroriste en fuite ou clandestin – Ahmed Brahim, Ayman Zawahiri…

S'ajoutent à ce tableau les complicités que cet homme a su nouer, sur fond d'antisionisme et d'antiaméricanisme, avec une partie de l'extrême gauche européenne. S'ajoute l'histoire, racontée par le menu, du piège tendu à des organisations comme la Ligue de l'enseignement, la Ligue des droits de l'homme ou le Forum social européen, confondant son plaidoyer pour une adaptation de la laïcité à l'islam avec un laïcisme authentique. Qui l'emportera, en leur sein, des vrais antitotalitaires qui ont tout de suite senti l'arnaque ou de ceux qui, au nom d'obscures nostalgies tiers-mondistes ou différentialistes, ont décidé de pactiser ? Qui aura le dernier mot de ceux qui, face à l'horreur des lapidations de femmes en terre d'islam, s'indignent de n'entendre proposer que l'institution d'un « moratoire » ou des apprentis sorciers qui, comme les responsables du *Monde diplomatique*, acceptent de prêter leur voix à une entreprise de déstabilisation des principes républicains ? Qui, à gauche et à l'extrême gauche, voudra appareiller pour ce drôle de voyage dans les mots, parfois cocasse, parfois terrifiant, où l'on voit l'ami d'Alain Gresh, au moment où le GIA découpait en rondelles les bébés algériens, pleurer, non les bébés, mais les « martyrs » du GIA ? C'est l'une des questions les plus brûlantes du moment. C'est la question que pose, enfin, ce livre de science et de colère.

28 octobre 2004.

Le Foucault de Blandine Kriegel. Le désir selon Jacques Henric.

Parce qu'elle fut, avec François Ewald, l'un des deux collaborateurs en titre jamais recrutés par Foucault dans sa vie universitaire ; parce qu'elle parle de lui avec chaleur, empathie, courage, brio, science ; parce qu'elle raconte comme personne son ascétisme et son rire, sa longue silhouette de mandarin et ses masques facétieux ; parce qu'elle dit son côté athlète de la pensée et virtuose de la guerre des mots ; parce qu'elle rappelle la dimension artiste du personnage et esthétique de son œuvre ; parce qu'elle montre que l'histoire de sa pensée est aussi une flamboyante histoire de l'œil et qu'au moment où d'autres nourrissaient encore le rêve de la révolution dans un seul pays il concevait, lui, celui d'une philosophie dans un seul tableau ; parce qu'elle hasarde l'hypothèse, autrement dit, d'une gaie science foucaldienne venue à l'exacte intersection de Panofsky et de Duhem, de Velazquez et de Canguilhem ; parce qu'elle fait le système foucaldien sortir, aussi, d'un commentaire des « Ménines » ; parce qu'elle attache autant d'importance à ses références à Borges ou Corot qu'à sa relecture de Cassirer ; parce qu'elle brosse le portrait d'un philosophe qui fut d'abord un homme libre ; parce qu'elle démonte le mécanisme qui fit de ce pur sujet une bête sans espèce et de cet éducateur hors pair un maître sans héritiers ; parce qu'elle cerne au plus près ce qui le rapproche et le sépare de ses grands contemporains que furent Lacan et Althusser et parce qu'elle brosse, ce faisant, un impeccable tableau de cette « pensée 68 » qui aurait, aux dernières nouvelles, autant d'adversaires dans la gauche hollandiste que dans la droite raffarinée; parce qu'elle pense, au demeurant, que ladite « pensée 68 » n'exista pas plus pour lui que la « pensée 48 » pour Flaubert et que, s'il y eut des « soixante-huitards » (dont il fut, à coup sûr, l'une des étincelantes figures), il n'y eut pas de « soixante-huitisme » (au sens où voudrait l'entendre l'humanisme bourdivin); parce qu'elle a le mérite de rappeler la radicalité de sa rupture avec le réductionnisme marxiste et parce qu'elle prend le risque d'imaginer la colère que lui inspirerait certain néopopulisme poussant l'audace et l'ignorance jusqu'à se réclamer de ses textes; pour toutes ces raisons, ces temps-ci, il faut lire le petit livre que vient de consacrer Blandine Kriegel, chez Plon, au plus pirandellien des philosophes contemporains. Foucault aujourd'hui? Voilà. C'est son titre. Et l'auteur de « L'archéologie du savoir » aura été rarement si présent que dans ces cent pages serrées de colère, de rire, de mémoire et de foi.

Les voies du désir sont-elles aussi impénétrables que celles du Seigneur? Que veut dire le père Tertullien quand il dit de l'amour physique qu'il est un « suintement de l'âme »? Augustin fut-il le précurseur de Bataille? Qu'aima-t-il le plus, dans la chair, de ses objets ou de sa chute, de ses « stériles semences » ou de la « chaudière des amours honteuses »? Quid de la jalousie? Quid – Augustin toujours – des « verges brûlantes » dont elle bat ses victimes? L'absence de jalousie est-elle, comme le voulaient Ulrich et Agathe, dans « L'homme sans qualités », l'une des « vertus de la puissance »? De l'image ou des mots, de l'imagination des images ou de celle de la langue, qu'est-ce qui rend jaloux le jaloux? Iseut trompe-t-elle son époux avec son amant ou son amant avec son époux ? Que tous les maris sont laids et tous les amants magnifiques, le tenons-nous de Montesquieu, de Cocteau, ou des deux ? Trahit-on un amour accompli ? Pourquoi Ulysse épargne-t-il Pénélope ? Et le phalanstère ? Le nombre, le grand nombre, fait-il quelque chose à l'affaire ? Les quiétistes étaient-ils les précurseurs de l'attraction passionnée fouriériste ? Quelles raisons avaient-ils de croire, par ailleurs, que l'abomination orgiaque peut être l'un des moyens, pour Dieu, d'élever les âmes à un haut degré d'être ou, parfois, de néant ? Femme aimée ? Femme fatale ? Est-il vrai qu'il existe, dans toute relation entre un homme et une femme, des points aimantés et dangereux qu'il est bon de seulement frôler ? Le pénis est-il, comme disait Sade, le plus court chemin entre deux cœurs ? Qu'est-ce, alors, qu'une pute ? Qui est, vraiment, Osiris ? Fut-il découpé en treize ou quatorze morceaux et que devint, au juste, le quatorzième ? L'amour est-il aveugle, vraiment, et d'où vient que, ce disant, on le confonde avec la passion ? Corps aimé ? Corps d'amour ? Qu'est-ce qui structure un corps amoureux ? Et que veut dire Balzac quand il suggère, dans « Béatrix », que seul Molière aura approché l'amour absolu ? Les romanciers sont-ils des menteurs ? Platon et, de nouveau, Augustin eurent-ils raison de voir dans le roman la forme suprême de la tromperie ? Telles sont quelques-unes des questions posées dans l'autre très beau livre lu cette semaine. « Comme si notre amour était une ordure » (Stock) est signé Jacques Henric. Et on le lira, au choix, comme le commentaire réglé du livre fameux de Catherine Millet ; comme le roman d'une nuit où un homme visionne une cassette montrant les ébats d'une femme, la sienne, avec des amants inconnus; ou comme un essai sur le sexe et la foi, la chair et le corps, l'insoutenable mystère du désir.

4 novembre 2004.

Au fil des jours.

Jim Harrison, chez lui, dans le Montana. Hemingway parlait d'écrire des livres qui vivent plus longtemps qu'une voiture ou un chien. En sommes-nous là ?

La presse française (et américaine, bien sûr) pleine des vies et légendes d'Arafat. Souvenir, moi, de cette conversation avec Amos Oz m'expliquant que le leader palestinien était victime de ce qu'il appelait le « complexe de Saladin ». En gros : mieux vaut un Etat conquis dans le sang des batailles qu'à la table des négociations; mieux vaut être ce combattant de la libération volant de sommet en sommet, un jour à la Maison-Blanche, un autre à l'Elysée, que le chef d'un petit pays du tiers-monde ayant à gérer des problèmes de chômage, de logement, de drogue, de corruption; mieux vaut être Guevara que Castro, l'incarnation de la revanche arabe que le bâtisseur patient d'une nation fatalement décevante; et voilà, insistait Oz, l'origine de cette singulière compulsion qui, de Septembre noir au Liban, du soutien à Saddam Hussein lors de la première guerre du Golfe au refus de l'offre de paix de Barak et Clinton, le fit chaque fois passer à côté de son propre destin et, bien sûr, du salut de son peuple.

Un autre écrivain américain. Un critique plus exactement, Jason Epstein, fondateur du *New York Review of Books* et, à ce titre et quelques autres, « patron » des jeunes critiques d'aujourd'hui. Ce qui frappe dans la littérature contemporaine, me dit-il, c'est son manque d'ambition et, au fond, son désespoir. Le problème, ce n'est pas l'imagination, non. Ni même le talent. C'est le désespoir, vraiment. C'est le désenchantement grandissant quant aux pouvoirs des livres et de l'écriture. Les jeunes écrivains de ce début de siècle ne sont pas mauvais, ils sont *tristes*.

L'Afrique, encore. Et, encore, la Côte d'Ivoire. Ce pays que j'ai connu, aimé, et qui faillit être, un temps, l'Etat vitrine de la décolonisation réussie. Les ressortissants français, bien sûr. Mais eux aussi, les Ivoiriens, déchaînés, enragés, jetés contre eux-mêmes et contre cette insupportable image de soi qu'incarne sans doute, à leurs yeux, la France. Après l'Afrique fantôme, l'Afrique de l'épouvante. Comme en Angola, au Burundi, au Rwanda, au Soudan, le spectre de la guerre civile, l'horreur, l'émeute sans mots ni programme, le siphon des passions chauffées à blanc où tourbillonne le pire – cette façon, inédite, de sortir de l'Histoire universelle et de sombrer.

Lu, avant de le rencontrer, la biographie de Norman Mailer par C. E. Rollyson. Ragots. Flicage. Ecrivains, vos papiers. Tant d'énergie, de haine amourée et de recherches, tant de pages, de notes et notules, de témoignages, pour accoucher de cette montagne en forme de souris. Raconter une vie ? Oublions même la malveillance. Il manquera toujours, de toute façon, la force qui tenait les moments ensemble. Il manquera ce centre invisible, ce secret, qui fait qu'elle est, précisément, une vie. A la place, cette collection de moments isolés, séparés, qui sont comme des rêves, des mirages, des vieux textes effacés à la lumière du jour, des palimpsestes extraits du tombeau vivant – ils se défont dès qu'on tente de les lire et de les lier, ils tombent en poussière, ils s'effacent.

Tel est, au fond, le paradoxe de Bush, ce néo-évangéliste qui devrait, plus que tout autre, être attentif à ce qui distingue un laïque d'un religieux, un dictateur baasiste d'un fondamentaliste musulman et qui, aujourd'hui encore, répète pourtant qu'il est allé en Irak parce que Saddam et Ben Laden étaient les deux figures d'un seul et même axe du Mal. Cohérence de cet homme ? Sa part de sincérité ?

Fitzgerald à Asheville, North Carolina. Un écrivain devient-il légendaire quand il parvient à ne pas laisser de traces ? Peut-il être un autre Arkadin chargeant un détective de reconstituer sa propre biographie et tuant ensuite, un à un, les témoins ainsi débusqués par ce biographe à gages ? Ou doit-il se résigner à être comme l'auteur déchu de « Tendre est la nuit » dont je devine encore la silhouette, presque soixante-dix ans après, entre la fière maison Vanderbilt où on ne le recevait plus, la Fine Psychiatric Clinic rebâtie sur les cendres de l'hôpital où brûla Zelda et, au quatrième étage du hideux Grove Park Inn, la petite chambre 441 où une plaque rappelle pieusement qu'il connut quelques-unes de ses dernières joies ?

Ou bien l'Europe a des frontières et, alors, Bayrou a raison, la Turquie n'en est pas. Ou bien elle n'en a pas, Europe est l'autre nom, comme dans le mythe grec, de ce *passage du détroit* qui dément la notion même de frontière – et alors, en effet, se pose la question et s'impose, vite, la réponse : de cette Europe-là, de cette Europe dans les têtes plus que dans les terres, de cette Europe région de l'être autant que du monde et de la géographie, la Turquie fait évidemment, et forcément, partie.

Noté, dans les « Carnets » de Fitzgerald : « jamais de bonne biographie d'un écrivain ; il ne peut pas y en avoir ; s'il est vraiment bon, il est trop de gens à la fois. »

11 novembre 2004.

La mort d'Arafat, vue d'Amérique.

La France, vue d'Amérique, en a fait vraiment beaucoup dans l'hommage à Yasser Arafat.

Elle a eu raison de l'accueillir, bien entendu.

Elle n'a pas à se reprocher, du moins chez la plupart, d'avoir ouvert au vieillard vulnérable et malade qu'était devenu l'homme au keffieh les portes de l'un de ses bons hôpitaux.

Mais pourquoi, demandent les uns, la fanfare, la sonnerie aux morts, le salut, de la Garde républicaine ?

Pourquoi, interrogent les autres, le président de la République en si grand deuil ? le Premier ministre recueilli à Villacoublay ?

Pourquoi ces pré-obsèques nationales ? pourquoi ce maximum d'honneurs disponibles s'agissant d'un chef d'Etat qu'il n'était, d'ailleurs, pas tout à fait ?

Fallait-il, s'étonnent, toutes tendances confondues, les grands journaux, faire du chef de l'OLP, de l'homme qui n'a reculé devant aucun moyen pour voir triompher sa cause, une sorte de Gandhi ?

Et d'où vient enfin que la France de M. Barnier soit le seul pays occidental où les rumeurs les plus folles – le reclus de Ramallah poussé à bout, tué à petit feu, empoisonné... les Israéliens une fois de plus diabolisés et rendus responsables d'une mort dont on a dit, alternativement, sans voir la contradiction, qu'elle les arrangeait trop et qu'elle leur retirait un commode alibi – aient pu trouver écho, voire une chambre de résonance, jusque sur les ondes, par exemple, d'une grande radio nationale ?

Car Arafat, vu d'Amérique, est à coup sûr un combattant, ce n'est pas un résistant.

C'est l'incarnation du peuple palestinien, celui qui lui a donné une voix, un corps, une présence sur la scène politique mondiale, peut-être une identité – ce n'est, en aucun cas, cette icône bizarre et magnifique, ce nouveau Moïse mourant au seuil de la terre promise, en quoi l'a transformé ce qui, vu d'ici, paraît une « arafatamania » insensée.

Il partagea, avec Rabin et Peres, un prix Nobel de la paix ; mais il reste l'homme du détournement de l'« Achille Lauro » et du massacre des athlètes israéliens à Munich.

Il a négocié les accords d'Oslo ; il a déclaré « caduc » l'article de la charte de l'OLP appelant à la destruction d'Israël; mais il n'a rien fait, après cela, ni pour dissoudre le Hamas, ni pour préparer son peuple à la paix qu'il venait de signer, ni même – car tout est lié – pour donner à cette société civile palestinienne qui reste l'une des plus mûres, des plus authentiquement progressistes, du monde arabe l'embryon d'institutions démocratiques auquel elle aspirait et avait droit.

Il est allé à Camp David et à Taba; il a négocié avec Clinton et, surtout, avec Barak, qui a cédé sur l'essentiel du contentieux issu de la guerre de 1967; mais quand l'heure est venue de passer aux actes et de signer, il a jugé que ce n'était pas assez et qu'il lui fallait, non 95, mais 100 % des Territoires; il a estimé que les « sionistes » devaient céder sur le principe d'un droit au retour dont nul, à commencer par lui, n'ignorait que la stricte application signifiait que l'Etat juif serait, le moment venu, noyé sous un flot de réfugiés venant créer, en Israël même, un second Etat palestinien; et il est donc, une fois de plus, passé à côté de l'occasion qui s'offrait de contribuer à l'émancipation de son peuple et d'entrer, pour de bon, dans l'Histoire.

Il a lancé la seconde Intifada avec son cortège, des deux côtés, de morts civiles et innocentes.

Il a gardé le contrôle opérationnel des Brigades des martyrs d'Al-Aqsa, qui firent autant que le Hamas pour prolonger le temps du carnage et du deuil.

Il est, en un mot, demeuré jusqu'à son dernier souffle cette personnalité pour le moins complexe qui n'a, dans ses discours en arabe, jamais cessé de dire que la paix avec Israël pourrait n'être qu'une étape préludant à son inévitable disparition.

Sa mort alors, vue d'Amérique, est, comme toujours s'agissant d'un personnage qui a fini, au fil du temps, par s'inscrire dans le paysage familier de chacun, un événement émouvant et grave.

Mais c'est sans le moindre état d'âme que les grands éditorialistes s'interrogent sur les perspectives d'un « après-Arafat » dont nul, du reste, ne se hasarde à dire s'il promet aux peuples de la région le pire ou le moins pire.

Le pire ? La radicalisation de la rue. Le chaos. La prise du pouvoir idéologique par les factions les plus radicales. Et, pour l'heure, le signe terrible qu'est ici, sans le moindre doute, la fusillade, dimanche, contre Dahlan et Abbas. Le moins pire ? Pour ces Américains comme pour, bien entendu, les plus lucides des Européens, pour les hommes et femmes de bonne volonté qui, en Israël et en Palestine comme dans le reste du monde, n'en peuvent plus de la guerre des mémoires et de la logique de la vendetta, pour tous ceux qui, partout, ont cru en la promesse, notamment, du plan de Genève, le compromis politique, le partage de la terre et des lumières – en un mot, et enfin, la paix sèche.

18 novembre 2004.

L'affaire Al-Manar.

A l'heure, mardi 30 novembre, midi, où j'écris ces lignes, il semble que la navrante affaire Al-Manar, cette chaîne basée au Liban, organe officieux du Hezbollah et que le CSA avait, le 19 novembre, accepté de conventionner, aille vers son dénouement.

Peu importent les péripéties passées et à venir. Peu importe de savoir si c'est le Conseil d'Etat qui s'est défaussé hier sur le CSA ou le CSA qui, aujourd'hui, se décharge sur le Conseil d'Etat. Peu importe même, à la limite, les coups de théâtre procéduraux que nous réservent les avocats, déclarés ou non, de l'organisation terroriste et qui retarderont l'issue d'autant.

Le résultat est là, puisque le Conseil d'Etat, que l'on imagine mal, cette fois-ci, se dérober devant l'évidence, se voit, deux semaines après la fâcheuse décision de conventionnement, saisi en référé « afin que soit ordonnée à Eutelsat la cessation de la diffusion de la chaîne ».

Le résultat est là, puisque le haut conseil présidé par Dominique Baudis et réuni en séance plénière vient enfin de voir ce qui, de fait, crevait les yeux et que le directeur général de la chaîne, Mohammed Haïdar, avait d'ailleurs lui-même avoué, le 25 novembre, dans un entretien au *Figaro* qui, par son insolence même, par les menaces à peine voilées contre « la sécurité des pays en Europe », constituait à soi seul un document : il « ne devrait pas y avoir, disait-il avec un aplomb proprement sidérant, de modifications substantielles de nos programmes » ; une chaîne capable de diffuser, vingt-neuf semaines durant, un grand feuilleton populaire mettant en scène deux rabbins en train d'égorger un enfant chrétien dont le sang entrerait dans la composition d'un pain azyme était incapable, par nature, de respecter ses « obligations légales et conventionnelles » ; Al-Manar, autrement dit, n'était pas une chaîne mais une officine – cette chaîne que l'on prétendait nous offrir un jour, au même titre que LCI ou Paris Première, était l'instrument à peine déguisé d'une propagande et d'un combat.

Restera à comprendre, quand tout sera fini, comment une assemblée d'hommes et de femmes estimables a pu se laisser abuser par des gens qui, la veille du « conventionnement », à l'heure où ils s'engageaient, main sur le cœur, à ne rien faire, jamais, qui fût de nature à susciter la haine raciale ou à troubler l'ordre public, diffusaient encore des clips glorifiant les kamikazes palestiniens et les présentant comme des stars hollywoodiennes.

Restera à s'interroger sur la misère d'une époque où l'on a parfois le sentiment que ce sont tous nos anciens radars de détection du pire qui se sont pour ainsi dire détraqués et où l'on tient pour allant de soi, au nom de la liberté d'expression, la diffusion à jet continu d'appels à la destruction d'un pays (Israël, cet « abcès purulent », selon le secrétaire général du Hezbollah, Hassan Nasrallah), d'un groupe d'hommes et de femmes (les juifs, ces « responsables de tous les désordres sociaux », selon le mufti de Tripoli) ou, tout simplement, du sens commun (« Le protocole des sages de Sion » présenté comme vérité révélée sur les ondes d'une télévision où ce sont des « entreprises juives » qui sont partout responsables, sic, du « trafic de la drogue », de l'« Industrie pornographique » ou de la « corruption des sociétés »).

Restera à savoir, surtout, s'il y a eu des pressions, et lesquelles, pour que l'on donne ainsi ce blanc-seing à des monomaniaques dont le message à nos banlieues, lorsqu'il fut à nouveau question (8 avril 2004, un responsable des Frères musulmans) de l'« héroïsme » des auteurs d'attentats-suicides, était qu'« une nation qui n'excelle pas dans l'industrie de la mort ne mérite pas de vivre » – restera à savoir quel crédit il convient d'accorder aux observateurs qui ont tout de suite suggéré qu'il pouvait y avoir un rapport entre la sanctification d'Arafat, le voyage chez Kadhafi et l'entêtement à voir, dans le Hezbollah, « un mouvement politique et spirituel disposant de députés au Parlement libanais »…

Merci, pour l'heure, à ceux qui, de l'extérieur, dans la presse, à la télévision, sur tel site Internet, ont su éclairer ce débat. Bravo à celles et ceux qui, en rappelant au CSA qu'une chaîne dont toute la raison d'être est de prôner le djihad n'est pas une chaîne comme une autre, ont livré, et commencé de gagner, une belle bataille d'opinion. Et gare, surtout, à bien transformer l'essai et à ne pas céder, par exemple, à l'inévitable chantage de ceux qui, à bout d'arguments, nous expliqueront demain que la technique a ses lois que la morale n'a pas et qu'il est techniquement impossible d'arrêter les ondes de la haine. La défaite d'Al-Manar sera la victoire, non de tel « lobby » comme l'ont dit les incendiaires des âmes, mais de tous ceux qui, en France, toutes confessions confondues, musulmans, juifs, chrétiens et, bien sûr, laïcs, se font une certaine idée de la démocratie et du droit.

2 décembre 2004.

Berberova, Douin et Lebovici, Macé-Scaron, Proust et Jacques-Emile Blanche. Avenir d'une régression.

Mes Mémoires, confie un grand nom de la littérature américaine… Je ne pourrai me mettre à mes Mémoires que le jour où je sentirai que l'aventure est terminée… Il n'y a que dans les testaments, en effet, qu'un homme, donc un écrivain, devient tout à fait libre… Mais en même temps, continue-t-il, rêveur : quand j'en serai là, pourquoi le ferais-je ? dans quel but stratégique ? il faut un calcul pour se raconter, une stratégie pour se mettre en scène, et le propre de ce moment de la mort annoncée, c'est que l'on n'y fait, sans doute, plus de stratégie. Aporie du mémorialiste.

De Nina Berberova, citée dans la biographie de Gérard Lebovici par Jean-Luc Douin (Stock) : « chacun, en ce monde, a son *no man's land* où il est son propre maître ; chaque homme, de temps à autre, échappe à tout contrôle, vit dans la liberté et le mystère, seul ou avec quelqu'un, une heure par jour, un soir par semaine, un jour par mois ». Lebovici ? Le fondateur d'Artmedia. Le compagnon de Belmondo et de Truffaut. L'ami de Guy Debord achetant un cinéma pour projeter en boucle son « Hurlements en faveur de Sade » qui restera comme l'unique cas, dans l'histoire, d'un film sans images et presque sans son. L'éditeur, aussi, d'un Mesrine dont le spectre semble vouloir, ces jours-ci, refaire un tour de piste. Et, au bout, ces quatre balles dans la nuque définitivement énigmatiques.

Je ne suis pas toujours d'accord avec Joseph Macé-Scaron (« L'homme libéré », Plon). Trop finkielkrautien, sans doute... Trop proche des thèses de Régis Debray... Un goût pour le « bon sens » (p. 58) ou la pensée qui « coule de source » (p. 74) que démentent, au demeurant, ses propres remarques (p. 152) sur la lecture fautive, par Gide, de la prétendue « improvisation » stendhalienne... Mais quand il dépeint, en moderne Tocqueville, les pièges de l'individualisme, quand il exhorte à libérer la personne d'un personnalisme qui s'est compromis, via Mounier, avec le double visage, pétainiste et stalinien, du pire, quand il évoque son « regretté maître » Jean-Marie Benoist ou qu'il raconte ce grand moment de « perestroïka intellectuelle » que fut l'aventure des nouveaux philosophes, quand il dépeint le bourdivisme comme un néobabouvisme mâtiné d'occultisme tendance « X-Files » et qu'il montre comment ce néoprogressisme peut reproduire, sur le dos, un jour, des « Palestiniens », un autre des « jeunes des banlieues », un autre encore des déshérités de la « mondialisation », le dispositif historiciste que la réflexion antitotalitaire de la fin du dernier siècle pensait avoir démonté, alors, là, en revanche, je me sens soudain très proche. Un « conservateur ouvert » (puisque c'est ainsi qu'il se définit) ne crachant pas sur Mai 68, quel régal ! Un chrétien orthodoxe (voir, à la fin, le très beau récit du pèlerinage à l'Athos) qui parle avec tant de justesse de la leçon iconophile du « Shoah » de Claude Lanzmann, quelle surprise ! Un aronien, enfin, qui se révèle si bon lecteur de Foucault (souci et construction de soi, exhortation à se déprendre du mauvais langage de l'identité), de Lacan (mais attention ! celui de Jacques-Alain Miller plutôt que de l'expert en psychiatrie sociale Tony Anatrella, cher à la droite intellectuelle !), un libéral, en un mot, qui refuse le discours convenu des nouveaux « briseurs de censure » exhortant à « tout dire » et à récuser l'intimidation par les diktats de la « pensée unique » et du « politiquement correct », voilà qui, sur une scène intellectuelle digne de ce nom, devrait faire avancer le débat et, peut-être, bouger quelques lignes. Anniversaire de la mort d'un ami. Et sentiment, déjà, de cette ritualisation du deuil et de la mémoire qui est l'exact envers de l'hommage que l'on aimerait lui rendre. Il faudrait imaginer quelque chose d'autre. Il faudrait pouvoir faire, par exemple, comme ces amis de Proust dont Jacques-Emile Blanche raconte qu'ils se réunissaient, chaque année, non pour le pleurer, mais pour, simplement, l'imaginer vivant : l'Académie ? *Le Figaro* ? de nouveaux amis ? de nouveaux ennemis ? une suite à « La Recherche » ? des dîners ou définitivement enfermé ? Cabourg ? quel éditeur ? la vie, quoi ! la vie, non seulement dans le cœur, mais dans l'imagination des survivants. Penser après Auschwitz ? Mais oui. Justement. C'est parce qu'il y a eu Auschwitz qu'il faut continuer de penser. La grande frivolité des mourants, insiste Proust à propos de Bergotte. Et puis cette autre idée, plus insistante encore, que la mort ne coïncide presque jamais avec la fin de l'existence terrestre et qu'il y a une mort avant la mort, des pans entiers de soi qui commencent à disparaître de son vivant. L'inverse, donc. Pourquoi se gêner ? Il y a trente-cinq ans, l'admirable « nous sommes tous des juifs allemands » d'une extrême gauche qui savait encore à quelle dette elle était tenue. Aujourd'hui, chez les mêmes ou chez ceux qui, plus exactement, se croient leurs héritiers, cet antisémitisme à visage à peine déguisé en islamoprogressisme, altermondialisme, bourdivisme encore. Quelle régression !

9 décembre 2004.

Vu de New York : antiaméricanisme et francophobie.

Je connaissais l'antiaméricanisme français. Je savais, pour l'avoir combattue, qu'il y a, au cœur de notre culture, une haine phobique de l'Amérique tenue pour une région, non du monde, mais de l'Etre et presque de l'âme. Ce que je savais moins, c'est que le même dispositif discursif, la même façon de transformer l'autre en un attracteur du pire amalgamant ce qu'il y a de pire dans l'idéologie nationale, fonctionnait aussi dans le camp d'en face. Et j'en veux pour preuve un livre tout récent, inédit encore en français mais publié par la prestigieuse maison new-yorkaise Doubleday, « Our Oldest Enemy », de John J. Miller et Mark Molesky, qui dit l'existence, en Amérique, d'une francophobie aussi folle, aussi navrante et, pour finir, aussi périlleuse que notre bon vieil antiaméricanisme.

Le livre part de l'idée, nullement scandaleuse en son principe, de remettre en mouvement le cliché d'une amitié franco-américaine qui aurait l'âge de La Fayette et dont seule la guerre en Irak aurait troublé la belle harmonie. Sauf que, partant de la réévaluation plutôt juste de tel épisode de l'histoire diplomatique des deux pays, revenant à juste titre sur tel mot du général de Gaulle au moment du retrait de nos troupes de l'Otan, il dérape très vite et, tout à sa volonté d'opposer une France noire à la vertueuse et lumineuse Amérique, nous offre un florilège d'arguments, tantôt extravagants, tantôt nauséabonds, qui sont tous censés prouver la perversité du génie français... C'est telle citation, absurde car hors de son contexte, qui fait dire, peu avant sa mort, à François Mitterrand que la France est « en guerre avec l'Amérique ». C'est telle page, ridicule, où l'on voit Jacques Chirac se rallier comme le premier « vandale » venu à la destruction d'un McDonald's par les « bandes » de José Bové. Ce sont toute une série de collages, citations trafiquées ou détournées qui prêtent à Clemenceau l'idée que l'Amérique serait une nation allée « directement de la barbarie à la dégénération sans passer par la case civilisation » ou à Jean Baudrillard que la destruction du World Trade Center était un « rêve français » exaucé par Ben Laden. Ce sont des pages grotesques où Voltaire se voit réduit au rôle d'un arnaqueur abusant Louis XV sur l'« énormité de la défaite française » ; Rousseau, d'un penseur totalitaire dont l'« idéalisme abstrait » aurait engendré rien de moins que « les Khmers rouges » ; Rimbaud, d'un « abolitionniste français » (!) dont la « grossièreté de langage » serait à l'origine littéraire d'un « répugnant voyou » nommé Jarry ; ou encore Jacques Derrida au rang d'un vague symptôme d'une France à la dérive réagissant à la perte de son influence par l'invention de cette « épidémie » que fut le « déconstructionnisme ». Ce sont des clichés, énoncés sur le ton de l'évidence, qui présentent les compatriotes de Villepin comme des crétins à « béret » et « col roulé noir » (!) dont la mentalité guerrière, versatile, corrompue, sournoise, insidieuse, amoureuse de la luxure, radine, maligne, serait responsable du traité de Versailles, donc de Hitler, donc de la guerre. Bref, c'est, tout au long du livre, une charge folle dont je ne connais d'équivalent que dans la littérature française la plus douteuse des années 30, contre une nation diabolique dont le but ultime serait l'humiliation méthodique de l'Amérique. Cette façon de figer l'entière culture d'un pays dans une caricature présentée comme naturelle a un nom : l'essentialisme. L'essentialisme, poussé à un tel degré, est l'autre nom d'une tentation à laquelle l'on s'étonne, comme toujours, de voir céder des esprits apparemment éminents : le racisme. Et le fait est qu'il y a une forme de racisme dans cette façon de s'appuyer sur un texte de Mark Twain qui contient, nous dit-on, « plus qu'une part de vérité » et selon lequel il y aurait, « au sein de la race humaine », les « êtres humains » et « les Français » – allez, recommandent ces fins lecteurs de « Tom Sawyer » ! « grattez le Français » ! cherchez sous cet être incertain, intermédiaire « entre l'homme et le singe », vous trouverez une bestialité « inédite sur les terres civilisées » ! La France et l'Amérique méritent mieux que cette opposition de deux délires antithétiques et, je le répète, non moins fascisants l'un que l'autre. La France de Tocqueville et l'Amérique de la Génération perdue, ces deux nations également littéraires et pareillement convaincues de l'exceptionnalité de leur lien à l'Universel, ne peuvent se résigner à ce mimétisme noir et doublement suicidaire. La publication de ce livre, cette accumulation de stéréotypes et de vulgarités, cette ignorance béate dont on ne sait plus, à force, s'il vaut mieux rire ou s'indigner, cette version américaine, en un mot, de « l'idéologie française », me renforcent dans le sentiment qu'il y a urgence : renouer le lien brisé et, par-delà ces deux chauvinismes engagés dans une mortelle étreinte, reprendre sans tarder le dialogue des esprits.

16 décembre 2004.

Pour saluer Françoise Verny.

Je ne crois pas, comme cela s'est écrit, qu'ait disparu, avec Françoise Verny, un âge de l'édition, une façon d'être éditeur à l'ancienne.

Je crois que Françoise fut un grand éditeur tout court.

Je crois qu'elle a eu, comme Paulhan, comme Rivière, comme Groethuysen, comme d'autres, ce singulier talent, qui est de tous les temps, de révéler des écrivains, non seulement aux autres, mais à eux-mêmes.

Ayant eu le privilège d'être des siens, ayant eu la chance immense de la rencontrer à 20 ans – elle en avait 40 ; elle était blonde alors ; elle était belle ; je la revois, la toute première fois, dans la force de sa jeunesse, robe d'été, œil noir et précis, en haut de l'escalier de Grasset, m'expliquant, d'entrée de jeu, que rien n'est, en ce monde, plus grand qu'un grand roman – ayant eu le privilège ensuite, pendant presque trente ans, parfois de près, parfois de plus loin, de la voir, pour ainsi dire, à l'œuvre et dans ses œuvres, je voudrais témoigner, en quelques mots, de cela.

Françoise était une extraordinaire pêcheuse d'âmes et de talents, un radar, qui, plus encore que les écrivains, savait reconnaître ce moment où un livre n'est encore qu'une promesse, une rêverie, une violence indistincte et qui tarde.

Françoise, si j'essaie de me souvenir, si j'essaie de revivre en pensée le ton de nos conversations, chez elle, rue de Naples, où elle convoquait ses auteurs, au point du jour, pour leur parler du manuscrit qu'elle avait dévoré dès 6 heures, c'était l'intuition du livre à venir, du désir informulé qui le porte, de sa lente retombée inutile qu'elle savait aussi reconnaître et, le plus souvent, conjurer.

Françoise ne dictait rien. Elle n'obligeait à rien. Souvent, elle parlait à peine, critiquait peu, n'écrivait d'ailleurs quasi pas dans les marges de nos textes. Mais, à la façon d'un analyste, à la façon de Jacques

Lacan que nous étions allés, une fois, entreprendre pour lui demander un « Ce que je crois » et qui lui avait répondu, malicieux et superbe, qu'il ne croyait à rien et qu'elle en savait d'ailleurs, elle, plus long que lui sur la question de la croyance, elle avait cette vertu, par son silence même, par son art extrême de l'écoute, de nous faire dire le désir impérieux, mais secret, incertain de lui-même, presque honteux, qui nous menait à elle.

Françoise était une accoucheuse, mais au sens socratique de libérer l'animal littéraire prisonnier des filets de la société.

Françoise était une force, mais très douce, mélange d'impatience et d'endurance, d'injonction et de bonté, qui faisait courber autrement la ligne de la pensée.

Françoise était brutale, impérieuse, violente quand nous la décevions et qu'elle feignait d'être hors d'elle pour mieux nous ramener à nous ; mais c'était aussi une Euménide, une bienveillante, elle aimait ses auteurs plus que soi, et leurs livres plus que ses auteurs.

Françoise savait que le monde n'est pas fait pour aboutir à de beaux livres ; elle était bien placée, cette guerrière, cette stratège que Mauriac appelait plaisamment Miss Ficelle, elle était mieux placée que quiconque pour savoir les efforts qu'il déploie, le monde, pour décourager la naissance des livres ; alors voilà ; elle donnait courage ; elle émancipait les écrivains et leur rendait confiance ; elle les libérait, oui, et d'abord, bien entendu, de leur peur.

Il y a des êtres qui vous aident à être vous-même : elle vous autorisait, elle, à devenir cet autre qu'est l'auteur d'un livre qui vous change.

Il y a des hommes, ou des femmes, qui font oser se révolter ; elle, sa recommandation était d'oser écrire,

écrire encore, ne jamais céder sur le désir trouble d'écrire.

Il y avait la souffrance de Françoise, bien entendu ; il y avait le désespoir de Françoise, ses perditions, ses alcools ; il y avait sa première blessure, si tant est que l'on puisse ainsi compter, dont les livres ne l'avaient pas guérie.

Il y avait l'autre Françoise, si tant est que l'on puisse ainsi distinguer ; il y avait la tourmentée de Dieu ; il y avait la Françoise qui pensait que Dieu n'a pas fait la mort et que le Christ est là, mais absent, introuvable, Jésus du tombeau vide et du ciel trop souvent muet ; il y a eu l'embellie tardive de ces bouleversants livres de vie où, renouant avec la foi de sa jeunesse, elle prendra le risque étrange de s'exposer, à son tour, un peu.

Mais voilà. J'ai aimé ce grand éditeur, ce passeur. Je dois tant, nous sommes si nombreux à tant devoir, à cette jeune intellectuelle qui a fait le choix, un jour, pour l'essentiel, d'écrire son œuvre propre dans les marges de la nôtre. C'est elle que pleurait, l'autre matin, sa petite compagnie d'écrivains. C'est la tendre complice vouée, sa vie durant, avec un désintéressement sans limite, à les affranchir et les servir, qu'ils sont, en l'église Saint-Augustin, venus accompagner en si grand nombre. Jusqu'à la fin, n'est-ce pas. Jusqu'à ce dernier silence, plus grave, plus terrible, chargé de tout ce qu'elle ne pouvait plus dire, mais qui la faisait, paraît-il, et de loin, veiller encore sur nous tous.

23 décembre 2004.

2005

Les leçons du tsunami.

Si j'étais superstitieux, je serais passablement troublé, il me semble, par le fait que la catastrophe soit arrivée à ce moment de l'année, lendemain du jour de Noël qui devrait être synonyme, non seulement de paix, mais de recueillement et d'espoir.

Si je croyais à la lettre des textes sacrés, je ne pourrais pas ne pas être tenté de voir dans ce déchaînement des éléments, terre et mer, séisme et déluge conjugués, comme une réplique lointaine des cataclysmes archaïques : la Genèse, certes ; mais pas seulement ; toutes les grandes religions sont concernées ; toutes ont, gravés dans leur mémoire, une colère de Poséidon, une Atlantide, un Ut-Napishtim rescapé du déluge sumérien, un sampraksâlana chez les hindous.

Si je croyais aux signes, si je pensais que tout fait signe dans la façon dont Dieu s'adresse aux humains, je serais atterré par ce dies irae que nul signe, justement, n'a précédé, nul frémissement avant-coureur, nul avertissement comme dans le texte biblique : mer d'huile au contraire ; innocence ; parodie du paradis ; une humanité prise en traître et, pour ainsi dire, pieds dans l'eau – est-ce ainsi que Dieu parle à ses fils ? faut-il qu'il soit en colère pour qu'il nous punisse ainsi, sans préavis ni proportion ? Car si je croyais en Dieu ou si j'y croyais, plus exactement, comme on y croit de nos jours, si je croyais dans le Dieu good guy des Eglises américaines, si je croyais en ce Dieu bon garçon et qui nous veut du bien des nouveaux logisticiens de la foi, l'événement me rappellerait à l'ordre, enfin, de ce que les théologiens sérieux n'ont jamais perdu de vue : que les dieux sont cruels, au contraire ; qu'ils font la mort et la vie ; le mal autant que le bien ; que le risque zéro n'existe pas et que, dans la distribution des mérites et des destins, des fautes et des châtiments, subsiste, à jamais, l'insondable mystère d'iniquité. Je ne crois pas à cela ou, en tout cas, pas comme cela. Et devant l'ampleur du désastre, devant le nombre non seulement des victimes, mais des vivants en sursis et des disparus, je préfère, pour le moment, m'en tenir aux questions, moins théologiques et plus concrètes, de ce qui peut être concrètement fait pour porter secours aux survivants. Je préfère me souvenir du temps où, à quelques-uns, forts de l'idée simple qu'il n'y a pas plus de catastrophes naturelles qu'il n'y a de nature ni de contrat naturel, nous fondions ACF, Action internationale contre la faim, dont je découvre avec fierté qu'elle est en première ligne de la chaîne de solidarité : jusqu'à quand, cette mobilisation ? que faire pour la faire durer ? comment s'y prendre, surtout, pour réduire la part du diable, le vrai, qui s'appelle indifférence, ou oubli, et qui fait que nul ne sera là, dans un an, dans six mois, pour vérifier que les promesses ont été tenues ? telles étaient alors les questions – telles, plus que jamais, elles demeurent. Je préfère me remémorer cette humble leçon, apprise, elle, sur le tas, lors de nos premières missions d'ACF – je préfère me rappeler qu'il y a pire encore que le déluge, pire que l'eau qui déferle, et que ce pire c'est l'eau qui stagne, l'eau pourrie par les cadavres que l'on n'a plus le temps d'enterrer, la sale eau putride et croupie qui nourrit les épidémies mais que la technique, heureusement, sait purifier : vite, d'autres médecins ! vite, d'autres vaccins ! et puissent-ils se taire, à la fin, les éternels petits cyniques qui, face à un élan de compassion presque aussi exceptionnel que le drame, ne savent qu'ironiser sur le grand téléthon planétaire et son ballet de suppliciés ! Je préfère poser, au fond, la question que je sens venir ici ou là, et qui est celle des limites de la science, de l'ubris coupable de la technique et de la nouvelle modestie requise de la part des Terriens en situation de précarité définitive. Imprévisible, vraiment, le tsunami ? Impuissante, la science ? Oui et non. Et je préfère entendre ceux qui nous disent que, s'il est impossible, en effet, de prévoir le lieu et le moment où la Terre grondera, des systèmes d'alerte existent, qui fonctionnent en Californie ou au Japon, et dont nous savons que les Etats endeuillés d'Asie du Sud n'ont pas jugé utile de se doter : pourquoi ? comment ? et notre souci de l'autre saura-t-il achever de les convaincre que la vie d'un pêcheur de Phuket vaut celle d'un yuppie de San Francisco ? Je reviendrai sur tout cela. Mais d'une chose, d'ores et déjà, je suis sûr. Le tsunami de Sumatra n'est peut-être pas la plus grande catastrophe des temps modernes ; et il suffit de relire Claudel, ou Bodard, pour se rappeler qu'au palmarès de l'horreur les crues du fleuve Jaune ou l'incendie de Tokyo de 1923 tiennent, hélas, encore la corde. N'empêche. L'événement est de ceux qui font reconsidérer les paradigmes de la pensée. C'est le type de cataclysme qui, non content de déplacer l'axe de la Terre, fait imperceptiblement bouger celui de notre rotation intérieure. Comme le désastre de Lisbonne. Comme le Hiroshima de Jaspers et de Camus. Comme le 11 septembre 2001. Voltairien ou leibnizien ? Candide ou Pangloss ? La lucidité active du premier ou le providentialisme paresseux du second ? Les Lumières, mais lesquelles ? La théologie, mais pourquoi ? Telles sont les questions. A chacun de se déclarer.

6 janvier 2005.

Sartre : pour ouvrir le bal du centenaire.

Il faudrait tout relire de Sartre. Tout. Je sais que c'est peu courant pour un écrivain dont on fête le centenaire et dont une partie de l'œuvre a, par définition, eu le temps de vieillir. Et je conçois que la recommandation surprenne, venant d'un essayiste dont la thèse, il y a quatre ans, fut celle d'un duel, donc d'une contradiction, entre deux ou même trois Sartre. Mais c'est ainsi. Tout, oui, est à relire. Les textes canoniques, bien sûr. Les livres philosophiques qui, comme « L'être et le néant », sont enseignés dans les écoles. Les textes libertaires et pessimistes, stendhaliens et nietzschéens, constitutifs de ce que j'appelais le « premier Sartre » et que j'aime tant. L'admirable « Nausée », à mettre en regard du « Voyage » et de « Mort à crédit », avec lesquels on constatera qu'il soutient honnêtement la comparaison. La préface à « Aden Arabie », ce traité de savoir-vivre à l'usage des jeunes gens en colère de tous les temps. La préface au « Portrait de l'aventurier », où il pensait avoir donné une défense et illustration de l'esprit du militant alors que non ! quelle erreur ! c'est l'autre, le disciple de Malraux et de Lawrence, l'aventurier mystique et romantique, qui, par le miracle du style, l'emporte sur Hoederer. Mais voilà.

Le reste aussi. Tout le reste. Les textes réputés mineurs qui, comme l'essai sur le Tintoret, enchanteront les amoureux de Venise. Les textes mal famés, comme « Qu'est-ce que la littérature ? » qui, contrairement à ce que, depuis cinquante ans, nous serinent les ignorants, plaide pour un engagement des écrivains mais un dégagement de leurs romans. L'anticipation, dans ses premiers essais sur Husserl, des intuitions antihumanistes des penseurs postmodernes que ma génération, ignorante, croira malin de lui opposer. Le « stade du miroir » de Lacan trente ans avant. Le sujet énergumène de Deleuze encore plus tôt. Des textes politiques qui n'avaient de sens, en principe, qu'ancrés dans la circonstance – il disait la « situation » – et qui continuent, pourtant, de nous parler de nos enjeux d'aujourd'hui. Les « Situations », justement, ces textes disparates, où Sartre revendique jusqu'au vertige le droit, réclamé par son frère ennemi, son semblable désavoué, Charles Baudelaire, de se contredire, de s'en aller, de n'être jamais tout à fait raccord avec le corps de sa pensée – ces « Situations » qui, malgré cela, malgré cet art réglé de la palinodie et de la fuite, malgré cette volonté de « se casser les os de la tête », conservent leur cohérence, leur force. Le texte sur Castro, « Ouragan sur le sucre », politiquement terrible, mais très beau. L'essai sur Dos Passos, extraordinaire art du roman dont gagneraient à s'inspirer nombre de nos petites natures. « Les chemins de la liberté ». La forte trilogie, presque toujours présentée comme indigeste, lourde, rendue compacte et didactique par le souci de ses personnages conceptuels, alors que c'est l'inverse et que la part de philosophie est, au contraire, ce qui l'allège. Le dernier volume, « La dernière chance », où je n'ai jamais compris par quel bizarre tour de l'esprit l'on s'obstine à voir du Dos Passos adapté, donc de l'Amérique en moins bien, alors que c'est un roman américain réussi. Le « Flaubert » parce que s'y invente un genre. La « Critique de la raison dialectique » parce que c'est la faillite la plus retentissante de l'histoire de la philosophie, et que ça aussi c'est intéressant. L'antipétainisme des « Mouches ». « Qu'est-ce qu'un collaborateur ? », ce manifeste antifasciste qui peut valoir vade-mecum pour d'autres antitotalitarismes. Les entretiens avec Benny Lévy où Sartre est un très vieux Sartre, aveugle, presque impotent : mais quelque chose se joue, là, dans ce contact avec le Nom juif et ce quelque chose, s'il avait vécu, lui aurait permis, j'en suis sûr, de naître une nouvelle fois, de tout recommencer et de lever les hypothèques qui grevaient sa pensée depuis le début. Tout Sartre, donc. Sartre comme un tout ou comme un bloc parce qu'on peut, certes, distinguer entre deux Sartre, mais pas le saucissonner ni l'épurer. Jusqu'aux textes les moins supportables. Jusqu'à la « Réponse à Claude Lefort » où c'est Lefort qui a raison et la théorie du groupe en fusion qui commence de s'écrouler. Jusqu'aux « Communistes et la paix » (sans lesquels il n'y a pas « La reine Albemarle »). Jusqu'aux textes mao (sans lesquels il n'y a pas le « Flaubert »). Jusqu'à cet autre Sartre, le second Sartre, celui de la « Critique », qui désavoue, philosophiquement, les percées géniales du premier (mais grâce auquel je soutiens aussi que l'autre, le premier, continue paradoxalement de vivre et de résister). Après, on peut attaquer. Après, on peut haïr. Après, une fois qu'on a tout pris, l'avers et le revers, les deux visages jumeaux, les deux regards qui, comme les yeux énormes de la baleine de

« Moby Dick », envoient leurs deux visions du monde sur les deux écrans mentaux de l'écrivain, on peut pleurer de tristesse et de rage à la lecture, par exemple, de l'oraison funèbre à Camus. Mais il faut d'abord tout prendre. Il faut considérer l'entièreté d'une aventure qui est l'une des plus folles mais aussi, parce que folle, des plus fortes et des plus fécondes de l'histoire de la pensée française. La dernière aventure philosophique moderne. La dernière tentative sérieuse de sortir de l'impasse hégélienne. Une façon de répondre du siècle, où la quantité d'erreurs commises aura été à la mesure des risques encourus, les vrais, qui sont ceux de la pensée. Sartre et son siècle. Le siècle de Sartre.

13 janvier 2005.

Le fantôme de Pékin. Quand Le Pen tient à sa réputation. Laurent Terzieff et Roland Barthes.

Zhao Ziyang, c'était le Masque de fer de Pékin. Secrétaire général du parti communiste au moment de la place Tiananmen, opposé à l'envoi des chars et partisan, au contraire, du dialogue avec les étudiants, apôtre, en d'autres termes, d'un socialisme à visage humain que le bain de sang allait repousser aux calendes, il fut destitué par Deng Xiaoping, mis en résidence surveillée dans une maison proche de la Cité interdite, rayé d'une mémoire collective dans l'enfer de laquelle il allait retrouver d'autres réprouvés du type de l'ancien président Liu Shaoqi et vivait, depuis lors, d'une existence fantomatique et infime. Aujourd'hui il est libre, vient d'annoncer Wang Yannan, sa fille. Il est « enfin libre », dit-elle exactement, c'est-à-dire mort. Et le trait, son humour macabre et désespéré, ce qu'il laisse entendre de la vie de cet homme depuis quinze ans, le malaise aussi du pouvoir, son silence, la mise en état d'alerte, comme à la grande époque, de la police anti-émeutes et de l'ensemble de la presse priée de donner le minimum d'écho à la disparition de celui qui restera comme le premier des grands réformateurs du pays, tout cela en dit long sur l'état réel d'une Chine dont on célèbre partout l'« ouverture » sans voir, apparemment, qu'elle est loin d'avoir tourné le dos à ses âges barbares. Chinois, encore un effort pour être vraiment démocrates. Français, un peu plus de vigilance avant de donner au géant économique de demain les brevets de libéralisme qu'il nous demande. Un spectre hante la Chine. Et c'est, escorté de celui des victimes du printemps étudiant de Tiananmen, le spectre de Zhao Ziyang.

Impayable Le Pen. Il était en train de se faire une nouvelle réputation. La thèse selon laquelle il n'était pas fasciste, mais juste un peu populiste, était en train de gagner du terrain dans les médias et l'opinion. Récemment encore, un journaliste tentait de me faire admettre que nous nous étions tous trompés de cible et que la véritable source du néoantisémitisme contemporain était à chercher du côté non du FN, mais des islamistes brûleurs de synagogues dans les banlieues. Et l'on avait presque l'air mauvais joueur quand on essayait d'objecter que oui, d'accord, l'islamisme, il y a une vraie source islamiste, bien sûr, à cette flambée antisémite – mais islamisme, hélas, rime avec lepénisme, c'est le double fil d'un même lien, les deux mâchoires d'un même piège ; il y a, entre les fascistes verts et les autres, entre les assassins, par exemple, qui, dans les années 90, découpaient les bébés algériens en rondelles et Le Pen décrivant le « combat » du FIS comme celui de la « djellabah nationaliste » contre le « jean cosmopolite », une communauté de valeurs et, au fond, de projet. Eh bien voilà. Patatras ! Tant de zèle, à la fin, devait finir par énerver le Chef. Car c'est lui qui vient, en quelques phrases, de balayer ces spéculations et de remettre les choses au point. Banalisation de l'Occupation dont il ne voit pas l'« inhumanité ». Normalisation du nazisme et de ses crimes, qui deviennent des crimes parmi d'autres, un autre « point de détail » dans l'histoire générale des massacres. Le FN, qu'on se le dise, reste le parti des conjurés du Petit-Clamart et du milicien Victor Barthélemy. Il demeure cette formidable lessiveuse spécialisée dans le blanchiment des anciens collabos que nous étions quelques-uns, il y a vingt ans, à avoir détectée. Rien, personne, aucun habit neuf ni aggiornamento ne sont près d'effacer cette mémoire noire à laquelle le principal intéressé tient, semble-t-il, comme à un testament.

L'admirable Laurent Terzieff, l'autre soir, chez Guillaume Durand. A la télé comme au théâtre. A la vie comme sur la scène. Le même air éternellement décalé, un peu absent, qui m'avait tellement impressionné, il y a dix ans, quand j'étais venu lui parler, avec Emmanuelle de Boisson, de la création du « Jugement dernier ». Le même drapé moral. Le même mélange bizarre d'éloquence et de retenue, de volubilité soudaine et de pudeur muette. Je me souviens d'un texte de Roland Barthes à la fin de son époque théâtre. On est en 1960. Peut-être un peu plus tard. Il n'en finit pas de s'émerveiller du choc qu'a été, pour lui, la rencontre avec Brecht et le Berliner Ensemble. Et c'est un texte où il tente de le concilier, ce choc, avec son autre goût, d'adolescent, d'enfant, pour ces acteurs admirables que furent aussi Dullin, Pitoëff ou Jouvet. Les acteurs que je préfère sont ceux, dit-il à peu près, qui ne se déguisent pas. Ce sont ceux qui, loin, comme veut le lieu commun, d'entrer dans leur rôle, de l'incarner, laissent au contraire le rôle entrer dans leur souffle et, d'une certaine façon, lui donner corps. Le souffle de Dullin, toujours le même quoi qu'il jouât. La diction de Jouvet, toujours autrement la même d'un personnage à l'autre, et du théâtre au cinéma. Eh bien même chose pour Terzieff aujourd'hui. Même destin de cette voix, si peu jouée, si peu joueuse, et dont le timbre, quoi qu'il fasse, quelque texte, fictif ou vécu, dans lequel il choisisse d'entrer, bouge paradoxalement si peu. Paradoxe ? Sans doute. C'est le paradoxe, non du comédien, mais de l'acteur.

20 janvier 2005.

Victoire de la mémoire.

Ces cérémonies autour du soixantième anniversaire de la libération du camp d'Auschwitz, c'est le signe que la bataille de la mémoire est gagnée.

Il y a eu les révisionnistes tentant de nier l'indéniable : ils sont réduits, vingt-cinq ans après, à une secte farfelue et fanatique que les grands historiens, je pense notamment à Pierre Vidal-Naquet, ont sans doute eu le tort, à l'époque, de prendre trop au sérieux.

Il y a eu le courant intellectuel dit des nouveaux historiens qui naquit, en Allemagne, à peu près au même moment et qui culmina, ces dernières années, avec l'offensive de ceux qui, comme l'écrivain Martin Walser, déclarèrent en avoir assez de la « massue morale » d'Auschwitz et plaidèrent contre la construction d'un monument, d'un *Denkmal*, installé au cœur de Berlin : le monument, aujourd'hui, existe ; il sera inauguré dans quelques semaines ; le débat est clos.

Il y a eu, en France, de bons esprits opposant, derrière Paul Ricœur, une très étrange « politique de la juste mémoire » à la « nouvelle intimidation » provoquée, selon eux, par les « abus de la mémoire » des « obsessionnels » de la Shoah : on ne les entend plus, non plus, ceux-là ; il n'est plus guère question de ce renvoi dos à dos du « trop de mémoire » et du « trop d'oubli » ; et il semble bien que leur casuistique soit, pour l'instant du moins, et partout, éclipsée par le beau et fervent désir de célébration partagée.

Il y a eu le moment où, autour, notamment, de l'affaire du carmel d'Auschwitz, pointa le risque – et c'était terrible – d'un affrontement des mémoires, c'est-à-dire des lectures de l'événement, entre juifs et catholiques : le débat a eu lieu ; les points de vue se sont heurtés ; mais grâces soient rendues au sang-froid des uns et des autres et aussi, il faut bien le dire, à la courageuse prise de position du pape et de ses évêques – la polémique a fait long feu et l'Eglise polonaise elle-même ne paraît plus vouloir nier que l'immense majorité des morts d'Auschwitz sont morts non parce qu'ils étaient polonais, mais parce qu'ils étaient juifs.

Et je ne parle pas, enfin, des lendemains de l'événement, à l'époque où ceux que Primo Levi nommait les

115

« hommes zèbres » et que l'on appelait, partout, les « déportés raciaux » suscitaient un tel malaise que l'on préférait ne pas les entendre du tout ou les faire taire – quel chemin, là aussi ! et comme nous étions loin, ce dimanche, quand Simone Veil cherchait, à côté du sien, dans la pierre gravée du mémorial de la rue Geoffroy-l'Asnier, à Paris, le nom de ses parents suppliciés, comme nous étions loin, oui, de ces sombres temps où seuls les déportés politiques, autrement dit les anciens résistants, avaient les honneurs de l'Histoire officielle et où les autres, c'est-à-dire les juifs, en étaient réduits à pleurer, prier et témoigner en silence.

Alors, une bataille, bien sûr, n'est pas la guerre ; et sans doute convient-il, au chapitre des signes, de prêter attention aux autres signes, de plus sinistre présage, qui rappellent que mémoire n'est pas leçon et que la leçon d'Auschwitz n'est, hélas, pas toujours entendue.

Ces musulmans anglais, par exemple, dont je lis qu'ils refusent de s'associer à une commémoration qui n'associe pas elle-même les victimes, sic, du génocide du peuple palestinien.

Le développement, partout, d'un néoantisémitisme à visage progressiste, voire antiraciste, dont l'auteur de ces lignes avait, il y a quelques années, pendant la conférence de Durban, pointé, ici même, dans ce « Bloc-notes », l'odieux renversement qu'il fait subir aux catégories morales les mieux assurées.

Le développement, pour être précis, d'un nouveau discours de la stigmatisation trouvant le moyen de tourner l'interdit d'Auschwitz en remplaçant juif par israélien, « sale juif » par « tsahal juif », et en recyclant ainsi, à la faveur de ce tour de passe-passe rhétorique et symbolique, tous les bons vieux clichés des bréviaires de la haine en principe condamnés.

Ou bien encore les progrès que fait, au-delà même du drame palestinien, la thématique d'une concurrence victimaire voyant dans l'insistance à se souvenir de la destruction des juifs une façon d'oublier le reste, de faire ombre aux autres massacres et, au lieu, comme nous le croyons, nous, les militants de la mémoire, d'aiguiser nos systèmes de perception, de les émousser au contraire et de nous rendre aveugles, quand il revient, au pire.

Mais enfin la tendance générale est bien, à la fin des fins, celle que je dis. Il y avait là un événement qui, comme tout événement et plus encore, était fragile, incertain de son statut et de son sens. Il y avait là un crime unique qui était d'autant plus difficile à mémoriser que c'était un crime sans tombes, sans témoins, sans ruines, sans traces. Eh bien, le voilà, cet événement, construit (par les historiens), porté (par les générations des enfants et petits-enfants des survivants), nommé enfin (par un grand film, « Shoah », de Claude Lanzmann). Le voilà devenu, dans le monde entier, par la voix des plus hautes autorités politiques, spirituelles et morales, cette brûlante question inlassablement adressée au présent par le passé dont parla naguère Levinas. Et voilà pourquoi je pense que la bataille de la mémoire est, jusqu'à nouvel ordre, gagnée.

27 janvier 2005.

Dieudonné, fils de Le Pen.

Jean-Marie Le Pen n'avait que des filles. Et bizarrement ingrates, par les temps qui courent. Eh bien voilà.

C'est réparé. L'actualité, bonne mère, est en train de lui donner des fils. Enfin un, en tout cas, Dieudonné, dont le dernier show, au Zénith, il y a quelques semaines maintenant, n'a pu que combler d'aise le vieux chef du Front national.

Qu'on en juge.

Les noms de personnalités juives huées par une salle de jeunes, probablement antiracistes.

Lui, Dieudonné, « interdit d'antenne à la télé » parce que, chez Ardisson, c'est « Bénichou qui parle à sa place ».

Des insultes contre le CRIF.

Des blagues graveleuses ou diffamatoires contre Elie Wiesel ou moi-même.

Un personnage imaginaire au nom délicat de Goldenkraut – que l'on prend soin, chaque fois, de bien prononcer Golden-crotte – dont la spécialité est de reprocher aux « nègres » leur « ingratitude » vis-à-vis du « peuple élu » qui leur a « apporté Diderot, Montesquieu, Rousseau qui, comme chacun sait, étaient tous juifs à 90 % ».

Le fantasme lepéniste d'une France livrée, pieds et poings liés, à un redoutable lobby sioniste dont on ne peut parler qu'« à voix basse », en « s'accrochant », car « il y a eu » (l'humoriste, là, feint une hésitation)… il y a eu (il regarde derrière lui « car les sionistes, murmure-t-il à la plus grande joie de la salle, c'est toujours dans le dos qu'ils attaquent »), car il y a eu, donc, « la Shoah ».

Les vieux rires gras sur Bruel, « vous savez, Maurice, celui qui a changé de nom, remarquez, c'est son problème » : les mots de Le Pen là aussi ; le même ton ; les mêmes lourdes insinuations du mouchard qui va se lâcher mais qui sait qu'il faut faire attention car il est en train – c'est toujours lui, Dieudonné, qui parle – de « mettre les pieds dans une zone interdite » ; la même vulgarité, en un mot, à la fois lyncheuse, cauteleuse et augmentée, « artiste » oblige, de remarques empoisonnées sur le fait qu'il a commis, lui, « une grave erreur » stratégique en ne comprenant pas que c'est en faisant « du Bruel » qu'un homme de scène peut, dans ce pays, « être diffusé dans la grande distribution » et « réussir ».

Contre Marc-Olivier Fogiel enfin, contre l'animateur télé chez qui l'ex-humoriste en perdition commit son sketch désormais fameux du juif orthodoxe faisant le salut nazi, des mots d'une bassesse, d'une obscénité et, finalement, d'une violence assez inouïes : il nous a fait « sa petite chatte », hurle-t-il face à ses 5 000 supporters ravis ! il nous a fait « une descente d'organes », insiste-t-il, avant de les inviter à conspuer, en cadence, le nom du misérable ! le type même, autrement dit, de la charge anti-homosexuelle, que le beauf lepéniste classique a la prudence, d'habitude, de réserver à ses soirées privées, mais qui trouva là, en plein Paris, une grande salle prestigieuse, populaire et au public chauffé à blanc pour faire entendre son cri de rage désinhibé.

Et puis, *last but not least*, car c'est évidemment le plus triste et, d'une certaine façon, le plus grave, la montée sur scène, au terme de ce pathétique happening homophobe et antisémite, de trois témoins de moralité venus dire leur solidarité avec leur copain « bâillonné » : il y eut là Daniel Prévost clamant que « Dieudo » est non seulement le plus « grand », mais le plus « courageux » des amuseurs d'aujourd'hui ; le judoka Djamel Bouras, saluant en lui l'« homme libre » que « certaines puissances », suivez mon regard, voudraient voir réduit au silence; et, incroyable mais vrai, l'acteur le mieux payé du box-office français, le porte-parole d'une génération, l'homme qui a su, au lendemain du 11 septembre, trouver des mots si justes pour stigmatiser l'affront fait à l'islam par les fous de Dieu devenus kamikazes, il y eut, donc, Jamel Debbouze venu dire que c'est pas sympa, de la part de l'ami Dieudo, de s'être ainsi marginalisé et d'avoir laissé les copains seuls se « farcir Drucker et Enrico Macias » mais que, bon, il a quand même eu « les couilles de dire tout haut ce que nous pensons, nous, tout bas ».

De cette soirée terrible, de ce concert transformé en meeting, de cette cascade de dérapages et de hurlements de fureur qui n'avaient plus rien à voir – est-il nécessaire de le préciser? – avec la-légitime-critique-de-la-politique-de-l'Etat-d'Israël-et-de-Sharon, la presse a peu parlé: une déclaration du porte-parole du PS, Julien Dray, au micro d'Elkabbach, à Europe 1; une autre du vice-président de SOS Racisme, Patrick Klugman, sur iTélévision; une brève du *Parisien*; c'est à peu près tout, il me semble, jusqu'à ces lignes que j'ai moi-même, je l'avoue, peut-être par sympathie pour Debbouze, hésité plusieurs semaines à écrire. Que serait-ce, encore une fois, aurions-nous et aurais-je moi-même ainsi temporisé, combien serions-nous, surtout, à être déjà descendus dans la rue si c'était, non Dieudonné, mais Le Pen qui avait consacré toute une soirée, sur une grande scène, à casser du juif et du pédé?

3 février 2005.

Il y a péril en la demeure du secret.

Forum à la Mutualité, à l'initiative de Jacques-Alain Miller et des psychanalystes d'obédience lacanienne, autour du droit au secret et de ce qui, aujourd'hui, le menace.

Secret professionnel des avocats sournoisement désavoué chaque fois que peut être supputée, entre eux et leurs clients, je ne sais quelle complicité occulte.

Secret des journalistes, c'est-à-dire secret de leurs sources, qui est la condition de la liberté de l'information et dont on a bien vu, ici même, le 13 janvier, quand dix policiers sont venus perquisitionner les locaux du *Point* pour contraindre Olivia Recasens, Christophe Labbé et Jean-Michel Décugis à livrer les sources d'un article sur le dopage, comment il peut être remis en question.

Secret médical, le plus ancien de tous, puisqu'il remonte, lui, au serment d'Hippocrate, mais, de tous aussi le plus profondément menacé, comme en témoignent les différents projets de réforme des systèmes de santé publique, notamment mentale, concoctés ces dernières années par les bons apôtres de l'évaluation, de la mise en diagnostic généralisée et de ce que Foucault appelait « l'Etat médical ouvert ».

Secret des prêtres, enfin, secret de la confession, qui est peut-être, dans nos sociétés, la matrice de tous les autres, et dont l'ancienne imprescriptibilité ne va plus, elle non plus, toujours ni tout à fait de soi – entre autres signes, cet arrêt de la Cour de cassation du 17 décembre 2002 autorisant, en marge d'une affaire de pédophilie traitée par l'officialité diocésaine de Lyon, puis par un juge d'instruction de Nanterre, la justice à se saisir de disquettes informatiques que, depuis des siècles et des siècles, couvrait le secret du confessionnal.

L'enjeu, chaque fois, est bien cette conspiration contre la vie intérieure dont Bernanos a si bien dit qu'elle est, dans les sociétés modernes, le premier pas vers la tyrannie.

C'est ce goût de l'indiscrétion dont le système médiatique contemporain donne trop souvent l'exemple et dont la véritable cible est la réserve de subjectivité, donc de liberté, qui s'appelle aussi le for intérieur.

C'est une humanité sans secret, donc sans âme, ou perdant petit à petit son âme au sens où Schnitzler parlait de l'homme qui a perdu son ombre et qui, en perdant son ombre, en croyant gagner en éclat et faire le plein de lumière, ne fait qu'aller doucement vers sa propre annihilation.

C'est cette nécessité de transparence, en un mot, cette exigence de tout dire et de tout voir, cette volonté de pureté, dont nous savons qu'elles sont, au moins autant que leur contraire et que le désir, par exemple, d'étouffer les secrets d'Etat ou de dissimuler aux gouvernés les ressorts cachés de l'art de gouverner, le principe des despotismes et, à terme, des totalitarismes.

Jacques-Alain Miller, par ailleurs éditeur scrupuleux de l'œuvre de Jacques Lacan, a ouvert les débats.

Le ministre de la Santé, Philippe Douste-Blazy, les a clos avec un discours fort où il annonça au peuple des psys l'enterrement sans retour des mauvais plans qui, l'année passée, voulurent les mettre au pas.

Et j'ai essayé, moi-même, après d'autres, de faire mon travail de philosophe en proposant d'imprimer à cette belle notion, fragile, en péril et, par-dessus le marché, souvent confuse, de « droit au secret » une série de petits déplacements propres, me semble-t-il, à clarifier un peu le débat.

Un déplacement politique tentant de concilier la défense du for intérieur avec les acquis du procès de l'intériorité instruit, de Sartre à Lacan, par tout ce qui a compté dans l'antihumanisme contemporain.

Un déplacement philosophique prenant appui, pour briser le cercle infernal du droit au secret et de la volonté de vérité, sur un texte de « Questions III » où Heidegger explique qu'il en va de la relation du secret à son dévoilement comme de celle de l'oubli à la vérité, de l'abri au désabritement – l'un se nourrissant de l'autre, l'autre relançant l'un, et ainsi de suite, à l'infini.

Un déplacement étymologique rappelant à qui projetterait de se perdre dans les vertiges métaphysiques d'un secret insondable, ineffable (et d'autant plus difficile, donc, à défendre et préserver) que « secret » est le même mot que « discret », lequel est de la famille de « discerner », lequel signifie aussi « distinguer », ou « séparer », ou « isoler » – « secret » se disant alors de la relation d'un sujet, non à son fond, mais à un autre sujet.

Une clarification topologique, enfin, substituant au dispositif vertical de l'« ontologie du secret » chère, jadis, à Pierre Boutang un dispositif horizontal désignant, encore une fois, la relation d'une subjectivité à toutes les autres subjectivités avec lesquelles elle choisit, ou non, de faire connaissance – la défense de l'intimité revenant à dresser, autour de chacun, avec l'aide des avocats, des journalistes, des médecins et des prêtres, ces gardiens de la maison du secret, une mince mais indestructible muraille d'inviolabilité.

Cette bataille pour le secret ainsi compris, cet impératif de défendre, non la société, mais les individus qui la composent et qui ont tous droit à leur part d'ombre, voilà, mine de rien, l'un des enjeux majeurs de ce temps.

10 février 2005.

Miller et Baudelaire. La maladresse de M. Cukierman. L'esprit de Mitterrand ne nous quitte décidément pas. Condoleezza Rice au réveil. Le nom des otages.

Centenaire de la loi de 1905. Pourquoi répéter partout que la laïcité, c'est la liberté de culte et de croyance ? Non. Liberté de croire ou de ne pas croire. De pratiquer ou de ne surtout pas pratiquer. Distinction qui, pour nos concitoyens de tradition musulmane, pour les jeunes filles, par exemple, contraintes de porter le voile, change évidemment tout.

Arthur Miller, je l'ai connu, à Paris, il y a quinze ans, lors de la parution, chez Grasset, de ses Mémoires. Sa haute silhouette d'adolescent qui ne s'est pas vu vieillir. Ses allures de grand prof, érudit et modeste. Cette lutte que l'on sentait, en lui, contre d'invincibles chimères. Et puis, bien sûr, Marilyn, fantôme aimé et envahissant, invincible présence elle aussi : une vie si longue, des pièces si nombreuses, ces blocs de mémoire qui le traversaient et, de littérature en politique, des « Sorcières de Salem » au Vietnam et aux dégénérations diverses de la mystique américaine, lui faisaient chevaucher tous les âges, ou presque, du siècle – et toujours, dans chaque interview ou conversation, le moment où l'on arrivait à Marilyn ; et toujours, chaque fois, la même façon de faire l'embarrassé, encombré de son propre mythe, lassé de ce spectre qui le suivait et auquel il sentait bien que son existence était condamnée.

Droit au secret, encore. Personne n'avance à visage découvert. Jamais.

Rire de tout ? Oui. Mais rire. Vraiment rire. De ce grand rire baudelairien, « témoin d'une chute ancienne », que l'auteur des « Fleurs du mal » liait au souvenir du péché originel. On en est loin. Très loin. Mais peut-être le rire est-il une affaire trop sérieuse pour être laissé aux seuls humoristes.

Même chose pour la lutte contre l'antisémitisme. Chose trop sérieuse, là aussi, pour être laissée aux seuls professionnels du genre. Matière si terriblement radioactive que l'on tremble d'entendre tel responsable communautaire déclarer que, des salles du Zénith à l'hôtel Matignon, de telle banlieue chaude aux bureaux du Quai d'Orsay, courrait un même fil et se déclinerait un même discours. Simplification. Amalgame. Et surtout, surtout, risque, en parlant ainsi, en imputant à un facteur unique ou, tout au moins, principal la responsabilité ultime des dérapages, en faisant remonter à la politique étrangère de la France et à ceux qui la conduisent ce fil qui relie l'ensemble – risque, oui, de retomber dans le piège de la causalité diabolique qui est, comme chacun sait, le cœur de ce qu'il nous faut combattre. Conspirationnisme retourné. Imaginaire du complot inversé. Ce juste combat mérite mieux.

A propos de silhouette, pas encore vu le film de Guédiguian tiré du livre de Benamou. Mais les photos. Et, dès les photos, l'hallucinante image d'un Bouquet métamorphosé en Mitterrand ou d'un Mitterrand, on ne sait, réincarné en Bouquet. Un homme serait-il à ce point réductible à sa silhouette ? Un destin à ses attitudes ? Une vie, une âme – et quelle vie ! quelle âme ! – à une collection de gestes familiers ?

Dans ses « Conversations » avec Maria Luisa Blanco (Bourgois), cette phrase si drôle d'Antonio Lobo Antunes : « je suis modeste mais je comprends Oscar Wilde quand on lui a demandé quels étaient à ses yeux les dix meilleurs livres du siècle et qu'il a répondu : vous me posez là une question très embarrassante, car je n'en ai écrit que quatre ».

Petit déjeuner avec Condoleezza Rice, à Paris. Jambes. Port. Casque impeccable des cheveux. Sourires calculés et parfaits. Séduction tous azimuts. Charme. Et puis soudain, à la fin, en réponse à une question de Jean-Marie Colombani lui demandant ce qu'il en est de son ancienne résolution de « punir la France », un éclair dans le regard, furtif mais terrible : l'œil d'Uma Thurman dans « Kill Bill » ; celui de Fouché dans le portrait, par Balzac, de la bête d'Etat que l'on vient chatouiller...

« Le gouvernement et le peuple syrien adressent à la famille de M. Hariri ainsi qu'aux familles des autres victimes leurs sincères condoléances. » On connaissait le comique de situation. Le comique de répétition.

Voici – merci Bachar el-Assad ! – le comique de provocation ou, mieux, de préméditation.

A mon tour, Florence Aubenas, j'écris ton nom. A mon tour, celui de ton chauffeur syrien, Hussein Hanoun al-Saadi, ainsi que de l'envoyée spéciale du *Manifesto*, Giuliana Sgrena. Mais à mon tour aussi, comme les organisateurs du concert de solidarité à l'Olympia, comme Robert Ménard, Serge July, les autres, j'adjure de ne pas oublier les noms de Guy-André Kieffer et Frédéric Nérac, ces journalistes « manquants » – terrible euphémisme pour une situation à laquelle le XXe siècle nous a, hélas, habitués et qui est celle de ces morts-vivants, de ces corps sans trace, que l'on appelait aussi, en Argentine ou au Chili, des *disparus*.

Qui a dit : un livre n'est jamais fini, il est juste définitivement inachevé ?
Et si les religions valaient aussi par la qualité des incroyances qu'elles ont su ou sauront inspirer ?

17 février 2005.

Le siècle de Badiou. Le Sartre de Benny Lévy.

S'il n'en reste qu'un, il sera celui-là. Tout se passe comme si Alain Badiou avait pris le parti d'incarner jusqu'au bout, parfois jusqu'au vertige, les positions que le mouvement antitotalitaire des trente dernières années semblait avoir disqualifiées. On trouvera dans son nouveau livre, « Le siècle » (Seuil), le regret implicite des temps où l'on rêva d'un « changement radical de ce qu'est l'homme ». La défense et illustration, discrète mais insistante, de cette radicalité révolutionnaire dont on croyait acquis qu'elle a été, sans cesse, complice du pire. La nostalgie, hommage à la révolution culturelle chinoise, d'une volonté de pureté dont il ne se résout pas non plus à entendre que ce fut le grand argument qui, tout au long du XXe siècle, légitima les massacres. Une phrase carrément insupportable sur la possibilité de lire l'histoire de ce siècle de carnages comme une « Iliade subjective ». Une autre, que l'on ne pensait plus avoir à lire un jour sous la plume d'un grand intellectuel, où l'on voit renvoyés dos à dos, dans la famille des « vastes crimes » qui firent de ce XXe siècle un « siècle maudit », ceux qui eurent pour auteurs des « criminels nominaux » et ceux qui, aujourd'hui que les grands règnes despotiques se sont éteints, auraient pour responsables « des criminels aussi anonymes que les sociétés par actions ». Bref, toute une veine antilibérale et anti-droits de l'homme, toute une série de sarcasmes, très ultragauche des années 60, contre les tenants du grand récit « antiterroriste » prônant « la lutte à mort » entre « le fanatisme religieux » et « la démocratie », qui sont à la limite de l'insoutenable. Plus, parfois, et c'est toute la bizarrerie du livre, des fulgurances d'une grande force. Plus des pages, par exemple, sur les avant-gardes du XXe siècle et leur « passion du réel ». Ou ce commentaire si juste d'un fragment de « La logique » de Hegel qu'il conclut en indiquant que « l'essence du fini », ce n'est pas « la limite », mais « la répétition ». Ou encore cette note, cette simple note, mais qui semble écrite exprès pour ceux qui, récemment, ont jugé que la fureur commémorative peut aussi tourner à vide et noyer ce qu'elle prétend célébrer dans un océan de bons sentiments mécanisés, cette note, donc, où il suggère que c'est peut-être moins « la mémoire » que « la pensée » qui conjure le retour de l'horreur. Sans parler de la thèse principale du livre – la passion dominante du XXe siècle ne fut pas l'idéologie, le messianisme, le prophétisme, etc., mais « le réel » – qui mériterait d'être débattue et que je suis prêt, moi, en tout cas, à discuter quand Badiou le veut. Insoutenable et fort, odieux et soudain très juste : l'adversaire.

On connaît la scène. On se souvient de la rencontre, quelques années avant sa mort, entre le dernier Sartre, aveugle, presque impotent, incroyablement las et sombre, et un tout jeune homme, Benny Lévy, venu de la même souche maoïste dont on ne se lasse décidément pas de vérifier la puissance séminale. Et on se souvient du scandale, des cris de rage et de stupeur, quand parut, dans *Le Nouvel Observateur*, sous le titre apparemment peu sartrien de « L'espoir maintenant », le fruit de ces échanges – on se souvient de la sidération de la « famille » face à l'image de ce nouveau Sartre expliquant qu'il avait, grâce à son jeune secrétaire, découvert les textes de la pensée juive et qu'il trouvait, dans ces textes, l'essentiel de ce qui lui semblait requis pour sortir des impasses philosophiques et politiques où il se sentait pris depuis vingt ans ; on se souvient des accusations de « détournement de vieillard » proférées à l'encontre de ce « petit rabbin talmudique » (sic) qui avait le culot de faire dire au plus grand philosophe français vivant qu'il y avait, dans leurs dialogues sur la résurrection des corps ou le messianisme, l'amorce d'un ouvrage qui, si le temps lui était donné de l'achever, ne devrait « plus rien laisser debout » de l'architecture de « L'être et le néant » et de « Critique de la raison dialectique ». Les éditions Verdier ont eu l'heureuse idée, vingt-cinq ans après, de rassembler les pièces du dossier. Elles nous donnent plus exactement, avec les textes écrits par Benny Lévy lui-même dans cette période et dans celle qui suivit, l'autre version de l'histoire, l'autre scène sur laquelle elle s'est jouée et dont on ne voulait étrangement rien savoir. Il y a là le texte de 1975 sur Sartre et le gauchisme. Le très beau « Apocalypse » de 1979. La réponse cryptée, trois ans plus tard, à la « La cérémonie des adieux » de Simone de Beauvoir. Un texte décapant sur Sartre et la Résistance. Un autre sur ce Sartre « juif pour deux » qui l'a ramené, lui, Lévy, sur les traces de son propre judaïsme. Un texte de 2002, enfin, juste avant sa disparition, où il esquisse le portrait d'un autre Sartre qui ne serait plus le père fondateur du progressisme contemporain. Et c'est, au fil des pages, toute une autre histoire qui s'écrit – une extraordinaire aventure à deux, une scène philosophique inouïe, une sorte de double naissance, à la lettre de connaissance, où l'on ne sait plus, soudain, si c'est Sartre qui naît à sa dernière pensée, Lévy à son propre nom, ou si l'on est en train, pour parodier un mot fameux de Sartre lui-même, de faire d'une pierre deux coups en assistant à la naissance, simultanée, de deux hommes libres. Lisez. C'est passionnant.

24 février 2005.

Alain Juppé et la nouvelle religion américaine.

A part une tribune de Jacques-Alain Miller, dans *Le Monde* du 24 février, l'affaire n'a guère eu de retentissement en France. Et pourtant…

Tout commence, il y a quelques semaines, quand la prestigieuse Ecole nationale d'administration québécoise, l'Enap, offre à un certain Alain Juppé une chaire de professeur associé.

Trente-quatre professeurs canadiens, l'apprenant, se fendent, dans *Le Devoir*, d'une extravagante tribune où ils disent leur indignation à l'idée qu'un homme reconnu coupable dans son pays de « prise illégale d'intérêts » et condamné, à ce titre, « à quatorze mois d'emprisonnement avec sursis et à un an d'inéligibilité » puisse prétendre, ailleurs, à une parole d'autorité.

D'autres, à leur suite, prennent la plume pour évoquer, qui sa « colère », qui sa « honte », qui le « déshonneur » définitif dont se verrait entachée la « réputation de l'institution universitaire au Québec » si l'Enap persistait dans son projet de requérir, quels que soient, au demeurant, ses mérites ou son expérience de grand commis de la politique européenne, les services d'un si abominable repris de justice.

Un certain Peter Leuprecht s'inquiète de voir le Québec devenir « une sorte de refuge ou d'asile pour des hommes politiques ayant eu des démêlés avec la justice dans leur pays ».

Un autre, Gérard Bouchard, professeur au département des sciences humaines de l'Université du Québec à Chicoutimi, rêve de voir le « casier judiciaire » du fils préféré de Jacques Chirac opérer comme pour les anciens nazis et lui « interdire » automatiquement « l'entrée au Canada ».

Un certain Jacques Palard, directeur du Centre de recherche et d'études sur le Canada et le Québec, va encore plus loin en défendant une conception qu'il qualifie d'« intégraliste » et selon laquelle « les comportements passés » seraient « garants des convictions et des pratiques présentes », les vertus de « l'homme privé » responsables des qualités de « l'homme public » et l'« exemplarité » quasi « impeccable » d'une conduite personnelle la condition de possibilité de la « religion séculière » dont les règles doivent guider la bonne administration des Etats.

Bref, c'est une véritable chasse à l'homme, une curée, qui, sur fond de croisade pour les valeurs et la moralisation de l'esprit public, se voient brusquement lancées contre un ancien Premier ministre devenu, en quelques heures, l'ennemi public numéro un de tous les bien-pensants des académies du Canada et, proximité oblige, d'Amérique du Nord.

Je n'ai pas de sympathie particulière pour l'ancien Premier ministre en question.

Les aléas du débat public m'ayant, voilà dix ans, au moment de la Bosnie, violemment opposé à celui qui était alors, avec François Mitterrand, responsable d'une politique étrangère désastreuse, je ne suis même pas certain d'être convaincu par ses qualités de grand témoin des pratiques politiques françaises et européennes.

Mais la question n'est pas là.

Elle est dans l'infamie de cet hallali.

Elle est dans le spectacle désolant donné par ces mandarins se conduisant, quarante ans après McCarthy, comme les chasseurs de sorcières d'une Salem new-look.

Elle est dans la douleur, aussi, d'un homme à qui ne semble devoir être décidément épargnée aucune humiliation.

Et elle est, par-delà le cas particulier, par-delà la circonstance et ses aspects pénibles ou dérisoires, dans les deux conceptions de la justice, donc de la démocratie, qui se trouvent, au fond, face à face.

D'un côté, la conception européenne traditionnelle où la justice est réputée aussi faillible que les justiciables et où une faute sanctionnée dans un ordre ne vaut jamais, par principe, opprobre dans les autres ordres : M. Juppé peut être reconnu coupable dans toutes les affaires de financement public que l'on voudra – outre qu'une condamnation n'est pas une proscription, outre que la fonction même de la sanction est d'éteindre, ipso facto, la dette contractée à l'endroit de la société –, sa culpabilité ne nous dit rien, ni de sa dignité, ni de son éventuelle indignité morale, personnelle, professionnelle.

De l'autre, une conception que ses tenants nord-américains ne craignent donc pas de qualifier d'intégraliste et où de mauvais esprits dans mon genre pourraient être tentés de voir une forme, carrément, d'intégrisme : mêler le juridique et le politique, confondre la parole des tribunaux et celle de l'éthique, déduire des torts de l'homme public la noirceur d'âme de la personne privée, dire d'un citoyen que, parce qu'il a fauté, il fautera et qu'il doit être isolé par un cordon sanitaire et moral, n'est-ce pas là quelques-uns des traits de ce que, sous d'autres cieux, on appelle, oui, l'intégrisme ? n'est-ce pas le plus court chemin vers cette forme dévoyée de démocratie qui se nomme le populisme ?

Pureté dangereuse.

Puritanisme vertueux.

Fondamentalisme à visage démocratique et obsession de la transparence.

Relecture, par certains des tenants du néoprotestantisme américain, des grands principes des Lumières.

Tel est le cœur de cette nouvelle affaire Juppé ; tel est, d'une rive à l'autre de l'Atlantique, le nœud d'un débat qui ne fait, je crois, que commencer.

10 mars 2005.

L'Irak. André Glucksmann. Benny Lévy.

Plus le temps passe et plus je suis convaincu que cette guerre en Irak était une erreur. Oh, pas une erreur morale, bien sûr. Pas une erreur sur les valeurs. Elle n'était ni erronée ni sans valeur, l'idée que les Irakiens avaient, eux aussi, droit aux droits de l'homme. Et que l'Amérique se donne le droit d'imposer ledit droit, qu'elle se serve de sa puissance pour faire lâcher prise à ceux qui le bafouaient, qu'elle s'octroie, en d'autres termes, le souverain pouvoir d'imposer la démocratie et d'en faire cadeau à un peuple asservi, cela n'avait rien qui, sur le principe, pût sembler répréhensible. Non. L'erreur, la vraie, était de nature politique. La faute, la grande faute, toucha, non le but, mais la stratégie de ce que l'on appela et que l'on continue d'appeler la lutte contre le terrorisme. Elle a consisté, cette erreur, à substituer à la difficile, longue, peut-être interminable, opération de police internationale requise par l'apparition du phénomène, une guerre militaire à l'ancienne, calée sur des modèles anciens, et dont on vit aussitôt, à deux titres, qu'elle rassurait peut-être les opinions mais qu'elle était contre-productive. Le nouveau terrorisme avait la particularité d'être un terrorisme sans Etat : à quoi rimait, pour le frapper, de s'en prendre à un Etat ? L'Irak occupé est devenu un attracteur du pire aimantant tout ce que la région compte de kamikazes et kidnappeurs : était-il nécessaire, vraiment, de leur donner la base arrière qu'ils n'avaient pas ? J'ai rencontré, ces derniers mois, quelques-uns des artisans de cette désastreuse aventure : ce ne sont pas des salauds ; ce ne sont pas des cyniques ; ce sont juste de mauvais politiques qui n'ont – tout se tient – pas assez réfléchi à l'histoire et à la culture des peuples de la région.

Bel article, dans *Le Monde* de ce jeudi, de mon ami André Glucksmann sur l'assassinat du président de la Tchétchénie, Aslan Maskhadov. Nous n'avons, ces dernières années, pas toujours été du même avis. Et, ne serait-ce que sur cette affaire irakienne, il me semble avoir été de ceux qui ont trop fait crédit au sens politique et stratégique de nos alliés américains. Mais là, en revanche, je souscris. Mieux, j'applaudis. Quand il s'emporte contre l'aveuglement des Etats occidentaux laissant tomber le seul leader tchétchène à avoir condamné sans réserve le terrorisme, quand il fustige les mauvais stratèges souscrivant par avance à l'assassinat de l'homme qui, peu avant sa mort, déclarait qu'il voulait incarner, non les valeurs de l'islamisme, mais celles de l'Occident, quand il reproche à Schröder, Berlusconi, Chirac ou Bush d'avoir délibérément joué, contre lui, le nouveau tsar Poutine ainsi que son double encore plus sanguinaire Chamil Bassaïev, quand il voit se mettre ainsi en place le même piège, exactement, que celui qui, jadis, nous fit préférer les talibans au commandant Massoud ou Milosevic au Bosniaque Izetbegovic, quand il s'étonne, enfin, que l'on ait rendu les honneurs de la France à Yasser Arafat mourant mais que Maskhadov, lui, meure seul, dans ses montagnes rebelles, non seulement j'applaudis, mais je veux, ici, relayer. Parce que l'idée est juste. Parce qu'elle plaide pour une politique renouant, du même geste, avec la justice et l'honneur. Et puis aussi, soyons honnêtes, parce qu'il y a, dans ces lignes, un peu du ton de notre cher Maurice Clavel – parce que j'y retrouve, intacte, la flamme de notre jeunesse.

Puisque le nom de Benny Lévy semble devoir être décidément absent des cérémonies commémoratives du centenaire de la naissance de Sartre, qu'il me soit permis de revenir, une fois encore, sur l'importance qu'eut, à la fin des années 70, autant dire il y a un siècle, la rencontre du plus grand philosophe français vivant et du jeune chef maoïste. Du côté de chez Sartre, la rencontre remettait en route le moteur d'une pensée en panne depuis la « Critique de la raison dialectique » ; elle accouchait, au forceps du signifiant juif, d'un dernier Sartre, d'un très jeune Sartre, libéré de ses aveuglements et de ses impasses ; elle permettait à ce Sartre ultime d'envisager rien de moins que l'écriture de sa fameuse morale, la rupture rêvée avec l'hégélianisme et la remise sur le métier, via l'idée messianique, du vieux concept d'Histoire. Du côté de chez Benny – on le voit, très clairement, dans le recueil que les éditions Verdier ont intitulé « La cérémonie de la naissance » – la rencontre permettait d'en finir avec le gauchisme ; d'amorcer une critique de fond, peut-être une sortie, du progressisme ; d'ourdir enfin, à l'insu de tous, en se faisant, tour à tour, le représentant de Sartre auprès des puissances lévinassiennes et celui de Levinas auprès du Saint-Siège sartrien, une extraordinaire conspiration philosophique au terme de laquelle toute une génération de jeunes intellectuels juifs oublieux, comme lui, de leur judaïsme se réapproprieront la Bible et le Talmud. Aventure majeure. Moment littéralement décisif. Deleuze insistait souvent sur l'importance, en philosophie comme dans les romans, des « personnages conceptuels ». De même faudrait-il dire, en philosophie comme au théâtre, l'importance des grandes scènes – et voir ici, dans ce jeu à trois, l'une des scènes philosophiques majeures de la seconde moitié du XXe siècle.

17 mars 2005.

La patrie (européenne) en danger.

Il faut arrêter, dans ce débat sur l'Europe, de prendre les gens pour des imbéciles et, sous prétexte que la matière est complexe, de se permettre toutes les approximations, les contrevérités, les bluffs.

Il n'est pas vrai, par exemple, que l'Europe que nous promet le projet de traité constitutionnel soit plus « libérale » que celle qui fonctionne jusqu'à présent : elle l'est moins ; elle rompt, pour la première fois, avec la logique purement marchande qui fut celle de la CEE, puis de Maastricht ; son inspiration, s'il fallait la caractériser, serait plus proche de l'« économie sociale de marché » chère au bon vieux capitalisme rhénan que de l'« école de Chicago » de Hayek et Milton Friedman.

Il n'est pas vrai que ce soit l'Europe des marchés financiers, soumise à leurs diktats et à la loi des lobbys industriels : c'est l'Europe telle que nous la connaissons qui cédait à ces lobbys ; c'est l'Europe des Etats-nations qui, parce qu'elle n'avait guère de moyens de lui résister, baissait pavillon devant l'argent fou ; cette Europe-ci, cette Europe issue du traité, cette Europe élargie, renforcée, légitimée dans ses ambitions comme dans ses moyens, sera la première qui, au contraire, tentera – je dis bien tentera et nul n'ignore, évidemment, que ce sera tâche ardue, de longue haleine – de rattraper l'avance prise par les flux financiers sur les règles du droit.

S'agissant des droits, il n'est pas vrai, il est même monstrueux de prétendre que cette future Europe donnera aux Européens de demain moins de droits qu'ils n'en ont aujourd'hui et qu'elle sera une Europe de régression sociale : que font-ils, ceux qui battent les estrades sur ce thème, de l'inscription dans le traité de la charte des droits fondamentaux signée le 9 décembre 2000 ? que font-ils de ce « droit de travailler » (art. II-75), de ce « droit à une aide au logement » (II-94-3), de ce droit à « un niveau élevé d'éducation, de formation et de protection de la santé humaine » (III-117) explicitement prévus dans le texte ? que font-ils de toute la panoplie de droits qui n'étaient même pas inscrits dans les Constitutions des Etats membres mais qui le seront dans celle-ci : lutte contre les « discriminations » (I-3), « parité » (II-21), interdiction de faire du corps humain « une source de gain financier » (II-3-2-c), j'en passe ?

Il n'est pas vrai que ce texte signe, comme on l'entend partout, la fin du « service public à la française » : elle ne date pas d'hier, cette fin ; il est en cours depuis vingt ans, et pour des raisons qui n'ont rien à voir avec l'Europe, le recul de la belle idée de service public ; si le projet de Constitution dit quelque chose, s'il intervient dans cette crise de longue durée, c'est, non pour l'aggraver, mais pour essayer de l'enrayer – c'est, non pour donner le coup de grâce, mais pour sauver ce qui peut l'être, ouvrir la porte à un statut européen des services publics (III-122), garantir l'accès de tous aux « services d'intérêt économique général tels que prévus par les législations et pratiques nationales » (II-96), stipuler que les entreprises chargées de ces services ne seront soumises à la concurrence que dans la mesure où celle-ci ne fera pas échec à « l'accomplissement en droit ou en fait de leur mission » (III-166-2), bref, préserver l'idée et l'universaliser.

Il n'est pas vrai qu'avec le projet de traité la démocratie reculera en Europe : elle avancera, au contraire ; elle avancera de façon, non suffisante bien sûr, mais décisive ; elle avancera parce que le Parlement européen, qui était un Parlement fantoche, aura un pouvoir législatif ; elle avancera parce que les Parlements nationaux, qui pouvaient être dépossédés, verront mieux respecté leur droit de contrôle ; elle avancera parce que le président de la Commission, qui était nommé, sera élu ; et elle avancera parce que la responsabilité de la monnaie européenne, qui ne relevait que de la Banque centrale, sera confiée à un gouvernement économique renforcé.

Il n'est pas vrai que, si le projet de traité est adopté, ce sont « les bureaux » qui décideront.

Il n'est pas vrai que les citoyens français, allemands, italiens, polonais seront soumis à la dictature d'une administration anonyme, sans visage : c'est peut-être le cas aujourd'hui (encore que l'on se décharge bien facilement sur les « bureaux » de la responsabilité d'une politique qui est, et restera, du ressort des Etats); ce le sera moins avec ce traité (car, à l'horizon de l'institution de ce parlementarisme européen, il y a une culture du débat, de la délibération démocratique, qui était l'apanage des nations et qui se généralisera au continent); sans parler, enfin, de ce surcroît de souveraineté, de ce progrès, qu'est le « droit d'initiative » reconnu, pour la première fois dans notre histoire commune, aux simples citoyens (obligation faite à la Commission, sur pression de 1 million d'entre eux, de se saisir de tels sujet ou proposition).

On peut, bien entendu, être hostile à la construction de l'Europe. Le souverainisme est un choix que je ne partage pas mais que je respecte. Ce qui n'est pas respectable, c'est la démagogie, le mensonge – ce qui n'est ni respectable ni supportable, c'est la prise en otage des peurs et des mécontentements au profit d'une idéologie, et d'un choix, qui ne disent pas leur nom.

24 mars 2005.

La Passion de Wojtyla. Miller, Badiou, Sollers. Derrida manque

Amaigri. Douloureux. Ramassant, dans le vent de la place Saint-Pierre, le peu d'énergie qui lui reste pour un signe de croix qui ne vient pas. La tête qui dodeline. Un petit souffle rauque au lieu de l'urbi et orbi. Et puis ce geste incroyable – toute sa force revenue – d'écarter le secrétaire qui veut l'éloigner de la fenêtre. Dans le « gladiateur agonisant » de Nietzsche, c'est le gladiateur qui, à cet instant, reprend le dessus. Et tant pis pour les petits esprits qui confondent la Passion de Wojtyla avec je ne sais quelle mise en scène ou exhibition médiatique.

Du « non » au traité constitutionnel surgirait une nouvelle, meilleure, plus juste, Europe. Toujours le modèle apocalyptique. Toujours la bénédiction du désastre. Toujours la vieille et folle idée que, du pire, et du pire seul, peut naître le meilleur.

Si je crois en Dieu ? Comme Hemingway : « parfois, la nuit ».

Les uns disent « souveraineté » (des nations, de l'Europe). Les autres « identité » (des nations, de l'Europe). Qui pour nous parler de nos « singularités » ? Et quelle allure aurait, alors, ce débat constitutionnel !

Les « minutes heureuses » de Joyce : quand, dans l'écriture du livre, le « moment Mozart » succède au « moment Salieri ».

Ces gens qui plaisantent sans rire. Ces gens qui rient sans jamais plaisanter.

« Plus je l'observe, plus sa figure n'est pas franche » : cette phrase de Lautréamont, je n'ai qu'elle à l'esprit tandis que s'exprime, tard dans la nuit, ce tenant du non qui fut jadis un ténor du oui.

George Steiner et ses airs de pythie salonnarde.

Naissance, nature, nation : telle est la chaîne. Naissance, nature, nation : telles sont les trois chevilles que le projet européen devrait, en bonne logique, déconstruire. Pas détruire, non, déconstruire. Derrida manque.

Acte politique, d'accord. Mais quid de la distinction entre bons et mauvais actes ? Qu'est-ce qui, dans un monde où tout est organisé, en effet, pour forclore l'acte politique, permet de distinguer les actes justes de ceux qui ne le sont pas ? Esprit de l'escalier. C'est la question qu'il fallait évidemment poser, l'autre jour, à Lang, Bayrou, Dutreil réunis par Jacques-Alain Miller lors de son désormais traditionnel « Forum des psys ».

Les penseurs du contrat. Les penseurs de la rupture de contrat. Le partage, comme dit Badiou, entre ceux qui préfèrent un désastre à un désêtre – et l'inverse.

« Qui peut se vanter de n'avoir pas trébuché sur la question de la dette ? », demande Philippe Sollers dans ses entretiens avec la revue *Ligne de risque* repris par Gallimard. Et, à l'attention d'un nostalgique du temps des hussards noirs de la République qui aurait déclaré, non sans emphase, que « sans l'école il ne serait rien », cette réplique, cinglante et drôle : « si je m'étais contenté de l'école, je ne serais pas grand-chose ».

A ces gens qui nous répètent à longueur d'émissions et de colonnes que leur non est un oui déguisé et qu'ils ne refusent l'Europe que pour mieux l'embrasser et adorer, à ces providentialistes à la petite semaine qui jouent sur les vieux réflexes, non seulement de la peur, mais du progressisme spontané qui nous a si longtemps tenu lieu d'espérance, il faudrait pouvoir annoncer la nouvelle : « ne vous retournez pas, camarades ! l'avenir progressiste est passé, pour de bon, derrière vous ! ».

Où ai-je lu que la façon d'entrer dans une époque compte moins que la façon d'en sortir ? Peut-être Morand.

Mes amis ont-ils perdu la tête ? Prendre la défense de Sébastien quand c'est Sébastien, et non plus Kader et David, que l'on agresse, très bien. Dire et répéter qu'un casseur reste un casseur quelle que soit la couleur de sa peau et quel que soit, surtout, le « malaise social » qu'il invoque, bravo. Mais de là à parler de « racisme », de là à réamorcer cette bombe sémantique qu'est la notion de « racisme anti-Blanc », de là à jouer avec des mots graves, lourds de sens et de sang, chargés de la douleur des siècles, il y a un pas dont je ne comprends pas qu'ils aient pu si allégrement le franchir. Une ratonnade est une ratonnade. Ce sont des hommes et des femmes concrets, concrètement torturés, assassinés, lynchés. C'est tout un appareillage policier, politique, philosophique, scientifique, qui s'appelle, en effet, le racisme et qui débouche sur des meurtres réels qui furent, parfois, des meurtres de masse. Confondre ceci et cela, mélanger la tradition du lynchage et une manif qui tourne mal, penser sous le même mot le tabassage odieux de « Sébastien » et les centaines de morts en pleine guerre d'Algérie, du 17 octobre 1961, amalgamer enfin francophobie et judéophobie en venant, comme Finkielkraut, nous raconter que la première « se répand » comme la seconde et ne « s'en distingue pas », tout cela est ahurissant et relève, dans le meilleur des cas, de la confusion intellectuelle. Attention, oui, amis. Renoncer à bien nommer les choses, c'est, vous le savez aussi bien que moi, ajouter au mal en ce monde. Galvauder les noms de la souffrance, c'est profaner la mémoire des victimes d'hier et se rendre impuissant à secourir celles d'aujourd'hui.

31 mars 2005.

Images de Jean-Paul II.

Svelte. Sportif. Infatigable randonneur. Skieur. Ame de saint dans un corps d'athlète. Grande santé quasi nietzschéenne au service d'une foi sacerdotale. On a peine à imaginer cela, aujourd'hui. On a peine, quand on n'a connu que le pape souffrant et blême, luttant contre la maladie, des derniers temps, à se le figurer jeune, glorieux, corps souverain, puissance physique. C'est lui, pourtant, dont je me souviens le mieux. C'est de lui que les hommes et femmes de ma génération, ceux qui l'ont vu surgir, au début des années 80, garderont aussi l'image. Je me rappelle les premières chroniques de Maurice Clavel, au lendemain de son élection, s'émerveillant de cette force de la nature succédant au fragile Jean-Paul Ier. Je me rappelle ma propre stupeur devant les premières photos de lui, si étonnamment vaillant, sur les pistes de Courmayeur, ou les aéroports de ses villes de mission. Un jeune pape. Un pape qui, avant d'être ce mort-vivant bouleversant dont le monde a vécu la dernière agonie, a d'abord signifié la jeunesse retrouvée de l'Eglise.

Je cite Nietzsche à dessein. Car, pour les gens de ma génération, pour ceux qui, parmi nous, ont appris la philosophie dans les textes de Nietzsche ou Heidegger, Jean-Paul II aura d'abord été le pape de l'époque de la mort de Dieu. Il a été le pape du combat contre le communisme, d'accord. Il aura eu le mérite, plus qu'aucun autre, d'être l'artisan de la chute des empires rouges. Mais il a été, avant cela, le grand pape contemporain de l'idéologie de la mort de Dieu. Il a été le premier pape, le premier responsable de toutes les Eglises contemporaines, à comprendre que le communisme, comme d'ailleurs le nazisme, ne fut à bien des égards qu'une péripétie de cette longue et sombre histoire qu'est l'histoire de la mort de Dieu. C'est à cette histoire qu'il s'est affronté. C'est contre ses penchants criminels qu'il s'est héroïquement insurgé. Lisez ses livres. Tous ses livres. Et souvenez-vous du terrible prix que faillit lui coûter – et coûter à l'humanité européenne – son audace métaphysique : Mehmet Ali Agca, KGB, une balle dans l'abdomen, peut-être le commencement du calvaire.

Car sait-on même ce que l'on dit quand on dit qu'il fut l'artisan de la chute du communisme ? Il faut se replacer par la pensée dans le monde de cette époque. Non pas une Europe, mais deux. Non pas une, mais deux Histoires distinctes. Une sorte de manichéisme noir, proprement diabolique, posant qu'il y aurait, dans ces deux Europe, deux humanités différentes, aux destinées divergentes, inscrites dans des temporalités qui ne se rejoindraient plus. Eh bien, il se trouva un responsable spirituel pour refuser ce postulat. Il se trouva une autorité politique et morale pour trouver immédiatement monstrueuse l'idée qu'une moitié de l'Europe serait vouée à la servitude. Ce visionnaire, cet inventeur de l'Europe moderne, cet homme de grand courage auquel le continent doit son unité retrouvée, c'est, qu'on le veuille ou non, qu'on soit chrétien ou que l'on ne le soit pas, le chef de l'Eglise catholique. Rien que pour cela, rien que pour ce pari fait contre toute raison, rien que pour ce rôle dans les aventures modernes de la liberté, grâces soient rendues à Wojtyla.

Un souvenir personnel. Il date d'il y a dix ans. Mai 1993. Sommet de la guerre de Bosnie. J'ai pu, par André Frossard, obtenir une audience, au Vatican, pour le président bosniaque et musulman Izetbegovic... La jeunesse du pape, encore. Sa présence étonnamment incarnée. Sa façon aussi, en peu de temps, de trouver les mots pour dire à la fois l'exigence œcuménique (« je sais qu'islam veut dire paix »), la curiosité théologique (« de quels moyens disposez-vous pour désarmer, en vous, la violence ? ») et la révolte de la conscience, enfin, face à ce que l'on faisait endurer aux populations civiles de Sarajevo (aussitôt rapportées dans « Le lys et la cendre », des phrases qui ne pouvaient sonner que comme une distance prise, chez cet homme de paix, avec le pacifisme dominant). Jean-Paul II, ce jour-là, sauva l'honneur. Jean-Paul II, tandis qu'agonisait la capitale d'une Europe qui n'avait plus la sinistre excuse d'être, comme on disait jadis, une « autre » Europe, fut longtemps la seule grande voix à dénoncer l'intolérable.

Une dernière image. Celle de son plus long voyage. Le plus court et, en même temps, le plus long. Celui qui, un beau jour de 1986, lui fit traverser le Tibre et pousser la porte de la synagogue de Rome. Il s'est trouvé des petits esprits pour juger que Jean-Paul II, ce jour-là, en avait fait trop ou pas assez. Souvent, par parenthèse, ce sont les mêmes qui, jusqu'au dernier moment, se seront offusqués de le voir, sur telles questions touchant à la liberté des corps, refuser de céder au chantage moderne, tenir bon sur les dogmes et rappeler à qui voulait l'entendre (et aussi, éventuellement, les enfreindre) l'existence des interdits catholiques. Pour moi, pour beaucoup d'autres, ce voyage fut un moment de très intense émotion. Pour moi, pour beaucoup d'autres, c'était le dernier pas, mais le plus difficile, d'un cheminement commencé au temps du concile de Trente. Courage, à nouveau. Endurance de la mémoire. Repentance. C'était, entre chrétiens et juifs, la fin de l'enseignement du mépris.

4 avril 2005.

Toujours New York. Les néoconservateurs et la politique. Oui aux drapeaux en berne pour Jean-Paul II. Pourquoi Chirac a-t-il échoué face au non? Norman Mailer et les médias. Cohn-Bendit et l'autre pollution.

Discussion avec le néoconservateur David Brooks, à la New York Public Library. Une fois de plus, avec ce cas Brooks, se vérifie ce que je me tue à dire à chacun de mes retours en France. L'Amérique n'est plus, si elle le fut jamais, le degré zéro du débat politique que veulent les anti-Américains. L'Amérique n'est plus, si tant est qu'elle l'ait été, le pays du pragmatisme roi et de l'absence de passion idéologique. C'est nous, les Français, qui, entre deux mots, avons de plus en plus tendance à choisir le moindre et à faire ainsi le deuil de l'acte, du souci, politiques – et c'est aux Etats-Unis que, par un spectaculaire retournement, sont en train de faire retour le goût et la pratique de la guerre des idées... Nouvelle gauche et néoconservateurs. Vigueur, hier, de la campagne électorale et, aujourd'hui, du débat sur les limites de l'universalisme. J'y reviendrai. Mais que l'on y regarde à deux fois, d'ores et déjà, avant d'entonner le grand air de l'Amérique décérébrée, matérialiste, rétive aux grandes querelles entre systèmes et visions du monde.

On n'aurait pas mis les drapeaux en berne pour untel, s'indignent, paraît-il, les consciences laïques à Paris... On n'en aurait pas tant fait pour tel autre, pinaillent des comptables que l'on n'avait pas vus si vigilants quand la République, l'hiver dernier, se fendait d'un deuil quasi national pour une personnalité qui n'avait pas le millième des mérites de Jean-Paul II et qui avait, elle, de surcroît, du sang d'innocents sur les mains... Je déteste, de toute façon, ce type de raisonnement comparatif. Je ne comprends pas ce compte avare et ratiocineur des hommages rendus à un homme que la planète entière a célébré. Et quant à cette façon de dénoncer ce que l'on fait pour l'un au regard, non pas exactement de ce que l'on ne fait pas pour l'autre, mais de ce que l'on suppute que l'on ne ferait pas si l'occasion nous était donnée de le faire, c'est le comble de l'absurde, la figure même de la mauvaise foi – l'extrême, aussi, de ce que Nietzsche eût appelé la volonté de vengeance et le ressentiment.

Bref retour à Paris, le soir de l'émission de télévision du président de la République. Ces nouveaux « partisans du non » à qui les sondages donnent des ailes. Ce n'est pas l'Europe qu'ils refusent (ils ne se lassent pas de dire qu'ils ne sont pas moins européens que les autres). Ni même sa Constitution (il suffit de trois minutes pour s'apercevoir non seulement qu'ils ne l'ont pas lue, mais qu'ils ne ressentent, pour la plupart, même pas le besoin de la lire). L'enjeu est, à l'évidence, ailleurs. C'est une protestation flottante. Une sorte de révolte molle et qui s'improvise un objet, un drapeau, un antifétiche et, donc, des slogans. Le ciel, si ce non l'emporte, ne nous tombera pas sur la tête (quelle erreur, de la part des tenants du oui, d'avoir adopté ce ton inutilement apocalyptique !). Mais, ce dont je suis certain, c'est que précipitera, autour de ce non, toute une nébuleuse qui se cherchait et trouvera ainsi son point de ralliement, son centre secret, son œil du cyclone (en gros : cette nébuleuse souverainiste, populiste, appelez-la comme vous voudrez, mais là sera sa vérité).

Retourner contre l'adversaire les armes de l'adversaire. Résister à la folie des médias dans la langue et sur le terrain des médias. Bref, traiter le mal par le mal, jouer et déjouer le jeu du spectaculaire intégré pour tenter d'imposer une pensée. Ce principe stratégique élémentaire, cette loi passablement jésuitique mais qui me semble, depuis trente ans, le b.a.-ba de l'art de la guerre littéraire, il faut venir ici, aux Etats-Unis, patrie des nouvelles religions protestantes et temple d'un puritanisme souvent, en effet, obsessionnel, pour les voir prendre, tout à coup, la force de l'évidence. Cette conversation, chez lui, à Provincetown, avec l'inventeur de la « littérature spectacle » et aussi, par parenthèse, de ce que j'ai appelé, en hommage à son « Oswald », la technique du « romanquête » – cette conversation avec Norman Mailer qui est, à mes yeux, la très grande figure de la littérature américaine d'aujourd'hui et que je vois éberlué face à ce qui lui revient, je le cite, du nouveau puritanisme français. Fronts renversés, à nouveau ?

Ces écolos qui huent Dany Cohn-Bendit et l'accusent, avant de le contraindre à se taire, d'être devenu l'une des figures de proue du néolibéralisme honni. Allons, messieurs les censeurs ! Qui a le plus changé ? Lui ou la gauche de la gauche que vous êtes supposés incarner ? Ce libertaire conséquent, fidèle à l'internationalisme de sa jeunesse et, donc, européen – ou ces rebelles sans cause que vous êtes en train de devenir et qui, parfois, parlez comme Le Pen ou Villiers ? Une chose, là aussi, est sûre. Il n'y a pas que l'effet de serre qui soit toxique. La bêtise l'est au moins autant. Et il y a dans ce lâcher-ci de bêtise, il y a dans cette pluie d'invectives poujadistes qui, avant d'atteindre Cohn-Bendit, ont dû commencer par faire leur trou dans la couche, non d'ozone, mais d'idées qui rend habituellement possible le libre débat démocratique, il y a, oui, dans ce déferlement que rien ni personne ne semble pouvoir endiguer, le symptôme d'une pollution au moins aussi ravageuse que celle du climat.

21 avril 2005.

Vu des États-Unis.

Aux Etats-Unis, où le moins que l'on puisse dire est qu'on ne plaisante pas avec le sujet, cette histoire de nouveau pape enrôlé dans les Jeunesses hitlériennes à 14 ans ne fait pas vraiment recette. On parle de sa rigueur doctrinale ou de son conservatisme. De ses rapports avec les protestants et du fait qu'il ait pu, dans telle circonstance, refuser le principe d'une communion partagée. On se demande si son combat contre le relativisme ira, ou non, dans le sens de la bataille de George W. Bush pour les « valeurs ». On parle aussi beaucoup de son télégramme à Riccardo Di Segni – grand rabbin de Rome – appelant à renforcer le dialogue fraternel avec « les filles et fils du peuple juif ». Mais pas, ou peu, de petites phrases sur la brutalité du « panzercardinal ». Pas, ou guère, de blagues grasses du genre de celles que l'on a, me dit-on, pu entendre à Paris, dans les « Guignols de l'info », à propos de l'« élection d'Adolf II ». Pas de germanophobie, ce crime contre l'esprit. Pas de diabolisation, cette bêtise. Des commentaires qui, au contraire, ont plutôt tendance à souligner l'orientation antinazie de la famille du jeune Josef Ratzinger. Et quant au fait que le collège des cardinaux ait, pour la première fois depuis cinq siècles, élu un pape allemand, quant à avoir choisi ce moment-ci, soixante ans après le nazisme, pour opérer ce choix historique, c'est interprété, à tout prendre (*New York Times* de ce dimanche), comme le signe d'un travail de mémoire qui se poursuit et entre peut-être, justement, dans sa phase la plus décisive. La presse américaine prend Benoît XVI au sérieux. Elle propose de juger le successeur de Jean-Paul II sur pièces. Tant mieux.

Autre sujet d'étonnement dans les grands médias du pays : les progrès, en France, du non au projet de traité européen. Ce n'est pas que l'on soit, ici, particulièrement favorable à ce traité. Mais au moins est-on informé et voit-on assez clairement : 1. que ce camp du non qui semble désormais s'adosser à des pans entiers de la gauche et de l'extrême gauche est, à l'échelle du reste du continent, plutôt le fait des ultralibéraux ; 2. que le texte comporte des avancées sociales qui, s'il se voyait rejeté, seraient repoussées aux calendes et laisseraient en effet la place à un ordre encore plus libéral ; 3. que la seule alternative au nouveau texte, ce sont les anciens textes, autrement dit Nice et Maastricht, dont chacun s'accorde à juger qu'ils sont, dans le genre, encore bien pires. Question, alors, des Américains : pourquoi ces gens s'égarent-ils ? Comment peut-on croire lutter contre le libéralisme quand on est en train, par son vote, de prendre le risque de le conforter ? Comment, en d'autres termes, et dans les mots de la philosophie politique, peut-on conspirer à sa propre servitude lors même que l'on prétend œuvrer à sa liberté ? La réponse, vue d'ici, est d'une simplicité robuste. C'est qu'il y a, pour cette gauche du non, plus important que de travailler à sa liberté ou à la défaite de l'ordre néolibéral. Et ce qui est plus important, ce qui compte vraiment le plus pour ces gens, c'est de préserver, coûte que coûte, un cadre national qui a nourri la grandeur, la fortune et, parfois, la vanité de la France. Pas de mystère, autrement dit. Même pas de malentendu. Ce vote non n'est pas, comme on le dit partout, un vote de colère ou de désaveu des gouvernants par les gouvernés. C'est un vote qui sait ce qu'il fait. C'est un non qui dit ce qu'il veut. C'est le réflexe, somme toute logique, d'un vieux pays jacobin qui veut bien aller au grand marché, mais pas à l'Europe politique.

Images, sur CNN, de Jacques Chirac venant se recueillir au mémorial arménien de Paris. Et commentaire indiquant que le président de la République a suspendu l'éventuelle entrée de la Turquie dans l'Union européenne à l'exercice d'un vigilant devoir de mémoire sur le génocide de 1915. La question, je le sais, n'est pas d'actualité. Et je me garderai bien de tomber dans le piège tendu aux Européens par ceux qui, en France, feignent de penser que le référendum du 29 mai porterait, de près ou de loin, sur cette question de l'entrée de la Turquie. N'empêche. Ce qui est dit est dit. Et il était bon que cela fût dit par le même président qui, voilà dix ans, reconnut la responsabilité de l'Etat français dans la déportation des juifs. Solidarité des génocidés. Parenté des négationnistes qui, des nostalgiques de l'hitlérisme à ceux du pol-potisme, puis du pouvoir et de la pureté hutus ou, ici, de l'ultranationalisme jeune-turc, témoignent du même credo. Il n'y aura, le moment venu, pas de préalable doctrinal plus décisif à l'ouverture de négociations avec les héritiers du kémalisme. Après viendront les critères de Maastricht. Après, les critères de Copenhague. Après, seulement après, le respect plus ou moins affirmé des grands principes démocratiques supposés unir les Européens, mais dont j'ai presque envie de dire que l'absence d'un travail de mémoire digne de ce nom les rendrait purement formels. Le vrai trou noir de l'Europe, c'est le vertige hideux d'Auschwitz. Son vrai ciment fondateur, c'est, comme l'a dit un jour ce grand Européen qui s'appelle Joschka Fischer, le « plus jamais ça » d'Auschwitz. Il n'y a pas de place en Europe pour ceux qui, en Turquie comme ailleurs, feindraient de n'avoir pas entendu la leçon inaugurale d'Auschwitz.

28 avril 2005.

Lectures et Cie.

Remontée du « oui ». Feu de paille ? Durable ? Et que signifiait, alors, ce festival des « non » ? Un 21 avril anticipé et à blanc ?

L'incoercible désir, chez tout lecteur digne de ce nom, de fermer les yeux ou, comme dit Kubrick, de lire *« eyes wide shut »*. Lecteur éveillé, comme on dit des vrais rêveurs.

Bizarre, d'ailleurs, ce François Sureau. Jeune homme, des romans sages, la tyrannie du bel écrire, un côté haute littérature qui épatait les académiciens. Aujourd'hui, ce « roman onirique » (2003, « Les Alexandrins ») ou, surtout, ce « poème d'action » (2005, « La chanson de Passavant »), difficile d'accès, un pas de côté, façon de creuser le malentendu. Enigmatique. Intéressant.

Jospin voulait-il – veut-il – être Mitterrand ou Mendès ? Le prochain président ou sa conscience morale ? Souvenir de Mitterrand lui-même, un an jour pour jour avant sa première élection, face à quelques amis, hésitant, à voix haute, entre les deux destins – peut-être une part de lui a-t-elle choisi le premier parce que l'autre lui était interdit.

Dans un roman réussi (peut-être, aussi, dans un film), l'atmosphère, c'est l'obscurité de l'image.

Une langue soudain étrangère (ici, dans le quartier coréen de Los Angeles) : celle où ne filtre plus aucune intonation familière.

A cet ami, militant d'Attac et nostalgique, comme il dit, de l'anticapitalisme de la génération des baby-boomers, je donne ce texte de Levinas sur la « fonction éthique de l'argent ». Le troc, c'est la barbarie, dit le philosophe du visage, de la réciprocité, de l'excès d'autrui. L'argent, c'est l'échange médiatisé et donc, qu'on le veuille ou non, le début de la civilisation.

« Je l'imagine là-haut dans son appartement du ciel »... Ce sont les premiers mots de Claude Lanzmann pour la réédition, chez Gallimard, des fameux « Témoins de Sartre » parus dans *Les Temps modernes* il y a quinze ans. Mystère, dit Lanzmann, de cette haine qui, un quart de siècle après la mort de l'auteur de « La nausée », continue de le poursuivre, vivace comme au premier jour. Maintenir, dit-il aussi, le « cap de non-infidélité » dû à ce grand vivant qui ne concevait l'exercice de la pensée que comme un effort continu pour « se casser les os de la tête ». Ici, en tout cas, on tient et tiendra le cap.

Un chef-d'œuvre ? Les fortes vertus, conjointes, de l'évidence et de l'opacité.

Révoquer en doute les certitudes et idées reçues. Mais sans que le scepticisme ou, pire, le relativisme ou, pire, le négationnisme puissent y trouver leur compte : telle, aussi, la tâche de la pensée.

Ce halo d'étrangeté et presque de banalité qui nimbe, si souvent, les premières œuvres d'un grand écrivain. Le « Solal » d'Albert Cohen, trente ans avant « Belle du seigneur ». Le « Jean Santeuil » de Proust. Les petits romans de jeunesse, étrangement appliqués, de Sartre ou de Malraux. Et, aujourd'hui, « Ashby » et « Sur un cheval » de Pierre Guyotat qu'exhume Bernard Comment, dans la collection « Fiction et Cie » du Seuil, et qui ont le même charme, et qui suscitent le même malaise.

Chez un bouquiniste parisien, dans un numéro de *La Revue blanche* (1896), « Mystères », de Fernand Gregh, le premier roman dont Proust est le héros.

D'Yves Berger, ce vœu mis en exergue de la revue *Autre Sud*, dans sa dernière livraison : « Si je meurs je veux être enterré dans les mots. » Comme un vieil Indien avec ses plumes ? Cher, vieil ami.

De Jean Baudrillard, dans « Cool Memories 5 » (Galilée, *as usual*), cette réponse à ceux qui lui avaient reproché de « se réjouir » du 11 septembre. On peut se réjouir d'un événement effroyable et se reprocher cette joie. On peut aussi en jouir sans le dire et, pire, sans le savoir (n'était-ce pas le fait de nombre de ses contempteurs ? et n'était-ce pas, en effet, infiniment plus grave ?).

Badiou serait à Lacan ce que Platon fut à Socrate. C'est la thèse de Mehdi Belhaj Kacem, jeune philosophe dont le dernier numéro de *Technikart* me donne envie d'acheter le livre (« L'affect », Tristram). Lire. Et y revenir.

Lecture de la semaine : de la journaliste Florence Schall, un « Jamais je n'oublierai Beslan » (Lattès) dont la trame est, racontée heure par heure, la prise d'otages de septembre 2004, au cœur de la Russie de Poutine. 349 morts. Plus de la moitié d'enfants. Et, décor de ce livre-tombeau, le génocide – c'est son mot – de la population civile tchétchène.

Sartre, Lacan, tous les grands : morts à rebondissements.
Plusieurs vies en une : la vie – si brève, pourtant – de Dominique de Roux telle que la raconte Jean-Luc Barré (Fayard).

Et puis, en postface et réponse à « La Pensée tiède » de Perry Anderson (Seuil), cette formule de Pierre Nora pour qualifier le néoradicalisme d'aujourd'hui : « Le mélange de Joseph de Maistre et de Robespierre ». D'accord.

La naïveté de nos chimères, l'absurdité savante de nos engagements : ma génération.

Cynisme et sentimentalisme, les deux notes d'aujourd'hui : changement d'époque.

5 mai 2005.

Où l'on voit revenir de plus belle la question pakistanaise...

Récapitulons.
Les commandos des Forces spéciales pakistanaises arrêtent Khaled Cheikh Mohammed, numéro trois d'Al-Qaeda, le 1er mars 2002, soit quelques heures avant

d'informer les Américains qu'ils ne voteront pas leur résolution sur la guerre en Irak.

Ils arrêtent Naeem Noor Khan, autre cerveau de l'Organisation, un peu plus de quatre mois plus tard, au lendemain d'une visite de Moucharraf à Camp David où il se voit promettre une nouvelle aide, sans précédent, de 3 milliards et quelques de dollars.

L'année d'avant, fin mars, à Faisalabad, ils mettent la main sur Abou Zoubeida, responsable des opérations extérieures – et ils le font à quelques jours de l'ouverture, à Washington, d'un grand débat parlementaire sur cette question du montant de l'aide ainsi que sur celle (plus brûlante encore, puisqu'elle figure, au même moment, en tête des revendications des ravisseurs de Daniel Pearl) de la livraison des 60 avions de combat F16 gelés par le Pentagone depuis les essais nucléaires de 1998.

Quelques mois plus tard, le 11 septembre, ils choisissent ce jour très spécial qu'est le premier anniversaire de la destruction des tours de Manhattan pour, face à tous les médias du pays, dans un quartier résidentiel de Karachi où il vivait à visage quasi découvert, livrer au FBI l'un des concepteurs et coordinateurs de l'attentat, Ramzi ben al-Shaiba, l'homme de la cellule de Hambourg : « Happy birthday, Mr President »…

Et voici qu'aujourd'hui c'est au tour d'Abou Faraj Farj al-Libbi, autre haut commandant d'Al-Qaeda, d'être capturé dans des circonstances mystérieuses, mais à un moment qui est, lui, très clairement chargé de sens, puisque c'est celui où, selon la presse pakistanaise elle-même, les Américains ont résolu de lier la livraison des F16 à une condition nouvelle et décisive :

le droit, pour leurs agents, d'accéder pour l'interroger au fameux Abdul Qader Khan, père de la bombe islamiste et parrain de tout le réseau de trafics impliquant, on s'en souvient, l'Iran, la Corée du Nord et, peut-être, des laboratoires d'Al-Qaeda à Kandahar – le droit, que leur refuse obstinément Moucharraf, de prendre la direction de l'enquête sur ce qui est en train de devenir l'affaire de terrorisme nucléaire la plus énorme de l'époque.

Alors, on dira ce que l'on voudra de ce calendrier.

Et on pourra, chaque fois, trouver une raison particulière à cette série de coïncidences entre les opérations coup de poing des forces armées pakistanaises et les besoins politiques du président.

On ne m'enlèvera pas de l'idée qu'il y a là, mieux que des coïncidences, une récurrence, voire une loi, voire quelque chose qui ressemble à un bras de fer.

Comme si le pouvoir pakistanais avait, depuis leur fuite d'Afghanistan et leur repli sur Karachi, Lahore, Rawalpindi, une idée assez précise de l'endroit où se trouvent les responsables d'Al-Qaeda.

Comme si, à travers l'Isi, son redoutable service de renseignement, il avait non seulement localisé, mais mis en observation et, pour ainsi dire, en coupe réglée ces ennemis publics de l'Amérique et donc, en principe, les siens.

Et comme si ces gens lui étaient une monnaie d'échange – comme si, à la façon des Soviétiques de jadis jetant sur les marchés mondiaux juste ce qu'il fallait de leurs réserves d'or pour stabiliser ou déséquilibrer les cours, ils puisaient au compte-gouttes dans leur stock, non d'or, mais de terroristes et les lâchaient un à un, selon les besoins de leur relation avec le grand ami américain.

Les optimistes se réjouiront d'apprendre qu'il y a un pays, sur cette planète, où l'on en sait un peu plus long sur les caches des lieutenants de Ben Laden ainsi que, peut-être, de Ben Laden lui-même.

Les pessimistes, ceux qui se rappellent qu'avant de donner asile aux talibans vaincus les Pakistanais les ont inventés, ont gouverné l'Afghanistan à travers eux et ont, en l'espace de vingt ans, donné pas moins de 200 000 recrues au Djihad international, s'inquiéteront plutôt, eux, de cette indication nouvelle du double jeu pakistanais.

Pour ce qui me concerne, mon siège est fait.

Ayant eu l'occasion, dans le cadre de mon enquête sur Daniel Pearl, de pouvoir observer de près la nature des liens entre l'Isi et nombre de groupes islamistes liés, comme le Jaish-e-Mohammed ou le Lashkar-e-Taiba, à la cause « sacrée » du Cachemire, je n'ai guère d'illusions quant à la sincérité des dirigeants d'Islamabad lorsqu'ils se présentent comme les meilleurs élèves de la classe antiterroriste.

J'espère juste que Condoleezza Rice n'en a pas plus que moi et que, lorsqu'elle les « remercie » pour « le travail difficile qu'ils ont fourni », elle sait qu'elle se fiche du monde et sait pourquoi elle le fait ; j'espère qu'en se liant, pour briser « l'Axe du Mal », au seul régime au monde qui dispose à la fois d'armes de destruction massive et de l'idéologie susceptible de les actionner, les Américains ont bien conscience de jouer littéralement au plus malin et de livrer ainsi la partie de poker diplomatique la plus paradoxale, la plus folle et, si l'on n'y prend garde, la plus risquée de l'histoire contemporaine.

12 mai 2005.

Libéral, une insulte ? Le retour des tarentules. L'Europe, c'est comme la République. Trotski es-tu là ?

Ce traité est « trop libéral », plaident les uns. Non, répondent les autres, il n'est « pas si libéral » que vous le dites. Attention, menacent les troisièmes, l'Europe, si vous votez non, sera « encore plus libérale ». Bref, le libéralisme, voilà l'ennemi. L'esprit libéral, voilà, pour tout le monde, le résumé de nos maux, l'épouvantail, la définition de l'horreur politique. Lorsque tout sera fini, il faudra quand même s'interroger sur cette bizarrerie sémantique doublée d'une monstruosité idéologique – lorsque les Français auront choisi et que les passions seront apaisées, j'espère qu'il se trouvera un historien des idées pour se demander quand, comment, au terme de quels incroyables détours signifiants, cette qualification de libéral, cette épithète magnifique qui, dans toutes les langues du monde, a longtemps et logiquement signifié « ami de la liberté » a pu s'identifier ainsi à son contraire. Je sais bien que c'est d'économie que l'on prétend, ici, parler. Mais tout de même ! On s'est battu, en Europe, pour le libéralisme. On est mort, partout dans le monde, au nom du libéralisme. Des héros du Risorgimento italien à ceux des révolutions démocratiques dans l'ex-empire soviétique, il a été, cet étendard libéral, le signe de ralliement des plus nobles luttes sociales et politiques. Le voir aujourd'hui jeté aux chiens avec le reste, entendre des analphabètes, croyant s'en prendre à Bill Gates, insulter Gavroche, les carbonari ou les dissidents d'Europe orientale, cela est proprement obscène.

Delors. Un mot de Jacques Delors s'employant à parler vrai. Une parole de sagesse et de mesure pour dire qu'un vote négatif de la France ne serait pas non plus la fin du monde. Une phrase de simple bon sens d'où il ressort que, la nature politique ayant horreur du vide, il y aurait, par la force des choses, une solution, une issue, une manière pour l'Europe de s'arranger de son échec, un plan B. Et hop ! Ce sont tous les batteurs d'estrade qui s'engouffrent dans la brèche. C'est toute la mauvaise foi pavlovisée propre aux idéologies qui se met en mouvement. Et c'est la France de MM. Le Pen et Besancenot, ce sont les professionnels du complot et du soupçon qui, comme ces « tarentules » dont Nietzsche disait qu'elles ne sont jamais si heureuses que lorsqu'elles vous font passer aux aveux, clignent frénétiquement de l'œil et s'exclament : « ça y est ! on le tient ! le social-traître s'est trahi ! l'apôtre de l'Europe libérale s'est démasqué ! » Vieilles ficelles et gros mensonges. Retour d'une politique qui est celle du ressentiment. Ce spectacle, lui aussi, est navrant.

Et cette fameuse « compatibilité » entre les oui de droite et de gauche... Horreur, s'exclame la gauche radicale ! Honte, très grande honte, renchérit la droite extrême ! N'est-ce pas la preuve, hurlent en chœur les uns et les autres, de la collusion liberticide entre tous les tenants du système ? Aux caciques socialistes qui ont pris le risque de mêler leurs voix à ce concert en reprochant à Hollande de s'avouer « européo-compatible » avec Sarkozy on ne fera pas l'injure d'objecter que la peinture d'un « établissement » d'accord sur l'essentiel reprend, au mot près, une scie du lepénisme. On leur rappellera, en revanche, ce principe tout simple, tout bête, constitutif de la démocratie elle-même, qui veut qu'il n'y ait pas de débat public sans construction, préalable, de l'espace commun où il se déploiera. L'Europe est cet espace. L'Europe n'est pas un camp, mais un cadre. L'Europe n'est pas un parti, c'est le lieu où les partis vont se placer et s'affronter. L'Europe, c'est comme, jadis, la République : le préalable à partir duquel la politique peut commencer. Voter pour le traité et, une fois celui-ci en vigueur, fort des possibilités et contradictions nouvelles qu'il offrira, engager aussitôt la bataille pour une Europe encore plus démocratique et sociale – tel devrait être le but quand on se prétend « représentant des travailleurs ».

Mais il est vrai que le monde, là aussi, change – et pas toujours pour le meilleur. Etre d'extrême gauche, dans ma jeunesse, c'était chanter « L'Internationale ». C'était lutter contre les nationalismes et leur cortège de bêtise et de malheur. Nous avions des théoriciens en ce temps-là – André Gorz, Ivan Illich... – rêvant d'un monde nouveau où, pour remédier à la misère du monde, on allait mieux répartir les moyens de production et, donc, le travail. Aujourd'hui, le diable s'appelle délocalisation. Le méchant plombier polonais devient l'ennemi public numéro un du bon travailleur français. Et altermondialisme rime, qu'on le veuille ou non, avec protectionnisme, souverainisme, chauvinisme, préférence nationale (quand ce n'est pas avec la peur de ce nouveau péril jaune qu'est l'invasion du textile chinois...). Toni Negri, penseur de l'autonomie ouvrière italienne des années de plomb, vient de sauver l'honneur en plaidant, au côté de Cohn-Bendit et Julien Dray, pour un « oui révolutionnaire » à une Europe affaiblissant les Etats-nations. Mais, pour un Negri, combien de prétendus trotskistes qu'il ne faudrait pas beaucoup solliciter pour les entendre hurler « Les Français d'abord » ou « La Corrèze avant le Zambèze » – oubliant que, s'il y a bien une chose qui caractérisa le trotskisme en ses riches heures ce fut, justement, l'internationalisme.

19 mai 2005.

Lettre de Sarajevo à un ami « de gauche » tenté de voter non.

C'est à Sarajevo, où je suis venu présenter la traduction bosniaque du « Lys et la cendre », que je prends connaissance des derniers sondages donnant, notamment à gauche, une nouvelle progression du non.

Vue d'ici, depuis ce petit pays sorti, il y a dix ans, de la dernière guerre européenne, vue depuis cette Bosnie que l'Europe a sacrifiée et qui continue néanmoins, en vertu d'un miracle de l'âme et de la foi, de croire en ses valeurs, vue depuis cette part martyrisée de l'Europe où l'Europe reste, en dépit de tout et de nous, le nom d'une espérance intacte, cette tentation de voter non, cette volonté, en votant non, de sanctionner, sic, le pouvoir en place, cette coalition où l'on côtoie, sans gêne, les représentants de ce que la vie politique française offre de plus glauque, tout cela apparaît de plus en plus bizarre, absurde et, pour tout dire, frivole.

Frivole, nous l'avons assez dit et répété, l'argument d'une Europe « de plus en plus libérale », quand ce traité est celui qui amende le plus profondément la vision purement libérale de l'Europe.

Frivole, l'idée d'une Europe « pas assez sociale », alors que c'est le premier texte du genre où, sous l'influence, notamment, des socialistes belges et français, l'on ait explicitement placé la future politique européenne sous le signe de l'économie *sociale* de marché.

Frivole, surréaliste et, à force, mensongère, l'idée que ce document sacrifierait le « droit au travail », alors qu'il s'agit du premier traité où l'on ait inscrit, outre des droits fondamentaux absents, non seulement des traités de Nice et Maastricht, mais de notre Constitution nationale elle-même, le mot et, donc, l'exigence du « plein-emploi ».

Frivole toujours, énigmatique, ce refus borné, entêté, sans vraies raisons articulées, ou dont les raisons, quand elles se formulent, ne supportent pas l'épreuve de trois minutes de conversation – frivole et, finalement, suicidaire, ce prétendu « non de gauche » dont le résultat n'est pas de « censurer » le pouvoir en place, mais de le sauver, de l'exonérer de ses responsabilités, de le soustraire au tranchant de la critique politique, puisque la faute, toute la faute, la responsabilité pleine et entière des maux qui accablent les Français deviendraient, à en croire ces brillants esprits, celles de l'« Europe » !

Et puis, non seulement absurde, frivole, suicidaire, etc., mais choquant, et même assez révoltant, ce parfum d'égoïsme national, cette frilosité de nantis qui ne veulent rien lâcher, cette volonté de repli sur le pré carré et ce renoncement à un universalisme qui fut, quoi qu'on en dise, la noblesse et la grandeur de la gauche – choquant, révoltant, le nombrilisme dont témoigne, quand on le voit depuis Sarajevo, ce débat sur la nature et les vertus d'un traité dont on évoque à l'envi les risques de « dumping social », mais dont personne n'a l'air de se demander l'écho qu'il peut avoir au cœur de l'autre Europe : celle que nous avons failli laisser mourir et vis-à-vis de laquelle nous avons une inextinguible dette.

Je repense, comme je le fais chaque fois que je suis ici, aux scènes de cette guerre qui fut la honte de l'Europe, et que l'Europe aurait pu empêcher.

Remontent de ma mémoire, tandis que je reviens sur les crêtes de Grondj et de Debelo Brdo où l'on ne voit plus que des monuments aux morts, à Skanderia ou dans le quartier reconstruit de Dobrinja où les snipers s'en donnaient à cœur joie, dans l'école d'Alipacino Polje où il ne restait, en décembre 1993, quand je suis arrivé pour la filmer, que des touffes de cheveux d'enfants collées aux murs avec leur sang, remontent, oui, de ma mémoire, ces scènes d'épouvante dont nous savions bien, à l'époque, qu'un tout petit peu plus de volonté, donc d'Europe, aurait suffi à les conjurer.

Eh bien, il est là, ce tout petit peu plus d'Europe.

Ils sont là, dans ce traité, ces embryons d'institutions, ces conditions de possibilité d'une politique commune, ce ministère des Affaires étrangères de l'Union dont nous savions qu'ils auraient pu contribuer à éviter le pire.

Mais tout le monde, en France, s'en moque.

Cette Bosnie, dont la société multiconfessionnelle et multiethnique fut et, à bien des égards, demeure la miniature et le modèle de l'Europe citoyenne selon nos vœux, elle est à mille lieues des préoccupations de ces singuliers progressistes dont l'horizon semble se borner au prix de la betterave et à la non-concurrence dans la plomberie.

Dans ces débats insupportablement académiques où l'on a vu les batteurs d'estrade rivaliser de virtuosité pour nous expliquer ce que « vrai socialisme » ou « altermondialisme » veulent dire, je ne suis d'ailleurs pas certain d'avoir entendu prononcer une seule fois ce nom même de la Bosnie devenu (comme celui, plus brûlant encore, de Tchétchénie) le fantôme sanglant de cet opéra-bouffe référendaire.

Et je finis par me demander si nous avions si complètement tort quand, avec mes camarades de l'époque, dans notre colère contre les nouveaux collabos qui peuplaient alors les chancelleries, nous écrivions : « c'est l'Europe qu'on assassine à Sarajevo ».

26 mai 2005.

L'étrange défaite du « non » français.

Le non français au traité va faire le jeu, quoi qu'on en dise, de ceux qui, en Europe, trouvaient que l'Europe allait trop vite.

Il est déjà, ici ou là, accueilli comme la meilleure nouvelle du moment par ceux qu'inquiétait une alliance franco-allemande trop durable, trop fraternelle, entre pays protagonistes des guerres mondiales du XXe siècle.

Il comble d'aise les nationalistes serbes, croates, albanais ou même turcs, il va au-delà des attentes les plus folles de ceux qui, sur le continent, voyaient d'un œil mauvais s'imposer ce drôle de régime de citoyenneté où les appartenances nationales, ethniques, religieuses, commençaient de reconnaître, au-dessus d'elles, l'allégeance nouvelle à une Idée.

Poutine, qui essaie d'avoir des manières, va sans doute la jouer grand genre et adresser à son ami Chirac des condoléances attristées ; mais il l'a échappé belle, lui aussi ; il sait que le petit coq gaulois, en prenant le monde à témoin de son ivresse autiste, vient de lui offrir la diversion rêvée : qui d'autre qu'une Europe en progrès, dotée d'un exécutif renforcé et parlant par la voix d'un ministre des Affaires étrangères commun, pouvait, en effet, l'inquiéter ? qui, sinon un grand voisin porté par une espérance réaffirmée et porteur de valeurs constitutionnellement scellées, pouvait se soucier, et peut-être lui intimer l'ordre d'arrêter, en Tchétchénie, les massacres de civils ?

Il arrange les islamistes qui se sentent mieux dans une Europe passoire que dans une Europe aux polices et justices concertées.

Il facilite la vie des seigneurs de la guerre africains qui savent que la France seule ne viendra jamais trop leur chercher noise et que le dernier espoir de leurs populations affamées, massacrées, humiliées, était dans une force d'intervention diplomatique et militaire européenne.

Il fait le jeu des Chinois et des Indiens dont seul le traité, avec sa batterie de dispositions dont on ne redira jamais assez qu'elles introduisaient plus de contrainte et de loi dans le libre jeu du commerce international, pouvait freiner les ambitions.

Il fait celui, aux Etats-Unis, de gens qui ne sont pas spécialement antifrançais et qui consentiront même, dès cet été, à venir déguster nos vins et nos laits de brebis, mais qui trouvent juste que moins on est de fous plus on rit, moins on est de grands acteurs sur la scène économique, mieux se porte l'économie-monde américaine.

D'une manière générale, et à court terme, cette victoire au goût de masochisme et d'amertume va faire les affaires de ce que les altermondialistes appellent le grand capital – eh oui, électeurs qui vous vouliez éclairés mais qui n'avez pas su voir plus loin que le bout du nez de Besancenot, le choix des hommes est une chose, celui du système en est une autre et vous ne tarderez pas à découvrir que, nonobstant le vote citoyen affiché par telle ou telle figure du CAC 40, la machine a tout à gagner, elle, à une Europe où les régulations seront moins nombreuses, les services publics moins garantis et où le fléchissement probable de l'euro dopera les comptes des entreprises.

En France même, il suffit d'observer et d'écouter ; il suffisait, ce dimanche, d'être devant son poste de télé, pour comprendre ce qui se jouait. Pourquoi Fabius ne s'est-il pas montré ? Pourquoi, chez les partisans du non « de gauche », ce malaise étrange, palpable ? Pourquoi, chez tel leader écolo, ou chez un Montebourg, ces éclairs de panique dans le regard quand on attendait de l'exultation ? Parce qu'ils ont assez d'oreille, ceux-là au moins, pour entendre Marine Le Pen dénoncer, à 20 h 10, l'« élite politico-médiatique » dans les termes mêmes où, à 20 h 05 la fustigeait Emmanuelli. Parce que les plus cyniques d'entre eux, ceux qui ont joué le plus éhontément sur les peurs, les xénophobies, les réflexes souverainistes et chauvins, se sentent quand même embarrassés de retrouver leurs mots, presque leur voix, dans la bouche goguenarde du vieux Le Pen. Parce que, même quand on ne sait rien de l'histoire de son pays, même quand on ne croit pas à l'inconscient des langues et à ses cheminements obscurs, on voit bien qu'il se passe un truc quand, à la faveur d'un séisme politique, dans le paysage d'après bataille qui s'improvise sur un plateau de télévision, on se retrouve placé géographiquement et, très vite, sémantiquement au plus près de leaders d'extrême droite qu'on traitait, la veille, comme des fascistes et contre lesquels – notons-le bien, car ce fut l'autre événement de la soirée – on ne trouve, soudain, plus rien à dire.

Et quant au plombier français qui croit sans doute, ce matin, qu'il échappera au plombier polonais, quant au délocalisable à qui l'on a soigneusement caché qu'il sera délocalisé bien plus vite dans l'Europe du traité de Nice que dans celle qui se constituait, quant au paysan français que l'on entretient, depuis trente ans, dans l'irresponsable illusion que tout est la faute à l'Europe et qu'il n'a de salut à attendre que d'un vote de rupture en forme de cocorico, il leur reste les yeux pour pleurer et pour lire peut-être enfin – mais trop tard – ce texte mort-né qu'une campagne de désinformation sans précédent aura jeté aux chiens des populismes de droite et de gauche.

2 juin 2005.

Climat fétide, suite...

Je précise. J'ai dit la semaine dernière qu'il s'était produit, le dimanche du scrutin, un événement inédit dans ce type de soirée électorale. Nous avions là des caciques « de gauche » assis sur le même plateau que

Marine Le Pen ou Bruno Gollnisch. D'habitude, dans cette situation, quand un démocrate se trouve, par le jeu de la topographie, dans ce type de proximité avec un leader du Front national, c'est, depuis vingt ans, devenu presque un rite, une prescription médiatique et politique, laquelle va d'ailleurs si loin qu'elle prend parfois des allures de comédie : on fait des manières, on se récrie, on insiste sur le fait que cette proximité de places, voire de mots, est une pure coïncidence à laquelle il faut ne prêter aucune espèce de signification, on se démarque, on creuse la distance, on répète, à tout bout de champ, qu'on se passerait bien de l'approbation de Monsieur X ou que Madame Y n'est pas la mieux indiquée, loin s'en faut, pour donner des leçons de ceci ou des brevets de cela, bref, on sauve l'honneur. Or, ce soir-là, rien. Pas un mot. Pas un geste. Pas une fois l'on ne vit Besancenot ou Emmanuelli le moins du monde embarrassés de recevoir le soutien de ces gens. Pas une fois l'on ne sentit l'ombre d'un doute ou d'une impatience à l'idée de ces compromettants alliés renchérissant sur leurs positions. Oh ! ce ne fut pas une décision, bien sûr. Encore moins un changement de cap. Ils n'y ont juste pas pensé. Tout à l'euphorie de leur victoire, ils ont juste oublié le sain principe de démarcation. Et, la politique étant ce qu'elle est, c'est-à-dire quelque chose qui se fait avec des mots, des silences et des lapsus, c'est évidemment un signe très inquiétant.

D'autant qu'il y eut aussi le contenu de ce qui, ce soir-là et les jours suivants, n'a cessé de s'énoncer. Tantôt c'était Emmanuelli qui, n'en revenant pas de son succès, réclamait la démission du président de la République sur le ton et dans les termes du Front national. Tantôt c'était Bartolone dénonçant, dans les termes encore de Jean-Marie Le Pen, la faillite du « système politico-médiatique » et de ses « élites ». Tantôt, Mme Buffet, dirigeante d'un parti qui fut le champion de l'internationalisme, reprenant les refrains les plus éculés du socialisme dans un seul pays pour exalter les vertus retrouvées du « peuple de France ». Tantôt Krivine ou Besancenot retrouvant l'antienne FN pour rappeler que les parlementaires, s'il leur avait été donné de voter, auraient ratifié le traité à 90 % et pour attaquer donc, avec une violence inouïe depuis les années 30, le principe même de la représentation parlementaire. Ou tantôt tels dirigeants d'Attac appelant, dans la langue frontiste toujours, à la « résistance » contre une « mondialisation » qu'on ne prenait même plus la peine de qualifier de « néolibérale ». Jamais, depuis des années, l'on n'avait vu cette gauche souverainiste et nationale aller si loin dans le bord à bord, sans complexes, avec son double ennemi. Si, d'ailleurs. Une fois. Au moment de l'affaire Tariq Ramadan, quand on la vit, du *Monde diplomatique* à Attac, voler au secours de l'héritier des Frères musulmans, lui offrir des tribunes et, pour ne pas désespérer les banlieues, endosser les thèmes les plus choquants de son fondamentalisme new look. C'était déjà un signe de décomposition d'une certaine gauche. En voici, avec ce scrutin référendaire, un second.

Et les autres ? Le camp pro-européen ? Ce qui, avec le recul, paraît le plus navrant, c'est qu'ils n'ont, eux non plus, guère osé batailler sous leurs couleurs et sur leurs principes. Il y a un excellent petit livre, « Le référendum des lâches », de Philippe Val (Editions Le Cherche-Midi), paru avant le scrutin, mais qui ouvre tant de perspectives que la défaite ne l'a pas rendu obsolète, loin de là. Val – par ailleurs directeur de *Charlie*

Hebdo, l'hebdomadaire, ou l'héritier de l'hebdomadaire, satirique et gauchisant des années 60 et 70 –, Val, donc, s'étonne qu'aucun partisan du traité n'ait parlé des vraies questions posées par ce document. Il regrette que l'on ait laissé les partisans du non mentir aux électeurs en faisant semblant de croire qu'il « gravait dans le marbre » des règles de commerce dont chacun sait bien qu'elles n'ont pas besoin de Constitution pour s'établir. Et il s'indigne, surtout, que nul n'ait osé dire qu'il s'agissait d'un texte politique proposant, pour sortir de la culture de la guerre, un dépassement politique du modèle de la nation patriote, républicaine et souveraine. Eh bien, c'est exactement cela. Qui – hormis, peut-être, Bayrou – a osé rappeler que la construction de l'Europe supposait une rupture franche avec cette forme hégélienne de l'Etat nation dont on sent bien qu'elle a fait son temps ? Qui – hormis, peut-être, Strauss-Kahn – a eu le courage d'affirmer que l'Europe était, comme telle, parce qu'elle rompt avec le souverainisme, un modèle exaltant ? Et d'où vient que la plupart n'aient trouvé à mettre au crédit de leur Europe que le fait que, grâce à elle, la nation française verrait son image grandie et sa place dans le monde renforcée – ce qui était le moyen le plus sûr de se placer, à nouveau, sur le terrain et sous la bannière de l'adversaire. Europe honteuse. Europe cauteleuse. Europe trop rusée, et effrayée d'elle-même. Une Europe dont la déroute était inscrite, non dans les faits, mais dans les mots.

9 juin 2005.

Après la libération de Florence Aubenas, les questions.

Libres. Florence et Hussein sont libres. Et il n'était que de voir, ce dimanche, leurs beaux visages intacts, leur bonheur retrouvé, leur énergie inébranlée, leurs mots si justes et généreux, pour comprendre que ce sont bien, quoi qu'on en dise, les salauds qui ont cédé et la liberté, le cran, la fermeté de caractère qui l'ont emporté. Restent, cela étant, les questions. Restent, une fois que l'on a dit sa joie, toute la série de questions de fond que l'on a évitées jusqu'à maintenant – et pourtant…

Rançon ou pas rançon ? On ne le saura jamais ; et il est bon qu'il en soit ainsi vu que la moindre information sur le sujet aurait pour effet, immédiat, de fixer le tarif des kidnappings de demain. Sur le fond cependant, sur la question de savoir s'il est moralement juste, ou non, de payer pour la libération de deux otages, dans l'éternel débat qui consiste à savoir si l'on ne fait pas, en cédant, « le jeu » des ravisseurs, tout a été dit, il y a trente ans, à l'époque de l'affaire Aldo Moro : relisez le recueil des lettres de cachot du prisonnier des Brigades rouges, « Mon sang retombera sur vous » ; relisez la contre-enquête que consacra à son calvaire Leonardo Sciascia ; la conclusion est qu'il fallait payer, bien sûr ; en secret, mais il fallait payer ; car une chose est de refuser le chantage politique qui, d'une manière ou d'une autre, revient toujours à échanger la vie d'un seul contre un peu de la liberté de tous, une autre est de consentir à une transaction qui, comme l'argent, n'a pas d'odeur – nous a-t-on assez dit que c'est « pour nous » qu'Aubenas était en Irak ! eh bien, quand ce « pour nous » a un prix, quand il coûte quelques millions de dollars à l'Etat, donc au citoyen, mettons que ce soit le prix, tragique, de la liberté d'informer.

Battage ou pas battage ? Et le risque n'est-il pas, en faisant de l'otage un symbole, de faire monter les enchères et de faire, là encore, le jeu des ravisseurs ? Je comprends que l'on se pose la question. Et c'est là, sans aucun doute, *la* grande aporie de la nouvelle raison pratique confrontée à cette forme contemporaine de barbarie que sont les prises d'otages de journalistes. Tout bien pesé, cependant, c'est Serge July et Robert Ménard qui avaient raison quand ils nous encourageaient dans une mobilisation sans complexes ni relâche. Et s'ils avaient raison, c'est moins en vertu de la théorie de la bouteille à la mer (qu'un message, au moins un, parvienne jusqu'à Florence et lui montre qu'ici, en France, on ne l'oublie pas, on pense à elle…) qu'à cause de ce que nous savons de la prodigieuse inertie de ces monstres froids que sont les Etats (le « travail patient » des diplomates ? le « courage » des agents de la DGSE ? allons, monsieur Barnier ! vous savez mieux que personne que, sans tapage, sans télés, sans portraits géants ni lâchers de ballons, bref, sans pression de l'opinion, il n'y aurait pas eu de DGSE du tout et vous auriez passé Florence et Hussein aux pertes et profits du Grand Jeu français au Proche-Orient…). La différence entre Florence et, par exemple, Ingrid Betancourt ? La solidarité. Donc, le battage.

Le métier. Les conditions d'exercice de ce beau métier qu'est le métier d'informer dans un monde où la simple détention d'une carte de presse fait de vous un otage en puissance. Faudra-t-il, comme y invitent déjà certains, s'interdire de couvrir les conflits trop risqués ? Faudra-t-il, comme nombre de reporters américains, consentir à la pratique contre nature de l'*embedding* ? Devra-t-on, au contraire, se cacher ? S'infiltrer ? Le journalisme devra-t-il se pratiquer masqué ? Les journalistes, pour se protéger, auront-ils à changer de statut, à se faire passer pour ce qu'ils ne sont pas – auront-ils à devenir des « agents » d'un nouveau genre, au service de la vérité ? Je sais que ces questions sont taboues. Je sais qu'elles touchent à l'éthique même d'une activité dont Sartre – grand journaliste s'il en fut ! – aimait à dire qu'elle était la publicité, la transparence, même. N'empêche. Je ne vois pas comment la profession, si elle veut tirer toutes les leçons du martyre de Florence et Hussein, pourra éviter de les formuler.

Quid, enfin, des ravisseurs ? Et le fait qu'ils n'aient jamais signé, siglé ni même revendiqué leur crime est-il la preuve du caractère « seulement » crapuleux de l'affaire ? C'est ce que l'on nous dit un peu partout. C'est ce que l'on aura, j'en prends le pari, de plus en plus intérêt à nous raconter. A un détail près, pourtant. A un tout petit détail près qui n'aura échappé à aucun de ceux qui ont eu l'occasion d'étudier la mécanique de ces prises d'otages. Je pense, pour ma part, à l'affaire Daniel Pearl. Je pense à l'extraordinaire lourdeur et complexité de la logistique mise en œuvre, dans son cas, pour une mise au secret de quelques jours. Alors cent cinquante-sept jours ! J'ai du mal à croire, vraiment, qu'un groupe purement mafieux – c'est-à-dire, pour être précis, privé de parrain politique et de ciment idéologique – ait, sans craquer, sans se diviser, sans s'entre-tuer et, finalement, se découvrir, pu durer cent cinquante-sept jours ! La question ne sera pas sans importance pour la suite. D'autant qu'il y a un pays au moins dans la région – la Syrie, pour le nommer – qui a précisément pour habitude de ne pas toujours signer ses forfaits. A ne pas perdre de vue si nous ne voulons pas que notre belle joie d'aujourd'hui ne puisse nous apparaître, un jour, comme l'expression d'un simple « soulagement ».

16 juin 2005.

Contre-attac.

Reprenons. Les Français, le 29 mai dernier, se sont vu proposer une Constitution. Et cette Constitution avait pour horizon, dix ans après la tragédie yougoslave, l'impossibilité programmée de la guerre entre les nations d'Europe. Pour une oreille même moyennement philosophique, cette offre, cette *double offre*, n'aurait pas dû rester sans écho. Car ce projet de constituer l'Europe et, en la constituant, de la pacifier, cette double idée de fédérer ses Etats et, en les fédérant, d'entrer dans la voie du cosmopolitisme, c'était très exactement, déjà, le programme d'Emmanuel Kant dans le texte fameux qui s'appelait « Qu'est-ce que la *Aufklärung* ? ». Les Français, autrement dit, n'ont pas seulement dit non à Chirac, mais à Kant. Ils n'ont pas voté contre l'Europe, mais contre le texte fondateur des Lumières. C'était un vote souverainiste, populiste, nationaliste, parfois xénophobe – mais c'était un vote qui, avant cela, en amont de ces réflexes, prenait partie contre les Lumières et leur idéal kantien de liberté.

Car soyons précis. Libres de quoi, au juste ? De quoi l'Europe kantienne libère-t-elle et à quoi s'oppose-t-elle ? Les trois « N ». Elle s'oppose à ce que, pour aller vite, il faudrait pouvoir baptiser les trois « N ». C'est-à-dire, premièrement, la Nation (j'étais et reste français – je deviens européen), deuxièmement le Natal (de ce lieu-ci, de ce sol, je suis né – mais je me reconnais dans une Idée qui s'appuie sur ce sol et le subsume), troisièmement le Naturel (chacun de nous a sa souche, son corps, sa part de matérialité – mais il y a aussi cet artifice qui tire le tout vers le haut et qui est son appartenance, sa citoyenneté, transnationales). Les trois « N », selon Kant : les formes a priori de la servitude. Les trois « N », selon Levinas : la formule d'une soumission, quasi ontologique, qui précède les soumissions politiques. Pas besoin, là non plus, d'être grand clerc en philosophie pour comprendre ce qui se joue : Europe, cette princesse ravie par un taureau, est aussi la bonne fée qui, à son tour, nous ravit à nos sujétions ; serfs par le National, le Natal, le Naturel – émancipés par l'Europe.

Car soyons plus précis encore. Le processus, à bien y regarder, a toujours déjà commencé. Mieux : il a lieu, sous nos yeux, tous les jours, depuis des siècles, sans avoir forcément besoin de l'Europe. Mieux encore : il y a plusieurs formes, en Occident, de ce ravissement, au National, au Natal, au Naturel ; il y a plusieurs modalités, dans nos pays, d'arrachement au particulier, donc de devenir universel du monde, donc de devenir monde de l'universel – et, de ces modalités, de ces formes, l'Europe n'est ni la plus ancienne ni, sûrement, la plus constante dont dispose la mémoire du continent. La plus ancienne s'appelle Empire. La plus constante s'appelle Eglise. Et c'est la troisième, la plus récente, que nous appelons Europe. Effet de structure, donc. Non pas un double, mais un triple lien. Et, pour les hommes et femmes de ce temps, pour leurs paris de liberté, nécessité de se dépêtrer de ce nœud entremêlé. Entre l'Empire, l'Eglise et l'Europe, que choisit-on ? Contre les trois « N », lequel des trois « E » mobilise-t-on ? L'Occident est ainsi fait que, si l'on ne veut pas l'Europe, c'est l'Empire ou l'Eglise que l'on aura – est-ce cela, vraiment, que l'on désire ? à cela que l'on veut arriver ?

Et puis, dernière remarque enfin, Hannah Arendt, dans son livre sur l'impérialisme et, dans ce livre, au cœur des pages qu'elle consacre à la moderne et brûlante question du Réfugié, liait l'avenir des droits de l'homme à celui des Etats-nations. Bon. Peut-être était-ce juste au temps d'Hannah Arendt. Sauf que ce temps-là a passé. Et ce qui a passé, ce qui a, je le crains, tout changé, c'est d'abord, bien entendu, la répétition de génocides (Cambodge, Rwanda, peut-être Tchétchénie) auxquels le moins que l'on puisse dire est que la forme de l'Etat-nation n'a su opposer que son impuissance – et c'est ensuite, sans aller jusqu'à ces extrêmes, une mondialisation du capital (et, en tout cas, de ses entreprises) qui a rendu vaines, inopérantes, voire dérisoires, les stratégies de protection qu'offrait le cadre national. Changement de paradigme. Passage, pour les maîtres, de l'Etat-nation à l'Etat-Europe. Une Arendt, aujourd'hui, ferait le même raisonnement – mais pour dire : hors l'Europe, droits vides et formels ; seule l'Europe donnera aux travailleurs, consommateurs, citoyens des terres européennes, des droits que n'emportera pas le flux d'une marchandise définitivement planétarisée.

Tels étaient les vrais enjeux sous-jacents au référendum français. Tel est, par-delà la politique agricole des uns et les problèmes de « ristourne » des autres, l'horizon réel mais silencieux de la nouvelle crise où, depuis Bruxelles, nous sommes entrés. Dans la longue marche qui commence ou qui, plus exactement, comme la culture, doit de toute urgence recommencer, telles seront les seules questions qui vaudront : Kant ou l'assombrissement du monde ? Levinas ou les bosquets sacrés ? serons-nous plus libres et comment ? entrerons-nous dans le XXIe siècle avec les droits du XIXe ou, pour nous adapter aux menaces, contraintes et maîtrises de demain, choisirons-nous, contre tous les souverainismes, de nous constituer en Europe ?

23 juin 2005.

Semaine noire pour l'Iran et le monde.

Les chancelleries vont, comme à leur habitude, minimiser la chose. Les experts vont expliquer qu'il n'y a pas d'extrémisme religieux qui ne soit très vite soluble dans l'exercice des responsabilités et du pouvoir. On va mettre en garde Américains et Israéliens contre la tentation de la force. On va dire et répéter qu'il est urgent d'attendre et de juger l'heureux élu sur ses actes. Et quant à Vladimir Poutine, il lui a déjà donné, lui, contre promesse de pétrodollars, un tonitruant brevet de respectabilité et de bonne conduite. Il faut dire les choses comme elles sont. M. Ahmadinejad est un homme dangereux. Et son élection à la présidence de la République islamique d'Iran est un événement catastrophique.

Venant après la reprise en main, en 2003 et 2004, des grandes municipalités puis du Parlement, elle est une étape de plus, d'abord, dans le retour en force de l'aile conservatrice du régime. L'ayatollah Khamenei,

Guide suprême de la révolution, avait beau être la clé de voûte du système. Il avait beau, depuis qu'il a succédé à Khomeyni, se voir constitutionnellement réserver le dernier mot dans les grands choix. La personnalité de l'ancien président Khatami avait, qu'on le veuille ou non, un effet de modération. Avec cet homme-ci, avec ce candidat qui, à la veille du scrutin, déclarait que « le Guide suprême n'a aucune faiblesse », avec cet élu dont l'une des premières déclarations fut pour dire que le peuple iranien n'a « pas fait la révolution pour avoir la démocratie », avec ce « laïque » qui ne commence jamais une conférence de presse sans d'interminables prières pendant lesquelles ses partisans embrassent le livre sacré, les durs n'ont plus de souci à se faire – et les réformateurs, les jeunes, les femmes qui ont pris l'habitude de sortir avec des tchadors de couleur, les intellectuels ont toutes les raisons, eux, de s'inquiéter.

Issu lui-même des Gardiens de la révolution et, au sein des Gardiens, des unités spéciales chargées, au début des années 80, des interrogatoires musclés et des tortures, devenu officier supérieur d'une autre brigade chargée de ce que l'on appelait alors, pudiquement, les « opérations extraterritoriales » et qui désignait la direction stratégique des opérations de commando à l'étranger, personnellement mêlé, de ce fait, à quelques missions très particulières dont l'exécution, en 1989, à Vienne, du dirigeant kurde Abdelrahman Ghassemlou ou, plus tard, un projet d'assassinat de Salman Rushdie, le nouveau président n'est pas seulement ce dirigeant modeste et pieux que décrivent à l'envi les médias. C'est un personnage brutal. C'est un homme qui a du sang sur les mains. C'est un criminel de bureau, peu connu des opinions, mais familier des services de ren-

181

seignement qui voient en lui, non sans raison, l'un des agents de cette part du terrorisme international dont l'Iran est, depuis vingt ans, la plaque tournante. L'Iran, avant lui, était déjà un Etat terroriste. Que sera-t-il avec lui ? Comment faudra-t-il qualifier un Etat dont le président lui-même est un terroriste ?

Sur la question du nucléaire, enfin, le nouveau président aura été, au lendemain de son élection, on ne peut plus clair. L'Iran, a-t-il promis, redeviendra, sous son règne, un Etat islamique « exemplaire et puissant ». Le statut de puissance nucléaire redevient, a-t-il précisé, un élément non négociable de la « fierté nationale » de son peuple. Et, à l'attention de ceux qui n'auraient pas compris, ce sophisme extraordinaire, digne des meilleures anthologies de la mauvaise foi politique : « l'énergie nucléaire est le résultat du développement scientifique du peuple iranien – nul ne peut interdire au peuple iranien le chemin de son développement scientifique »... Ajoutez la haine d'Israël, constitutive de sa vision du monde. Ajoutez l'antiaméricanisme quasi coréen d'un responsable qui ne craint pas d'annoncer qu'il engagera son pays sur la voie de l'autosuffisance et qu'il se fiche donc des menaces de l'Empire. Le résultat, c'est un second pays qui, comme le Pakistan, aura bientôt le double et redoutable privilège de détenir l'arme atomique ainsi que, j'en ai peur, l'idéologie qui va avec...

Comment en est-on arrivé là ? Comment l'Iran dont on nous décrivait les irrésistibles progrès démocratiques a-t-il pu se résoudre à pareille régression ? Un scrutin douteux, chacun l'a dit... Des irrégularités, c'est acquis... Des centaines de candidats empêchés de se présenter, bien entendu... Sauf que rien de tout cela n'aurait suffi sans un autre facteur que l'on a sous-estimé et qui mettait la machine en mouvement. L'Etat iranien était, demeure, un Etat totalitaire. La société iranienne était, demeure, gouvernée par l'une de ces idéologies de granit dont Soljenitsyne disait qu'elles sont le propre du fascisme. Ces bataillons, par exemple, de Pasdaran et autres Bassidj qui ont terrorisé les uns, soudoyé les autres, tabassé les journalistes à l'entrée des bureaux de vote et dont la preuve est ainsi faite qu'ils continuent, plus que jamais, de quadriller la société – n'étaient-ils pas des sortes de SA, à la solde du Guide suprême et de son nouveau chef de cabinet, le président Mahmoud Ahmadinejad ? Le vent de la liberté, certes. L'admirable résistance de la société civile, bien sûr. Mais aussi, malheureusement, les héritiers des premiers ayatollahs et de leur ordre noir – que l'on a, un peu vite, eu tendance à enterrer.

30 juin 2005.

Au secours, Jules Guesde revient !

Il est rare, vraiment très rare, de voir une même problématique reconduite, sur la distance d'un siècle, sans que ses termes changent.

Cela n'arrive jamais dans l'histoire des sciences.

Cela n'arrive même pas en philosophie où le problème de la Nature, de l'Ame ou du Temps ne se pose plus tout à fait de la même façon au début du XXIe et du XXe siècle.

En politique, sans doute y a-t-il des constantes, des familles d'esprit, des sensibilités pérennes qui traversent les époques – mais on voit bien que la distinction des « trois droites », par exemple, a quand même fini par vieillir et ne plus tout à fait rendre compte de la sorte de débat qui oppose Bayrou, Villiers, Villepin et Sarkozy.

En sorte qu'il n'y a finalement qu'à gauche et, à gauche, au sein du parti socialiste que l'on a le sentiment que rien, ou presque rien, ne bouge – il n'y a que là, dans les combats de chefs autour du fauteuil de François Hollande et du sceptre de François Mitterrand que l'on a le sentiment d'un temps immobile où l'on en serait encore, un siècle après, à se rejouer pour la énième fois le même éternel affrontement de Jean Jaurès et de Jules Guesde.

On ne connaît pas assez Jules Guesde, en France.

Ou, plus exactement, on ne sait pas assez combien le socialisme national et autoritaire, positiviste et sectaire, pseudo révolutionnaire et, en réalité, patriote, chauvin, voire xénophobe, de l'homme qui, à la fin du XIXe, prétendait acclimater le marxisme au pays de Joseph Proudhon, a pesé et continue de peser sur le débat idéologique.

J'observe l'évolution des partisans du « non » depuis le désastreux référendum d'avril.

J'observe Henri Emmanuelli avec sa tête de gargouille de cathédrale, figée dans sa niche pour l'éternité, rappelant aux militants les articles de la vraie foi.

J'écoute Arnaud Montebourg, avec ses airs de faux Gavroche louchant vers Rastignac, exhortant les militants à une refondation dont le caractère incantatoire, comme jadis chez Guy Mollet, ne parvient pas à masquer le vide de pensée.

Je vois Laurent Fabius tout à sa tentative de séduire une gauche de la gauche dont il ne paraît pas vouloir comprendre qu'elle lui est définitivement, ontologiquement, presque physiologiquement, hostile – ah !

la navrante image de ce jeune délégué « noniste » à l'Université d'été de La Rochelle à qui un journaliste demande quel effet cela lui fait d'être « sur la ligne » de l'ancien Premier ministre et qui répond, goguenard, très petite frappe se payant le grand bourgeois, que c'est lui, l'Ex, qui vient au Canossa de la mouvance antilibérale.

Je regarde Besancenot, ce jeune pour vieux, chéri des sondages et donc de tous les opportunistes – je l'observe, avec son visage poupon, lunaire et faussement ingénu, avec cet œil perpétuellement étonné dont un conseiller en communication a dû lui souffler qu'il aura l'avantage d'injecter un peu de fraîcheur dans un discours rance, vieux comme le siècle et ses scies les plus usées.

Et puis Monsieur Mélenchon, cet internationaliste phobique du plombier polonais.

Et puis Madame Buffet avec son côté pourvu que rien ne change, que plus personne ne bouge et que revienne le bon temps du Programme commun – vous avez raté Waldeck et Marchais, mais vous avez encore une chance de vous laisser rattraper par leurs clones altermondialistes.

Et puis le chanoine gaulois, José Bové, attendant son heure pour, entre deux manifestations de souverainisme paysan, tenter de rafler la mise de tous les « idiots utiles » qui, d'un bord à l'autre du spectre idéologique, jouent la rupture avec un libéralisme devenu, comme chacun sait, synonyme de crime contre l'humanité.

Je reviendrai sur tout cela, bien entendu.

J'aurai maintes occasions de redire comment on crache, ce faisant, sur tout un pan de la mémoire populaire, voire révolutionnaire, européenne qui s'est incarnée, au temps du printemps des peuples français, allemand et italien, dans ce beau mot de « libéralisme ».

Je note juste, pour le moment, qu'il y a dans ce climat, un siècle après la victoire, en 1905, des guesdistes sur les jauressistes, un étrange parfum de remake.

Je note que ce faux radicalisme, dont le vrai message est, justement, que rien ne doit plus advenir, répète assez fidèlement l'équation d'un guesdisme qui fut, et continue d'être, la calamité de notre socialisme.

Je dis, en d'autres termes, que ce serait un désastre, pour la gauche, de voir ces tenants de « l'Idéologie française » l'emporter une fois de plus sur la tradition social-démocrate, donc réformatrice, donc authentiquement progressiste, qu'illustrait encore, samedi, le beau texte de Pascal Lamy publié par *Le Monde 2*.

Et c'est pourquoi je donne raison, non seulement à Rocard et Kouchner quand ils envisagent l'hypothèse d'une scission, mais à un certain Maurice Clavel dont le nom ne dit peut-être plus grand-chose aux amnésiques de la « jeune garde » du PS et qui, à l'époque où l'extrême gauche avait une autre allure et surtout un autre style, posa le théorème dont nous ne sommes, trente ans plus tard, pas sortis : « pour vaincre la droite, il faut commencer par casser la gauche ».

1er septembre 2005.

Souvenir de La Nouvelle-Orléans.

J'étais à New Orleans, il y a quelques mois, sur les traces de Tocqueville qui consacra de si belles pages à cette ville métisse, magnifiquement cosmopolite, où l'on parlait, pensait, sentait en tant de langues.

Je me souviens, le cœur serré, de la fièvre jazzy de New Orleans, de sa joie de vivre et de danser.

Je me souviens de cette impression que l'on avait, dans le plus humble des bars du Carré français, d'assister, chaque soir, à l'invention du blues et du gospel.

Je me souviens, une nuit, à New Orleans, au-dessus d'un bastringue de Bourbon Street aujourd'hui complètement détruit, d'une toute jeune fille, 15 ans, peut-être 16, dansant sur son balcon pendant que des gamins, depuis la rue, lui jetaient des poignées de perles.

Je me souviens, sur Jackson Square, d'un autre gamin, sosie de l'Ignatius Reilly de John Kennedy Toole, en train de rejouer la « conjuration des imbéciles » en gémissant, entre deux airs d'harmonica, « je suis un Blanc ethnique, je suis un Blanc ethnique ».

Je me souviens de la lenteur de New Orleans, de sa langueur insouciante et cependant effervescente ; je me souviens de ce drôle de temps de la ville qui m'a tout de suite frappé – chaque ville a son temps n'est-ce pas ? chaque lieu du monde a sa propre qualité de temps comme il a sa couleur, son paysage, son histoire ? eh bien, à New Orleans, c'était un temps gourd, longanime et lent à la colère ; c'était un temps qui tarde et ne se résout pas ; c'était comme si le temps avait trouvé le truc, à New Orleans, pour, comme disait Truman Capote, ne plus passer, se reposer.

Je me souviens de la misère, aussi, de New Orleans.

Je me souviens m'être dit que je n'avais pas vu, depuis des mois que je voyageais dans le pays, pareille concentration, non seulement de marginaux, mais de pauvres, juste de pauvres, noirs pour la plupart, désespérés, jetés dans des taudis, délaissés, déjà enragés – je me souviens avoir été effleuré, alors, par le doute : et si nous étions, nous, les Européens amoureux de la « Big Easy », aveuglés par un malentendu terrible ? et si cette ville si poétique, cette cité qui nous semblait un concentré de civilisation et de culture, cette métropole nommée désir où les joueurs de cartes de Constantinople Street avaient tous l'air sortis de Tennessee Williams, n'était plus, vue d'Amérique, l'objet d'aucun désir du tout ? et si, pour un Américain moyen, pour un conservateur, électeur de George Bush, elle n'était que l'une de ces villes dépotoirs où ont été oubliés, avant qu'un ouragan ne les ramène de force dans la lumière, les laissés pour compte de la prospérité et du rêve ?

Je me souviens de mon arrivée à New Orleans, de nuit, venant de Bâton Rouge, à travers des étendues de bayous, puis des forêts d'arbres fantômes aux branches mangées de mousse espagnole, elle-même mangée par le brouillard.

Je me souviens de ma stupeur quand j'ai compris que New Orleans était la seule grande agglomération au monde construite, non seulement sur les marécages, mais sous les eaux, plusieurs mètres sous le niveau de la mer, avec digues précaires, pilotis vétustes, pompes et aspirateurs hors d'âge.

Je me souviens des odeurs de vase, à l'entrée de New Orleans.

Je me souviens de ce journaliste du *Times-Picayune* – le quotidien local qui fait campagne, depuis des années, pour une contribution fédérale accrue à la réhabilitation des marais de Louisiane – m'expliquant que la ville était encerclée par les alligators : veillaient-ils ou attendaient-ils leur heure ?

Je me souviens de cet ingénieur me disant que c'est pour cela que les cimetières, à New Orleans, sont construits sur les hauteurs, dans des grottes, à ciel ouvert : ils veillaient, eux, à leur manière, sur les vivants – mais comment faire quand on est si pauvre qu'on n'a même plus de quoi monter se mettre à l'abri de ses morts ?

Je me souviens, encore, de ce séjour, en haute mer, sur une plate-forme pétrolière très « Breaking the waves » et je me souviens, pour y aller, du survol des faubourgs de la cité radieuse et spectrale, puis du Mississipi prenant progressivement ses aises : je me souviens de son delta infini, de ses dizaines, bientôt de ses centaines, de bras, tantôt énormes, tantôt grêles et pareils à un écheveau de fil clair jeté sur la terre limoneuse ; je me souviens de la lutte à mort des eaux et de la terre, des lambeaux de terre sauvés des eaux et qui, au bout d'un moment, semblaient des îles rares, perdues dans l'océan, de plus en plus étroites et longues et, pourtant, semées de maisons absurdes et folles.

New Orleans ou la chronique d'un désastre annoncé.

New Orleans ou la certitude qui vous étreignait que l'infini, comme la mort, finit toujours par gagner et que c'est l'eau qui, un jour, aura le dernier mot.

La capitale Cajun, songeait le voyageur français. Non. Ninive. Ou Sodome. Ou Gomorrhe. L'une quelconque de ces villes pécheresses dont la droite néopuritaine a le culot de rappeler, ces jours-ci, qu'elles périssent toujours englouties.

La Venise du Sud, disaient les Européens. Mais non. Juste New Orleans, cette ville heureuse et disgraciée, splendide et secrètement morbide, dont le nom sera désormais le symbole, en Amérique, de la belle folie des villes en même temps que de leur hideuse et insupportable face d'ombre.

8 septembre 2005.

Katrina, post-scriptum.

N'y a-t-il pas quelque chose d'assez obscène dans la joie mal dissimulée des éternels ennemis de l'Amérique face aux premiers effets de cet ouragan ? L'hyper puissance mise à genoux par la « Mère nature » même... L'Empire, le redoutable Empire, ravalé au rang d'un pays du tiers monde recevant des propositions d'aide du Sri Lanka quand ce n'est pas de Chavez ou de Castro... Quelle jubilation ! Quelle aubaine ! Et, pour un ami de ce pays, quelle pitié !

Quelque chose de fétide, aussi, dans l'argument de ceux qui, comme Michael Moore dans sa « Lettre à George Bush », profitent de la circonstance pour incriminer, une fois de plus, la guerre en Irak. Il existe bien assez des raisons de s'opposer à cette aventure irakienne. Faut-il y ajouter celle, qui sent toujours un peu sa droite populiste, d'une incompatibilité de principe entre le côté de New Orleans et celui de Bagdad ? Est-il bien raisonnable de prétendre obliger le peuple américain à choisir, en gros, entre faire des digues chez soi et construire la démocratie chez les autres. La Corrèze ou le Zambèze disaient, jadis, les homologues français de Michael Moore.

Les grands incendies de Chicago et leur contribution au remodelage de l'idée même d'urbanité américaine... La crue du Mississipi de 1927 et le rôle qu'elle joua dans la genèse, puis la mise en œuvre, du rooseveltisme et du New Deal… Les mythes et réalités du Big One – leur rôle dans la définition de l'espace-temps californien… Et maintenant la Big Easy saccagée par Katrina – analyseur de la société américaine, révélateur de sa face cachée. La Nature, ce sociologue. La Nature, ce politologue. La Nature, ce grand livre où les Américains en ont toujours appris, sur eux-mêmes, autant que dans les bibliothèques ou même l'analyse de soi. Leçons de Katrina. Pédagogie sinistre de Katrina.

Les pauvres, par exemple. On les croyait parqués, les pauvres, dans le cœur déserté des villes – les voilà sur CNN. On se disait : il n'y a que des esthètes de la vieille Europe pour s'émerveiller de l'esprit d'une New Orleans qui n'est, depuis longtemps, qu'un cloaque, un ghetto de pauvres, une ville maudite, à la rigueur un remords – voilà que le cloaque envahit les écrans du pays ; voilà que le remords fait la une des journaux et fait honte à l'Amérique. On les croyait réduits à une statistique – la statistique s'est animée. On les croyait pétrifiés dans leur nombre, abstrait à force d'être répété – c'est la révolte du nombre ; c'est, au moment même où il se meurt, le nombre qui prend vie, s'incarne dans des corps et des visages. Katrina ou l'apparition paradoxale des invisibles. Katrina ou le surgissement de cette première Atlantide, antérieure à l'inondation car abîmée dans les consciences, qu'était le continent de la pauvreté.

La question raciale. La question de ces mêmes pauvres qui sont aussi des Noirs et dont l'Amérique démocratique découvre, avec honte encore, que le délaissement n'est pas sans rapport avec la couleur de la peau. La mort, le Onze Septembre, avait frappé

191

indistinctement. Là, elle a fait des listes. Elle a sélectionné ses clients. Elle a renoué avec l'esprit, que l'on croyait éteint, de la ségrégation et du racisme. Et c'est pourquoi il est juste de dire, à la fois, que l'ouragan du 29 août est un anti-Onze septembre et que ce péché originel de l'Amérique qu'est l'humiliation méthodique de la communauté noire est loin d'appartenir au passé. Autre leçon de Katrina.

Et puis la violence enfin. Violence du sauve-qui-peut des Riches et des Blancs quittant la ville comme on abandonne une bête enragée. Violence des laissés pour compte, pauvres et blacks, détruisant ce qui restait de leur quartier avec la même sorte de colère, étrangement désespérée, que j'ai connue dans les villes fantômes des guerres oubliées d'Afrique et d'Asie. Violence des policiers, déployés pour secourir, et dont le premier réflexe fut de mettre en joue et de tirer. Violence enfin de ces images de cadavres qui furent, on s'en souvient, le grand tabou indiscuté des lendemains du 11 septembre – mais, là aussi, les digues ont cédé ; là aussi les verrous ont sauté ; et c'est, là aussi, le retour terriblement brutal et, peut-être, dévastateur d'un des refoulés les plus têtus de la conscience américaine contemporaine.

Un Ground zéro moral et symbolique. Une sorte de Ground -1, où c'est le lien social lui-même qui se serait rompu. Hobbes contre Tocqueville. « Mad Max » versus « Monsieur Smith au Sénat ». Ce fameux état de nature qui n'est, en général, qu'une hypothèse, une fiction, et dont on crut qu'il était là, l'espace de quelques heures, telle une réalité désengloutie. Ce n'était *pas* l'état de nature, évidemment. C'était l'état, hélas social, d'une Amérique qui n'est pas toujours conforme à son visage rêvé. Mais voilà. C'était tout comme. Et de même que le 11 septembre avait montré la vulnérabilité du pays aux attaques extérieures, de même l'anti 11 septembre aura exhumé cette autre vulnérabilité, venues du dedans, dont la société américaine ne voulait rien savoir non plus : une vulnérabilité d'autant plus périlleuse qu'elle prend, cette fois, le masque de la violence.

15 septembre 2005.

Marcelle. Ardisson. Houellebecq.

Depuis le temps qu'on me demande où commence et où s'arrête la légitime critique d'Israël… Eh bien voilà. Travaux pratiques. Tsahal vient de procéder à cette évacuation de Gaza qu'attend depuis tant d'années le « camp de la Paix » à Tel-Aviv. A tort ou à raison (à mon avis à tort – mais, n'étant ni rabbin ni israélien, mon avis n'a, sur ce point, pas d'importance), elle reçoit l'ordre de ne pas détruire les synagogues laissées derrière eux par les colons. Les Palestiniens (ivres, dit-on, de leur liberté ; rendus fous, sic, par trente-sept ans d'enfermement dans cette prison qu'était Gaza) ne trouvent rien de plus urgent à faire, alors, que de se ruer sur ces lieux de culte et de les incendier. Et voilà un chroniqueur parisien (Monsieur Pierre Marcelle, du journal *Libération*) qui n'est ivre, lui, de rien du tout et n'a donc l'« excuse » ni de la misère ni de la liesse et qui ne trouve rien de plus opportun à faire que de parler de « coup » israélien, de « manœuvre » de Sharon, de « caméras » opportunément « embusquées » afin de « mettre en boîte » ces providentielles images de

« barbares palestiniens » – on « s'étonne presque », écrit-il, visiblement enchanté par sa petite hypothèse, que ces pousse-au-crime de soldats juifs n'aient pas disposé avant de partir, pour « faciliter le boulot » des incendiaires, « un peu de bois mort, quelques barils de poudre et des allumettes ». On peut, je le répète, être aussi critique qu'on le veut de tel ou tel aspect de la politique israélienne. On peut, si l'on est libre penseur, ne pas comprendre le raisonnement d'un rabbin ne se résolvant pas à détruire sa maison de prière. Mais dire que, lorsque des Palestiniens le font, lorsqu'ils vandalisent des lieux de culte et les réduisent en cendres, ce sont eux, toujours eux, je veux dire toujours les Israéliens, qui tiennent l'allumette ou tirent les ficelles, voilà qui passe, je crois, les limites du débat politique.

Les historiens, quand ils voudront comprendre comment fonctionnait vraiment, à la fin du XXe siècle puis au début du siècle suivant, ce que Guy Debord appelait le Spectaculaire intégré, auront, avec « les Confessions d'un Baby Boomer » de Thierry Ardisson (Flammarion), un document de choix. Tout y est. Toute la grosse machine à produire l'imaginaire et l'esprit du temps. Ses premiers et ses seconds rôles. Ses soutiers. Ses figurants. Ses tycoons. Ses vedettes. Ses victimes expiatoires broyées par la machine. Ses stars d'un jour. Ses has been. Ses Big et ses Little brothers. Ses flics au sourire. Ses vampires du Bien. Son goût de la provocation et sa nostalgie du moralisme. Ses révoltes formatées. Ses théodicées cathodiques. Son oscillation permanente – une définition du nihilisme – entre une political correctness confinant au conformisme et un goût de l'écart propice aux dérapages plus fâcheux.

Et, au centre du récit, traversant le demi-siècle comme Lazarillo de Tormes le premier roman picaresque, ce monarchiste funk, ce libre esprit aux allures de clergyman, ce fêtard qui ne croit qu'aux valeurs de la famille, ce fâcheux libertin qui se veut fervent catholique, ce Français transfusé British, ce Bel ami cynique que l'on a vu au bord des larmes un soir où il recevait une jeune malienne rescapée de l'incendie de l'immeuble du boulevard Vincent-Auriol, ce farceur mélancolique qui dit s'être octroyé le droit de rire de tout et qui, quand il se trouve en face de Dieudonné, trouve pourtant les mots justes qui disqualifient l'histrion – bref Ardisson lui-même qui, las d'être obscur en pleine lumière, a décidé d'abattre son jeu et, en abattant son jeu, de donner à voir le Système dont il est le produit paradoxalement exemplaire et atypique.

Peut-être y reviendrai-je. Mais j'aime décidément bien l'idée du très grand succès de « La possibilité d'une île » de Michel Houellebecq (Fayard). Parce que le livre est bon ? Oui, bien sûr, parce que le livre est bon et qu'il est toujours bon de voir un bon livre qui etc… Mais aussi parce que, plus les semaines passent, plus se multiplient les commentaires devenus, avec le temps, de plus en plus embarrassés – et plus me réjouit le spectacle de ce milieu littéraire affolé par le Golem qu'il a lâché dans la nature. Que le livre marche, c'était en effet prévu. Qu'il marche énormément, ce devait être l'événement d'une saison qui a toujours, par définition, besoin d'un événement. Mais qu'il écrase, à ce point, une rentrée littéraire dont nombre d'opus se trouvent renvoyés, de ce fait, à leur insignifiance et leur néant, cela en revanche n'était pas prévu. Et ce qui était moins prévu encore, et qui déroute comiquement tout ce petit monde, c'est que, quoique marchant, il reste un très bon livre; c'est que l'événement, voire l'interminable discussion sur l'événement comme événement, ne dissuadent pas les lecteurs de le lire comme un roman; c'est qu'il ne soit pas si facile, autrement dit, de faire la fine bouche et de pérorer, comme on aurait tant aimé pouvoir le faire, que c'est la moins aboutie des œuvres de l'auteur, qu'on regrette le bon vieux temps de ses premières œuvres moins fameuses, etc, etc; bref, ce qui n'était pas au programme c'est le démenti ainsi porté au théorème voulant qu'un grand texte ne soit jamais un best-seller ni, symétriquement, un best-seller un grand texte. J'aime l'idée, oui, de la MCF (la Maison de la Culture Française) prise au piège de ses mauvais comptes et petits calculs. Je préfère le nihilisme de Houellebecq au ressentiment de ceux qui regrettent déjà son triomphe.

22 septembre 2005.

La Turquie et L'Europe : éclaircissement philosophique.

De deux choses l'une.
Il y a deux conceptions de l'Europe, deux visions philosophiques de son avenir et de son être, deux façons de définir ce qu'être européen veut dire, qui impliquent, sur la question de l'éventuelle entrée de la Turquie, les deux points de vue opposés.
Ou bien l'Europe est un lieu. Un espace borné, déterminé.

Et, comme tous les lieux, elle a sa limite. Donc son dehors.

Donc son autre. Et cet autre a toutes chances de demeurer l'altérité historiquement fondatrice qui, après la chute de l'Empire romain, s'appelait déjà l'Islam. L'Europe comme un continent. L'Europe comme une contention. Le résultat, plus exactement, d'une formidable *contention continentale* qui fait qu'un bout de terre, un jour, s'est séparé de son autre, l'a exclu, puis endigué. Le refus de l'entrée de la Turquie, que l'on en soit ou non conscient, est toujours le fruit d'une adhésion à ce processus de contraction territoriale qui est l'un des noms, donc, de l'Europe.

Ou bien l'Europe est un concept. Une figure de l'Etre et de l'Esprit. C'est cette aspiration à l'Universel dont Husserl disait, dans sa conférence de 1935, qu'elle est « l'esprit » même de la philosophie et qu'elle renaîtra grâce à « l'héroïsme de la Raison » surmontant « définitivement » sa tentation « naturaliste ». Elle n'a, alors, pas de limite. Pas de frontière vraiment prescrite. Elle n'a pas de « fond », pas de « Grund » au sens de Heidegger, et n'a pas non plus d'altérité à laquelle elle aurait à se confronter. Il n'y a plus, dans cette perspective, aucune espèce d'objection à ce qu'un pays d'ancienne culture musulmane comme la Turquie puisse, dès lors qu'il s'inscrit dans le fil de l'héroïsme de la raison, adhérer à la Constitution de l'Europe.

Les deux partis, naturellement, ne sont pas toujours aussi nettement tranchés.

Et il n'est pas rare que les positions des uns ou des autres – voir, ce dimanche, l'intéressante proposition du ministre français des Affaires étrangères, Philippe Douste-Blazy, plaidant pour une Europe à double foyer dont la Turquie pourrait, un jour, rejoindre le second cercle – résultent d'un compromis, plus ou moins laborieux, entre les deux.

Telle est, néanmoins, l'épure.

Telle est la double motion – rétraction et contention d'une part; extension et universalisation de l'autre – sous-jacente à tous les débats sur l'Europe et, en particulier, à celui-ci.

Je suis, pour ma part, plutôt du second bord.

Je suis de ceux qui croient que l'Europe a une fonction avant d'avoir un lieu.

Je crois qu'elle *est* cette fonction et que cette fonction qu'elle est, cet opérateur de sens et de destin en quoi, à la fin des fins, elle consiste ne sont pas quelque chose de vague mais de concret, avec des effets très concrètement repérables dans l'histoire des nations qui entendent se reconnaître en elle.

Je crois, pour être précis, qu'Europe a été, en tout cas depuis cinquante ans, le nom d'une prodigieuse machine à produire, entre les nations et en leur sein, ces deux inestimables biens que sont premièrement la paix (France, Allemagne) et, deuxièmement, la démocratie (Europe centrale et orientale; dictatures, avant cela, des pays du versant sud de l'Europe).

Et c'est pourquoi je pense que commentateurs et décideurs auraient grandement intérêt, dans cette affaire de négociations avec les Turcs, à tirer toutes les conséquences de la distinction conceptuelle et, s'ils le font, s'ils rompent avec le fétichisme du local pour voir d'abord dans la notion d'Europe ses effets de levier vertueux, s'ils veulent bien, en un mot, et une bonne fois, prendre le point de vue de Husserl contre celui de Heidegger, à inverser sensiblement les termes du questionnement.

Non plus (car cela, pour un husserlien, n'a tout à coup plus beaucoup de sens) : la Turquie appartient-elle, géographiquement, à l'Europe ? Si oui pour Istanbul, quid d'Ankara ? du Kurdistan ? quid de ses marches asiates ?

Même pas (déjà mieux, mais pas encore à la hauteur de la réquisition philosophique de l'auteur des conférences de Vienne et de Prague) : que les Turcs reconnaissent Chypre ; qu'ils rompent avec le révisionnisme qui les fait nier, depuis un siècle, la réalité du génocide arménien ; qu'ils se convertissent aux droits de l'homme et de la femme, aux valeurs de l'Etat de droit, à la démocratie ; alors, et alors seulement, seront réunies les conditions dont le respect est le préalable à l'ouverture des discussions.

Mais (même geste quoique inversé et, du coup, bien plus fécond) : que la Turquie, sous la pression de son désir d'Europe, règle la question chypriote ; qu'elle demande pardon aux Arméniens, dont elle n'a que trop durablement bafoué les morts et nié la mémoire douloureuse ; qu'elle administre la preuve qu'il n'y a pas d'incompatibilité d'essence entre l'appartenance millénaire à une civilisation qui reste celle de l'Islam et la pratique des idéaux démocratiques ; et alors il faudra dire, non pas seulement qu'elle se sera rendue digne des réquisits de l'Idée, mais que l'Idée elle-même, la belle et bonne machine à produire des effets de paix et de démocratie, aura, une fois de plus, fait son office en travaillant à l'humanisation du monde qui est, je le répète, sa vraie mission.

29 septembre 2005.

Konop, Audi, Gary.

C'est le pari le plus audacieux de cette rentrée littéraire. Un peu à la façon de Perec tissant jadis une intrigue (« La Vie Mode d'emploi ») autour de l'existence des habitants d'un immeuble, Guy Konopnicki donne aujourd'hui un gros roman (« Ligne 9 », Gawsewitch éditeur) dont l'action se déroule tout entière sur une ligne de métro. Trente-huit stations, trente-huit chapitres. Et, de Mairie de Montreuil à Pont de Sèvres, de Maraîchers à Buzenval, de Rue-Montmartre à Charonne, de Robespierre et du café du même nom à Bonne-Nouvelle, au Grand Rex de la rue du Faubourg Poissonnière ou à Ménilmontant et son Carré des Déportés, un long voyage de 500 pages dans les coulisses d'une époque glorieusement née, nous dit l'auteur, sous les auspices du Front Populaire et s'achevant – provisoirement – dans les cuisines d'un mitterrandisme où son héros, Joseph Kaplan, a le plus grand mal à retrouver les siens. Défilent, pêle-mêle, Sartre sur son tonneau. Aragon en son Musée Grévin. Un *ghost writer* socialiste payé au black. Les fantômes de Jacques Duclos et des princes de l'église communiste. Une réunion de cégétistes au Carrefour Marcel-Sembat. Les habitués d'un ancien bordel du quartier de la Nation recyclé en hôtel de passe. Les témoins d'un Kaddish rue de la Roquette. Une femme aux épaules de champagne. Une histoire d'amour bénie par des strophes d'Eluard et des lipogrammes de Raymond Roussel. Aragon encore. Le fantôme de Charles Tillon et des (rares) résistants communistes de 1940. La silhouette de Roger Vailland en qui l'on devine le héros tant du narrateur que de l'auteur. L'imaginaire de Konop n'est pas tout à fait le mien. Je n'ai pas son côté titi, amateur de tiercé et de ce qu'il nomme indifféremment, après d'autres, les bruits et les mystères de Paris. Je n'ai pas non plus son passé de jeune communiste se rappelant le « 44 », la fameuse « Grande Maison » qui fut, avant la Place du Colonel-Fabien et le monument de Niemeyer, le siège mythique du PCF. Mais j'aime son goût de ce que Malraux appelait la « grande vie ». J'aime sa façon de nous dire la nostalgie d'une existence où entreraient, à doses égales, la passion de la politique, de la littérature et des femmes. Et quand il évoque Nizan à Dunkerque ou André Marty et ses mutins de la mer Noire, quand il dit son regret d'un temps où le parti communiste se voulait le sel de la terre et ne faisait pas encore donner ses bulldozers contre les immigrés des banlieues rouges, quand il laisse deviner, enfin, le doux fantôme d'un père en uniforme des Brigades internationales ou des FTP – là, tout à coup, son histoire devient un peu la mienne et je lis son beau roman comme celui d'un frère en esprit.

Un autre amateur de « grande vie » : le philosophe et écrivain Paul Audi qui nous donne, lui, avec « La Fin de l'Impossible » (Christian Bourgois), son deuxième livre sur Romain Gary. Dans le précédent, « L'Europe et son fantôme », paru il y a deux ans, il faisait de l'auteur de « Education européenne », et des « Racines du ciel » l'apôtre d'une Europe rêvée, donc d'autant plus réelle, dont le seul déficit sérieux était un déficit d'imaginaire. Ici, dans ce nouveau livre écrit, nous dit-il, à la gloire de ce « compagnon de libération » qui enseigna, et enseigne encore, à tant de jeunes gens l'art d'échapper aux pesanteurs de leurs appartenances naturelles, nationales ou de naissance (toujours mes trois « n »…), il en fait l'inventeur d'une philosophie, une vraie, qu'il appelle « philosophie de la réjouissance » et dont il énonce, sinon les théorèmes, du moins les grandes interrogations. Qu'appelle-t-on un homme ? la part en lui de l'homme et de l'Homme ? de l'humain et de l'inhumain ? de l'« innommable » et de l'« inhommable » ? la part, autrement dit, de ce qu'il tient de soi et de l'Autre ? du petit et du grand Autre ? la part de sa première naissance et de l'autre, toutes les autres, celles qui s'opèrent en connaissance de cause, font de leur auteur la cause de sa cause et lui permettent, en muant, en faisant littéralement peau neuve (cf, entre autres, la métamorphose en Ajar), d'effacer jusqu'à ses traces ? « L'Homme ne figurait pas dans le testament de Dieu » note Gary au détour d'une drôle de petite phrase ajoutée, en 1979, à l'édition de poche de « La Tête coupable » et dont Audi se demande si elle n'était pas, dans le contexte de l'époque, « une manière de répondre » à un autre « Testament de Dieu », le mien, paru quelques mois plus tôt et dont la thèse était, au contraire, que seul ce « testament », ce « nom », bref ce legs « juifs », pouvaient donner un semblant d'assise à l'Homme, cette « espèce ratée » dont le siècle écoulé venait, à tous égards, de nous annoncer la fin. Je n'ai pas le moyen, bien sûr, de confirmer ou non l'hypothèse de Paul Audi. Mais que Gary ait eu ce livre entre les mains, qu'il nous soit arrivé d'en parler et de discuter, à partir de là, dans les conversations que nous avions alors, de ce que j'appelais le testament monothéiste et dont lui, en effet, se méfiait infiniment, que le Gary de ces années ait été curieux, en d'autres termes, de ce messianisme juif que je découvrais et dont le moins que l'on puisse dire est qu'il ne lui était pas étranger, de cela, oui, je puis témoigner ; et c'est assez, de mon point de vue, pour donner son poids d'émotion, de nostalgie et, aussi, de vérité à cette idée d'un romancier administrant, de masque en masque, entre pessimisme et espérance, à mi-chemin de la lucidité la plus sombre et de l'exultation extrême, une leçon de métaphysique.

6 octobre 2005.

Le Rosenzweig de Malka. Les « imbéciles » selon Lacroix.

C'est l'histoire d'un jeune intellectuel juif du début du XXe siècle, totalement assimilé, parfaitement ignorant de son judaïsme et croyant, comme nombre de néo hégéliens de son époque, que le judaïsme est « chose passée ». C'est l'histoire d'un philosophe qui, ayant décidé d'aller au bout de sa conviction et de se convertir, carrément, au christianisme, veut faire la chose dans les règles et entrer dans sa nouvelle foi dans l'état même où était le Christ quand il fit, il y a dix-neuf siècles, le chemin qu'il s'apprête à faire. Et c'est l'histoire d'une nuit de Kippour où le jeune philosophe entre donc, pour la première fois, dans une synagogue de Postdam mais, contre toute attente, à la grande surprise, non seulement des siens, mais de lui-même, en ressort, au petit matin, non pas chrétien… mais juif ! Que s'est-il passé, au juste, pendant cette nuit pascalienne à l'envers ? Que peut-il bien se produire dans une âme qui entre dans un temple pour y donner congé à la foi d'hier mais change d'avis en cours de route et voit dans cette foi, à la sortie, le prolégomène à toute croyance et pensée futures ? Comment devient-on, à partir de là, l'un des plus grands philosophes du XXe siècle ainsi que, dans le champ de la pensée juive, le maître des meilleurs maîtres, à commencer par Levinas ? Et quid, enfin, de l'effroyable maladie qui va le paralyser peu à peu et faire que toute la seconde partie de son œuvre (une traduction de la Bible, notamment, avec Martin Buber) ne pourra exister qu'en étant dictée à Edith Hahn, sa femme – et encore ! peut-on parler de « dictée » pour ces minuscules pressions du doigt, ces infimes clignements de paupière, qui sont le dernier moyen qui lui resteront de formuler ses mots ? Ce sont quelques-unes des questions posées dans ce « Franz Rosenzweig » que publie Salomon Malka aux Cerf. Au départ un principe de lecture un peu fou, mais d'une fécondité extrême et qui fait toute l'originalité de son essai par rapport à ceux de Neher ou Mosès dont nous disposions jusqu'à présent : l'intuition que c'est dans le Cantique des Cantiques que l'auteur de l'Etoile de la Rédemption aurait trouvé son inspiration. A l'arrivée, des aperçus lumineux sur la double voie d'accès à l'Etre théorisée par Rosenzweig et dont lui, Malka, développe les implications : ce livre devrait être médité par tous ceux qui, de quelque horizon qu'ils viennent, sont soucieux d'un vrai dialogue, sans protocole ni convention, entre juifs et chrétiens. Et au cœur, enfin, du texte, le double jeu d'une grande œuvre et d'une belle vie allant, en dépit de tout du même pas : « cantique de la révélation », dit Malka.

Pas très loin de celui de Salomon Malka (il se trouve qu'il le cite) mais beaucoup plus politique (il a ses prolongements dans l'actualité la plus brûlante) l'essai que consacre Alexis Lacroix à ce que le marxiste allemand August Bebel appelait « le socialisme des imbéciles ». Non pas « le » socialisme bien sûr. Encore moins « la » gauche en tant que telle. Mais cette part de la sainte famille dont il démontre, textes à l'appui, qu'elle n'a cessé, depuis un siècle et davantage, de produire un antijudaïsme spécifique et, le temps ayant passé, plus mobilisateur, plus enragé et, peut-être, plus redoutable que celui issu, par exemple, de la tradition catholique. Au commencement, un « esprit révolutionnaire » qui ne dédaigne pas de s'exprimer « sous la forme un peu étroite de l'antisémitisme » (la formule est de Jaurès, oui, le grand Jaurès, dont Lacroix exhume des déclarations terribles et qui sont, pour certaines d'entre elles, postérieures à son ralliement au dreyfusisme). Au terme (provisoire), ces disciples de Pierre Bourdieu qui, histoire de ne pas désespérer « les quartiers » et de tendre une main à la fois charitable et tactique aux derniers des « radicaux » en guerre contre « le système », ouvrent leurs Forums à Tariq Ramadan ainsi qu'à d'autres « islamo altermondialistes » (la formule est d'Alexandre Adler) moins notoires mais non moins convaincus qu'Israël est, en tant que tel, la source de tous les maux qui accablent la planète. Et, en cours de route, la lugubre réduction chimique dont Lacroix est le premier, à ma connaissance, à énoncer si clairement la formule : que reste-t-il du radicalisme quand il n'en reste presque plus rien ? que demeure-t-il du marxisme quand on y a ôté la croyance en la révolution qui en était le noyau vivant ? eh bien il reste le manichéisme pur ; il reste la pensée magique ; il reste un ressentiment vide et une haine froide ; et l'objet de cette haine sans objet, l'enjeu de ce ressentiment sans projet ni vraie cible, ce sont, comme d'habitude, les juifs. Deux gauches, dit Lacroix. Oui, deux vraies gauches, absolument distinctes, et engagées dans un duel à mort. D'un côté ces « proto totalitaires » qui, lorsqu'ils instruisent le procès du « libéralisme » ou que, comme tel ancien directeur de la revue Esprit, ils voient dans l'« israélo bushisme » la réincarnation du fascisme, ressuscitent, eux, pour le coup, les pires fantômes de l'époque. De l'autre, ces antitotalitaires méthodiques qui, parce qu'ils se refusent à liquider l'héritage de la guerre civile européenne du XXe siècle, parce qu'ils restent antifascistes jusqu'au bout et jusque dans les situations où le fascisme croit malin de se déguiser en son contraire, sauvent, non seulement l'honneur, mais les chances d'un avenir.

13 octobre 2005.

Un autre scandale Papon. Encore Dieudonné! SOS Pakistan.

Petite-fille de Maurice Papon. Et donc virée du cabinet du ministre des Anciens Combattants où elle était conseiller technique. Je ne sais rien de cette dame. Je ne sais pas – personne, à ma connaissance, ne s'est soucié un instant de savoir – ni ce qu'elle pense ni qui elle est. Mais voilà. Le fait d'être née Papon suffit à lui valoir opprobre. Le fait d'être petite-fille d'un criminel suffit, aux yeux de la République qui nous en informe par simple arrêt publié au *Journal officiel*, à faire d'elle une autre criminelle, une paria, une intouchable. Et cette ahurissante nouvelle, cette invention du délit, non de sale gueule, mais de sale famille, passe comme une lettre à la poste, sans susciter d'autre protestation que celle, assez molle, du médiateur de la République. On ne va pas pleurer pour une Papon, disait un chroniqueur, l'autre soir, sur une radio. Eh bien si, justement, on devrait s'émouvoir du sort de cette Papon-là. Car question de principe. Question, élémentaire et essentielle, de savoir si nous vivons sous un régime où l'on est coupable de ce que l'on fait ou de ce qu'ont fait vos ascendants alors que, par parenthèse, et en la circonstance, vous n'étiez même pas né. Ignominie – je pèse le mot et me reproche d'ailleurs d'avoir trop tardé, moi-même, à réagir – de cette idée d'une faute entachant une descendance jusqu'à la troisième génération. Aucun « respect des victimes » n'excuse cela. Un « devoir de mémoire » qui s'accommoderait de cette injustice ne serait, il faut le dire sans détour, que grimace et caricature de soi-même.

Je n'aime pas ce système de « SMS » qui défilent en bas de l'écran de l'émission de Marc-Olivier Fogiel et qui véhiculent le pire (souvent) et le meilleur (rarement) – inconscient social à ciel ouvert, poubelle de l'Opinion, caricature de liberté de parole propice à tous les dérapages. Mais enfin… Peut-on mettre sur le même plan l'un de ces dérapages (un message à connotation raciste dont l'animateur s'est aussitôt excusé) et les provocations répétées, calculées, d'un Dieudonné devenu, au fil des semaines, un chef de bande antisémite (hier encore, devant les locaux de France Télévisions, sa petite foule de nervis annonçant qu'elle ne comptait pas « s'arrêter là »,et que le moment viendrait de « jeter dehors » les « Elkabbach, Elizabeth Lévy,

Paul Nahon »)? A-t-on le droit de renvoyer dos-à-dos, comme le fait une partie de la presse de ce matin, un producteur de télévision que l'on peut diversement apprécier (mais dont les convictions républicaines ne font de doute pour personne) et un ex-humoriste dont la dénonciation de la « domination juive » est devenue le fonds de commerce (je tiens à disposition de qui veut ses déclarations sur ce « lobby très puissant » qui aurait fait « main basse sur les medias » et qui s'adosserait sur « une escroquerie qui se sert du drame de la Shoah »)? Cette fausse symétrie, cette équivalence en trompe l'œil, cette façon de tout mélanger et, pour les besoins de la mise en scène, de transformer en un affrontement imaginaire (« l'affaire Fogiel-Dieudonné », sic) le problème, lui, bien réel posé par la montée, dans une frange de l'opinion, d'une forme de néo-antisémitisme, ne servent, je crois, personne. Banalisation. Confusionnisme. Injure, ce faisant, à *toutes* les victimes. On a toujours tort de jouer à la guerre des mémoires. C'est faire tort à chacun que de jeter l'une contre l'autre des douleurs qu'il faudrait tout faire, au contraire, pour tenter de penser ensemble.

Scènes du Pakistan. Terribles images de ce séisme – le pire depuis un siècle – qui, à l'heure où j'écris, aurait fait plus de soixante mille morts, au moins autant de blessés et trois millions de sans-abri. Images de ces vallées de Jhelum et Neelum que j'ai connues, il y a trente ans, si belles, si riantes, et que je devine en proie à la dévastation, au chaos. Images de Balakot, cet humble village, au nord-ouest de Muzaffarabad, apparemment rayé de la carte et qui était, à l'époque, celui de mon premier fixeur. Et puis images, encore, de ces orages de fin du monde qui s'abattent sur le Cachemire et, comme si toutes les puissances du malheur s'étaient liguées contre ce peuple, retardent et parfois empêchent l'acheminement des secours. Je ne voudrais pas faire du barrésisme à l'envers. Ni, donc, laisser entendre qu'il y aurait des lieux où souffle l'esprit de la désolation, du malheur. Mais j'avoue que, lorsque je vois cela, lorsque je vois ces visages de survivants qui, aux ravages anciens de la misère, à ceux de la dictature et du fanatisme, au désastre que c'était de vivre sur l'épicentre de l'islamisme le plus radical, voient s'ajouter cette catastrophe nouvelle, je ne peux m'empêcher de songer qu'il y a comme un mauvais sort, oui, une sorte de grâce à rebours, qui s'acharnent sur « le pays des Purs ». Que fera la communauté internationale ? Répondra-t-elle aux appels d'un président Moucharraf dont j'ai assez souvent dénoncé les doubles discours divers pour pouvoir dire, ici, que son désarroi bouleverse ? Saura-t-elle, au passage, éviter le piège qui consisterait à laisser aux seuls « pays frères » le monopole de la solidarité et du cœur ? Il y a des moments où la parole politique doit se taire. Et où il faut tout mettre en œuvre, vraiment tout, pour, comme disait Camus, *sauver les corps*.

20 octobre 2005.

Qui veut la fin de l'Ecole Normale ?

C'est Nicolas Baverez et Jacques Julliard qui ont donné l'alerte : l'Ecole Normale supérieure de la rue d'Ulm est menacée de disparition.

Oh ! on ne nous dit pas les choses comme cela, bien sûr.

On dit qu'elle va « fusionner » avec l'Ecole Normale d'enseignement technique et que, de cette fusion, naîtra une grande école plus grande encore et couvrant « la quasi totalité des champs disciplinaires ».

On dit qu'elle doit se réformer, se rapprocher du monde de l'entreprise, accroître sa visibilité à l'international (sic), accéder à la taille critique, changer de périmètre, bref, se moderniser, et que cette modernisation passe par un mariage avec sa fausse jumelle de Cachan.

Mais la réalité est bien celle-là.

La réalité, quoi qu'on nous dise, c'est l'absorption, au sein de l'un de ces grands ensembles sans âme et artificiels dont les technocrates ont le secret, de cette institution bizarre, atypique mais, finalement, unique au monde d'où sont sortis, de Sartre à Aron, de Blum et Jaurès à Péguy et Pompidou, de Pierre Curie à Paul Langevin, de Georges Canguilhem à Claude Lévi-Strauss, quelques-uns des plus grands noms de l'histoire intellectuelle, scientifique, politique, du pays.

La réalité, la vraie, c'est, sous couvert d'efficacité et de synergies, sous prétexte d'« effet de taille » et d'« économies budgétaires » au demeurant imaginaires, la liquidation d'une entité qui n'était peut-être pas le Temple du Savoir Absolu mais qui reposait sur deux piliers, parfaitement originaux, dont on voit mal qu'ils puissent résister à la naissance du nouveau « pôle d'enseignement supérieur et de recherche de masse critique importante et de visibilité internationale » (re-sic) promis, si elle est réélue, par l'actuelle direction de l'Ecole : le primat d'un désir de savoir, d'un goût de la pure culture ou de la recherche fondamentale, qui se verraient automatiquement dilués, voire déconsidérés, dans un Etablissement dont le clou, nous annonce-t-on, serait la nouvelle « salle polyvalente à destination des entreprises » ; et puis cette mixité entre « scientifiques » et « littéraires » dont je ne connais nulle part d'exemple aussi probant et qui, pour les Normaliens de ma génération, pour ceux qui gardent le souvenir de ces temps d'érudition et de révoltes, de sciences sans limite et d'hérésies fécondes dont l'Ecole des années soixante fut aussi le grand symbole, reste à jamais lié à ces fameux « cours de philosophie pour scientifiques » donnés par notre maître Louis Althusser – impensable, là encore, dans un contexte où, Cachan n'ayant pas de département voué à ce que l'on appelait naguère les humanités, le nombre des littéraires deviendrait mécaniquement marginal ! absurde, inconcevable, dans cet Institut universitaire new look où l'enseignement des arts appliqués et des techniques, du dessin industriel et du design compterait soudain autant que celui de la mathématique ou de la dialectique hégélienne et platonicienne !

L'événement, mine de rien, aurait une portée considérable dont l'écho se ferait entendre au-delà de la seule compagnie des anciens de la Rue d'Ulm.

Il nous priverait d'un lieu d'excellence, d'abord, figurant en bonne place dans toutes les enquêtes classant les établissements universitaires ou para universitaires de la planète.

Il signerait l'arrêt de mort de l'une de ces exceptions françaises qui, en ces temps de mondialisation, uniformisation, banalisation, ne sont un luxe ni pour nous ni pour ceux qui, ailleurs, songent à s'en inspirer.

Il marquerait une étape de plus, enfin, dans le lent mais sûr déclin de ces disciplines nobles, vouées à la connaissance désintéressée, qui sont, encore une fois, la vraie spécialité de l'Ecole mais ne sont plus présentées, dans le projet de fusion, que comme un « moyen d'enrichir sa culture et de se découvrir des curiosités nouvelles » – quelle dérision !

Est-ce cela que nous voulons ?

Est-ce cela que va devenir la moderne abbaye de Thélème qui fut le berceau de tant de poètes, savants austères et instituteurs, parfois, de la conscience démocratique française et européenne ?

Avons-nous trop de conservatoires, vraiment, du génie de la langue ainsi que du vif-argent de l'esprit scientifique, avons-nous trop de lieux où la fréquentation des livres soit un peu plus qu'une technique d'intégration et de régulation sociales, pour laisser les apprentis sorciers jouer avec celui-là ?

Puissent les responsables à qui reviendra la décision d'entériner ou non cette réforme navrante y regarder à deux fois avant de s'y résoudre – puissent les ministres de l'Education et de la Recherche, puisse le Premier ministre se pencher une nouvelle fois, *en personne*, sur cette exception, cette aberration miraculeuse et vivante, qu'était et reste l'Ecole Normale et qu'on leur demande aujourd'hui, au nom d'une logique bureaucratique aussi pontifiante qu'inconséquente, de rayer purement et simplement de la carte des lieux de savoir.

27 octobre 2005.

Suite dans les idées.

Ce vers de Virgile que Freud place en exergue de la Science des Rêves : « Flectere si nequeo Superos, Acheronta movebo – si je ne peux fléchir les dieux, je saurai émouvoir le fleuve des ombres ». C'est *tout cela* la psychanalyse. Et ce n'est, en même temps, *que cela*. Avis aux amateurs du « Livre Noir ».

L'histoire a l'air compliquée. Mais non. Elle est si simple ! C'est celle d'un Président des Etats-Unis qui, pour se venger d'un homme qui s'est mis en travers de ses projets de guerre en Irak, balance le nom de sa femme qui se trouve être, elle-même, une agente de la CIA. George Bush ou Arturo Ui ? Ou Al Capone ? Ou Ubu ?

Pourquoi, demande Lacan dans une conférence de 1967 éditée par Jacques-Alain Miller (Le Seuil), tant de gens « se précipitent-ils sur mes Ecrits qui sont paraît-il incompréhensibles » ? La réponse fuse, insolente, lumineuse : « parce qu'ils ont besoin d'avoir un endroit où ils s'aperçoivent qu'on parle de ce qu'ils ne comprennent pas ».

Qu'est-ce qui trahit le plus un écrivain : son style ? son visage ?

Virgile, dont Dante s'étonne qu'il soit, précisément, sans ombre.

A quoi nos doubles nous servent-ils ? A conjurer la mort (Otto Rank) ? A la précipiter (Herman Broch) ? Le visage de Daniel Pearl, ce dimanche, au Centre Rachi.

Devant l'ennemi, s'il vainc, même les morts ne seront pas en sécurité. C'est la « Thèse VI » de Walter Benjamin. Ce sont les mots qui me viennent face aux dénégations de Théoneste Bagosora, l'un des cerveaux du génocide rwandais.

On s'étonne de la pipolisation de la politique française. On a tort. Car c'est, là aussi, extrêmement simple. Jadis, le maître surveillait ses esclaves et le prince ses sujets : c'était le fameux « Panoptique » où Michel Foucault voyait le principe du pouvoir moderne. Aujourd'hui ce sont les sujets qui – via, notamment, les sondages – surveillent, censurent, jugent les maîtres et les princes : ce basculement du dispositif, cette inversion du panoptique, ce système inédit où c'est le peuple qui se dérobe et le prince qui se montre, telle est la forme du pouvoir postmoderne et cela débouche, forcément, sur des photos dans *Paris-Match*.

Qui, au juste, fait l'Histoire ? Ceux qui la font officiellement et, ce faisant, la disent ? Ou ceux qui la traversent, la parcourent à contresens ou, comme les vaincus, s'inscrivent en faux contre ses lois ? Œuvrer, oui, pour ceux-ci. Leur faire des tombeaux de mots. Ultime ressource de la justice.

Confidence d'un « fondamentaliste » américain (en l'occurrence, pentecôtiste) : le Jugement a déjà eu lieu ; ce sont ses soubresauts que nous vivons.

Psychanalyse toujours. Les larmes du praticien de Christine Orban (« Deux fois par semaine », Albin

Michel). Celles de Freud selon Catherine Clément (« Pour Sigmund Freud », Mengès). Irréductible pessimisme.

Crise des banlieues, vraiment ? Ou crise des villes, en général ? De la civilité urbaine ? De ce que l'on appelait, jadis, la civilisation et qui était, oui, toujours, une civilisation de la ville ? Relire les poèmes de Baudelaire. Les Promenades de Walter Benjamin. « Le paysan de Paris » d'Aragon. Et, à la lumière des événements de Clichy, dans l'ombre de la politique du Karcher ou des images de cet homme battu à mort parce qu'il voulait photographier des réverbères, se demander combien de temps il faudra pour que cette prose urbaine nous devienne inintelligible.

Mon idée, il y a vingt-cinq ans, dans « Le Testament de Dieu » : non pas la mort de Dieu, mais son incrédulité, son manque de foi – c'est Dieu qui serait athée, pas nous.

Rayer Israël de la carte, recommande le président de la République islamique d'Iran… Bon. Je me demande juste si ce type de déclaration est compatible avec la charte de l'ONU. Et s'il ne faudrait pas, avec les Etats voyous, faire ce que font les Etats normaux, d'habitude, avec leurs propres voyous : quand un délinquant pousse le bouchon trop loin, on le prive momentanément de ses droits civiques ? eh bien de même pour les Etats terroristes auxquels il faudrait, tant qu'ils sont terroristes, infliger un traitement du même genre – de même pour l'Iran d'Ahmadinejad dont l'Assemblée Générale des

Nations Unies devrait, jusqu'à nouvel ordre, suspendre par exemple le droit de vote.

Clôturer, à Rome, un colloque sur Pasolini : je n'oublie pas que le Vatican lui-même décerna à « L'Evangile selon Saint Mathieu » son Prix de l'Office catholique du cinéma.

Apprendre que le Pakistan, au moment même où des groupes terroristes, liés à ses services spéciaux, sèment la terreur à New Delhi, censure les images satellites qui, seules, permettent de localiser ses propres populations sinistrées. Voilà. Tout se tient.

« Provocateur... Gâteux... On lui fait dire ce que l'on veut... » Telle est la doxa sur l'Abbé Pierre. Soit. Encore qu'il y ait, peut-être, une autre lecture possible de ses déclarations. Paul : « Mieux vaut se marier que brûler. » Grégoire de Nysse qui, avant de donner son « Traité de la virginité », eut le loisir de comparer les mérites respectifs du mariage divin et humain. Et, quant au Christ lui-même : « la vérité vous rendra libre ».

3 novembre 2005.

Sur l'explosion des banlieues.

Rien n'arrêtera le mouvement. Je ne dis pas qu'il ne *s'arrêtera* pas, évidemment. Mais je dis qu'aucun geste, aucune idée, aucune politique à court ou long terme, n'auront plus, en soi, par enchantement, le prodigieux pouvoir de casser une spirale qui devra sans doute, d'abord, aller au bout de sa logique. Physique des corps. Energie noire de la haine pure. Tourbillon nihiliste d'une violence sans signification, sans projet, et qui s'enivre de son propre spectacle répercuté, de ville en ville, par les télévisions elles-mêmes fascinées. Ce n'est pas la guerre, non. Contrairement à ce dont voudraient nous convaincre ceux qui, dans ce pays, ont intérêt au discours de la guerre (en gros : l'extrême droite, l'extrême gauche, les islamistes), ce n'est pas, grâce au ciel, d'une Intifida aux couleurs de la France qu'il s'agit. Mais c'est un processus inédit, sûrement. C'est un groupe en fusion au sens quasi sartrien. Et c'est un groupe en fusion nouvelle manière avec portables, échange de SMS, unités mobiles, mouvements browniens d'une colère qui, quand elle aura fini de cibler l'école et le gymnase du quartier, quand elle aura brûlé ou tenté de brûler jusqu'au dernier bâtiment représentatif de la France et de l'Etat de droit, s'en prendra au voisin, au copain, à soi-même – c'est la voiture de leur propre père que les vandales iront, à la fin des fins, chercher pour la brûler. Cela s'arrêtera, donc. Cela s'arrêtera, forcément, à un moment. Mais il faudra d'abord, pour cela, que ce Téléthon de la rage, ce rigodon suicidaire et sans mémoire, cette fusion du désespoir et de la barbarie aillent au bout de leur propre ivresse et de leur jouissance autiste.

Rien à faire, alors ? Dire que le mouvement ira au bout de sa mécanique signifie-t-il qu'il faille se croiser les bras et attendre ? Non, bien entendu. Surtout pas. Et, sans même parler de l'inévitable remise à plat de notre entière politique de la ville, sans parler de ce fameux « modèle français d'intégration » dont nous étions si fiers et qui est en train de voler en éclats, il est clair que l'Etat républicain a des tâches urgentes, immédiates – à commencer par ces tâches de police, c'est-à-dire de protection des biens et des personnes, dont je trouve, par parenthèse, et à l'heure (lundi matin) où j'écris, qu'il s'acquitte plutôt moins mal que ne le disent les donneurs de leçons. Il y a eu des dérapages verbaux, c'est vrai (Karcher, racaille et compagnie – ces autres mots de la haine dont on s'honorerait de s'excuser). Il y a eu d'inadmissibles bavures (cette grenade lacrymogène dans la mosquée de Clichy-sous-Bois dont j'aurais voulu qu'elle fasse autant scandale que la profanation d'une église ou d'une synagogue). Mais de là à renvoyer dos à dos policiers et émeutiers, de là à dire que la police française d'aujourd'hui serait si profondément lepénisée que trois jeunes de Clichy-sous-Bois ont préféré le risque de s'électrocuter à celui de tomber entre ses mains, il y a un pas que, pour ma part, je ne franchirai pas. En 1968 aussi, après tout, on avait la psychose de-la-charge-policière-à-laquelle-il-fallait-échapper. On n'était pas jeune chômeur fils d'immigrés mais étudiant, lettré, savant, etc., et l'on vivait dans la même illusion que, pour ne pas tomber entre les pattes des abominables gendarmes mobiles, mieux valait, non pas s'enfermer dans un générateur, mais se noyer comme Gilles Tautin, à Flins. Alors, assez de l'imbécile « CRS SS » ! Assez de démagogie et de polémiques politiciennes ! La situation est bien assez dramatique pour que ne s'y ajoutent pas des petites querelles d'appareils et de personnes.

D'autant que le véritable enjeu, pour l'heure, est un enjeu de médiation et de parole. Oh ! pas la parole politique au sens étroit. Pas ces conseils des ministres exceptionnels dont se gargarisent les commentateurs (comme si le seul fait que des ministres se rencontrent, et se parlent, était un événement colossal!). Non. L'autre parole. Celle qu'attendent ces jeunes qui ne veulent plus s'entendre traiter d'enfants d'immigrés alors qu'ils sont tout simplement français. Celle qui dira, non la rancune et la méfiance, mais l'égalité, la citoyenneté, la considération et, comme ils disent, le respect. Celle qui, en d'autres termes encore, saura dire d'une même voix, d'un même souffle, le deuil de Zyed et Bouna, les brûlés vifs du transformateur de Clichy-sous-Bois et celui de Jean-Claude Irvoas, battu à mort, devant sa femme et sa fille, parce qu'il photographiait un réverbère. Qui saura la faire entendre, cette parole? Qui pourra, en quelques jours, trouver ces mots de concorde que l'on espère depuis vingt ans? Les maires, ces hussards noirs des Banlieues? Les dirigeants d'associations, si cruellement privés de moyens? Un homme politique, de droite ou de gauche peu importe, mais mieux inspiré que le chef de l'Etat, l'autre dimanche, au sortir de son conseil de sécurité intérieure? Telle est la question, oui. Telle est la condition pour que se renoue, dans les territoires perdus de la République, quelque chose qui ressemblera, un jour, à un lien social. L'autre branche de l'alternative est claire. On en a eu, ces jours derniers, un avant-goût et, pour un pays laïc, ce serait un aveu d'échec définitif : le transfert aux responsables des mosquées de la tâche de maintenir l'ordre et prêcher la paix.

10 novembre 2005.

Jacques Attali, Renaud Girard, Jean Birnbaum : lectures.

On croyait tout savoir sur Mitterrand. Eh bien non. Voici, après le livre d'Ariane Chemin (dont on a d'ailleurs, je trouve, bizarrement sous-estimé les vraies informations qu'il contenait) celui de Jacques Attali, « C'était François Mitterrand » (Fayard). Et c'est, une fois de plus, au fil d'un récit relatant par le menu, mais sur un ton « mémorialiste » qui n'est plus celui des « Verbatim », les vingt années passées dans l'ombre de notre dernier monarque, tout le décor qui paraît tourner. Mitterrand intime. Mitterrand obscur. Rigueurs et caprices de Mitterrand. Cynisme de Mitterrand confiant, à la veille de sa seconde élection, que les Français sont las des programmes et qu'il se présentera donc sans programme. Roublardise de Mitterrand allant clairement à Sarajevo, comme je l'avais toujours pressenti, pour signifier son refus d'« une participation française à des opérations militaires antiserbes ». Grande et petite géopolitique d'un Mitterrand aidant délibérément Saddam à maintenir « l'équilibre multiséculaire entre Arabes et Persans ». Mitterrand et ses écrivains. Mitterrand, ses coups bas, son goût pour les âmes en même temps que pour les complots. Mitterrand « presque en larmes » le jour où il apprend la mort de Pierre Bérégovoy. L'hallucinant portrait de Mitterrand apprenant sa maladie, puis guérissant, ressuscitant d'entre les mourants et parvenant à effacer jusqu'à la trace de l'information dans la tête de ceux qu'il avait mis, comme lui, Attali, dans le secret. Mitterrand et Bousquet qu'il fait déjeuner, dès 1977, avec son historiographe éberlué. Mitterrand et les juifs qu'il aima d'un amour bien plus sincère, plus vrai, qu'on ne l'a dit. Bref, un Mitterrand différent. Parfois inattendu. Et, de fait, un excellent Attali.

On croit tout savoir sur Al-Qaeda. Toujours. Or voici, sous la plume de l'un de nos meilleurs reporters de guerre, en conclusion d'un livre consacré à ce Proche-Orient qu'il n'appelle jamais, comme Mitterrand d'ailleurs, que « Moyen-Orient », des pages qui nous changent du prêchi-prêcha progressiste sur « le terrorisme fils de la misère et de l'humiliation du monde arabe ». Le livre s'appelle « Pourquoi ils se battent » (Flammarion). L'auteur, Renaud Girard, est un homme de terrain qui sait, donc, de quoi il parle. Et ses dernières pages (« L'Angélisme occidental et l'homme nouveau islamiste ») sont, avec « Les Habits neufs de la terreur » de l'Américain Paul Berman, ce que j'ai lu de plus pertinent, depuis longtemps, sur la question. L'islamisme politique, une idéologie déclinante ? Voire, comme l'ont annoncé certains « experts », une vision du monde mise en échec par les forces conjointes de la modernité, du marché et de la Fin de l'Histoire ? Mais non, répond Girard au terme d'une investigation qui le mène de Beyrouth à Bagdad et de Gaza à Rawalpindi ou Jalalabad. Une idéologie en progrès. La dernière idéologie encore en circulation. Et une idéologie qui, du coup, recycle tout ce qui peut l'être des fascismes précédents. Je ne suis pas d'accord avec lui quand il dit qu'il ne faut pas craindre, pour lutter contre les fous de Dieu, d'aller jusqu'à « restreindre le champ des libertés civiles ». Mais je pense qu'il faut l'entendre – et, déjà, le lire – quand il s'inquiète de nos aveuglements, s'indigne de nos lâchetés et nous crie que le spectacle des fauteurs de haine prêchant, sur Internet, leur haine des Juifs et des Croisés est à peu près aussi dément que l'eût été celui de nazis « organisant une quête dans Hyde Park, devant un portrait d'Adolf Hitler, juste après les premiers bombardements du Blitz ».

Et puis troisième livre de la semaine : celui d'un tout jeune homme, Jean Birnbaum, auquel on devait déjà le dernier entretien avec Derrida et qui donne un texte dont le titre – « Leur Jeunesse et la nôtre » (Stock) – est comme l'enfant naturel d'un couple étrange mais fécond, le trotskysme et le péguysme. Au commencement, une génération – la sienne – qui, même si elle a pris acte de la faillite des politiques de l'Absolu, n'a pas renoncé au rêve d'insoumission. Sur son chemin, une autre génération – la mienne – qui serait animée du coupable fantasme d'avoir été, non pas « une » génération, mais l'ultime, la finale, celle à partir de laquelle la grande politique devrait s'éteindre. Et face à cette arrogance, face au refus de transmettre qui va avec, face à cette parole coupée, cette rupture de chaîne généalogique, le détour par une autre génération encore, plus ancienne et, surtout, plus bavarde : celle d'une petite famille où l'on a fait du passage de flambeau une obligation quasi sacrée et qui est celle des premiers trotskystes français. Je ne suis pas sûr, là non plus, de partager l'idée d'un clan de soixante-huitards pratiquant on ne sait quel « après moi, non le déluge, mais la terre brûlée de la mémoire ». Mais on ne peut qu'aimer le principe de cette enquête en filiation. On ne peut qu'admirer sa générosité en même temps que, dans les derniers chapitres, sa lucidité navrée. Ce voyage qui conduit une exigence d'aujourd'hui de Raoul le rebelle à Robert Barcia dit Hardy, d'un ancien du *Rail Rouge* à un vieil intraitable passé par les Brigades Internationales, ce parfum qui s'en dégage d'espérance et de clandestinité mêlées, d'héroïsme et de brutalité, souvent de martyre et parfois de cruauté, tout cela relève, en effet, du monde d'hier – mais c'est la vertu de ces pages de nous le donner à revivre et penser.

17 novembre 2005.

Woody Allen à la clarinette.

Ne dites pas à Woody Allen qu'il est cinéaste, il se croit musicien. C'est ce que doivent penser la centaine d'aficionados qui le voient paraître, ce soir, en plein dîner, dans ce « Café » de l'hôtel Carlyle, angle de Madison et de la 76ᵉ rue, où il vient, comme chaque lundi, accompagné de son « New Orleans Funeral and Ragtime Orchestra », jouer de la clarinette.

Il y a là, oui, l'un des plus grands cinéastes américains vivants. Il y a là l'auteur génial de « Annie Hall » et de « La Rose pourpre du Caire ». Et il est là, à portée de main, assis sur un vague tabouret, au milieu de dîneurs qui n'ont pas l'élémentaire politesse de s'arrêter de boire et de manger pour l'écouter – il est là, vêtu d'un vieux pantalon de velours et d'une chemise bleue légère : concentré ; yeux mi-clos ou carrément fermés ; geste précis ; souffle sûr ; les doigts posés à plat sur les trous de la clarinette ; les muscles de la bouche bien serrés, mais sans gonfler les joues, autour du bec de l'instrument ; la lèvre supérieure étonnamment mobile qui, tantôt, semble vouloir aspirer, avaler, le haut de l'anche et, tantôt, se retrousse comme pour dire qu'elle choisit maintenant de bouder, de désavouer le vilain instrument et, pleine d'une autorité soudaine, de lui couper littéralement le sifflet...

Au début, on se dit : ce n'est pas lui. On se persuade, premièrement, que le vrai Woody Allen ne se commettrait pas ainsi, dans ce bar ; mais surtout, et deuxièmement, que le célèbre petit homme, le schlemiel au physique d'éternel looser, l'héritier de Keaton, Chaplin et Lloyd Harold, ne peut pas être ce virtuose à la technique si sûre, à la si impeccable prestance et, quand il s'arrête de jouer et commence de chanter, à la voix si juste et bien timbrée. Et puis, au bout d'un moment, on s'y fait. Dans les moments où il ne joue plus, quand il laisse la vedette à Cynthia Sawyer, sa pianiste, ou à Rob Garcia, son batteur, ou encore au gros homme à chemise à carreaux ouverte sur un cou de bison, Eddy Davis, qui, sur sa gauche, l'accompagne au banjo, quand il se met à dodeliner de la tête au rythme du trombone ou à regarder le bout de ses souliers d'un air d'enfant puni, on retrouve le visage de clown triste, le masque creusé, le long nez en équerre et le côté « nutty professor » éberlué de ses grands films. Et puis le virtuose, à nouveau, reprend le dessus. Il se relance dans une interprétation endiablée d'un air de Benny Goodman. Et il n'est plus, alors, l'auteur de « Meurtre à Manhattan » mais ce disciple de Gene « Honey Bear » Sedric qu'il fallut, il y a vingt-cinq ans, la nuit des quatre Oscars de « Annie Hall », aller chercher au Michael's Pub où il se produisait devant un public semblable à celui-ci – il est redevenu le petit Allen Stewart Konigsberg qui a choisi son pseudonyme en hommage à Woody Herman, qui a appelé sa dernière fille Bechet en hommage au grand Sydney et qui a cent fois dit que les deux destins les plus enviables en ce monde lui ont toujours paru être celui de basketter (auquel il a dû, très vite, renoncer) et celui-ci, clarinettiste (auquel il continue, au Carlyle, de sacrifier un peu de son désir, de son temps, de sa gloire) – ah ! la joie intense sur son visage, sa physionomie de vieil adolescent poitrinaire métamorphosé en athlète, son air d'allégresse et de triomphe, lorsqu'il arrive au bout de l'un de ces solos dont on ne saurait dire si le souffle époustouflant vient de la bouche, des mouvements du corps, de la force de l'âme, ou des trois…

L'histoire de l'art est coutumière de ces situations de malentendu où l'on voit un grand artiste vivre ou se conduire comme s'il avait la conviction de s'être trompé de genre. On connaît le cas de Stendhal croyant que c'est à son théâtre qu'il devrait l'immortalité. Celui de Chateaubriand persuadé que son chef-d'œuvre était, non « Les Mémoires », mais « Les Natchez ». J'ai vu Paul Bowles expliquant, jusqu'à son dernier jour, que son grand œuvre, ce par quoi il resterait et dont il faudrait prendre soin après sa mort, ce n'était pas « Le Thé au Sahara » mais les adorables musiques qu'il composait, chaque printemps, pour la fête de fin d'année – presque de patronage – de l'American School of Tangiers. Mais ce cas-ci, le cas du cinéaste génial venant, tous les lundis, se produire comme un débutant devant une salle de philistins pas plus étonnés que cela de se retrouver nez à nez avec une légende vivante, le cas de l'inventeur de formes dont on sent qu'il donnerait le plus beau plan de « La Rose Pourpre » pour une mesure bien scandée et passant avec succès du registre clairon au registre chalumeau, dépasse tout ce que l'on a pu connaître dans le genre.

J'ai vu l'autre Allen. J'ai rencontré, à son bureau, le cinéaste et intellectuel, si typiquement new-yorkais, qui m'a dit de fortes choses, non seulement sur ses films, mais sur la nullité de Bush, l'état de décomposition politique du pays, le néopuritanisme qui gagne les classes moyennes et dont je lui ai demandé si son affaire avec sa fille (« ce n'est pas ma fille », a-t-il sursauté !) n'aurait pas été, autant que l'affaire Lewinski, le signe avant-coureur... Mais la grande chose, l'heure d'émotion et de vérité, celle qui m'aura, en tout cas, le plus fortement impressionné car j'ai senti qu'on était, là, au contact de sa plus intime et secrète identité, c'est sa prestation de jazzman euphorique et manqué.

24 novembre 2005.

Hommage au Centre André-Malraux de Sarajevo.

Retour à Paris. Et là, au Centre Pompidou, aux côtés de Florence Malraux, Edgar Morin, Nicole Du Roy, Jean Hatzfeld, Olivier Rolin, tant d'autres, aux côtés des anciens de la petite famille que constitua naguère le Parti Bosniaque en France, rendre hommage à cette aventure extraordinaire que fut la création, en pleine guerre, du Centre André-Malraux de Sarajevo.

Car Francis Bueb, son fondateur et directeur depuis dix ans, a accompli là trois gestes qui, vu le présent malaise dans la civilisation européenne, me semblent éminemment mémorables.

Le premier c'est d'être *resté* à Sarajevo. Pas seulement venu, non : ça, venir, témoigner, partager, pendant quelques jours, quelques semaines ou quelques mois, la vie des Sarajéviens bombardés, nous sommes nombreux, en ces années, à l'avoir fait. Mais rester, s'installer, vivre la vie, non seulement des assiégés, mais, ensuite, dans la durée, des survivants du siège : ça, il est, avec Suzanne Prahl, la jeune Allemande fondatrice du Kid's Festival de Sarajevo, le seul à s'y être obligé. Pour quelqu'un comme moi, pour les incorrigibles romantiques qui doivent à la vérité d'admettre qu'ils trouvaient Sarajevo, non certes plus aimable, mais plus digne de souci dans la tragédie et sous les bombes que dans la grisaille du temps de « paix » où elle est entrée depuis Dayton, il y a dans cet entêtement une leçon de fidélité admirable. Combien de fois suis-je revenu dans cette ville aimée parce que, lui, Bueb, au cours de l'une de ces conversations téléphoniques quasi hallucinées dont il a le secret, me rappelait à l'ordre de la triste réalité que, requis par d'autres urgences, je préférais ne pas voir : « non, non, tu n'as pas compris – contrairement à ce que vous pensez tous, la guerre, ici, n'est pas finie » ?

Le deuxième c'est d'avoir, en bon Européen, commencé par la culture. Il y avait, dans les sombres temps que furent les années 1992-1995, deux façons de s'insurger contre la honteuse politique de nos pays. Il y avait la ligne « militaire » de ceux qui parcouraient le monde pour convaincre les opinions, soit de frapper les massacreurs, soit d'armer les futurs massacrés. Et il y avait la ligne « culturelle » de ceux qui, se souvenant que le premier geste des fascismes a toujours été de brûler les livres et que le premier geste de ce fascisme-ci fut, justement, de bombarder la bibliothèque multiculturelle de la ville, concluaient que le premier geste de résistance était, ne pouvait qu'être, un geste de résistance intellectuelle. Les deux, bien sûr, n'étaient pas incompatibles. Et j'ai moi-même tourné « Bosna! » pour dire qu'il fallait à la fois, dans le même mouvement, armer les âmes et sauver les corps. Mais s'il en est un qui a pris l'exigence au pied de la lettre, s'il en est un qui a vécu, jusqu'au vertige, ce lien si éminemment malrucien entre littérature et art de la guerre, c'est lui, Francis Bueb, au moment où, de jeune éditeur français qu'il était, il est devenu une sorte de contrebandier, puis de gardien, de livres à destination d'une ville sœur assiégée. Un témoignage, parmi d'autres : longtemps, mon premier mouvement, quand j'arrivais à Sarajevo, fut d'aller me recueillir sur les cendres de la grande bibliothèque incendiée; dans la dernière année de la guerre, à partir du moment où est arrivé cet étrange passeur, cet homme-livres, j'ai pris l'habitude d'aller d'abord au Centre qu'il venait de créer – humble et fier substitut, défi aux autodafés.

Et puis Bueb a fait un troisième geste qui, pour l'écrivain que je suis, n'est pas non plus sans importance – et ce troisième geste c'est l'introduction, puis l'installation, du signifiant Malraux à Sarajevo. Car que savons-nous, après tout, de ce qu'aurait dit et fait l'auteur de « La Condition humaine »? Cet homme de la génération de 1914, ce néo nationaliste guéri par le gaullisme de son cosmopolitisme de l'époque de la Guerre d'Espagne, cet écrivain qui légua tout de même l'un de ses manuscrits à la bibliothèque de Belgrade, est-il si évident qu'il aurait pris parti pour la Bosnie? Personnellement je crois que oui. Il avait toujours le bon réflexe et je crois qu'il aurait, là encore, eu finalement le bon réflexe. Mais nous ne sommes sûrs de rien. Baptiser un Centre Culturel en Afghanistan du nom de Joseph Kessel, cela irait de soi – baptiser « André

Malraux » le même Centre en Bosnie-Herzégovine, cela relève du pari. Et je trouve que, dans ce pari, dans cette façon de se faire le souffleur d'un mort immense, dans cette volonté de doter un écrivain vénéré d'une jeunesse ultime et posthume, il y a quelque chose d'un peu fou mais de très beau. C'est comme si Barrès donnait son nom, à cause de sa proximité de jeunesse avec Léon Blum, à une institution humaniste. Ou comme si l'on imaginait à Drieu une vieillesse surréaliste. Ou comme si l'on donnait son sens, tout son sens, au mot fameux de Berl sur ces morts – Drieu ? Malraux ? – qui sont aussi vivants morts que vivants car ils continuent de bouger, débattre, se débattre, dans les apories du temps qui leur succède. Pour faire cela, pour associer ainsi, en esprit, les deux noms bénis de Malraux et de Sarajevo, pour les unir dans la mémoire de générations qui, bientôt, ne douteront plus de leur lumineuse et consubstantielle unité, il a fallu, là encore, un mélange rare de générosité, d'audace et de probité.

1er décembre 2005.

Du colonialisme et de ses prétendus « aspects positifs ».

On nous avait fait le coup des aspects positifs de Vichy (bouclier, moindre mal, grandes réformes économiques et sociales…).

Voilà qu'on nous refait celui du rôle positif, voire de l'œuvre humaniste, de la présence française en Afrique (équipements, santé, Savorgnan de Brazza, Lyautey, nos ancêtres les Gaulois, l'école de la République…).

Je passe sur la méthode.

Je passe sur cette façon, toujours détestable, de demander au législateur et, demain, probablement au juge de dicter à l'historien les canons de la vérité.

Et je passe sur le pénible spectacle offert, en pleine assemblée nationale ou régionale, par ces responsables politiques rivalisant d'éloquence pour vitupérer, l'un la vague de racisme antiblanc qui déferlerait sur le pays, l'autre l'inconséquence de Bouteflika trop content de profiter de l'ancien colonisateur quand il s'agit de se faire accueillir dans un hôpital militaire parisien, l'autre encore (socialiste !) la dictature d'une pensée unique qui ne va quand même pas l'empêcher (et qui, de fait, ne l'empêcha pas) d'entonner, en plein hémicycle, face à un Front national d'abord éberlué puis ravi, le célèbre et fétide « c'est nous les Africains qui revenons de loin… » – fétide, oui, inexcusablement vulgaire, je n'insiste pas…

Quant au fond – car il y a une question de fond – il faut revenir à des considérations simples.

Le projet colonial, même s'il n'est pas le seul en cause et si les peuples d'Afrique n'ont pas attendu les négriers occidentaux pour pratiquer la traite des personnes et l'esclavage, est un projet pervers, fondé sur des règles qui font, en tant que telles, honte à une démocratie : code de l'indigénat, racisme d'Etat, droit des races dites supérieures à gouverner les inférieures.

L'idéologie coloniale, le corps de convictions et de fantasmes qui ont rendu possible la conquête militaire d'une partie du monde par une autre, n'est pas une idéologie génocidaire (le génocide est venu plus tard : cf le Rwanda) mais c'est incontestablement, en revanche, une idéologie criminelle (et tant pis si, comme le fou qui dit, à midi, qu'il fait jour, tel idéologue néotiersmondiste le dit aussi) : ainsi les 700 000 morts de la conquête de l'Algérie par Bugeaud et Pélissier ; ainsi les 45 000 morts de Sétif ; ainsi les 90 000 victimes de la pacification de Madagascar ; j'en passe.

On peut dire et répéter, en d'autres termes, que l'Histoire est complexe, tragique, etc. ; on peut gloser à l'infini sur la délicate alchimie qui s'opère quand deux peuples et deux cultures sont mis au contact l'un de l'autre ; on peut rêver sur la ruse hégélienne de l'Histoire (encore que... je doute que ce soit Hegel qu'aient eu en tête ceux qui ont souhaité voir la nation « exprimer sa reconnaissance aux femmes et hommes qui ont participé à l'œuvre accomplie » dans les anciens départements d'outre-mer...) on peut rêver sur la « ruse », donc, qui veut que le meilleur sorte aussi, parfois, du pire et que les nationalismes africains se soient formés dans le miroir tendu, bien malgré elle, par la nation dominante : l'idée coloniale était, en soi, une idée perverse ; l'aventure coloniale a été, en son principe, une page sombre de notre histoire ; et il y a dans le geste de ceux qui veulent réviser cette évidence, il y a dans leur aplomb, leur passion, leur enthousiasme repu de beaufs qui se lâchent, un parfum de bond en arrière que l'on n'avait pas senti depuis longtemps.

Je comprends – je partage – le souci de ne plus voir les Français « se flageller en permanence ».

Je comprends – en cette heure de vertige identitaire, elle est, non seulement respectable, mais opportune – la volonté d'aider les Français à retrouver « un minimum d'estime de soi ».

Mais que ne célèbre-t-on, alors, ces autres hommes et femmes qui ne représentent pas moins la France et qui, pendant que Mollet et Lacoste pacifiaient les djebels au lance-flammes, prenaient, eux, le parti inverse ?

Que ne dresse-t-on des statues à ces autres Français qui, humbles ou fameux, venus de tous les milieux, issus de familles politiques et spirituelles diverses, ont compris, certains aussitôt, certains petit à petit, que c'est à un formidable dévoiement des Lumières et de l'esprit que correspondait l'idée coloniale ?

L'estime de soi ne serait-elle pas plus vive si, au lieu du petit blanc qui a fait « du bon boulot », l'on donnait à admirer les syndicalistes et les prêtres, les appelés, les fonctionnaires contre la torture, parfois les écrivains, qui ont dit et crié, souvent au péril de leur vie, qu'un peuple libre ne peut sans déshonneur en opprimer un autre ?

Puisque l'on cherche de quoi nourrir la bonne image narcissique sans laquelle il est probable, en effet, qu'une nation périt, que ne va-t-on voir du côté de Mendès plutôt que de Mollet ? de Sartre et de Aron plutôt que de Soustelle ? ou encore d'un François Mauriac qui, contre toute raison, contre les préjugés de sa classe et de son milieu, contre lui-même enfin, choisit la décolonisation ?

Voilà, oui. De même que le « côté positif » des années 40-44 fut l'insoumission des Français libres derrière l'homme du 18 juin, de même la seule part de grandeur de cette sombre époque coloniale tint, finalement, dans un nom : celui du catholique bordelais François Mauriac.

8 décembre 2005.

Est-il encore possible d'arrêter les « fascislamistes » de Téhéran ?

« L'Iran aura-t-elle l'arme atomique ?
– Sans doute.
– Le monde a-t-il les moyens militaires de l'en empêcher ?
– Probablement pas.
– Que nous est-il alors permis, sinon de faire, du moins d'espérer ?
– Que le gouvernement de la République islamiste ne tombe pas entre les mains d'un fou ! »

Je suis à Washington.

Dans un bar d'hôtel, à proximité de la Maison-Blanche.

Et l'homme qui me tient ce discours, David Brooks, auteur, par ailleurs, du célèbre « Bobos in paradise », est l'un des intellectuels les plus éminents, en même temps que les mieux informés, de la mouvance néoconservatrice qui fait la pluie et le beau temps en Amérique.

Sur un point, je sais qu'il a raison : la détermination des fous de Dieu de Téhéran à se doter d'armes de destruction massive auxquelles, à quelque faction qu'ils appartiennent, et comme les Pakistanais, ils estiment avoir droit.

Sur un autre : l'aplomb avec lequel, à l'inverse des Pakistanais qui faisaient encore semblant de les présenter comme défensives, ils nous disent que les armes en question auront explicitement pour but de rayer Israël de la carte.

Sur un autre encore : le fait que nous n'en sommes plus au bon vieux temps des dictateurs qui, comme à Osirak, avaient l'obligeance de concentrer leurs usines d'enrichissement de l'uranium sur un site unique, identifié, facile à cibler et bombarder – eux, manifestement, les ont dispersées, enterrées, mises hors d'atteinte.

Sans parler de l'heureuse et confortable illusion selon laquelle Sunnites benladénistes et Chiites de Téhéran seraient, pour notre plus grande chance, voués à s'entre-déchirer : mais non ! toute l'histoire d'Al-Qaeda dans les années de son repli au Soudan, toute la chronique des relations entre Hezbollah et Hamas, tout ce qui a filtré des aveux de Khalid Shaikh Mohammed sur le soutien de Téhéran aux Saoudiens du 11 septembre, est là pour attester que la contradiction est secondaire face à l'objectif prioritaire, et partagé, qu'est la haine de l'Amérique, d'Israël, de l'Occident.

Le seul point de débat, alors, est de savoir si nous sommes, pour autant, si démunis que Brooks semble le dire.

Ou bien il a raison et, face à l'arrogance insensée d'un Président iranien qui se conduit comme s'il pensait la guerre inévitable et y courait, nous n'avons d'autre ressource que de spéculer sur l'hypothèse pour le moins douteuse de la rationalité de son successeur : ce serait la nouvelle la plus terrifiante de cette fin d'année et il y aurait là une menace en comparaison de laquelle les velléités guerrières de Saddam Hussein étaient une aimable plaisanterie.

Ou bien il se trompe et le monde n'a pas encore tout essayé pour arrêter ces gens qui, comme tous les totalitaires, comme Hitler, comme Staline, comme les Khmers rouges, comme les autres, annoncent la couleur, nous disent ce qu'ils préparent et spéculent, eux, pour le coup, sur la pusillanimité d'un monde libre qui, comme le notait déjà Malraux, est toujours et par principe en retard d'une résistance : mais il faut aller vite, dans ce cas, car il nous reste peu, très peu, de temps pour en apporter la preuve.

Je passe sur l'option militaire dont les Israéliens eux-mêmes nous disent des choses contradictoires : tantôt (Ariel Sharon, peu avant son hospitalisation) qu'elle est à leur portée – tantôt (rapport secret, récemment dévoilé par le quotidien *Ydiot Ahahonot*) que les avions de combat F16 CD de Tsahal ont un rayon d'intervention qui ne leur permettrait pas de frapper au-delà du site de Buscher.

Mais avons-nous épuisé l'arsenal, en revanche, des rétorsions économiques ?

Sommes-nous si dénués de moyens que cela, face à un adversaire qui vit du pétrole que nous lui achetons ?

La plausibilité de la guerre atomique annoncée par Ahmadinejad ne mérite-t-elle pas que l'on s'interroge sur une politique énergétique qui nous fait, non plus exactement vendre la corde pour nous pendre, mais acheter l'énergie qui nous tuera ?

Et ces sociétés d'investissement, fonds de pension, banques, dont l'argent ne cesse de s'investir dans une économie directement ou indirectement devenue une économie de guerre ?

Et l'effort idéologique ? Et le soutien à la société civile ? Et la main tendue, non au gouvernement terroriste, mais aux hommes et femmes terrorisés qui aspirent aux droits de l'homme et sont le vrai ressort d'un antitotalitarisme conséquent ?

Et les pressions diplomatiques ? Eux, les mollahs, ont bien rappelé, ces derniers mois, des dizaines de diplomates jugés, comme en Grande-Bretagne, trop mous, trop conciliants : que ne leur rendons-nous la pareille ? que n'expulsons-nous les voyous qui les remplacent et dont leurs représentations sont désormais truffées ? jusqu'à quand ces prétendues « négociations » qui ne servent qu'à leur faire gagner de précieux mois et, comme l'a lui-même dit Philippe Douste-Blazy, à « humilier » les démocraties ?

L'Amérique étant empêtrée dans son absurde guerre irakienne, c'est à nous, Européens, de poser ces questions – et il nous reste pour y répondre, je le répète, très peu de temps.

22 décembre 2005.

2006

Le siècle de Levinas.

Retour des Etats-Unis. Ayant un peu de peine, je l'avoue, à revenir tout de suite et de plain-pied à notre actualité nationale et étant un peu lassé, je l'avoue aussi, par l'actualité américaine, j'opte pour un bloc-notes sur le centième anniversaire de la naissance de Levinas.

Car qui est, au juste, Levinas me demandent des lecteurs déroutés par la langue à la fois simple, lumineuse, et, soudain, étrangement nouée, et donc énigmatique, de l'auteur de « Ethique et infini » ?

Que dit-il qu'Husserl et Heidegger, ses maîtres, ou Sartre, son contemporain, n'aient dit de la même façon voire avec plus d'éclat que lui ? Sa place, autrement dit ? Sa place et son importance dans la dramaturgie d'un siècle qui devait être, en principe, celui de la fin de la philosophie et qui fut celui, surtout, d'un enténèbrement sans précédent du monde ?

Emmanuel Levinas est un disciple de Heidegger qui renverse, justement, le dispositif de l'heideggerianisme.

C'est un heideggérien qui trouve dans les vieux grimoires du « sensé biblique » le moyen de renverser le renversement heideggérien.

Et c'est un philosophe qui, à la façon de Philon d'Alexandrie fécondant la parole de Platon à l'aide de celle des prophètes, se sert de la philosophie juive pour produire une pensée dont le premier geste sera de poser la primauté de la différence éthique sur la différence ontologique – c'est un philosophe qui nous dit que la première relation de l'homme avec l'être, son contact initial, inaugural, avec le monde, est une relation, non avec une terre, un paysage, une maison, un temple, mais avec l'*autre homme*.

Cela ne veut pas dire qu'il soit ce qu'il est convenu appeler un « moraliste ».

Ni, encore moins, l'un de ces « humanistes » dont la philosophie française des années soixante a établi, me semble-t-il, l'inévitable et définitive faiblesse – piété « sucrée », dit Levinas, « toujours au bord de la niaiserie », ou encore « sentimenteuse », du vieil humanisme français, fût-il remis au goût du jour.

Mais c'est un philosophe qui tient que l'éthique est plus ancienne que l'ontologie.

C'est un philosophe qui fait de l'invocation d'autrui le geste qui, tant chronologiquement que logiquement, précède toujours, et nécessairement, la méditation de l'âme sur les idées ou sur le vrai.

Et c'est un philosophe qui, du coup, fait du visage et du regard, de l'attente et de la prière, du dire et du nom, du manger et du se vêtir, de la veuve, de l'orphelin, de l'étranger, du pauvre, les points de départ, les nœuds, les personnages conceptuels, de sa réflexion.

D'où – même s'il a toujours refusé de se définir comme un philosophe juif ni, encore moins, confessionnel – la fonction qui fut la sienne dans le développement, en France puis en Europe, d'une nouvelle pensée juive se concevant comme une pensée active, pratique, littéralement poétique, et tenant que c'est sur la terre, parmi les hommes, que se joue l'aventure de l'esprit et de la foi.

D'où – loin des banalités d'usage et, de surcroît, souvent douteuses sur la synthèse œcuménique judéo-chrétienne – l'importance de sa philosophie pour une vague de penseurs catholiques qui, tels un certain Karol Wojtyla, ancien professeur de philosophie à la faculté de Lublin où il enseigna les doctrines de Scheler et Husserl, accomplirent le double geste de reconnaître dans le testament juif la source vive du christianisme et de voir dans l'ouverture sur l'infini, le face à face avec le divin et la réponse à son commandement, le cœur, l'essence, l'humanité même de l'humain.

Et d'où, enfin, son rôle dans l'itinéraire d'une génération d'intellectuels dont mon ami Benny Lévy demeure, deux ans après sa mort, la grande figure éponymique et qui, venus du judaïsme, du christianisme mais aussi de l'agnosticisme et de l'athéisme, trouvèrent dans la réflexion levinassienne sur le messianisme, dans ses textes sur l'Histoire, la politique ou même l'Etat, dans les pages de « Totalité et infini », par exemple, sur la notion même d'événement, de quoi commencer d'échapper à l'impasse où les précipitait la fin de l'aventure gauchiste.

Pour ceux-là, l'œuvre de Levinas a pu se lire comme la réponse à cette dictature de l'Histoire, cet historicisme, qui furent au cœur, finalement, de tous les succédanés du progressisme.

Elle a été la propédeutique philosophique nous réenseignant à douter de la religion du doute et du soupçon – elle a été, mieux que le système kantien, *la* pensée moderne de résistance à ce relativisme, cette généalogie permanente de la morale, qui sont un autre trait de la mauvaise modernité.

Sans parler enfin du procès de cet Etre plein, saturé de lui-même, total, que de belles pages d'« Autrement qu'être » mettent au principe de ce que l'on appelait, jusque-là, le totalitarisme – sans parler de cet antitotalitarisme radical dont il donnait la formule dans sa réflexion, par exemple, sur le prophétisme et qui lesta d'un poids métaphysique autrement plus sérieux la leçon d'Hannah Arendt et de Camus.

Vingt ans après, j'en suis toujours là.

Bien décidé – et ce n'est qu'en début – à profiter de cette année du centenaire pour rendre, avec d'autres, toute sa taille à Levinas.

23 février 2006.

l'Iran et Le Monde Diplo. *Après la mort d'Ilan. Patocka contre Dieudonné. La question Frêche. La mort de Philippe Muray.*

Inde et Iran, deux poids et deux mesures face à la question du nucléaire ? Eh oui. Bien entendu. Il y a deux poids et deux mesures, toujours, entre la démocratie et le fascisme. Il y a deux poids et deux mesures, forcément, entre la façon de traiter avec un régime normal et la nécessité d'isoler et, en tout cas, éviter de surarmer, un Etat terroriste présidé par un terroriste. Je suis comme tout un chacun. J'aimerais mieux une planète idéale, sans armes nucléaires du tout. Mais la planète étant ce qu'elle est, rien ne me semble plus redoutable que ce jeu de fausse symétrie qui voudrait nous convaincre, au nom de l'« équité », que ce qui est donné à la démocratie indienne devrait l'être à l'Iran des mollahs. Ne pas céder sur ce point. Ne pas se laisser intimider par les compagnons de route du fascislamisme qui, comme le directeur du *Monde Diplomatique*, regrettent, ce mois-ci, que l'on « diabolise » les héritiers de Khomeiny. L'enjeu : la paix mondiale, peut-être ; Israël, sans doute ; mais aussi les Iraniens eux-mêmes qui sont en première ligne de la lutte contre le nouveau fascisme et ne comprendraient pas que, en cédant, nous les lâchions.

Trois jeunes agressés, ce samedi, à Sarcelles. Trois Français qui, parce que juifs, sont molestés, frappés, humiliés. Va-t-on, comme après le meurtre de Ilan Halimi, se demander si ces actes sont un peu, beaucoup, passionnément, pas du tout, antisémites ? Va-t-on recommencer de lire, dans quelques-uns de nos journaux, le surréaliste « Monsieur X nie être antisémite » ou « Monsieur Y réfute la circonstance aggravante de l'antisémitisme » ? Face à l'image sans appel d'un juif qui, en plein XXIe siècle en France, peut encore se faire violenter parce qu'il porte une kippa, trois urgences. Le soutien de la République (Sarkozy l'a tout de suite fait). L'examen de conscience de quelques-uns (à quand le mea culpa des incendiaires des esprits qui, de théâtres en Zénith, de mosquées en sites Internet, n'ont cessé, ces derniers temps, de livrer des noms de juifs en pâture à la haine publique ?). Et, pour tous enfin, un acte de nomination et, donc, de vérité qui fera appeler un chat un chat (faute de quoi l'expérience prouve que l'on ne fait que désarmer les âmes)…

Retrouvé mes notes de l'époque sur la « solidarité des ébranlés » chère à Jan Patocka, le grand philosophe tchèque, fondateur de la Charte 77. Je sais que je détourne le sens de la formule. Mais comment ne pas rêver de cette belle « solidarité » en ces temps nauséeux où l'on ne veut nous parler, semble-t-il, que de guerre des mémoires et des souffrances ? Comment ne pas se ressouvenir de Patocka quand tels altermondialistes nous somment de choisir entre la cause des uns et le parti des autres, entre la lutte contre le racisme et le combat contre l'antisémitisme ? Solidarité des ébranlés, d'un côté. Rivalité ou compétition des victimes, de l'autre. Telle est la ligne de partage. Telle est, telle sera de plus en plus, la différence entre les hémiplégiques qui pensent qu'on ne peut défendre les Palestiniens qu'en haïssant Israël, ou qu'on ne peut rappeler l'infamie de la traite des Noirs qu'en oubliant l'horreur de la Shoah – et ceux qui, comme moi, croient en l'invisible fraternité des offensés et embrassent dans le même chagrin ces morts que l'on voudrait voir jetés les uns contre les autres.

Dire, à propos de solidarité toujours, mon soutien sans réserve aux Harkis traités de « sous-hommes » par Georges Frêche. Et redire surtout, comme je l'ai fait, ce dimanche, sur Europe 1, la stupeur où me plongent, là aussi, les atermoiements des socialistes. La question, amis, n'est pas de savoir dans quel contexte le maire de Montpellier a dit cela. La question n'est pas de savoir s'il a insulté tous les harkis, certains harkis ou un harki. Le seul fait d'avoir prononcé le mot est, en soi, inexcusable. Le mot même de sous-homme, appliqué à qui que ce soit, est le mot de trop dont nous n'aurions, vous le savez, pas pardonné l'emploi à un Le Pen. Le problème, à partir de là, n'est pas un problème de sanctions ou de suspension. Il est d'énoncer clairement, et vite, que l'auteur d'un dérapage pareil n'a pas sa place *du tout* dans le parti de Blum et de Jaurès. Tant que vous ne l'aurez pas fait, tant que vous ruserez, pour d'obscures raisons de cuisine, avec cette question de principe, Georges Frêche sera comme un gros bœuf sur la langue de chacun d'entre vous – il y aura une affaire Frêche qui, tel un bruit de fond, rendra inaudible tout ce que vous aurez d'autre à dire.

Mort de Philippe Muray. Il fut de la première *Règle du Jeu*. Je fus l'éditeur de son premier roman « Postérité ». Et il y a surtout ces deux grands livres qui justifient une vie et, par-delà cette vie, un peu de l'histoire d'une génération : son « Céline » d'abord qui, en montrant le passage de l'auteur du « Voyage » à celui de « Bagatelles », levait un coin du voile sur toute la part secrète de ce qu'il est convenu d'appeler le progressisme ; et puis l'admirable « XIXe siècle à travers les âges » qui restera comme le meilleur livre écrit sur les noces de l'occultisme et du socialisme et donc, aussi, sur François Mitterrand. Ce Muray-là, cet apôtre d'un gai-savoir bien plus complexe, bien plus généreux et plus puissant, que ne le veulent les nécrologues attachés, ce matin, à ne dépeindre que le mécontemporain vaguement atrabilaire – ce Muray-là sera, j'en prends le pari, encore plus encombrant mort que vivant.

9 mars 2006.

Villepin et le CPE. Les nouveaux philosophes ont trente ans. Dieudonné condamné.

Occupation de la Sorbonne. La presse du monde entier, notamment américaine, se précipite sur le Quartier latin. Et les mêmes qui, il y a six mois, en direct de la ligne de front de la place de l'Etoile, commentaient, en gilet pare-balles, l'entrée de la France en guerre civile, annoncent urbi et orbi un remake de Mai 68. La vérité c'est que jamais ne m'aura paru si juste le mot fameux de Marx sur ces grands moments de l'Histoire qui se jouent toujours deux fois : une fois sur le mode, sinon de la tragédie, du moins des dramaturgies majeures ; une autre dans la dérision, le simulacre, l'effervescence réchauffée, la comédie. Parodie du sens. A la lettre, palinodie. Une sorte d'événement de synthèse qui n'a plus que le lointain parfum de l'original et semble devenu son propre jubilé. Cela ne signifie pas, bien entendu, que la protestation étudiante soit à bout de souffle. Et il faudra suivre de près, ce mardi et les jours suivants, l'ampleur de la mobilisation et les formes qu'elle prendra. Mais cela veut certainement dire, en revanche, qu'un mouvement social n'a jamais intérêt à mimer, singer, recycler ses grandes scènes (ni d'ailleurs, soit dit en passant, à envelopper dans une rhétorique libertaire une protestation dont on voit bien, malgré la sympathie de principe qu'elle inspire, la dimension pour le moment profondément conservatrice...). Villepin, pendant ce temps, garde le cap. L'autre soir, sur TF1, il donnait l'impression d'un Saint George qui aurait apprivoisé son dragon et s'en serait fait une monture. Il est vrai qu'il n'a pas le choix et vit là cette fameuse épreuve du feu où tous les politiques, une fois au moins dans leur existence ont, l'occasion de vérifier l'état de leurs réflexes et l'épaisseur de leur cuir. Ou bien il recule, remballe son CPE et apparaît comme l'héritier du chiraquisme dans ce qu'il a de moins glorieux. Ou bien il campe sur son idée, défend coûte que coûte un projet qui, sans être parfait, a le mérite d'exister, de tenter quelque chose et de constituer un pas, un petit pas, dans la bonne voie – et, qu'il convainque ou non, il entre alors, avec Juppé, Barre, Rocard et quelques autres, dans le club ultra-select des réformateurs qui prennent date.

A propos de jubilé, il paraît que l'on fête déjà les trente ans des nouveaux philosophes. C'est le journaliste Philippe Tretiak qui m'en parle le premier, le matin de mon retour des Etats-Unis – et le fait est que je tombe des nues. Quoi ? Trente ans, vraiment ? Est-ce ainsi que le temps passe ? Et est-ce cette tête-là qu'ont les fantômes ? Françoise Verny, si vivante dans son bureau de la rue des Saints-Pères que j'ai occupé jusqu'il y a peu... Clavel, Maurice Clavel, généralissime de notre petite troupe, dont j'entends la voix de stentor : « c'est la percée Patton ! c'est la percée Patton ! »... Jean-Marie Benoist, le tout premier, avec son « Marx est mort », et son rire, et ses joues qui n'ont rien perdu, par-delà la mort, de leur tendre pruinosité... « L'Ange » de Christian Jambet et Guy Lardreau, la source... « La Machine à terreur » de Laurent Dispot qui reste, aujourd'hui encore, le meilleur livre sur le terrorisme... Dominique-Antoine Grisoni, le compagnon si tôt disparu... Bernard Pivot et sa gourmandise de grand chanoine des lettres le jour de notre premier Apostrophes... Les alliés... Les amis... L'article de

247

Sollers sur moi... Celui de moi sur Glucksmann dans un *Nouvel Observateur* prenant l'initiative, à l'époque, de la réforme intellectuelle et morale de la gauche... Les ennemis, déjà... Oui, les ennemis, les mêmes qu'aujourd'hui, c'est étrange de voir à quel point ce sont vraiment les mêmes, toujours et éternellement les mêmes, qui semblent se réincarner : les noms passent, la haine reste, nous étions à peine nés qu'ils rédigeaient déjà l'acte de décès et écrivaient de gros livres pour dire que nous ne valions pas une ligne... Et puis le combat enfin... Oui, le combat que nous menions et qui, lui, pour le coup, n'a pas dévié d'une ligne... Le marxisme ? Mais non. Le pseudo progressisme. Cette idée réactionnaire du progrès que je fustigeais dans « La Barbarie » et dont les décennies suivantes n'ont fait qu'alourdir le sombre bilan. Soutenir les dissidents d'Europe centrale et orientale, puis les civils bombardés de Sarajevo. Hurler sa colère face au martyre de la Tchétchénie ou aux guerres oubliées d'Afrique. Défendre les femmes algériennes et ceux qui, en Islam, se battent à mains nues, en première ligne, contre le fascislamisme. J'en passe, naturellement. On ne résume pas en quelques mots trente ans de fièvre et d'engagements. Mais je ne pense pas que nous ayons, non, à rougir de notre histoire – ni, encore moins, de notre jeunesse.

Dieudonné condamné pour incitation à la haine raciale à cause de propos, tenus lors d'un de ses spectacles, sur les « négriers reconvertis dans la banque » qui ont « fondé des empires sur la traite des noirs et l'esclavage » et soutiennent « la politique d'Ariel Sharon ». Mine de rien c'est important. Parce que l'homme perd enfin cette aura d'intouchabilité que lui donnaient ses précédentes relaxes. Mais aussi à cause de ce que le déroulement du procès, les plaidoiries de Maîtres Charrière-Bournazel et Klugman, les attendus du jugement nous disent de la mue la plus récente du virus antisémite en France. J'y reviendrai.

16 mars 2006.

L'Irak et les Etats-Unis, trois ans après.

Troisième anniversaire de l'entrée en guerre en Irak. Et occasion de redire donc ce que je n'ai, ici comme aux Etats-Unis, cessé de dire et de répéter : que c'était une guerre absurde, mal conduite, visant une mauvaise cible, le faisant au mauvais moment et réalisant le tour de force, non de réduire, mais d'augmenter le nombre, la puissance, la pression des islamistes radicaux et des terroristes. Cela dit… Oui, cela étant dit et redit, la paranoïa antiaméricaine prend, ces temps-ci, une telle ampleur, l'idée d'une Amérique satanique et enragée fait de tels progrès dans les esprits, que je ne résiste pas à l'envie de profiter *aussi* de la circonstance pour rappeler deux ou trois autres évidences.

La question du pétrole, par exemple. Cette idée, ressassée jusqu'à la nausée, selon laquelle les Etats-Unis se seraient lancés dans cette aventure pour d'obscures raisons pétrolières. Je passe sur le parfum de conspirationnisme qui flotte autour de cette théorie. Je passe aussi sur le fait qu'il n'y a rien, après tout, de criminel dans le fait de veiller à la prospérité d'un grand pays démocratique. Le vrai problème c'est que, si tel avait été le but, si le seul souci de l'administration américaine avait été de s'assurer le contrôle des ressources énergétiques irakiennes, elle avait à sa disposition un moyen bien plus simple que la guerre – et ce moyen c'était un bel et bon accord avec un Saddam qui, à l'époque, en échange d'une levée des sanctions, n'aurait pas demandé mieux que de vendre ses puits de pétrole. Un Bush père aurait peut-être tenté le coup. Les archéoconservateurs – ceux, en gros, de l'époque Kissinger – auraient sûrement fait ce calcul et traité avec le tyran. Les néoconservateurs ne l'ont pas fait. Wolfowitz, Perle et les autres ont, que cela plaise ou non, déclenché une guerre que ne suffit pas à expliquer la vulgate pseudo marxiste en vogue chez les altermondialistes.

La question de l'« impérialisme ». Cette accusation d'impérialisme qui revient, telle une ritournelle, dans la plupart des commentaires qu'inspire toute cette affaire. L'idéologie américaine réelle a trois discours disponibles pour penser une intervention. Il y a le jacksonisme, prônant le « hit and run » du cow-boy agressé et qui riposte. Il y a le hamiltonisme qui voit les guerres comme des moyens, certes regrettables mais nécessaires, de lever les entraves à la liberté du commerce et des affaires. Et il y a, enfin, le wilsonisme qui table sur la « destinée » d'une nation à laquelle il appartiendrait de répandre, au-delà d'elle-même et de ses frontières, les valeurs de la démocratie. L'avenir et les historiens diront lequel de ces trois dispositifs a fonctionné en la circonstance. Ils diront la part, dans la tête de Bush et de ses conseillers, du réflexe jacksonien (se venger du 11 septembre), hamiltonien (élargir l'espace du marché mondial en prétendant œuvrer, au sens de Adam Smith, à la richesse des nations), wilsonien (faire que les Irakiens, eux aussi, aient droit à la démocratie). Ce qui est sûr c'est que l'idée classique d'impérialisme, le concept d'un nouvel Empire romain venant, à Bagdad, établir une tête de pont, est une idée qui ne cadre ni avec la tradition américaine ni avec le spectacle offert par une armée qui n'a, visiblement, qu'une idée : se sortir au plus vite de l'inutile bourbier irakien.

Et puis la question, enfin, de la moralité de cette guerre – cette dernière idée reçue selon laquelle des politiciens sans scrupules ni principes, des princes des ténèbres assoiffés de sang, de toute puissance et d'argent auraient engagé, en Irak, la plus immorale des guerres. Là encore, c'est le contraire. Là encore, c'est la forme inversée du procès qu'il faudrait, en bonne logique, pouvoir instruire. Moralement, les néoconservateurs avaient raison. Moralement, du point de vue, si l'on veut, des grands principes et des valeurs, la décision de renverser ce dictateur qu'était Saddam Hussein était une décision inattaquable. Et la vérité est que c'est après, bien après, au moment où s'est posé la question de la gestion politique du conflit, au moment où, autrement dit, l'on aurait dû travailler à gagner, non la guerre, mais la paix, que le désastre a commencé. La faute de ces gens n'est pas d'avoir été trop politiques, mais de ne pas l'avoir été assez. Elle n'est pas dans la dégénérescence d'une mystique tombant en politique mais dans le fait que la mystique n'ait, justement, pas suffisamment dégénéré. Le problème, le crime, n'est pas qu'ils aient manqué d'idéalisme mais que, tel l'ange pascalien faisant la bête, ils se soient laissé aveugler par une prise de parti morale et des idées.

Ces précisions sembleront à certains bien théoriques. Soit. Sauf qu'elles prendront, hélas, tout leur sens quand s'annoncera le dénouement et que, revenant à leur vrai démon qui s'appelle l'isolationnisme et qui a le double visage de la droite façon Huntington et du populisme de gauche version Michaël Moore, l'Amérique abandonnera les Irakiens à leur sort c'est-à-dire à la guerre civile. On se dira, alors, que les « néocons » avaient du bon. On pensera à ce moment néoconservateur comme à un moment complexe où le moins mauvais était parfois noué au pire. Et l'on regrettera le temps d'une Amérique qui avait, malgré ses méfaits, encore le souci du monde.

23 mars 2006.

Un exemple de solidarité des ébranlés.

Lyon. Dimanche dernier.

Petite manifestation à la mémoire de Chaïb Zehaf, ce père de famille d'origine algérienne, assassiné d'une balle dans la tête, le 4 mars dernier, à Oullins, banlieue de Lyon, à la sortie d'un bar où il venait, avec des amis, de suivre à la télé le match OL-Ajaccio.

Et manifestation organisée – tout le sens de l'information, pour moi, est là – à l'initiative, notamment, de l'Union des étudiants juifs de France, du Conseil représentatif des Institutions juives de France et de SOS Racisme, c'est-à-dire, pour le dire sans détour, de quelques-unes des associations qui furent à l'origine de la mobilisation parisienne faisant suite au meurtre d'Ilan Halimi.

Alors je sais, bien sûr, que la caractérisation raciste de ce nouveau crime n'est pas encore officiellement établie.

Je sais que l'enquête est en cours et qu'il y a même une contre-enquête menée, avec l'aide des media locaux, par la famille de la victime inquiète des cafouillages de la police dans les heures qui suivirent le drame.

Et je sais enfin qu'elle a elle-même tenu, la famille, à ce que cette marche de dimanche soit explicitement présentée comme une marche, non pas « contre le racisme », mais « pour la justice et la vérité » – je sais avec quelle prudence Halim Tiaibi, le demi-frère du mort, dit et répète, malgré l'accumulation d'indices accablants et concordants, malgré les témoignages attestant des injures racistes proférées par l'assassin avant de tirer, malgré le fait que l'on ait trouvé, à son domicile, au milieu d'un arsenal composé d'un Colt Cobra, d'un pistolet mitrailleur, d'explosifs et détonateurs en tous genres, une relique militaire nazie marquée d'une croix gammée, je sais avec quel scrupule, donc, Halim résiste aux maximalistes qui, au MRAP par exemple, voudraient aller plus vite que la musique et que l'enquête.

N'empêche.

Le fait, pour les amis d'Ilan Halimi, de manifester, racisme ou non, en hommage à Chaïb Zehaf est, en toute hypothèse, un geste remarquable.

Le fait de voir les mêmes défiler, à un mois et demi d'intervalle, en mémoire de deux enfants de la République, juif dans un cas, arabe dans l'autre, est un bel et bon message adressé à ceux qui, ici ou là, de bonne ou de mauvaise foi, s'inquiètent de savoir s'il y a, dans notre pays, face à la barbarie et au crime, deux poids et deux mesures.

Le fait, en d'autres termes, et pour le dire à nouveau sans ambages, de voir des jeunes responsables d'associations juives, voire sionistes, prendre la tête d'un rassemblement où l'on pleure un musulman dont tout indique que, sans eux et sans leur démarche, la mort serait passée aux pertes et profits de ce que l'on appelle pudiquement un « fait divers », est un indice de bonne santé démocratique, citoyenne, *lévinassienne*, que devraient urgemment méditer ceux qui s'émeuvent, ou feignent de s'émouvoir, des risques de « repli communautaire » au sein du judaïsme français.

Et, par-delà le cas, enfin, des juifs, par-delà le bel exemple d'identité ouverte et généreuse qu'ils ont su ainsi, et une fois de plus, donner, le fait est qu'en revoyant, à Lyon, ces banderoles de SOS Racisme flotter en tête de cortège, en revoyant ces petites mains jaunes brandies à bout de bras, ou scotchées sur les blousons, et affichant, comme autrefois, l'impératif d'une fraternité première, catégorique, sans discussion, en lisant, placardés sur les façades des immeubles de la place Bellecour, ce naïf mais efficace « Juif à Paris, Arabe à Lyon, c'est toujours nos potes qu'on assassine », dont nous aimions, il y a vingt ans, opposer le principe tout simple aux sombres délires qui, déjà, dressaient les communautés les unes contre les autres et contre la France, bref, en voyant cette foule bigarrée mais unie dans l'idée que, même si les barbaries diffèrent, même si elles obéissent à des ressorts distincts ou parfois divergents, même si elles sont justiciables d'analyses, voire de ripostes, qui ne sont par définition pas identiques, elles n'en sont pas moins également hideuses et donc révoltantes, je ne pouvais pas ne pas penser à ce temps finalement béni où nous n'étions pas encore sommés de choisir entre nos indignations : ces « années SOS » où nous savions que l'antisémitisme n'était pas un racisme, ni le racisme un genre dont l'antisémitisme eût été une espèce, mais que lutter contre l'un et contre l'autre, unir les deux réprobations dans une stratégie d'ensemble, était un devoir moral en même temps qu'une obligation politique – la seule façon, au fond, de conjurer le spectre d'un communautarisme qui trouva là, non ses fourriers, mais ses adversaires les plus résolus.

J'avais promis, il y a quinze jours, de revenir sur le cas de cet ancien humoriste condamné pour incitation à la haine raciale et dont le fonds de commerce est, justement, ce geste de jeter les victimes, les souffrances, les mémoires, les unes contre les autres.

Eh bien voilà. C'est fait. Mais concrètement. Pratiquement. Et, surtout, sans le nommer. Contre l'obsession de la concurrence victimaire dont il n'est, somme toute, qu'une figure caricaturale et extrême, un exemple vécu – et qui, j'espère, fera école – de solidarité des ébranlés.

30 mars 2006.

Tocquevillepin.

Cette affaire de CPE devient franchement étrange.

Voilà un Premier ministre qui croit – sûrement de bonne foi –, que mieux vaut, quand on est jeune, un premier travail précaire que pas de travail du tout.

Voilà une jeunesse en qui cette seule idée de précarité ainsi que celle, plus encore, de licenciement immotivé, réveille – et on la comprend – tout un imaginaire peuplé, comme disaient les maoïstes des années 60 et 70, de « petits chefs » vicieux, crapuleux, capricieux.

Voilà un président de la République qui entend : oui, on peut penser ce que l'on veut du discours alambiqué, l'autre jour, de Jacques Chirac ; on ne peut pas faire comme s'il n'avait rien dit ni comme si, en même temps qu'il promulguait une loi dont la plus haute instance de la République venait de dire la constitutionnalité, il ne l'avait amputée des deux points qui faisaient clairement litige.

Et voilà des manifestants qui, au lieu de prendre acte du geste, au lieu de sauter sur l'offre de dialogue qu'ils réclamaient à juste titre et qui arrive enfin, au lieu de jouer le jeu de cette fameuse « concertation » qui accompagne, depuis trente ans, nos réformes réussies et montre que, à cette condition, et à cette condition seulement, elles ne sont pas moins possibles en France qu'ailleurs, voilà des manifestants qui disent donc : « mais non, ce n'est pas cela ; ce n'est pas encore cela ; être entendus ne suffisait pas ; car ce qui comptait c'était le mouvement ; ce qui comptait, ce qui compte, c'est ce sacro-saint élan du groupe (en fusion ?) qu'il ne faut casser à aucun prix et qui devient une fin en soi ».

Ce type d'attitude a deux explications possibles.

Ou bien on se moquait du CPE. Il n'était, ce CPE, qu'un prétexte, un fétiche, l'occasion d'une révolte d'ensemble, un levier pour changer le monde, la vie, l'homme. Je comprendrais cette logique. Elle rappellerait l'esprit de 68 et aurait, à ce titre, une certaine allure. Mais le moins que l'on puisse dire est que ce n'est pas ce que l'on perçoit dans ces défilés finalement si sages où l'on réclame le droit à la sécurité, aux RTT, au crédit relais pour l'appartement – le droit, pour les jeunes, de devenir le plus tôt possible des vieux comme les autres.

Ou bien le problème c'était le CPE. C'était vraiment, précisément, le CPE. Sauf que l'idée, on s'en avise, n'était pas de discuter mais d'abroger; elle n'était pas de réformer, mais de liquider; le projet, l'arrière-pensée, c'est que le nombre, ou la rue ou, mieux, le nombre dans la rue est, aussi, un législateur et qu'il a, ce législateur, toute légitimité pour faire et, en l'occurrence, défaire une loi que le législateur a faite. Et là, amis étudiants, et là, amis socialistes et syndicalistes qui ne semblez reculer devant aucune démagogie pour vous attacher les prestiges de ce que Laurent Dispot, le premier, appela naguère le jeunisme, là donc, sur cette idée que la rue serait aussi bonne faiseuse de lois que l'Institution et que l'Institution se devrait, du coup, et quand on l'en prie, de céder face à la rue, je ne vous suis soudain plus très bien.

Alexis de Tocqueville, l'un des théoriciens de ce libéralisme qui, au temps des communards français, des révolutionnaires allemands ou des carbonari italiens, était encore, et un beau mot, et une belle chose, a dit là-dessus des choses définitives.

Il peut arriver au pouvoir, explique-t-il, d'être un mauvais pouvoir; il peut arriver aux gouvernants de se couper des réalités et de se conduire, par conséquent, au gré de leurs caprices, de leurs intuitions vagues et désinvoltes, de leur fantaisie; et tant mieux, alors, si la rue – il dit plutôt, lui, l'opinion – les remet dans le droit chemin.

Mais attention, poursuit-il! L'opinion est un autre maître. Elle n'est pas le Souverain, bien entendu. Mais elle est, en revanche, un autre maître. Et elle est un maître qui, mine de rien, n'est pas moins redoutable, car pas moins capricieux, moins émotif, moins impatient, bref, moins arbitraire, que le maître qu'elle corrige et auquel, si on la laissait faire, elle se substituerait.

Tout est là.

Tout est dans ce face à face tocquevillien entre, d'une part, un pouvoir faillible, car buté, et qui, tel Napoléon dont Althusser disait qu'il échafaudait ses plans avec les songes de ses soldats, réforme moins le pays qu'il ne l'adapte à ses chimères et, d'autre part, un contre-pouvoir qui, quand il rêve de voir les têtes de ses promoteurs rouler dans la même sciure que le CPE, quand il scande : « Villepin démission, et Chirac en prison », renoue avec un imaginaire robespierriste qui ne vaut, hélas, guère mieux.

Ou bien nous nous résignons à cette alternative ; nous passons, sans nous lasser, d'un extrême et d'une erreur à l'autre ; et c'est sans fin que nous oscillerons entre les deux visages jumeaux (un jour les technocrates, un autre les coupeurs de tête) de notre jacobinisme national.

6 avril 2006.

SOS Darfour !

Désolé pour la vanité gauloise.

Mais l'événement de la semaine ce n'est pas, cette fois, le CPE.

Ce n'est pas la rivalité Villepin-Sarkozy ni la déferlante tatamaniaque.

Ce sont les informations qui nous arrivent du Darfour et qui indiquent que cette guerre commencée il y a trois ans et, dans l'ensemble du Soudan, presque un demi-siècle plus tôt est sur le point d'atteindre des sommets de sauvagerie et d'horreur.

On savait pour les villages rasés par les avions venus des bases d'El Obeid et de Port Soudan.

On savait pour les colonnes de Janjawids, littéralement d'« hommes armés et à cheval », venant, après les bombardiers, finir les survivants à l'arme blanche.

On connaissait – j'ai dénoncé, ici même, dans ces colonnes, après mon séjour de 2001 dans les maquis John Garang – la pratique du viol de masse devenu, comme en Bosnie, une arme de conquête et de guerre.

On n'ignorait rien, enfin, de la nature raciste, *purement raciste*, d'un conflit qui, les tribus Zaghawas et Massalits en révolte contre Khartoum étant, elles aussi, musulmanes, n'a plus, comme dans le Sud, l'« excuse » de la guerre de religions et offre donc l'image d'une guerre dont le seul ressort est la haine, par les Arabes blancs du Nord, d'une population dont le crime est d'avoir la peau trop noire.

L'élément nouveau, pourtant, c'est la façon dont le régime vient, jusqu'à la toute dernière minute, de tenter d'empêcher le déplacement dans les zones sinistrées d'un représentant de Kofi Annan.

C'est le harcèlement des ONG européennes et, notamment, norvégiennes qui continuaient, vaille que vaille, de tenir entrouverts les corridors humanitaires et que l'on force à plier bagages.

C'est le cynisme avec lequel les milices appliquent la loi du 20 février 2006 interdisant toute « organisation étrangère » dont l'activité pourrait sembler constituer, sic, « une ingérence » dans les « affaires intérieures du Soudan » et empiéter ainsi, re-sic, sur la

« souveraineté » d'un Etat revendiquant le libre droit d'exterminer comme il l'entend.

L'événement nouveau c'est, en un mot, la déclaration de Juan Mendez, chef du bureau onusien chargé de la prévention des génocides, annonçant que cette politique d'éloignement forcé des ONG pourrait être le signe que le régime est passé à la dernière étape de son plan – celle où il ne peut ni ne doit plus y avoir de témoins…

Alors il y a des gens qui, face à tant d'atrocités, condamnent le principe même d'une intervention qualifiée par avance de « néocoloniale » : c'est le cas de la Ligue arabe.

Il y a ceux que cette guerre du bout du monde, où l'on ne voit plus s'opposer de méchants riches européens et de gentils pauvres du tiers monde, n'intéresse tout bonnement pas : ah ces néoprogressistes tellement plus bavards quand il s'agit du conflit israélo-palestinien ! ah ces anti-impérialistes et autres altermondialistes qui, s'agissant d'une guerre qui a fait cinq cents fois plus de morts mais sans que ni, donc, Israël ni l'Occident y aient la moindre part, n'ont tout à coup plus rien à dire !

Il y a, en France, ces organisations dont on croyait qu'elles avaient pour devoir et spécialité de défendre les minorités noires victimes, soit de discriminations, soit de déni de mémoire, et qui, elles aussi, brillent par leur silence : parce que l'ennemi n'a plus le visage, là non plus, du Juif négrier et pilleur de forêts africaines ? parce que cette guerre entre musulmans arabes et non arabes complique, à nouveau, le vieux schéma ? parce que c'est la confirmation terrible, par les faits et par le feu, de la thèse des historiens expliquant que le massacre des Noirs d'Afrique fut un crime africain et, en particulier, arabe autant qu'occidental ? parce qu'elle est la preuve, par exemple, que ceux qui, l'an dernier, voulaient faire inculper pour révisionnisme un Olivier Pétré-Grenouilleau étaient, non seulement des ignares, mais des salauds ?

Bref il y a tous ceux qui ont une raison, chaque fois différente, de se sentir gênés, et qui aimeraient bien que ce qu'El Bachir a à faire, il le fasse vite, et sans bruit.

Mais les autres ?

Tous les autres ?

Mais tous les gens normaux qui, comme vous et moi, avaient juré : « plus jamais Auschwitz », puis « plus jamais la Bosnie », puis, « jamais, non, plus jamais, la honte du Rwanda » ?

Mais Kouchner, l'ami Kouchner, qui inventa le devoir d'ingérence ?

Mais Mandela, le grand Mandela, en qui s'est incarné, un moment, la conscience et la noblesse des hommes ?

Mais les Etats-Unis d'Amérique ?

Mais la France et sa diplomatie africaine ?

Mais tous ceux et celles qui, en France, se sont, telle Madame Taubira, institués les avocats de la cause des Noirs et que l'on aimerait, oui, tellement entendre ?

Que le problème ne soit pas simple, j'en conviens.

Mais qu'il soit cent fois moins compliqué que la destitution de Saddam Husssein, il faut aussi en convenir.

Que dire stop à Khartoum ne demanderait pas beaucoup plus d'effort qu'il n'en fallut, il y a dix ans, après cinq ans d'atermoiements et de lâchetés, pour dire stop à Milosevic, nous le savons.

Alors qu'attendons-nous ?

Chaque jour qui passe est un jour de honte et de défaite.

Ou bien nous conjurons le face à face ; nous dialectisons ce que les jusqu'au-boutistes rêveraient de voir s'opposer ; nous nous servons de l'opinion pour éclairer les représentants et des représentants pour médiatiser la chaleur de l'opinion ; et alors, de cette crise, un bien sortira peut-être – la France, risée du monde, redeviendra, qui sait ? l'un des laboratoires où se produit la démocratie de demain.

13 avril 2006.

André Glucksmann, mon contemporain.

Lorsque j'aurai à dresser la liste, un jour, des quelques-uns qui auront été mes vrais contemporains, nul doute que le nom d'André Glucksmann viendra parmi les premiers.

Non que nous appartenions tout à fait à la même génération : nous sommes nés, à douze ans d'écart, l'un avec le Front Populaire, l'autre après la Libération.

Ni que nous soyons ce que qu'il est convenu d'appeler des amis : on ne traverse pas ensemble, comme nous l'avons fait, trente ans de vie intellectuelle sans parcourir aussi, hélas, l'entière gamme de l'ambivalence des sentiments.

Ni même que nous ayons, au fil des années, passé tant de temps que cela en rencontres, débats, échanges de points de vue et d'opinions : si j'essaie de me rappeler le nombre de fois où nous nous sommes vus, réellement vus, autrement que dans les meetings ou sur des tribunes de circonstance, cela se compte sur les doigts d'une main.

Mais voilà.

Contemporains vraiment, contemporains selon un temps qui est celui de l'esprit et plus seulement celui du temps, contemporains au sens de ce partage de gestes et de réflexes qui fait que l'on réagit, au même moment, de la même façon, aux mêmes situations et événements, contemporains au sens de cette simultanéité mystérieuse et le plus souvent silencieuse qui veut que, même à distance, sans s'être vus ni concertés, les lèvres frémissent identiquement, les cris d'horreur ou d'espoir jaillissent sur la même note, les partis pris se forment, les colères fusent, les rêves et les défis s'accordent dans une infralangue, comme on dit un infrason, préalable à toute raison – contemporains dans cet ordre-là, il est de fait que nous le fûmes bien plus encore que nous ne l'avons cru.

Je lis « Une Rage d'enfant », son dernier livre (Plon).

Je lis ces Mémoires qui n'en sont pas, pudiques, retenues, et qui ne cèdent jamais à cette tentation du tout-dire dont on sait, depuis Lacan, qu'elle est faute morale, erreur de style en même temps qu'injure à la vérité.

Je lis ce qui s'y dit des cent mille étudiants chinois qui, en avril 1989, quelques mois avant la chute du Mur de Berlin, se révoltèrent, dans l'indifférence des nations, aux cris de « nous voulons une révolution française ».

Ou bien le portrait qu'il brosse de Vaclav Havel, toujours entre deux prisons, paria, proscrit, incarnation de l'esprit de Prague en même temps que de celui de l'Europe captive, devant qui les foules passaient sans, naturellement, le reconnaître.

Ou sa révolte nue, rage et sanglot mêlés, au premier jour du génocide antitutsi au Rwanda.

Ou son premier émoi face à cette guerre de Tchétchénie où l'on tuait comme on respire mais dont le monde entier, « amis de l'Islam » compris, se fichait éperdument.

Ou les pages qu'il consacre (j'aurais retenu d'autres souvenirs mais c'est, je suppose, la loi du genre) à la tragédie des boat people sauvés en mer de Chine ; ou à nos pérégrinations mexicaines de la fin des années soixante-dix, dans la compagnie d'Octavio Paz ; ou à ce premier crime commis en commun que fut, il y a juste trente ans, dans la naïveté d'un temps – sans doute le dernier – où l'on pouvait encore se prendre pour l'ange d'une Annonciation ultime, l'invention de la « nouvelle philosophie ».

Je lis les lignes où il compare le beau « Nous sommes tous des juifs allemands » de 1968 au « Sus au plombier polonais » de la campagne référendaire de 2005.

Je lis ses éloges de Charlotte Corday et de Soljenitsyne ; ou de Baudelaire et Mallarmé ; ou de Custine et Tocqueville, ancêtres d'un journalisme qu'il nous est arrivé – l'Algérie, la Bosnie – de pratiquer, là aussi, au même moment, sur les mêmes ligne et longueur d'ondes, et comme au diapason.

Et puis la mise en procès de ce qu'il appelle drôlement le « marxisme-nihiisme ».

Et puis la symptomatologie de cette maladie de l'âme qu'il nomme la napoléonite et à laquelle il voudrait que l'on répondît, un jour, par une dénapoléanisation aussi résolue que le fut la déstalinisation d'antan.

Et puis l'Histoire du siècle encore, et puis l'Histoire du siècle toujours, hantée par l'ombre des pères, héroïque et tragique, mémorable et pleine d'infamie, mensonges et hauts faits mêlés, illusions sans excuses et admirables épopées : ce siècle si étrange, ce temps de houles et d'incendies où le vide lui-même faisait remous et où seul le pressentiment du pire sut nous garder, parfois, des promesses du meilleur.

Je découvre tout cela.

Je feuillette ces pages qui ont, pour moi, le parfum doux-amer des albums de famille en même temps que celui d'un temps définitivement suffoqué qui nous serait, à l'un comme à l'autre, resté en travers de la gorge.

Et je répète, oui, qu'il y aura eu peu d'intellectuels avec lesquels je me serai trouvé si miraculeusement et constamment accordé.

Lisez « Une rage d'enfant ».

Lisez-le toutes affaires cessantes, comme eût dit notre commun ami Maurice Clavel. Lisez-les, comme je les ai lues, ces anti-mémoires d'une vie hantée par trop de fantômes pour accepter la sotte idée qu'elle serait « comme un roman ». C'est le cœur d'une génération, et d'une époque, qui bat ici.

20 avril 2005.

Journal de la semaine.

Message de Ben Laden, le premier depuis longtemps, appelant à la solidarité avec Khartoum dans sa guerre de longue durée contre les musulmans du Darfour. N'est-ce pas, très précisément ce que j'annonçais l'autre semaine ? N'est-ce pas l'illustration de cette loi que je m'époumone à énoncer et qui veut que l'islamisme est d'abord l'ennemi des musulmans ?

Custine et Tocqueville, l'autre semaine encore. Leurs deux voyages, en Amérique et en Russie, aux origines de ce que nous appelons aujourd'hui le journalisme. Ryszard Kapuscinski, dans son dernier livre, forme, lui, une autre hypothèse qui fait remonter la chose, deux mille cinq cents ans plus tôt, aux neuf livres des « Histoires » d'Hérodote. Hérodote journaliste ? Mais oui. Pourquoi pas. Et, précisément d'ailleurs, dans le chapitre central du livre, à Khartoum.

Ce que m'a appris Tocqueville ? Que la politique prime l'Histoire. Et qu'elle n'est, cette politique, ni toujours ni seulement affaire d'Etat. Les « mœurs », disait-il. Ou, ce qui revient au même, le tissu d'« associations » constitutif de la société civile. Nous y sommes.

Je reviens, tout de même, sur ce message de Ben Laden. Incroyable, quand on y songe, cet appel à soutenir le bourreau, le salaud, le génocideur. Incroyable, inédite, cette façon de retourner la logique et la rhétorique militantes traditionnelles : « ce sera long, très long, mais nous assurons les assassins de notre solidarité durable, sans faille et fraternelle… ».

« Tchékiste un jour, tchékiste toujours ». Et : « la disparition de l'URSS est la plus grande catastrophe du XXe siècle ». Qui parle ainsi ? Poutine. Notre ami Poutine. Ce prétendu allié dans la guerre contre le terrorisme qui est, en réalité, avec son compère chinois, l'obstacle le plus sérieux à une solution non militaire, donc plausible, de la crise nucléaire iranienne. Internationale des fascistes, suite.

La forte intuition de Zagdanski, l'autre soir, chez Ardisson, où il présentait la réédition de son livre sur un antisémitisme qui, de Téhéran à Gaza et, parfois, aux banlieues parisiennes, redevient question d'actualité : la réprobation du nom juif comme plagiat vécu du texte biblique. Mauvaise foi, sans doute. Refus de la dette, ok. Mais, d'abord, cet amour inversé, hystérique, encombrant – et qui « se dissipe en haine ».

Conférence à Los Angeles sur cet antisémitisme qui vient. Trois piliers et trois seulement : l'antisionisme (c'est-à-dire la diabolisation d'Israël auquel tout juif vivant se voit identifié) ; le négationnisme (c'est-à-dire le soupçon fou que ce peuple de victimes puisse être aussi un peuple d'escrocs inventant, afin d'en tirer avantage, le mythe de son martyre) ; la concurrence des victimes enfin (sur fond d'amour de ces « nouveaux juifs », les vrais, les seuls, que seraient les Palestiniens…).

Durban (où tout cela, deux jours avant le 11 septembre, vint se cristalliser) est aussi la ville où Pessoa passe son enfance et son adolescence.

Ce moment, plus tard, beaucoup plus tard, où, étouffant sous le poids de ses hétéronymes, l'auteur entreprend de tuer Alberto Caeiro, d'exiler au Brésil Ricardo Reis, bref de se débarrasser de ses noms trop distincts.

Cocteau, autre expert en hétéronymie, mais publique celle-là, assumée, et comme à ciel ouvert, Cocteau donc, croisant, sur le tard, l'un des insulteurs professionnels qui avaient fait de sa vie un enfer de chaque instant (n'ai-je pas lu, je crois que c'est dans son journal, qu'il garda longtemps l'habitude de quitter les salles de cinéma ou de théâtre avant la fin du spectacle car il savait que René Char l'attendrait à la sortie pour lui casser la gueule?), Cocteau, dis-je, croisant le type en question et le saluant sans gêne : « je m'étonne qu'il se souvienne du mal qu'il m'a fait et que j'avais, moi, oublié ».

De qui, ce vers : « au fond de chaque mot, j'assiste à ma naissance ? ».

Quel nom? Quel monde? Et auquel se résoudre, du je ou de l'objet? Francis Ponge : l'objeu.

Cet enfant de Kafka qui n'aspire qu'à redevenir le fils de Racine et de Goethe.

Ces femmes à qui l'extrême jeunesse tient encore lieu de beauté.

Cette jeunesse d'aujourd'hui, qui se croit libre parce qu'elle n'a plus de maîtres.

La France du CPE vue par un ami, professeur de sinologie dans une grande université américaine, cette fois de la côte Est : un pays devenu semblable à cet empire idéal dont Lao Tseu disait qu'on y entend les coqs d'un bout du territoire à l'autre. Comme dit un autre ami, Français, lui, et pourfendeur de la « place de la nation » : Chante petit coq, chante !

Malade de son passé, la France? Et donc de sa repentance? Et donc de cette manie du retour qui, quand elle ne s'appelle pas nostalgie, s'appelle, en effet, repentance ? Mais non. Ce n'est pas cela. Lisez plutôt Virgile. Et Vico. Et Heidegger commentant Holderlin. Lisez les chantres, au contraire, du bienfaisant retour.

Le même Heidegger dans la Lettre sur l'Humanisme : « la perte de la patrie devient un destin mondial ». A méditer par les nigauds qui croient bon de croire encore en une alternative à la mondialisation du monde.

27 avril 2006.

Pour saluer Jean-François Revel.

Mon premier souvenir de Jean-François Revel remonte à 1967, à Neuilly, dans le gymnase de l'école communale de l'avenue du Roule où il tient meeting électoral. Il est de gauche. Candidat FGDS – le parti, à l'époque, de François Mitterrand – à la députation. Il a déjà ce tempérament querelleur et généreux, implacable quoiqu'en rondeurs – il a cette langue d'acier dans un corps de Père Abbé qui ne lui aura, jusqu'à la fin, jamais manqué.

Je le revois, plus tard, à *L'Express*, Porthos d'une compagnie de mousquetaires dont Philippe Grumbach était l'Aramis, Olivier Todd l'Athos et Jean-Jacques Servan-Schreiber le d'Artagnan – je revois, que dis-je ? je me rappelle visuellement ces grands éditos d'idées dont il avait conçu le projet avec la Milady du moment, Françoise Giroud, et qui, parce qu'ils avaient pour principe de toujours partir d'un livre, inventaient véritablement un genre.

269

Je me souviens de lui, si embarrassé quand Jimmy Goldsmith lui proposa la direction de l'hebdomadaire : il était l'indiscipline même, la liberté d'esprit faite homme, il avait un côté réfractaire et même un peu frondeur que cachaient mal ses faux airs de Fermier Général des lettres – comment allait-il s'accommoder des servitudes que suppose le métier de patron de presse ? Et je me souviens de son courage – et peut-être, en même temps, de son soulagement – quand, deux ans plus tard, en solidarité avec Todd, il quitta la maison devenue vide d'esprit et choisit de revenir aux seules choses qu'il aimait sans nuances : la littérature, les voyages, la défense de la liberté et de l'Amérique, encore et toujours la bataille des idées.

Je me souviens du soutien qu'il avait apporté, lui dont Jean Cau disait qu'il était un bloc d'athéisme, un robot de la libre-pensée et du vrai, à mon très lévinassien « Testament de Dieu ». Et je me souviens, deux ans plus tard, au moment de « L'Idéologie Française » et alors que Raymond Aron tonnait, dans le même journal, contre le fait même qu'on ose ainsi s'en prendre à la face noire de la France éternelle, je me souviens de la façon dont il jeta son poids, tout son poids et son autorité, dans la balance pour prendre ma défense et celle de mon livre : se souvint-il, dans cette charge antipétainiste, d'un certain Ferral, son pseudo dans la Résistance ? et quel sens donner, par parenthèse, au fait que ce rationaliste pur et dur, ce disciple d'Etiemble, cette âme tout en logique et aussi peu romantique qu'il est possible, ait choisi, comme nom de guerre, en ce temps-là, le nom d'un personnage de Malraux ?

Avec Raymond Aron, il avait le type de rapport qu'avait Gary avec, justement, Malraux : estime et rivalité mêlés – le sentiment que, dans le « grand vestiaire » (Gary encore) de la scène littéraire contemporaine, c'est l'autre qui, mystérieusement, avait préempté le meilleur rôle.

Vis-à-vis des intellectuels, ses pairs, il avait l'ambivalence de sentiments de celui qui a pris l'initiative de la rupture (ah, le réjouissant jeu de massacre de « Pourquoi des philosophes » !) mais qui ne se remettra pourtant jamais d'avoir été si littéralement pris au mot (oh, la belle colère dont je fus témoin le jour où Pierre Bourdieu, qui n'avait pas le dixième de son talent, se permit d'insinuer qu'un « sociologue » ne pouvait, sans déroger, débattre avec un « journaliste » !).

Il avait des fidélités bizarres, comme pour Branko Lazitch, cet érudit du communisme qui passait pour avoir été proche de Souvarine et dont les méchantes langues disaient qu'il était devenu son âme damnée – ainsi de ce colloque de 1983, à Athènes, où il nous avait accompagnés et où il le bombardait de notes plus ou moins fiables sur l'infiltration du PS français par l'internationale stalinienne ressuscitée.

Il était l'ami de ses idées autant que de ses amis comme j'en eus la preuve – et cela aussi, je dois m'en souvenir – le jour, quelques années plus tard, où, lors d'un déjeuner trop arrosé au restaurant Allard, rue Saint-André-des-Arts, nous faillîmes nous fâcher sous prétexte que j'avais préfacé le livre de l'ancien apôtre de la lutte armée en Italie, Toni Negri.

Il aimait Proust, dont il tutoyait les personnages.

Il aimait la poésie, dont il était une anthologie vivante.

Marseillais de souche et Parisien de fibre, il parlait comme personne de l'Italie et du Mexique, ses autres patries de cœur.

Il pensait comme les oiseaux chantent – quand bon lui semblait, à toute heure et, de préférence, le matin tôt.

Il goûtait la bonne chère et les vins, sens et intelligence mêlés, en physiologue et philosophe du goût – mais il parlait aussi du temps qu'il avait gagné le jour où il a enfin compris que, dans la langouste mayonnaise, c'est la mayonnaise qu'il préférait.

Les lecteurs du *Point*, où il écrivait depuis vingt ans, gardent le souvenir du maître à penser libéral, de l'adversaire du josébovisme et de l'obsession anti-américaine, du pourfendeur infatigable de toutes les tentations totalitaires. Je me souviens, aussi, du grand vivant, blagueur, facétieux, Normalien de Jules Romains éternellement en quête de son canular ultime – je me souviens de cet être d'exception qui aura eu le double génie de la pensée et de la vie.

4 mai 2006.

Sofia Coppola signe un chef-d'œuvre.

Sur le « Marie-Antoinette » de Sofia Coppola, il y a une sottise au moins qu'il faudrait arrêter de reprendre en boucle comme on l'a fait pendant tout le Festival de Cannes : celle d'un film désinvolte, bourré de contresens et d'erreurs, car écrit par une Californienne ne connaissant rien à l'histoire de France.

Le côté rock de la mise en scène ?

New Order et Bow Wow Wow au lieu de Jean-Philippe Rameau et Lulli ?

La fameuse paire de baskets au milieu d'un tas de souliers de « chez Christian » ?

Oui, bien entendu. Mais peu importe. Car un film juste n'est pas juste un film exact. Et ce qui frappe en la circonstance c'est, par-delà les mini-anachronismes, par-delà les clins d'œil et provocations calculés, par-delà une touche Vivienne Westwood ou macarons Ladurée qui est là pour ironiser ce que le genre même du spectacle en costumes tend, parfois, à épaissir et plomber, l'extraordinaire fidélité de l'œuvre à ce que ses meilleurs biographes, étrangers *et français*, nous disent de la vraie vie de la vraie Marie-Antoinette.

Ses relations avec Louis XVI, son « gros garçon » de mari.

L'incroyable histoire, rarement aussi bien rendue, de ces sept années de misère conjugale épiée, commentée, par les ambassades de toutes les cours d'Europe.

La jeunesse de ces gens, des enfants encore, à peine des adolescents : on a pris l'habitude, illusion rétrospective aidant, de les voir comme des personnages tragiques, marchant à reculons vers un destin qui, de loin, multiplierait déjà les signes alors que ce sont des enfants, vraiment des enfants, des gamins espiègles et malicieux, sans crainte ni pressentiment, jouant avec leur couronne comme on chahute dans une cour de récré.

L'histoire d'amour avec Fersen où c'est elle, Sofia Coppola, qui a raison quand, comme Stefan Zweig, et contre les dévots acharnés, depuis deux siècles, au mépris de la vérité des textes, à sauver la « pureté » de leur reine, elle défend la thèse d'un amour consommé.

La rigueur et la frivolité de la Cour. Les scènes d'étiquette si impeccablement rendues dans ce qu'elles pouvaient avoir à la fois d'absurde et savant, dérisoire et sévère. Les rapports avec la Du Barry. Les fameux neuf mots de la dauphine à la favorite (« Il y a bien du monde aujourd'hui à Versailles ») que, non seulement Versailles, mais l'Europe attendaient, en effet, depuis des années. L'ombre de Rousseau et Beaumarchais. La coquette. La futile. La princesse rococo (Zweig encore) dont les badinages, les jeux, l'amour du théâtre et des masques, la soif furieuse de plaisirs, le sens inné de la liberté, l'art de la dépense, le goût d'atteler des carrosses en pleine nuit pour, dans le dos des duègnes, filer à l'Opéra et draguer, le côté « mannequin » avant l'heure (le mot même de Zweig et l'esprit, à nouveau, de ce que dit Coppola !) donnent effectivement le ton à toutes les fashion victims de l'époque.

L'idée, historiquement incontestable même si elle va à l'encontre de la doxa robespierriste, que le soutien à la révolution américaine aura coûté plus cher à Louis XVI que les frasques de sa femme.

L'innocence – c'est, encore, la réalité ; et c'est un autre mérite du film que de donner tout son poids d'image et de chair à cette indéniable réalité – l'innocence d'une reine qui fut plus légère que coupable, plus insouciante que criminelle, et qui n'eut rien, en tout cas, de cette Messaline, cette Frédégonde, cette traînée, cette mère incestueuse, cette suceuse du sang des pauvres, cette cynique, dont la même doxa a voulu accréditer la légende.

Ou bien enfin cette absence du peuple de Paris réduit, se sont indignés des festivaliers en proie à une crise soudaine de plébophilie galopante qu'allait, quelques jours plus tard, confirmer un palmarès certifié 100 % politiquement correct, cette absence, donc, d'un peuple réduit à des paquets d'ombres, sans corps ni visage, grondant aux grilles de Versailles et littéralement hors champ : là encore, c'est Sofia Coppola qui touche juste ; là encore, c'est une des vraies forces de son film ; car, dès lors que son point de vue était celui-là, dès lors que l'intégralité de la narration était écrite du point de vue de la reine et de la reine seule, l'erreur n'eût-elle pas été, précisément, de donner à voir et entendre ce que, par définition, et pour son malheur, elle ne put ni ne voulut entendre et voir ?

Ajoutez à cela l'extrême beauté d'une lumière signée Lance Acord et qui rompt – quel bonheur ! – avec le côté systématiquement feutré, ou sépia, des films historiques traditionnels.

Ajoutez la grâce poignante d'une Kirsten Dunst, double à la fois de l'auteur et de son personnage, qui tient, et au-delà, les promesses de « Virgin Suicides ».

Ajoutez Versailles comme il n'a jamais, quoi qu'en disent les grincheux, été ni conté ni montré au cinéma – une sorte de « Versailles est une fête » dont seule une lointaine héritière des grands Américains de Paris pouvait restituer la fantaisie et la vie.

Ajoutez tout cela et vous aurez, après ceux de Mme de Staël, de Stefan Zweig et de quelques autres, l'un des portraits les plus inspirés de notre reine aux épaules de champagne.

11 mai 2006.

Il ne fallait ni programmer ni déprogrammer Peter Handke.

Dans ce qui est devenu une nouvelle « affaire Handke », dans la situation créée par la présence de l'écrivain aux obsèques de Milosevic, puis dans la discussion née de la décision prise par le directeur de la Comédie-Française de déprogrammer, à cause de cela, la mise en scène d'une de ses pièces, il semble que nous n'ayons le choix qu'entre deux attitudes presque également intenables.

D'un côté les amis de Peter Handke qui nous font le coup du « Contre Sainte-Beuve (l'homme et l'œuvre ; les deux moi ; le salaud dans la vie et le génie dans les livres ; le cas Céline ; le précédent Heidegger ; n'est-il pas constant que les grands écrivains soient, aussi, des crapules ? devons-nous les censurer sous prétexte d'incorrection politique ou même éthique ?) mais dont on sent bien qu'ils n'ont, souvent, qu'un souci : qu'il soit dit et entendu, enfin, qu'il ne s'est rien passé à Srebrenica, rien à Sarajevo – rien, aucun de ces forfaits hors normes ou de ces crimes contre l'humanité dont on leur rebat les oreilles depuis quinze ans car la conscience universelle refuse, après Nuremberg, de les tenir pour des détails.

De l'autre les partisans du directeur de la Comédie-Française, Marcel Bozonnet, dont les arguments ne manquent ni de sincérité ni de force (outrage aux survivants ; insulte aux victimes dont les corps ne sont, parfois, pas encore exhumés des charniers ; qui, du reste, parle de censure ? Handke n'a-t-il pas des éditeurs ? des théâtres qui le jouent dans le monde entier ? n'ai-je pas le droit, moi, Bozonnet, de travailler avec qui bon me semble ? n'ai-je pas, comme tout un chacun, le droit de serrer ou de ne pas serrer la main d'un révisionniste fanatique ?) mais dont on voit bien, là aussi, que l'attitude pose, sur le terrain même des principes, autant de problèmes qu'elle en résout : où, d'abord, le seuil de l'intolérable ? qui en décide ? selon quel critère ? à partir de quel degré d'infamie devient-il impossible de « serrer la main » d'un écrivain ? Handke lui-même, d'ailleurs, était-il plus fréquentable il y a un an, ou deux, ou dix, quand il allait, sac au dos, au lendemain de Srebrenica, demander « justice pour le peuple serbe » et qu'à quelques notables exceptions près (Louise Lambrichs, dans « Le Cas Handke » puis dans « Nous ne verrons jamais Vukovar ») nul ne trouvait à y redire ? et, surtout, surtout, comment empêcher le type d'effet pervers dont le premier kantien venu saura qu'il est toujours, nécessairement, le corrélat d'une maxime mal formée – que se passera-t-il si, demain, forts de ce précédent, un éditeur, ou un libraire, ou une association de libraires, viennent expliquer qu'eux non plus ne supportent pas de cohabiter avec Handke, ou avec un autre Handke, n'importe lequel, infâme pour d'autres raisons, dont ils décideraient, du coup, de mettre les livres à l'index ?

Alors, le moins que l'on puisse dire est que je ne suis suspect de sympathie ni pour Milosevic ni pour Peter Handke.

Et, en ce qui concerne celui-ci, en ce qui concerne l'auteur d'« Un voyage hivernal vers le Danube, la Save, la Morava et la Drina » (1996) ou de « Autour du grand tribunal » qui était une sorte de chronique, déjà nauséabonde, des débuts du procès de Milosevic (2003), j'insiste sur le fait que je n'ai pas attendu sa présence aux obsèques du dictateur pour m'aviser de ce qui me séparait de lui – et que je n'aurais pas attendu donc, à la place de Bozonnet, cet « acte décisif » que fut le voyage à Pozarevac pour savoir qu'il n'avait pas sa place dans mon théâtre.

N'empêche.

Maintenant que le mal est fait, je pense que c'est un plus grand mal encore d'essayer de le défaire ainsi.

Une institution de l'importance de la Comédie-Française ayant jugé qu'elle pouvait, sans dommage pour les victimes, inscrire à son répertoire le nom d'un poète qui, depuis treize ans, dit et répète qu'il se lave les mains de la chair et du sang des Bosniaques suppliciés, je crois qu'elle ne peut se dédire qu'en ajoutant l'inconséquence à la faute et une seconde faute à la première.

La question, autrement dit, n'est pas de choisir entre deux principes.

Elle n'est pas, pour reprendre le mot de Gide rencontrant le premier des dreyfusards, Bernard Lazare, et découvrant avec effroi qu'il mettait « quelque chose au-dessus de la littérature », de se demander ce qu'il faut placer plus haut de l'hommage dû aux victimes ou du respect aux écrivains.

Il ne fallait pas programmer Handke, voilà le vrai. Il fallait s'apercevoir plus tôt que l'on n'avait pas envie de travailler avec un homme qui pense que « la souffrance des Serbes est plus grande que celle des Juifs durant l'ère nazie ». Il fallait lire, dans la *Suddeutsche Zeitung*, la terrible interview de Mai 1999 où Milosevic apparaissait comme une « victime de l'Histoire ». Et il fallait en conclure, en effet, que le révisionnisme et le fascisme c'est comme la tolérance selon, non plus Gide, mais Claudel : il y a des maisons pour cela – c'est-à-dire, en clair, d'autres théâtres. Mais, une fois l'erreur faite et le thuriféraire du fascisme serbe programmé dans la maison de Molière, il ne fallait pas prendre le risque d'une déprogrammation qui, quoi qu'on en dise, équivaut à une censure et ne peut que donner des ailes à ces autres fascistes que sont, en littérature, les coupeurs de tête.

18 mai 2006.

Avec les catholiques.

Le « Da Vinci Code » n'est pas seulement un film navrant. Ce n'est pas seulement une remise en jeu puérile – Monsieur et Madame Christ ont une fille – du texte des Ecritures. C'est plus, c'est pire, que l'escroquerie intellectuelle dénoncée, ici et là, par les journalistes ayant pris la peine de démêler, dans le fatras de ce qui nous est présenté comme « les faits », la part du document et celle de la fantaisie. C'est un film qui, parce qu'il joue sans le dire sur quelques-uns des thèmes les plus douteux de l'imaginaire politique contemporain, flirte aussi avec le pire.

Je recommande, pour s'en convaincre, la lecture de trois livres récents.

Celui de Pierre-André Taguieff, « La Foire aux Illuminés », qui permet de comprendre comment cet étalage de fausse science et de faux tout court, ce ramassis de croyances en une conjuration mondiale fomentée à l'aube de l'Histoire contemporaine et restée impénétrée jusqu'à nos jours, cette illusion offerte d'accéder, par le livre puis, maintenant, par le film, au mystère des mystères, à l'énigme absolue, puisent dans une veine complotiste qui fut celle de tous les totalitarismes.

Celui de Philippe Muray, l'admirable « Dix-neuvième siècle à travers les âges », qui ne parlait naturellement pas du Da Vinci Code lui-même mais qui établissait, en des termes auxquels il n'y a rien, hélas, à ajouter, la généalogie d'un « occultisme politique » qui, sur fond d'ésotérisme, de conspirationnisme mais aussi de progressisme et de culte du « féminin », nous mène de tel idéologue blanquiste du Second Empire aux grands illuminés qui forgèrent le corps de doctrine des fascismes.

Et puis, « Le Nouvel antichristianisme » de René Rémond que je recommande à tous ceux qui, chrétiens ou non, subodorent le mauvais parfum de régression et d'obscurantisme, mais oui ! d'obscurantisme, de haine de la pensée et de la vraie science, qui flotte autour des procès instruits, ces temps derniers, à l'encontre d'une Eglise rendue, de Pie XII à Benoît XVI, coupable de tous les maux.

On commence à savoir que le fameux « Prieuré de Sion » qui occupe, dans le film, une place si essentielle et qui nous est présenté comme un Ordre occulte, fondé il y a mille ans par Godefroy de Bouillon et voué à la préservation de ce saint Graal qu'aurait été le secret du mariage de Jésus et Marie-Madeleine, est une association loi 1901 créée après la Seconde Guerre mondiale par une bande de pieds nickelés nostalgiques de Vichy.

Ce que l'on sait moins c'est comment le patronyme de tel personnage de Dan Brown – le Radcliffe d'« Anges et démons » – démarque celui de John Readcliff, auteur présumé d'un « Discours du Rabbin » datant des années 1860 et considéré comme l'un des textes précurseurs des Protocoles des Sages de Sion.

Ce que l'on sait un peu mieux, mais à peine, c'est que cette thématique du grand secret, cette idée paranoïaque d'une vérité cachée depuis la nuit des temps par de puissantes lignées de conjurés, cette croyance *alterscientifique* en un gouvernement mondial dont il reviendrait à des initiés de déchiffrer les codes, fut de toutes les élucubrations des émules français du IIIe Reich : la lutte, non des classes, mais des sociétés secrètes, véritable moteur de l'Histoire ? mais oui ! c'était la conviction, avant Dan Brown, de l'essayiste Henry Coston qui, parti, dans les années trente, d'une dénonciation du « péril juif » termina sa vie, soixante ans plus tard, dans l'obsession des synarchies, trilatérales et autres internationales maçonniques et néo-maçonniques.

Et ce que l'on ne veut, pour le coup, pas savoir c'est qu'il suffirait souvent de remplacer, dans la prose et les images de Brown, Opus dei par Compagnie de Jésus, le personnage de Silas par celui de Loyola, ou « garde blanche » du Pape par « hommes en noir » de la Compagnie, pour retrouver le ton des diatribes antijésuites qui enflammèrent le XIXe puis le XXe siècle et culminèrent avec l'envoi sur le front de l'Est ou à Dachau, de ces déportés marqués « nzv », littéralement « non fiables comme les juifs », dont le crime était de s'être montrés, au fil des âges, successivement complices du jacobinisme, du bolchevisme, de l'internationale juive et enfin – mais là, c'était vrai – d'une résistance allemande antinazie à laquelle, à Kreisau par exemple, ils donnèrent quelques-uns de ses héros.

Je ne suis pas en train de défendre l'Opus Dei, naturellement. Mais je rappelle que les mots ont une histoire et qu'il y a, derrière ces mots-là, c'est-à-dire derrière le fantasme d'une confrérie de moines mafieux et assassins n'ayant d'autre objectif que de mettre l'univers en coupe réglée, un poids de délire et de crime qui évoque de redoutables souvenirs et contre lequel il n'est pas inutile de mettre le public en garde.

Que les premiers concernés ne le fassent pas est une chose. Et il y a là, par parenthèse, un exemple de sang-froid que pourraient méditer ces autres offensés qui, récemment confrontés à des « caricatures » qui n'avaient pas le dixième de la charge symbolique et de l'écho du Da Vinci Code, réagirent avec l'outrance que l'on sait. Mais que cela ne vaille pas, pour autrui, obligation de se taire aussi ! Que cela n'empêche pas, ici, un agnostique et un juif de dire le dégoût que lui inspire ce qu'il nommera, avec Freud, la marée noire du nouvel anticatholicisme.

24 mai 2006.

Femmes.

Vingtième anniversaire de la mort de Simone de Beauvoir. Et, bizarrement, rien. Non, rien, ou à peu près rien, pour commémorer l'écrivain, la philosophe, la très grande intellectuelle. Rien dans les journaux, les radios, les télés – si prompts, d'habitude, à faire musée de tout –, sur l'auteur, notamment, de ce livre capital, séminal, véritablement révolutionnaire, que fut « Le Deuxième Sexe ». Alors, ici, hommage. Et, à l'appui de l'hommage, sept noms, juste sept noms, cueillis au fil de la semaine écoulée : témoins du beau voir de Simone de Beauvoir ; preuves, par la réalité, de l'actualité de son grand œuvre.

Clinton ; *Hilary* Clinton ; l'honneur de l'Amérique et celui des démocrates en Amérique ; le personnage dont la moitié du pays rêve qu'il devienne, dans deux ans, président des Etats-Unis ; et le remarquable orateur qui, là, cette semaine, face au plus exigeant des think tank new-yorkais, a fait la démonstration de ce que pourrait être la politique étrangère de l'autre Amérique. Le Sénateur Clinton ? Elle préside la commission, non du tricot, mais de la Défense et vient, une fois de plus, de le rappeler aux imbéciles et aux machistes.

Rice ; Condoleezza Rice ; ou, mieux, « con dolcezza », avec douceur, ce nom musical, mozartien, pour l'autre dame de fer de la politique américaine : rivale de la première, certes ; peut-être, demain, son adversaire ; mais celle qui, pour le moment, mène la partie de poker politique la plus difficile, la plus risquée, du nouveau siècle : il était clair, oui, cette semaine, que, si le monde a une chance, une toute petite chance, d'éviter la catastrophe dans le dossier nucléaire iranien et de sortir, par conséquent, de l'impasse c'est à cette femme qu'il le devra plus qu'à Messieurs Bush, Cheney, Rumsfeld – ces rouleurs de mécaniques aux idées courtes, ces tacticiens sans stratégie ni vrai caractère.

Michelle Bachelet, la Chilienne, héroïne de *la* success story dont notre président (Chirac) et nos présidentiables (Royal) ne se lassent pas de scruter la secrète alchimie et qui, ces jours-ci, face à une contestation étudiante et lycéenne en passe de bloquer sa capitale et face, aussi, à la divine surprise qu'est, pour l'économie de son pays, la hausse mondiale des prix du cuivre, a fait une nouvelle fois la preuve de son sens politique : oui, probablement, à la gratuité des transports publics qui est la revendication n° 1 des étudiants ; et oui donc, comme eût dit Brecht, à cet autre « achat du cuivre » devenu le ressort, non du Tragique, mais du Politique et offrant, ce faisant, une sorte d'alternative au national populisme des Chavez, Morales et autres Castro.

Royal, bien sûr ; pas la Royal rêvant, à voix haute, de militariser les banlieues et de criminaliser les familles de délinquants – celle-là n'est pas aimable et doit être contestée, fermement, sans états d'âme ; mais la Royal qui ouvre le débat ; la Royal qui brise la langue de bois et oblige éléphants et éléphanteaux socialistes à sortir eux-mêmes du bois en prenant clairement position sur l'un des sujets les plus tabou du moment ; la Royal qui, sur un autre sujet, celui de ces fameuses 35 heures qui ont eu pour effet, nous dit-elle, d'affaiblir les salariés les plus démunis, les plus faibles et donc, souvent, les femmes, vient ajouter sa voix à celle des modernistes du PS tendance Strauss-Kahn – enfin !

Merkel ; Angela Merkel ; « cette femme » comme dit le poutinien et recordman mondial de la corruption en démocratie, Gerhardt Schroeder ; cette « bonne femme » à qui il enrageait, au moment de sa défaite, d'avoir à laisser les clefs de la maison Allemagne ; sauf qu'elle réussit, cette femme ; elle bénéficie, cette spécialiste de mécanique quantique (les vraies particules élémentaires ce n'est pas Houellebecq c'est elle), d'une popularité à faire pâlir d'envie, non seulement lui, son prédécesseur, mais tous les chefs de gouvernement ; et elle est en train, de surcroît, de redresser les comptes d'une économie qui retrouve, grâce à elle, le rôle moteur qu'elle a toujours eu, et qu'elle doit impérativement avoir, dans la physique européenne.

Et puis « Ni Putes ni soumises », ces anti Merkel ou ces femmes qui, en tout cas, posent clairement la question de la prostitution de masse dont l'Allemagne merkélienne (ce n'est pas la faute de Merkel, mais c'est tout comme) sera, dans quelques jours, la vitrine : usine des corps ; esclavage ; nouvelle traite des blanches comme on disait jadis, au temps d'Edgar Morin et de sa « rumeur d'Orléans » – sauf qu'à l'époque c'était un mensonge, et même une infamie, alors que c'est, aujourd'hui, en Allemagne, en train de devenir réalité ; et des femmes donc, les amies de Fadela Amara, pour dénoncer ces maquereaux albanais, russes, kosovars, qui sont l'autre visage de la libre circulation des personnes sur le continent.

Sans parler enfin de Aung San Suu Kyi, l'admirable Aung San Suu Kyi, dont on apprend que la junte birmane prolonge la détention sans jugement : prix Nobel ; droits de l'homme ; combat, dans ce nouveau pays du mensonge déconcertant, pour la démocratie, le droit, la liberté de la presse, la vérité ; et là encore, une femme ; et, là encore, une fille de Simone de Beauvoir.

8 juin 2006.

Souvenir de Guantanamo.

J'étais à Guantanamo il y a à peine plus d'un an et le climat qui y règne n'a pas dû, je suppose, beaucoup changer.
Le paradoxe, d'abord, de cette pointe avancée de l'empire mordant sur le cœur même de la dernière colonie de l'autre empire défunt.
Ce quelque chose dans l'air, le bleu tropical du ciel et de la mer, les visages du petit personnel, les passagers

du ferry traversant la baie, les façades bariolées des maisons entrevues par la vitre des véhicules blindés, qui rappelait que l'on était vraiment, physiquement, à Cuba.

La base elle-même, qui présentait la structure typique et, ici, d'autant plus étrange de toutes les bases américaines de par le monde : villas pour les officiers, écoles pour leurs enfants, McDonald's entre deux checkpoints, clubs de plongée et de fitness, boîtes de nuit, Starbucks, terrains de golf à proximité des barbelés, commerces.

Et puis, regroupés dans la partie sud de l'île, au bord des plages, les camps proprement dits : « X Ray », le tout premier, sorte de poulailler humain dont les cages métalliques, chauffées à blanc par le soleil, étaient livrées aux herbes folles et aux rats ; « Iguana », au sommet d'une falaise, réservé aux « terroristes » de moins de 15 ans mais qui, à ce moment-là, était vide ; « Camp Delta », plus récent et, lui, en pleine activité, avec ses barbelés, ses miradors, son « Honneur et Liberté » inscrit en lettres blanches immenses sur la dernière palissade et sa série de blocs, enfin, différenciés selon les catégories de détenus – Delta 2 et 3 pour les détenus « normaux », enfermés dans des geôles grillagées, ouvertes les unes aux autres, sans intimité possible ; Delta 5, centre de haute sécurité réservé aux sujets dits à « haute valeur de renseignement », où j'ai vu des pièces vides et électrifiées qui pouvaient être des salles de torture ; Delta 4 et Delta 1, enfin, pour les détenus « dociles », ou « coopératifs », reconnaissables à leurs combinaisons blanches ou beiges et ayant droit, eux, pour le coup, à des cellules quasi fermées, des promenades, des parties de volley-ball, la mise à disposition de romans policiers (c'est là que viennent de se suicider, pendus à l'aide de leurs draps et de leurs vêtements, deux Saoudiens et un Yéménite)…

Alors, ce que je disais à l'époque, je ne peux que le redire ici, aujourd'hui, à la lumière de ce qui s'est donc passé : Guantanamo n'est certes pas Auschwitz ; ni le nombre de ses détenus, ni leurs conditions de détention, ni surtout ce que l'on sait, pour la plupart d'entre eux, de leurs états de service dans la grande armée du djihad international, ne permet d'en faire, comme le voudraient les anti-Bush pavlovisés, l'équivalent d'un Goulag américain ; mais il y a dans le principe même de cette prison offshore, il y a dans l'incertitude où se trouvent ces hommes, non seulement de leur sort, mais tout simplement de leur statut, il y a dans le refus de l'administration de nous dire, de *leur dire*, s'ils sont des droits communs (auquel cas ils devraient avoir droit à des procès), des terroristes (une autre sorte de procès, peut-être des cours martiales) ou encore des prisonniers de guerre (l'application, alors, de la Convention de Genève), il y a dans le spectacle même de ces simulacres de jugement auxquels j'ai eu l'occasion d'assister et où une troïka d'officiers sont supposés déterminer, à huis clos, sans avocat, si le « combattant ennemi » (ce jour-là, un pauvre diable, unijambiste, son unique pied enchaîné à un anneau dans le sol, menotté, qui semblait n'avoir pas la moindre idée, quatre ans après, des raisons pour lesquelles il se trouvait là) représente toujours ou non un danger pour les Etats-Unis, il y a dans tout cela, dans l'existence même de cette zone de non-droit, dans ce *no man's land* juridique propice, naturellement, à tous les débordements extrajudiciaires, quelque chose de profondément choquant, désespérant pour les détenus, ruineux pour l'image de l'Amérique et indigne, c'est le moins que l'on puisse dire, d'une grande et puissante démocratie.

Il faut fermer d'urgence Guantanamo, voilà la vérité.

Il faut, comme y invitent, aux Etats-Unis mêmes, un nombre croissant de voix tant républicaines que démocrates, en finir avec un état de choses que ne justifie en rien la guerre contre la terreur et qui, à la limite même, ne fait que nuire à l'image, donc à la cause, des antiterroristes conséquents.

Et il faut, pour l'heure, sanctionner le sombre crétin, commandant de la base, qui, interrogé sur les trois suicidés, n'a rien trouvé de mieux que de fustiger ces salauds de morts qui n'ont – sic – « aucun respect » pour la vie humaine et dont la mort procéderait, non d'un « geste de désespoir », mais d'un « acte de guerre asymétrique » dirigé contre les Etats-Unis !

Moins que jamais les fins ne justifient les moyens.

Plus que quiconque les adversaires numéro un du fascislamisme se doivent d'être fidèles aux valeurs dont ils sont les hérauts.

Et quant à nous, Européens, il nous revient d'adjurer nos amis et alliés de se mettre en règle avec des principes qui ne sont pas seulement les nôtres mais les leurs – il nous revient de leur rappeler, sans tarder, que l'on ne défend pas l'Etat de droit avec les arguments de l'état d'exception.

15 juin 2006.

Benoît XVI à Auschwitz. Tenir bon sur le Hamas. Le Pen au second tour ?

Le grand rabbin Sitruk, chez Ardisson, revenant sur les mots de Benoît XVI à Auschwitz. C'est vrai que l'évocation du « peuple », sous-entendu allemand, sur lequel « un groupe de criminels » aurait « pris le pouvoir par des fausses promesses de grandeur future » n'était pas très heureuse. Mais le reste ? Tout le reste ? Comment ne pas voir qu'il n'y avait, du point de vue même de la vision juive des choses, rien à ajouter ni retrancher au reste de ce que le Souverain Pontife a dit ? Il a, ce que n'avait pas fait Jean-Paul II, prononcé le mot « Shoah ». Il a, plus clairement encore que son prédécesseur, parlé de crimes – je cite – « sans équivalence dans l'histoire » de l'humanité. Loin, comme cela lui a été reproché, d'« oublier » de préciser que les victimes des crimes en question étaient juives, il a expressément dit, au contraire, que ce peuple-victime était le « peuple de Dieu », c'est-à-dire le « peuple juif ». De ce peuple, juif donc, il a ajouté encore – et ce n'est, convenons-en, pas une mauvaise définition de la solution finale et de son horreur – que tout le projet du Reich fut de l'« écraser dans sa totalité » pour l'« éliminer » (c'est lui qui parle) « du rang des nations de la terre ». Et, quant à la phrase, enfin, sur les racines métaphysiques de cette démence, quant à son mot sur ce peuple qui, par le simple fait de son existence, était un « témoignage de Dieu » et quant à l'idée, par conséquent, qu'« en détruisant Israël » les nazis « ont voulu arracher les racines de la foi chrétienne et les remplacer par la foi qu'ils avaient eux-mêmes créée », on dira ce que l'on voudra mais c'est, dit en langue chrétienne, l'exact équivalent de ce que disait, en langue juive, quelqu'un comme Emmanuel Levinas. Va-t-on reprocher à Benoît XVI d'être chrétien ? Va-t-on regretter qu'il exprime dans ses mots, qui sont ceux de Vatican II, l'énigme insensée de la destruction des juifs ? C'est un peu le sentiment que donnait, ce soir-là, le grand rabbin. Et, malgré tout le respect que je lui dois, malgré l'extrême noblesse dont, par ailleurs, son propos était empreint, il me semble que, ce faisant, il passait à côté d'une vraie grande occasion de dialogue judéo-catholique.

Sur la question des aides européennes à la Palestine gouvernée par le Hamas, le principe est aussi simple que son application est compliquée. Oui, bien sûr, à tout ce qui permet d'aider en direct les hommes, femmes et enfants palestiniens. Oui aux aides alimentaires et médicales, aux aides en services sociaux et de santé, oui, à la limite même, au paiement direct, via des institutions internationales, de ces salaires de fonctionnaires civils dont dépend la survie de familles en grand nombre. Mais non, cent fois non, à toute démarche qui, sous couvert d'humanitaire, conforterait dans sa souveraineté un parti dont on ne rappellera jamais assez que, non content d'exiger la destruction pure et simple d'Israël, non content de n'envisager le retour aux frontières de 1967 que comme une étape tactique dans un processus d'anéantissement global, non content de reprendre enfin tous les pires poncifs nazis sur la conspiration juive et judéo-maçonnique internationale, n'a d'autre programme de gouvernement que l'établissement de la charia, c'est-à-dire de la dictature, sur la société palestinienne elle-même. C'est cette société palestinienne qui l'a élu ? Démocratiquement ? Librement ? Certes. Mais ce n'est ni la première ni, hélas, la dernière fois (cf., justement, l'Allemagne hitlérienne) qu'un parti ouvertement fasciste vient au pouvoir par des élections. Et le fait que ce fascisme soit un fascisme arabe, le fait qu'il se réclame d'une souffrance, la souffrance palestinienne, qui est une souffrance réelle et un scandale, le fait, enfin, que ses premières victimes ne soient pas européennes, ne doit lui donner, aux yeux des démocrates que nous sommes, aucune espèce de statut privilégié ni d'excuse. Ce distinguo entre la population et le parti, cette différenciation entre les enfants qu'il faut soigner et la dictature fasciste qu'il faut affaiblir, c'est ce qu'a fait le Quartet, ce week-end, en présentant son plan d'urgence. Mais tiendra-t-il? Résistera-t-il aux tentatives d'intimidation qui ne manqueront pas de venir de la frange néoprogressiste de l'opinion? C'est la question.

Pendant ce temps-là, en France, Le Pen monte. Il ne dit rien; on le voit à peine; c'est tout juste s'il signale encore, de loin en loin, son existence; mais il monte, monte – pas un sondage qui ne nous rappelle que le 21 avril, voire un 21 avril à l'envers, n'est pas seulement un mauvais souvenir mais une perspective toujours possible. Normal... C'est le prix d'un climat délétère, d'un abaissement rarement atteint du niveau et de la qualité du débat public – c'est le prix, aussi, d'une surenchère sécuritaire qui, lorsqu'elle mêle, comme aujourd'hui, fantasmes et réalité, lorsqu'elle attise les peurs et flatte les pires instincts, lorsque la gauche s'y met à son tour et semble n'avoir plus d'autre but que de disputer à la droite le titre désormais envié de champion en militarisation des banlieues et des familles de délinquants, c'est le prix, donc, d'une surenchère qui est la définition même de ce que Robert Badinter appela naguère la lepénisation des esprits. J'y reviendrai.

22 juin 2006.

Art premier ?

Il y a, dans cette affaire de musée du Quai-Branly, une ambiguïté de principe qu'il me semble urgent de lever.

De deux choses l'une en effet.

Ou bien il s'agit, comme l'a dit le président de la République, de réhabiliter des peuples auxquels l'histoire a « trop souvent fait violence » ; de refuser l'« ethnocentrisme » voire le « faux évolutionnisme » qui prétend que certains peuples seraient « comme figés à un stade antérieur de l'histoire humaine » ; bref, de rendre justice à « l'infinie diversité des cultures » que nie le rouleau compresseur de la modernité ; et alors, oui, ce musée fait œuvre salutaire.

Ou bien l'idée est de dire aussi qu'il n'y a, comme l'a encore clamé le président de la République, « pas plus de hiérarchie entre les arts qu'il n'y a de hiérarchie entre les peuples » ; l'idée est de nous convaincre, pour parler comme l'inspirateur du projet, son ami Jacques Kerchache, au moment de l'ouverture, en 2000, du Pavillon des Sessions du Louvre, qu'il y a « de très grands artistes dans toutes les cultures » ; l'idée est, autrement dit, de mettre sur le même plan, et de traiter selon les mêmes critères, un tambour à fente de l'île d'Ambrym et un tableau de Degas, une figurine maya et un nu de Maillol, un masque Dogon et la Joconde ; et force est alors d'admettre que l'on entre dans une logique qui n'est tout à coup plus la même et dont feront les frais, et la Joconde, et le masque Dogon.

La Joconde, car on nie, ce faisant, le trait qui la distingue et dont l'accomplissement en elle n'est pas étranger, c'est le moins que l'on puisse dire, à l'émotion qu'elle nous procure : ce souci de la beauté comme telle qui naît avec les Grecs, se formule à la Renaissance, culmine avec l'invention moderne de l'Esthétique et n'a de sens, sur le plan épistémologique, que dans un espace symbolique structuré, qu'on le veuille ou non, par la métaphysique, la théologie, l'histoire des sciences occidentales.

Et le masque lui-même, car il n'a pas été conçu, lui, en revanche, comme une œuvre de cette sorte ; il a été pensé, voulu, façonné dans un contexte où la notion même d'œuvre, ou de chef-d'œuvre, n'avait ni la même signification ni la même place que dans l'univers des formes occidental ; en sorte que cette dignité esthétique où l'on voudrait maintenant l'enfermer, cette qualité d'œuvre belle dont on lui fait un nouveau destin, cette prise de pouvoir, en lui, de l'histoire de l'art sur la tradition ethnographique dont il relevait jusque-là et qu'incarnaient, au musée de l'Homme, d'aussi grands esprits que Mauss, Griaule ou Rivet, cette façon, autrement dit, de faire basculer du côté de l'« objet d'art » ce qui était à la fois plus et moins qu'un « objet d'art » (témoin, vestige sublime, arme de chasse ou de guerre, instrument de musique, outil chargé de sens, de mémoire surnaturelle, de poésie, d'énergie), tout cela a pour effet, paradoxal mais immanquable, de faire entrer par la fenêtre le mauvais universalisme, l'ethnocentrisme, le déni d'histoire concrète, en un mot l'arrogance européenne, que l'on croyait avoir chassés par la porte.

C'est ce que fait Vlaminck quand, confronté à son premier masque d'art nègre, il dit à Derain : c'est le retour de l'art grec ?

Derain quand, tombé, au British Museum, sur des objets néo-zélandais, il écrit à Matisse : c'est ce que j'ai vu de plus beau depuis Caravage ?

Picasso, au moment des « Demoiselles » ?

Gauguin découvrant le primitivisme des mers du Sud ?

Miró ? Ernst ? Malraux quand, en 1974, dans le catalogue du Museum for African Art, de New York, il décrit Apollinaire « dormant parmi ses fétiches d'Océanie et de Guinée » et inventant, ainsi, l'art moderne ?

Oui, bien sûr.

Sauf que Vlaminck, Derain, Picasso, Apollinaire, Gauguin, Ernst, Miró, Malraux étaient des artistes ; que leur geste s'inscrivait dans une logique d'appropriation, de pillage génial, de détournement de sens et de valeur, de court-circuit des temporalités et des espaces, de malentendus réglés, d'homonymies joueuses et savantes, qui est le mouvement même, le souffle, le génie propre de l'art ; et que, pour paraphraser un mot célèbre, Dieu n'est pas un artiste et M. Chirac non plus.

Croire l'inverse, s'autoriser de cette logique classique de détournement pour nous refourguer la camelote du dialogue des cultures, voilà le piège.

Nourrir l'illusion, la chimère, adverse et arguer du musée imaginaire de Malraux pour nous faire le coup de l'interlocution silencieuse d'un masque Fang du Gabon et de la « Pietà » de Michel-Ange, voilà l'erreur.

Invoquer l'exception Picasso trouvant, entre les totems du musée du Trocadéro, le feu du style moderne et, à l'abri de cette invocation, glisser subrepticement de la légitime ambition de solder le passé colonial en créant un grand musée des mondes non européens à la conclusion démagogique que ceci vaut cela et que, dans le nouveau cabinet des curiosités, rien ne permettra plus de distinguer le beau du magique et l'œuvre du fétiche, voilà qui ne peut qu'alimenter le relativisme, le multiculturalisme et, donc, la confusion des temps.

L'Art n'est pas un genre dont les arts premiers seraient une espèce.

29 juin 2006.

Zidane, chez Homère.

Voici l'un des plus grands joueurs de tous les temps.
Voici une légende.
Un mythe planétaire, et unanimement célébré.
Voici un champion qui est en train, sous les yeux de 2 milliards d'humains, de mettre un point final à l'une des sagas les plus exceptionnelles de l'histoire mondiale du football.

Voici l'homme providentiel, le sauveur, que l'on est venu chercher, tel Achille sous sa tente de rancune et de colère, parce qu'il était le seul, pensait-on, à pouvoir conjurer l'irrésistible défaite des siens.

Mieux : voici un super-Achille qui n'a, contrairement à celui d'Homère, pas attendu qu'un Agamemnon au visage de Domenech vienne le prier de rempiler puisque c'est lui qui, spontanément, après avoir entendu, sic, une voix qui l'appelait, est rentré de son exil espagnol pour, revêtu de son habit de lumière, flanqué de ses fidèles Myrmidons – Makelele, Vieira, Thuram –, renverser le mauvais sort et permettre aux nouveaux Achéens de renouer avec le succès.

Et le voilà, ce preux, qui, à un cheveu de la victoire, quelques minutes avant le terme, non seulement d'un match historique, mais d'une carrière qui le faisait entrer, après Pelé, Platini ou Maradona, dans le panthéon des dieux du stade, le voilà, ce géant qui a, lui aussi, comme eux, et comme les Titans du monde antique, connu la Gloire, puis l'Exil, puis le Retour, puis la Résurrection, le voilà ce rédempteur, cet ange bleu vêtu de blanc, à qui il ne manquait que de gravir la toute dernière marche pour entrer, pour de bon, dans l'Olympe, le voilà qui commet ce geste incompréhensible, fou et, dans le rituel footballistique, synonyme d'indignité – la dernière image de lui que retiendront les annales et qui, en fait d'apothéose, le précipite en enfer.

Nul, à l'heure où j'écris ces lignes, ne sait ce qui s'est vraiment passé, à cet instant, sur la pelouse du stade olympique de Berlin.

Nul ne sait ce qu'a fait, ou dit, Marco Materazzi pour réveiller en lui, à la cent onzième minute d'un match qu'il dominait de toute sa grâce, ces vieux démons d'ex-gamin des rues de la Castellane qui sont, très exactement, ce que le code d'honneur du football, son éthique, son esthétique, ont pour fonction de terrasser.

Et le saurait-on d'ailleurs, aurait-on la certitude que l'Italien l'a insulté, ou a maudit sa mère, son père, ses frères, sa sœur, disposerait-on de l'exacte boîte noire de ces vingt secondes fatales qui ont vu le champion détruire, en un éclair, sa légende mêlée de roi secret, d'homme doux dostoïevskien, de gendre beur idéal, de futur maire de Marseille et, *last but not least*, de capitaine charismatique menant ses troupes, de miracle en miracle, à la consécration rêvée, disposerait-on, donc, de l'information pleine et entière, qu'il en irait de ce suicide comme de tous les suicides ordinaires : aucune raison au monde jamais n'explique le désespoir d'un homme – aucune provocation, aucune petite phrase, ne nous dira jamais pourquoi l'icône planétaire, l'idole qu'était devenue Zidane, cet homme plus adulé que le pape, le dalaï-lama et Nelson Mandela réunis, ce demi-dieu, cet élu, ce grand prêtre consensuel de la nouvelle religion et du nouvel empire en formation, a choisi d'exploser en vol au lieu de, par exemple, attendre dix minutes de plus pour vider sa querelle dans les vestiaires.

Non.

La vérité c'est qu'il n'est peut-être pas si facile, justement, d'entrer et de rester dans la peau d'une icône, d'un demi-dieu, d'un héros, d'une légende.

La seule explication plausible à un sabordage aussi étrange et qui, j'y insiste, a pris beaucoup trop de temps (ces vingt longues, très longues, interminables, secondes après l'outrage, lui-même sans doute calculé, du Machiavel italien) pour que l'on puisse le réduire au simple coup de sang d'un joueur à bout de souffle, perdant bêtement le contrôle de ses nerfs – la seule explication c'est qu'il y a eu, en cet homme, une sorte de sursaut, de révolte ultime et intime, contre la parabole vivante, la stupide statue, le monument béatifié, en quoi l'époque, ces derniers mois, le transformait.

Une insurrection de l'homme contre le saint.

Un refus de l'auréole qu'on lui avait collée au-dessus du front et qu'il aura, très logiquement, pulvérisée d'un coup de tête.

Une façon de dire : je suis un vivant, pas un fétiche ; un homme de chair, de sang et de passion, pas cet hologramme débile et sans substance, ce gourou, ce psychanalyste universel, enfant naturel de l'abbé Pierre et de sœur Emmanuelle, que la dévotion footballistique était en train de faire de moi.

Une façon, oui, de répéter, en détournant et parodiant le titre de l'un des très grands livres du siècle d'avant le triomphe sans partage de cette liturgie croisée du corps, de la performance et de la marchandise : si, c'est un homme ; si, si, un homme, un vrai, pas l'un de ces monstres absurdes, ou de ces astres de synthèse, que fabriquent ensemble l'argent des marques et le soupir de la foule planétarisée.

Achille avait son talon. Zidane aura eu le sien : cette tête magnifique et rebelle qui l'a ramené, soudain, dans le rang de ses frères humains.

13 juillet 2006.

Disproportion ?

Un mot qui revient bizarrement dans les commentaires, en Europe, de la riposte israélienne à la déclaration de guerre du Hezbollah : le mot « disproportion ».

Je ne suis, certes, pas grand expert en affaires militaires. Et je pense évidemment, moi aussi, que chacune de ces victimes civiles que l'on appelle pudiquement, chez les stratèges, « dommage collatéral » est une tragédie.

Mais, cela étant dit, j'ai quand même envie de demander à ceux qui parlent ainsi comment ils réagiraient si des commandos de terroristes venaient, sur notre territoire, dans le plus total mépris, voire la négation, de nos frontières, kidnapper des soldats français.

Si des villes comme Strasbourg, Lille ou Lyon se trouvaient, comme Sderot, Ashkelon et, maintenant, Haïfa soumises à une pluie de katiouchas faisant des dizaines – à l'échelle française des centaines – d'autres victimes civiles dont le martyre vaut bien, il me semble, celui des Libanais.

Si la capitale même de notre pays se trouvait à la portée de missiles moyenne portée Zelsal-1 servis par des artificiers iraniens dûment missionnés par Ahmadinejad et si l'on nous disait, comme vient de le faire, à propos de Tel-Aviv, le secrétaire général du Hezbollah, Hassan Nasrallah, que frapper Paris n'est plus une hypothèse d'école mais un but de guerre prioritaire doublé d'une tâche sainte.

J'ai envie de leur demander quelle était, selon eux, la réaction « proportionnée » dès lors que l'auteur de ce type de déclarations et des frappes qui les accompagnent est, de notoriété publique, inspiré, financé, armé par un pays dont le président n'a jamais fait mystère de sa double détermination à se doter de l'arme atomique et, avec ou sans celle-ci, à rayer de la carte un Etat hébreu intrinsèquement pervers et criminel.

J'ai envie de leur demander encore comment il était possible de bâtir une riposte qui eût épargné un Liban redevenu, pour son malheur, l'otage d'idéologues et de chefs de guerre irresponsables qui n'ont eu de cesse que d'y construire, en contradiction flagrante avec sa culture, son génie, ses traditions de tolérance, de cosmopolitisme et de paix, un Etat dans l'Etat qui est, d'abord, un Etat terroriste et qui menace toute la région ainsi que, naturellement, les Libanais eux-mêmes – j'ai envie de leur demander, oui, comment l'on pouvait éviter d'intervenir au Liban dès lors que le gouvernement de celui-ci compte plusieurs ministres Hezbollah ; que son président, Emile Lahoud, affirme, chaque fois qu'il en a l'occasion, sa solidarité de principe avec les objectifs et la cause du Hezbollah ; que ses routes servent à acheminer roquettes, lance-missiles et transports de troupe vers les lignes de front et les fortins tenus par le Hezbollah ; et que c'est à partir des stations radar de ses aéroports et, notamment, de celui de Beyrouth que l'on localise les cibles maritimes israéliennes que vont, comme la semaine dernière, toucher les batteries Hezbollah.

Et puis, « disproportion » pour « disproportion », comment esquiver, pour finir, la vraie, la seule, question qui vaille et qui est de savoir où sont, aujourd'hui, les progrès concrets de l'esprit de modération et de mesure que chacun appelle de ses vœux : chez les Israéliens, qui, sans être, loin s'en faut, des anges, se sont retirés du Liban il y a six ans, de Gaza il y a six mois et sont prêts, dans une large majorité, dût-il leur en coûter, comme en ce moment, des avalanches de bombes sur leurs villes et villages, à se retirer de Cisjordanie pour voir s'y installer l'Etat palestinien en formation – ou chez des fous de Dieu qui se moquent comme d'une guigne de voir se former quelque Etat palestinien que ce soit et n'ont, en réalité, d'autre souci que de voir Israël disparaître ?

Car là est bien la ligne de partage.

Et tel est l'enjeu, le seul enjeu, d'une guerre presque plus radicale, en ce sens, que ne le furent les guerres israélo-arabes précédentes.

D'un côté, les partisans de la cohabitation de deux peuples apprenant, avec le temps, sans illusions ni angélisme, à négocier, faire la paix, puis peut-être, un jour, s'entendre et s'aimer : ce sont, en Palestine, les amis de Mahmoud Abbas ; c'est, dans le monde arabe en général, un nombre croissant de dirigeants et de représentants de l'opinion éclairée ; et c'est l'essentiel, droite et gauche confondues, d'une population d'Israël qui a fini par comprendre qu'il n'y a pas d'autre voie, à terme, que celle du partage de la terre.

Et, de l'autre, les jusqu'au-boutistes d'une cause qui n'a plus qu'un très lointain rapport, et avec la cause nationale palestinienne, et avec la souffrance qui la soutient : c'est, à Gaza, le Hamas de Khaled Mechaal et c'est, ici, au Liban, le Hezbollah – ces deux piliers d'un fascislamisme dont on ne répétera jamais assez que les marionnettistes se cachent à Damas et, surtout à Téhéran et dont les responsables sur le terrain sont visiblement prêts, si la victoire finale est à ce prix, à se battre jusqu'au dernier Libanais, Palestinien et, bien sûr, Juif.

20 juillet 2006.

Disproportion, suite.

Est-il encore possible, face aux images du carnage de Cana, face au spectacle odieux, insupportable à la conscience, de ces corps d'enfants que l'on sort des décombres de leur maison, est-il encore possible, dans l'émotion, le chagrin, le deuil qui nous étreignent, de rappeler quelques faits ?

1. Cette guerre terrible, cette guerre qui, comme toutes les guerres d'aujourd'hui, frappe les civils et les enfants, Israël ne l'a pas voulue. C'est le Hezbollah qui l'a décidée. C'est l'Iran qui l'a programmée. C'est l'Iran et le Hezbollah qui, froidement, posément, à la veille de la réunion du G8 qui devait débattre de l'attitude de la communauté internationale face aux ambitions nucléaires de Téhéran, en ont décidé l'heure, la dramaturgie, le théâtre. Israël s'était retiré de Gaza il y a six mois. Du Liban il y a six ans. Israël venait de se doter d'un gouvernement si profondément convaincu que la tâche qui lui incombait était de faire, non la guerre, mais la paix que l'une de ses décisions inaugurales fut, pour la première fois dans l'histoire du pays,

de diminuer ses dépenses militaires. Et voilà des fous de Dieu qui, sans conflit territorial ni litige, sans but de guerre, sans même s'embarrasser, par exemple, de revendications liées à la cause palestinienne, choisissent ce moment pour imposer leur guerre. C'est un fait.

2. Israël, contrairement à ce qui se dit et se répète, contrairement aux formules stéréotypées, ressassées jusqu'à la nausée, sur le « petit pays puni par le méchant Israël », ne fait pas la guerre contre le Liban. Il fait, et la différence est de taille, la guerre à un ennemi qui a *choisi* le Liban pour y installer les qassam, katiouchas et autres missiles qu'il lance sur ses villes et qui, par ailleurs – cela aussi est un fait – avait transformé toute une partie du pays du Cèdre en une sorte de colonie iranienne. La riposte d'Israël est une riposte qui, autrement dit, avait un double but. Primo, casser la machine de guerre qui le menaçait. Mais, secundo, libérer le Liban lui-même de l'emprise d'un Hezbollah dont le sectarisme, l'obscurantisme, le fanatisme, la culture de la haine et de la violence tuaient à petit feu la tradition de paix et de tolérance de ce Liban cosmopolite dont nous avons tous, moi le premier, la nostalgie.

3. Car il n'est pas vrai, non plus, qu'Israël soit devenu, comme le disent certains, cette machine folle, accumulant comme à plaisir les destructions et les victimes civiles. Israël – la différence, là non plus, n'est pas mince – ne vise pas les civils. Israël, contrairement au Hezbollah qui cible Haïfa, Safed, Nazareth, cible des objectifs militaires dont le Hezbollah, et le Hezbollah seul, fait en sorte qu'ils soient fondus dans la population. On doit pleurer les morts de Cana. On doit, et c'est d'ailleurs ce que fait Jérusalem, enquêter sur l'origine de la faute. Rien ne peut ni ne doit éluder l'autre question : entre les officiers qui ont donné l'ordre de tir

après avoir appelé la population à se mettre à l'abri et ces véritables preneurs d'otages qui, avec un cynisme qui n'a d'égal que leur goût de la mort et du martyre, avaient installé une batterie lance-missiles dans une maison pour, au moment de s'enfuir, laisser derrière eux des dizaines de femmes, vieillards et enfants transformés en boucliers humains et en instruments de propagande – qui porte la responsabilité la plus lourde ?

4. Il faut essayer de penser ensemble cette présence sur l'une, sinon deux, des frontières d'Israël de missiles capables d'atteindre ses villes ; le fait que ces missiles soient à la veille du saut technologique majeur qui leur permettra, chacun le sait dans la région, d'être équipés en armes chimiques ou bactériologiques effroyables ; et le fait, enfin, que tant le chef du Hezbollah que son maître Ahmadinejad n'ont jamais fait mystère de leur but ultime qui est de rayer Israël de la carte… Il y a là un mélange pour le moins détonant. Il y a là des paramètres qui, sans même parler de ces autres victimes civiles que sont les victimes juives des kibboutz du nord du pays, sans même parler de ces centaines de milliers de réfugiés israéliens qui fuient, eux aussi, les bombardements mais dont on voit étrangement peu d'images, créent une situation sans pareille. On peut débattre – et on ne s'en prive pas, non plus, à Tel Aviv – sur la tactique, voire la stratégie, militaire israélienne. Ce qui est indiscutable – et qui explique, pour une bonne part, la vigueur de la riposte de Tsahal – c'est ce sentiment, justifié, d'avoir affaire à une menace vitale, essentielle et, dans une large mesure, inédite.

5. Si légitime que soit l'émotion mondiale face aux soixante morts de Cana, il est difficile de ne pas poser une toute dernière question. Où étaient-ils, les manifestants du Caire ou même de Paris, quand Poutine assas-

sinait deux cent mille civils tchétchènes ? Pourquoi les entendait-on si peu quand ce sont les musulmans du Darfour ou de Bosnie que l'on exterminait ? En vertu de quelle étrange logique les mêmes acceptent-ils, sans états d'âme, les soixante morts par jour, donc le Cana quotidien, de la guerre civile irakienne ? Pour ceux-là, quand des musulmans sont égorgés par d'autres musulmans à la porte d'une mosquée, c'est un fait divers. Quand c'est l'Etat juif qui endeuille un village libanais, ce serait un crime contre l'humanité.

3 août 2006.

Hezbollisation.

Cette guerre c'est un peu comme les révélateurs des laboratoires photographiques d'autrefois. Au début l'image est floue. Pâle et floue. Et puis, à mesure que le temps passe, sortent les ombres, les contours, les grands noirs, les teintes et les demi-teintes, les contrastes – cette imagerie latente que l'on voyait sans la voir mais qui, là, soudain, se fixe.

Ainsi le Hezbollah. La machine militaire du Hezbollah. On savait, naturellement. Tout le monde savait que la milice chiite avait, au sud du Liban, construit un Etat dans l'Etat. Mais tant d'armes ? Dotées d'une telle puissance de feu et qui, malgré les frappes, ne faiblit pas ? La capacité, vérifiée, d'atteindre Hédera, juste au nord de Tel-Aviv ? Le pouvoir, pour la première fois dans l'histoire des guerres d'Israël, d'obliger un quart de la population du pays – un quart ! – à quitter ses maisons et à vivre dans des abris, des camps de réfugiés, des villages de fortune ? Et ces réseaux de tunnels incroyables, dans les collines ? Ces bunkers imprenables ? Ces stocks d'armes et de munitions dans les maisons privées, les mosquées ? C'est la première révélation de cette guerre.

Le Liban. Ce cher et beau Liban, petit par la taille, grand par la civilisation, dont on se doutait bien qu'il n'était pas sorti intact des décennies d'occupation syrienne. Mais à ce point ? Si profonde, sa corruption morale et politique ? Si avancée, la hezbollisation des âmes et des cœurs, que des sondages récents puissent donner, jusque dans les zones chrétiennes, tant d'opinions favorables au chef fasciste Hassan Nasrallah ? J'entends bien que les bombardements n'arrangent rien. Et que doive, sans tarder, cesser le martyre des populations civiles, cela va de soi. Mais il faut, aussi, se rendre à l'évidence : le Liban qui se révèle là, le Liban du général Aoun pactisant avec le parti de Damas, le Liban dont le président du parlement, numéro trois du régime, se comporte en porte-parole officieux de Nasrallah, n'était plus depuis longtemps, avant même la riposte israélienne, cette exception, ce miracle, cette oasis de culture et de paix, qui enchantaient notre jeunesse – les bombes morales du fondamentalisme l'avaient déjà, hélas, défiguré.

Les Palestiniens. Je suis plus acquis que jamais à la cause d'un Etat palestinien, vivant près d'Israël et en paix avec lui. Mais que penser de la radicalisation, à la faveur de cette guerre, des habitants de Gaza ? Comment interpréter le fait que les tirs de Qassams, depuis Gaza, se soient intensifiés en réaction, non à l'occupation, mais à la libération du territoire ? Et quand on apprend, comme ce lundi matin, sous la plume de Georges Malbrunot, dans *Le Figaro*, que le Hamas vient de recevoir du « parti-frère » des informations « sensibles » lui permettant d'allonger ses tirs jusqu'à Ashkelon, quand on voit ces signes de solidarité grandissante avec un Hezbollah qui ne s'était jamais tant soucié du sort des Palestiniens et qui, au Liban sud, les traitait en citoyens de seconde zone auxquels on refusait, par exemple, l'accès à la propriété, comment ne pas se dire que le fond de l'air est, décidément, bien nauséabond : progrès de l'obscurantisme, de la politique du pire, du nihilisme ; recul de l'esprit de modération, de rationalité, de paix ?

L'Iran. Le jeu géopolitique de l'Iran. Là aussi, on savait. Mais, là aussi, la guerre fonctionne comme un miroir grossissant des ambitions, des méthodes ainsi que de la détermination des acteurs. Rien que dans les dernières heures, trois événements. Une déclaration de l'hojatoleslam Ali Akbar Mohtachemi-Pour confirmant la présence sur le sol libanais de missiles Zelzal-2 de fabrication iranienne. Une conversation du ministre des Affaires étrangères, Manoucher Mottaki, avec le Premier ministre libanais liant la poursuite de son programme nucléaire au conflit en cours et à son issue. Et, comme pour ajouter au tableau d'ensemble la touche d'apocalypse burlesque qui lui manquait, cette visite d'Ahmadinejad au Guide Suprême de la Révolution pour lui demander l'autorisation d'élargir les rues de la capitale vu que le retour du douzième imam, l'imam caché, serait, selon lui, imminent...

Et puis, enfin, l'Islam. Au sein de l'islam lui-même, un double déplacement du centre de gravité, de la zone des tempêtes théologico-politiques : de l'islam modéré, d'abord, vers l'islam fondamentaliste qui, partout, marque des points ; et, à l'intérieur même de celui-ci, au sein de cette internationale intégriste en formation, un glissement de la zone de l'islam arabe vers ce monde de l'islam asiatique, ou indoeuropéen, dont l'Iran aspire à être la puissance hégémonique, l'étendard. De ce double mouvement dont s'alarme, à juste titre, du Qatar au Maroc et à l'Egypte, l'opinion arabe éclairée, que disent les chancelleries ? De ce grand basculement dont l'une des conséquences sera la mise au second plan d'une question palestinienne qui, vue de Téhéran ou de Karachi, n'est plus qu'un symbole vague, un indistinct alibi, notre vieille culture Quai-d'Orsay saura-t-elle prendre la mesure ?

C'est tout cela que révèle cette guerre. C'est pour toutes ces raisons qu'elle était, sans doute, inévitable. Et c'est pour ces raisons qu'il est, pour tout le monde, si important qu'Israël n'en sorte pas vaincu. Une guerre comme une répétition générale. Une guerre dont il faut tout faire pour qu'elle ne soit pas à notre génération ce que fut la guerre d'Espagne à celle de nos aînés.

10 août 2006.

Cinq remarques sur le désastre (évité) de Londres.

1. Tous les suspects interpellés à Londres sont d'origine asiatique et, pour être précis, pakistanaise. Aucun n'est originaire d'Egypte, de Palestine, du Maroc, du Liban, bref, du Proche-Orient. C'est un signe supplémentaire de ce déplacement du centre de gravité dont je parlais, ici, la semaine dernière. C'est la confirmation du fait que l'aire de recrutement, mais aussi la zone des tempêtes, du terrorisme international glisse, lentement mais sûrement, du Proche-Orient vers l'Asie du Sud et de l'Islam arabe vers l'Islam indoeuropéen (l'Iran) ou asiatique (le Pakistan). C'est la confirmation de la double et symétrique erreur des néoconservateurs amé-

ricains croyant, il y a quatre ans, que leur route commençait à Bagdad alors qu'il fallait se soucier de Téhéran et Karachi – et des néoprogressistes européens faisant de l'« humiliation arabe » la clé du terrorisme et, donc, de la géopolitique contemporaine.

2. Il est vrai que le démantèlement du complot n'aurait pu se faire sans la coopération du nouveau bon élève de la classe antiterroriste, Pervez Moucharraf. Mais il est non moins vrai que parmi les sept suspects arrêtés au Pakistan ne figurent que des lampistes. Et il est encore plus vrai que, si les noms de ces lampistes ont été livrés en pâture à l'opinion, nul ne nous dit rien des organisations auxquelles ils appartiennent et qui ont toutes, plus que jamais, pignon sur rue à Karachi. Le Lashkar e-Toïba que j'ai connu à l'époque de mon enquête sur Daniel Pearl s'appelle maintenant le Jamatud Dawah. L'armée de Mohamed, le Rehmat Trust. Le redoutable Lashkar e-Jhangvi a changé de nom lui aussi et se cache derrière des paravents caritatifs. Mais tous continuent de prêcher, à l'abri de façades légales, le même message de nihilisme et de haine. Soit que Moucharraf joue double jeu, soit qu'il fasse de son mieux mais soit entravé par les manœuvres de cet Etat dans l'Etat que sont ses propres services secrets, force est de constater que le réseau des madrasas pakistanaises demeure le chaudron, le vivier, l'épicentre, d'Al-Qaeda.

3. Des deux observations qui précèdent, de l'origine asiatique des tueurs et de l'ancrage pakistanais des organisations djhadistes les plus redoutables d'aujourd'hui, découle cette conséquence que je ne me lasse pas, depuis quatre années, de souligner : la non-centralité de la question d'Israël, de la Palestine ou du Liban... Il fallait que cesse, bien entendu, le martyre des civils

libanais et le gâchis de vies israéliennes (hier encore, à quelques heures du cessez-le-feu, le fils de mon ami David Grossman). Et il serait juste que les Palestiniens aient, enfin, l'Etat auquel ils ont droit (je n'ai, sur ce point, pas varié d'un iota depuis quarante ans). Mais faisons un instant l'effort de prendre le point de vue d'une de ces madrasas de Karachi. Essayons de voir le monde avec l'œil d'un de ces djihadistes pour qui la question du Cachemire est mille fois plus cruciale que la question palestinienne et, dans son imaginaire, en tient lieu. Pour celui-là, la victoire de Mahmoud Abbas sur le Hamas serait un événement exotique et insignifiant. Le retrait de Cisjordanie ne retirerait aucune de ses raisons de croire à la sainteté de sa guerre contre « les juifs et les croisés ». En sorte que, pour lui, c'est-à-dire, je le répète, pour le plus fou des fous de Dieu, la paix au Proche-Orient ne serait en aucune manière l'événement décisif qu'imaginent les chancelleries.

4. Du profil des vingt-trois jeunes gens arrêtés à Birmingham et Londres, du fait que tous étaient des citoyens britanniques sans histoire et bien intégrés, découle cette autre conséquence qui m'avait déjà sauté aux yeux lors de mes recherches sur Omar Sheikh, le ravisseur de Daniel Pearl. Les terroristes les plus radicaux, les djihadistes les plus proches du centre de la nébuleuse Al-Qaeda, ne sont pas des réprouvés. Ce ne sont pas des exclus, venus d'un autre monde et suicidés de la société. Ce sont des gens comme vous et moi. Ce sont des pères de famille, des amateurs de foot et de cricket, des anciens de la London School of Economics, des libraires. Que leur basculement dans le terrorisme soit une énigme est une chose. Mais que ce terrorisme soit l'arme des pauvres, la revanche des damnés de la terre, la riposte des opprimés à une mondialisation qui

les rejette, voilà, face à l'énigme, le type même de la fausse explication – voilà le mauvais cliché auquel les événements de la semaine ont donné, je l'espère, un coup nouveau et fatal.

5. Quoi, alors ? Quelle réponse à la terreur si elle n'a pas sa source dans la misère et le malheur ? La réponse doit être politique. Mais politique au sens large. Politique au sens le plus élevé et, peut-être, le plus radical du mot. Les auteurs des attentats manqués de Londres ne sont pas des humiliés, mais des fascistes. Ou, plus exactement, ils sont humiliés dans l'exacte mesure, ni plus ni moins, où le furent les fascistes du XXe siècle (du nazisme aussi, après tout, on disait qu'il avait son origine dans l'humiliation allemande du traité de Versailles !). Si bien qu'à la guerre qu'ils déclarent, partout, aux partisans de la liberté des femmes, de la rencontre des cultures, des valeurs de laïcité, il faut répondre par la réaffirmation têtue, résolue, de ces valeurs. Il faut le faire en Occident. Mais il faut le faire aussi là-bas, dans le monde arabo-musulman, sur cette autre ligne de front où les tenants d'un islam démocratique, modéré, libéral, attendent plus que jamais soutien et munitions morales.

17 août 2006.

Günter Grass en sa débâcle.

Oui, bien sûr, on peut être un grand écrivain et un lâche ou un salaud. Oui, bien sûr, l'indignité morale, le mensonge, n'ont jamais été et ne doivent pas être des arguments littéraires. Oui, bien sûr, Céline. Oui, bien sûr, Aragon. Oui, bien sûr, il n'y a que les morts, ou les ânes, pour n'avoir rien à cacher. Oui, bien sûr, les nains, les gnomes immondes, les réducteurs de têtes, les tarentules prennent un trop malin plaisir à taper sur les géants et à profiter de la moindre faille pour les ramener à taille humaine. Dans l'affaire Grass, pourtant, dans le scandale créé par le stupéfiant aveu du Prix Nobel de littérature racontant comment il s'est, à 17 ans, engagé dans la Waffen SS, ce n'est pas de cela qu'il s'agit. Et, à tous ceux qui, y compris parmi mes amis, se lèvent, depuis quelques jours, pour prendre la défense du grand écrivain accablé par le « politiquement correct » ambiant, j'ai envie de dire qu'ils se trompent malheureusement de combat.

Le premier problème, avec cet aveu, c'est qu'on a là un intellectuel – et je dis bien un intellectuel ; je dis et répète que ce n'est pas de l'écrivain-qui-a-tous-les-droits et qui est d'autant-plus-grand-qu'il-a-sa-part-maudite-et-sa-zone-d'ombre qu'il s'agit ici – le premier problème, donc, c'est qu'on a là un intellectuel qui s'est voulu et qui fut la conscience, d'une certaine manière, de l'Allemagne. Je le revois, à Berlin, en 1983, à l'anniversaire de Willy Brandt. Je l'entends, à la tribune d'abord, puis attablé au centre d'une petite cour d'amis et admirateurs, le cheveu et le verbe dru, des lunettes à monture ovale qui le faisaient ressembler à Bertold Brecht, son gros visage à soufflets tremblant d'une belle émotion, exhortant – et comme il avait raison ! – ses contemporains de « l'autre Allemagne », la bonne, à regarder en face ce fameux « passé qui ne passait pas ». Et le voilà qui, vingt ans plus tard, nous apprend qu'il était dans l'exacte situation de ces hommes à la mémoire trouée, hantés par des crimes tenus secrets et qu'il invitait alors, si vertueusement, à se mettre en règle avec leurs arrière-pensées. Posture, donc. Imposture. Statue de sable. Comédie. Le Commandeur était un Tartuffe. Le professeur de morale était l'incarnation même de l'immoralité qu'il pourfendait.

Le second problème c'est que cette révélation fonctionne comme un révélateur, un projecteur géant, un coup de phare sinistre et prodigieux sur l'entière biographie de l'auteur du « Tambour ». Je me souviens – on se souvient – de ses indulgences cubaines. De ses surenchères soviétophiles du temps où, comme disait François Mitterrand, les pacifistes étaient à l'Ouest et les missiles de la mort à l'Est. On se souvient de la façon qu'eut ce social-démocrate – comme, pour le coup, François Mitterrand – de s'accrocher jusqu'au bout, avec un acharnement si mystérieux, à la criminelle fiction d'une RDA qu'il fallait préserver, disait-il, de la « colonisation » par la RFA et l'Amérique. Eh bien voilà. Tout est là. Je suis désolé pour John Irving qui garde son « admiration » à ce « héros », cette « figure morale », cet « exemple ». Si Grass demeure un exemple c'est de cette loi d'airain, jamais ou presque prise en défaut : l'amnésie c'est le destin ; il y a des trous de mémoire qui sont des trous noirs, des gouffres où tourbillonne et précipite le pire ; un mensonge de ce calibre, un seul, fût-il réduit à ce « détail » qu'est une erreur de jeunesse – et c'est comme un rayonnement obscur, une tumeur, qui irradient une vie et y diffusent leurs métastases.

Et puis le problème c'est, enfin, celui du moment choisi par l'écrivain pour se libérer de sa « honte ». Je ne crois, personnellement, pas trop à l'image de l'auteur sans scrupules se servant d'un aveu bien scandaleux pour mieux lancer son livre. Mais j'observe que la mémoire lui revient quelques jours après que se soient tenus, à Berlin, sur les lieux même des Jeux olympiques de 1936, la finale de la Coupe du Monde de football. J'observe qu'elle lui revient dans une Allemagne où fut étrangement peu audible la protestation de ceux qui demandèrent que soient au moins voilées les statues d'Arno Breker, qui, soixante-dix ans après, entouraient toujours le stade. J'écoute la singulière déclaration de Martin Walser, l'homme qui s'est illustré, il y a huit ans, en disant qu'il n'en pouvait plus d'entendre parler d'Auschwitz et qui salue, maintenant, la « leçon de morale » assenée par Gunter Grass face aux « usages normalisés de la pensée et de la parole ». Sans parler de l'affaire Handke, puis de cette hezbollisation des esprits dont j'ai passé l'été, ici même, à noter les progrès en l'Allemagne comme dans le reste de l'Europe. Je note et écoute tout cela. Et je ne peux pas ne pas me dire, comme Laurent Dispot dans son texte de *La Règle du Jeu*, que « Jankelevitch avait raison »; qu'il y a quelque chose de pourri au royaume de la langue et de la mémoire allemandes; et que c'est dans ce climat de fièvre froide, de banalisation et de flirt discret avec l'horreur, que s'inscrit l'effondrement de celui que l'on tenait pour le plus solide rempart contre le retour du refoulé nazi.

Gunter Grass, ce gros poisson des lettres, ce turbot congelé par soixante ans de pose et de mensonge, et qui, soudain, se décompose à la chaleur d'une vérité tardive. Ce type de dégel a un nom : c'est, à la lettre, une *débâcle*.

24 août 2006.

Jospin. Sartre et Benjamin. Derrida. Gégauff et Polybe. Foucault.

Si la politique n'était qu'affaire de corps, alors voilà, les jeux seraient faits, ce serait le sourire de Ségolène contre les larmes de Jospin : ce serait ce sourire perpétuel, glacé et blanc, figé, ce sourire qui ne rit jamais et semble tenir lieu de programme contre la douloureuse colère d'un homme recrachant soudain le bœuf qui lui pesait sur la langue depuis quatre ans et pesait, au-delà de lui, sur la possibilité même du débat démocratique à gauche. La politique ce n'est pas que cela, heureusement. Et je continue d'espérer que les socialistes entendent, par exemple, ce qu'un Dominique Strauss-Kahn s'échine à leur dire sur le fond des choses. Mais enfin : Jospin qui se libère c'est une crise qui se dénoue ; et c'est la politique qui, en effet, reprend le pas sur la technique.

Fin de l'été et de ses transhumances massives. Il faudra bien que quelqu'un l'écrive un jour, cette phénoménologie du touriste rêvée par Sartre dans sa « Reine Albemarle » mais restée, hélas, inachevée. Il faudra quelqu'un pour les décrire, ces grands cimetières sous le soleil qui envahissent la planète et où s'abîme, corps et âme, l'humanité occidentale moderne. Définition du touriste depuis que le mot a perdu le sens délicieux qu'il avait chez Stendhal ? Le contraire de l'écrivain. Il regarde tout et ne voit rien. Alors que l'écrivain – Stendhal et Sartre – ne regarde rien, mais il voit tout.

Lecture estivale. Le « Walter Benjamin » de Tilla Rudel (Mengès). Tout y est. Berlin et Paris. Etre allemand et juif. Allemand parce que juif. Baudelaire.

Aragon. L'amitié tragique avec Scholem. Les derniers manuscrits confiés à Bataille. Ecouter Valéry à l'Ecole Normale. Traduire Proust dans la langue Thomas Mann. Les parties d'échecs avec Brecht rue Dombasle. L'art du fragment. La poétique philosophique. Des grands textes comme des « petites images ». Et puis les dernières heures, Port Bou, fin de partie, l'Espagne comme un piège, le suicide – malentendu, vraiment ? ou sentiment d'une Europe en train de rouler à l'abîme sans que rien ni personne n'ait plus prise sur son destin fatal ? Benjamin et sa cigüe. Benjamin, nouveau Socrate. Bizarre et pénible sentiment, parfois, d'un Benjamin contemporain.

Tous les sans-papiers ? Vraiment *tous* ? Et Sarkozy dans le rôle du méchant, de la brute, du chasseur d'enfants voués à la déportation, du barbare ? A ceux qui, ces dernières semaines, ont battu les estrades sur ce thème, aux démagogues qui mélangent tout et jouent sur nos émotions pour mieux nous refiler leur camelote, aux trafiquants de l'imaginaire qui en sont presque à voir en Klarsfeld fils une version douce des salauds pourchassés par Klarsfeld père, on aimerait recommander une lecture, une seule – celle d'un petit livre de Jacques Derrida, *De l'Hospitalité*, montrant comment l'idée d'hospitalité inconditionnée est, hélas, contradictoire dans les termes. Accueillir largement les immigrés, oui. Traiter les drames au cas par cas, bien sûr. Mais faire d'un devoir moral infini une politique d'ouverture illimitée, voilà le sophisme, voilà l'imposture.

Autre lecture. Le livre de Fabrice Gaignault sur les « Egéries des années soixante » (Fayard). Il avait, nous confie-t-il, ses raisons personnelles de l'écrire. J'avais,

315

et ce ne sont pas tout à fait les mêmes, les miennes de le lire et de l'aimer. Ces femmes, en effet, splendides et lamentables... Ces Amazones suicidées... Cette si juste distinction, parmi les corps qui, en ce temps-là, se partageaient les podiums de Paris Planning et Catherine Harlé, entre ceux qui prenaient la lumière avec le squelette et ceux qui la prenaient avec la peau... Paul Morrissey à Savannah... Bill Willis à Marrakech... Et puis l'ombre de Paul Gégauff, ce scénariste de génie auquel Eric Rohmer doit un peu de sa « Collectionneuse », ce frère en esprit de Maurice Ronet, ce feu-follet à l'affût d'une déchéance qui tarde à venir – et la mort qui, sous les traits de Coco Ducados, son amante le criblant de coups de couteau, finit quand même par le rattraper...

Le mouvement de soldats reprochant à Olmert et Peretz la conduite de la guerre, dénonçant l'incompétence de leurs officiers et l'incurie de l'état-major, réclamant des commissions d'enquête pour juger de la bonne information ou non de ce que nous appelons, chez nous, la Grande Muette, bref ces simples citoyens s'appropriant le débat stratégique et le transformant en un débat sur la forme même de l'Etat et ses rapports à la société : on songe (et l'idée fait frémir) aux pages saisissantes de Polybe sur les Carthaginois interpellant, dans les mêmes termes ou presque, un Hannibal coupable de s'être arrêté à Cannes au lieu de pousser jusqu'à Rome ; et puis on se dit aussitôt (et ce sentiment-là, en revanche, rassure pour l'avenir) que rarement aura été si manifeste le côté armée du peuple, grande armée démocratique, etc., de l'armée israélienne.

La rentrée littéraire et son avalanche de livres parfois inutiles. C'est le moment ou jamais de se rappeler le texte de Foucault proposant un moratoire des vanités, une année sabbatique des narcissismes – une année où, par exception, les livres paraîtraient sans nom d'auteur.

31 août 2006.

Vous êtes filmé! Amos Oz et le Tragique. Ne tirez plus sur Yann Moix. Place Jean-Paul-II. Jack Lang en Iran.

Un autre trait insuffisamment remarqué dans l'enquête, depuis le milieu de l'été, sur les attentats évités de Londres : toutes ces images vidéo qui n'en finissent pas de sortir et où l'on voit les terroristes surpris à la sortie de chez eux, du métro, d'un taxi, d'un magasin, le matin même, ou la veille, ou à huit ou quinze jours, de ce qui devait être le grand soir de leur passage à l'acte. Ce sont des images floues, naturellement. Ce sont des images sans opérateur où l'on ne distingue jamais très bien ni ce que font les gens ni leurs traits. Mais enfin ce sont des images tout de même. Et il est fascinant – et heureux! – de voir combien ces hommes qui se voulaient des professionnels de la clandestinité ont, finalement, été filmés. Principe de base de la société spectaculaire : rien n'échappe au tout-puissant visible. Théorème de principe : il y a toujours, partout, à tout instant, une caméra qui tourne.

Question d'Amos Oz dans la série de petits textes que rassemble Gallimard et qu'il a consacrés, ces dernières années, au drame du Proche-Orient : pourquoi les romanciers (David Grossman, A.B? Yehoshua, lui-même…) sont-ils, en la circonstance, meilleurs politiques que les politiques ? Réponse : parce que la politique, c'est l'imagination ; parce que la bonne politique consiste, si l'on est israélien, à s'imaginer dans la peau d'un Palestinien et, si l'on est palestinien, dans celle d'un Israélien ; et parce que ce sont les romanciers qui sont, à ce jeu-là, par la force des choses et du métier, les champions incontestés. Après quoi rien n'est réglé, naturellement. Car reste l'aporie des deux images ; le heurt de leur double légitimité ; reste le caractère tragique, littéralement tragique, de cette querelle interminable (« tragique » signifiant le conflit, non du Mal et du Mal, mais du Bien et du Bien, d'une cause juste et d'une autre cause juste – « tragique » désignant l'insoluble débat de l'Impossible et du Nécessaire).

Il y a un chapitre désopilant dans le livre de Yann Moix « Panthéon ». C'est le chapitre où, dans la tradition des Dibbuks de la littérature yiddish ou post-yiddish (« La danse de Gengis Cohn », par exemple, de Romain Gary), il met en scène un personnage qu'il appelle « le Fascisme de Mitterrand ». Ce chapitre est drôle. Fort. Il dit des choses justes – que ne désavouera pas l'auteur de « L'idéologie française » – sur la spécificité du fascisme français par rapport à ses rivaux allemands ou italiens. Or voilà des critiques – Didier Jacob, dans *Le Nouvel Observateur* – qui, en vertu de la bonne vieille méthode qui consiste, primo, à caviarder les citations et, secundo, à coller à un auteur les propos de son personnage (en l'occurrence, donc, les propos de cette allégorie burlesque, presque ubuesque, d'un « fascisme » qui ne parviendrait pas à « prendre » dans la tête de l'ancien président), imputent à Moix des déclarations du type « le Hitler du fascisme, c'est Picasso ». Allons, amis du NO ! Pas vous ! Pas ça ! Pas ces procédures qui, en d'autres lieux, sous d'autres plumes, ressortiraient à la pure police de la pensée !

Qu'il se trouve des anticléricaux irréductibles pour ne pas aimer l'idée que la place du Parvis-de-Notre-Dame soit rebaptisée place Jean-Paul-II, je peux le concevoir. Mais que ces gens défilent, comme ils l'ont fait le week-end dernier, aux cris de « Delanoë honore un assassin » ou « 25 millions de morts du sida, Delanoë a oublié », voilà qui laisse rêveur. Car quid, chers élus Verts et radicaux, des morts du communisme ? Quid du rôle de Karol Wojtyla, puis de Jean-Paul II, dans la guerre de longue durée contre ces authentiques assassins que furent les maîtres de feu l'Empire soviétique ?

Ce pays en général, et Paris en particulier, a, sans que cela vous pose apparemment de problème, des rues Lénine voire, naturellement, et en pagaille, Robespierre, Saint-Just, Marat, j'en passe – et l'intolérable naîtrait dès lors que l'on rebaptise une place du nom de l'un des plus incontestables hérauts de l'idée démocratique au xxe siècle ? Comme c'est étrange...

Jack Lang à Téhéran. Hier à Damas, aujourd'hui à Téhéran. Mais pourquoi diable ce voyage ? A-t-il rencontré des dissidents ? Parlé à des opposants ? A-t-il, comme il le fit, naguère, à Prague ou à Belgrade, porté le témoignage de la société civile française à la société civile iranienne en lutte contre la dictature ? Est-il allé à l'exposition des caricatures de la Shoah ? A-t-il demandé à ses instigateurs pourquoi, comme dit Cavanna dans *Charlie Hebdo*, quand des Danois insultent le Prophète, c'est aux juifs que l'on s'en prend ? A-t-il dit à Ahmadinejad (ou, Ahmadinejad n'ayant pas daigné le recevoir, au « proche conseiller » d'Ahmadinejad qu'il a rencontré) ce qu'il pensait du projet de colloque négationniste annoncé par le régime ? A-t-il, fort de son autorité et de son passé, fait savoir que le président d'un grand pays, héritier d'une civilisation bimillénaire, ne peut pas parler ainsi, comme il le fait à tout bout de champ, de rayer un autre pays de la carte ? Non hélas. Il n'a rien dit de cela. Et c'est pourquoi, quelque amitié, considération, que l'on ait pour lui, il est difficile d'imaginer sans un certain malaise ce face-à-face absurde, inutile et, pour tout dire, assez désolant avec les nouveaux spécialistes de la manipulation de l'« idiot utile » qui l'ont baladé pendant deux jours.

7 septembre 2006.

Si le 11 septembre n'avait pas eu lieu...

Le monde serait plus simple.

Il aurait moins peur de son ombre.

Francis Fukuyama l'aurait, dans le débat intellectuel, emporté sur Huntington et sa théorie de la fin de l'Histoire, sur celle de la guerre des civilisations.

La semaine aurait sept dimanches.

L'Occident jouirait toujours du délicieux sentiment, surgi à la fin du communisme, de vivre sans ennemi.

Kerry serait président des Etats-Unis.

Il y aurait moins d'objection à voir Ségolène Royal gouverner la France comme elle gouverne le Poitou-Charentes.

Daniel Pearl serait vivant.

Le commandant Massoud aussi, dont on sait que l'assassinat, deux jours plus tôt, fut le prélude à l'événement.

On arriverait dans les aéroports à la dernière minute.

Les gens ne vous regarderaient pas de travers, dans le métro, quand vous êtes basané.

On attendrait Godot.

Castro serait toujours le diable.

Les grandes consciences altermondialistes seraient, en ce moment même, à son chevet et les néoconservateurs américains feindraient de s'en offusquer.

Le monde vivrait, en un mot, dans l'euphorie prolongée de l'an 2000 et de sa nouvelle, et dernière, Belle Epoque.

L'économie mondiale se porterait bien.

Les arbres boursiers monteraient au ciel.

Le baril de Brent – qui passe, par les temps qui courent, pour l'indicateur infaillible du moral des terriens – vaudrait à peine 20 dollars.

Ou bien non. Le contraire. La croissance mondiale étant plus forte, les échanges commerciaux plus intenses et plus fluides, peut-être vaudrait-il 100 dollars. Mais ce serait signe, non de mauvaise, mais de bonne santé pour le village global. Mais ce serait preuve que tout est pour le mieux dans le meilleur des mondes possibles.

Les Talibans seraient toujours à Kaboul.

Le 11 septembre n'ayant pas existé, George W. Bush serait resté l'isolationniste jeffersonien qu'il était au début de son premier mandat et n'aurait jamais, au grand jamais, nourri le projet d'aller libérer les femmes afghanes.

Et quant à Saddam Hussein, alias le Hitler mésopotamien, il aurait proposé à l'Amérique un bel et bon accord assurant son approvisionnement en pétrole pendant les vingt prochaines années et, les hamiltoniens du Pentagone l'emportant sur les wilsoniens du Département d'Etat, l'Amérique aurait accepté l'offre et se serait gardée de lui gâcher sa fin de règne (on peut même parier que, dans un monde sans 11 septembre mais où Hollywood garderait, comme il se doit, la haute main sur le sens à donner à la comédie humaine, c'est à lui, Méchant Saddam, qu'Oliver Stone, en panne de sujet, aurait fait les honneurs de son dernier film).

Seulement voilà.

Ils auraient l'air, les Talibans et Saddam, de résidus des âges anciens.

Al-Qaeda elle-même – qui existait avant le 11 septembre et qui continuerait donc, forcément, d'exister après – serait une, parmi d'autres, des organisations qui, de l'Egypte aux Philippines, terrorisent le monde musulman.

Ben Laden serait un agent de la CIA, instrumentalisé contre les chiites.

Nasrallah serait un pion dans sa stratégie antisunnite.

Non, d'ailleurs.

Outre que la CIA se serait peut-être recyclée, faute de combattants, dans le tout-humanitaire, le plus probable est que Nasrallah lui-même n'aurait pas émergé du tout de la confuse mêlée où sont les chefs djihadistes.

Mieux : les Etats-Unis n'étant pas intervenus en Irak et n'ayant pas fait la preuve, en Irak, que le roi étasunien était nu, le plus certain est que l'Iran ne volerait pas, comme il le fait, de provocation en provocation et que l'Iranosaure Nasrallah ne jouirait, par conséquent, que d'une existence infime, obscure et du premier genre.

Le fond de l'air serait moins vert.

Les musulmans modérés feraient jeu égal avec les extrémistes.

Au Caire et à Karachi, l'on verrait mille fois moins de portraits de « martyrs » sur les tee-shirts et les écrans des téléphones portables.

Gaza n'aurait pas voté Hamas.

L'Etat palestinien, affranchi de ses mauvais bergers sortirait enfin des limbes.

Et, la paix israélo-arabe venant à l'ordre du jour, le monde aurait des yeux pour enfin voir les morts sans visage des autres guerres qui endeuillent la planète – par exemple le Darfour.

Il resterait la Corée du Nord ?

La Chine qui s'est réveillée et qui ferait trembler le monde ?

Oui, d'accord.

La nature politique ayant, comme l'autre, horreur du vide, le bras de fer avec la Chine tiendrait peut-être lieu, en effet, d'affrontement avec l'islamisme.

Sauf que la Chine n'est pas l'islamisme.

Et qu'une nouvelle guerre froide n'aurait rien de comparable avec cette guerre nouvelle et chaude dans laquelle le 11 septembre nous a tous précipités.

Car le 11 septembre a bien eu lieu.

On a même toutes les raisons de supposer qu'il devait (sinon à New York en 2001, du moins à Londres, à Madrid, à Paris…) d'une manière ou d'une autre trouver son lieu.

En sorte que ce qui précède est, hélas, fantaisie.

14 septembre 2006.

Benoît XVI avait raison.

J'ai, sous les yeux, le texte intégral de la conférence de Benoît XVI à l'Université de Ratisbonne.

Première constatation : les propos incriminés, ces fameux propos supposés avoir insulté deux milliards de musulmans, occupent quelques lignes dans un long exposé théologique sur les relations de la science et la foi, l'universalité, la transcendance, le kantisme.

Seconde constatation : contrairement à ce qu'essaient de faire croire, depuis le début de l'affaire, les désinformateurs professionnels, l'exposé en question n'était pas un exposé sur l'islam mais sur la religion en général et chrétienne en particulier, pour autant qu'elle est tentée de tourner le dos à son héritage grec et de renoncer, ce faisant, à son pacte millénaire avec la raison.

Troisième constatation, enfin : quand il en vient, dans le cadre de cette réflexion d'ensemble, à aborder le cas de l'islam, quand il en vient à ce cas particulier de renoncement à la rationalité qu'est, en islam, le phénomène de la conversion forcée, le pape cite – sans que rien, par parenthèse, ne permette de dire s'il fait sienne ou non cette citation – le propos d'un empereur byzantin discutant avec un érudit persan du XIVe siècle et attribuant ce phénomène de la conversion forcée, donc cette tentation du fanatisme, à l'excessive, trop pure, trop parfaite, transcendance de Dieu.

Alors on pouvait, naturellement, discuter ce raisonnement.

On pouvait objecter à l'empereur byzantin, ou à Benoît XVI, que le phénomène de la conversion forcée n'est pas une spécialité de l'islam : voir l'Inquisition.

On rêvait, on rêve, de théologiens musulmans rappelant à un Professeur Ratzinger peut-être aveuglé, après tout, par sa dispute avec la Chrétienté byzantine (car c'est évidemment là qu'était, même si nul ne paraît s'en aviser, le cœur même de son propos) – on rêvait, donc, de théologiens venant lui rappeler, sur le même ton d'amitié disputeuse et sans concession, que l'islam d'Averroès et de Avicenne, l'islam des libres penseurs mutazilites du VIIIe siècle, l'Islam qui fut, pendant des siècles, le vrai vecteur de la pénétration des textes grecs en terre judéochrétienne, n'est pas fermé, loin s'en faut, aux enseignements de la raison : cf Grenade, Cordoue, le Siècle d'Or espagnol, etc.

Ce qui n'est pas acceptable c'est, une fois de plus, comme lors de l'affaire des caricatures, cette levée de boucliers, ce tollé, ce hurlement de rage planétaire, cette clameur organisée, orchestrée, pavlovisée.

Ce qui est, non seulement intolérable, mais inquiétant c'est ce terrorisme de l'esprit, oui, oui, ce terrorisme, qui voudrait interdire à un non-musulman le moindre commentaire sur l'islam et qui, si le non-musulman le fait quand même, si, au nom de ce dialogue des civilisations et des religions qui était l'autre objectif affiché du beau discours de Ratisbonne, il persévère dans le projet de donner son avis sur tel ou tel point de doctrine du Coran, fait crier à l'offense et au blasphème.

Et ce qui est, non seulement inquiétant, mais franchement ridicule ce sont tous ces gens qui, ici, en Occident, intériorisent le raisonnement et justifient par avance, ou comprennent, ou excusent, tous les pires débordements auxquels cette paranoïa peut conduire (samedi ces églises de Naplouse et de Gaza attaquées à coups de cocktails molotov ; hier, en Somalie, une religieuse assassinée…) – ce qui est, non seulement grotesque, mais navrant c'est le spectacle de ces commentateurs de café du commerce vivant sous la pression de cette fameuse « rue arabe » érigée en on ne sait quel tribunal populaire et permanent, siégeant sans relâche, et dont on passerait son temps à anticiper, annoncer, redouter les terribles verdicts.

Le pape – il faut le dire et répéter – n'a pas outragé les musulmans.

Le pape – il ne faut pas céder sur ce point – avait le droit, comme quiconque, de donner son avis sur une religion qui n'est pas la sienne mais qui est sœur, cousine, de la sienne.

Le pape, en supposant même qu'il se soit trompé, en supposant qu'il ait donné du Jihad une interprétation jugée blessante, en conscience, par certains, les blesse un million de fois moins que ceux qui, en Islam, justifient au nom de l'Islam les bombes humaines, le Onze septembre, la lapidation des femmes adultères, la décapitation d'un journaliste juif, le massacre des musulmans du Darfour, j'en passe.

Et le problème, alors, serait de savoir pourquoi ils sont si nombreux à descendre dans la rue quand une autorité spirituelle étrangère propose, dans le cadre d'un débat de fond, une interprétation erronée de leur foi – et si peu, si atrocement et tragiquement peu, quand ce sont des musulmans qui, comme au Darfour donc, ou en Irak, tuent d'autres musulmans, par milliers, aux portes des mosquées.

Cette question-là, Benoît XVI ne l'a pas posée.

Mais il n'est pas inutile, après lui, de la soumettre à nos amis musulmans.

Tant il est vrai qu'il n'y aura pas d'autre façon de séparer, dans cette région du monde et de l'esprit, les deux partis : les islamofascistes, d'un côté, dont chaque appel au meurtre ou au suicide, chaque prêche jihadiste, sont comme un formidable crachat à la face du Prophète – et, de l'autre, les héritiers d'Averroès et

Avicenne, tenants obstinés et parfois héroïques de la douceur, de la rationalité, des Lumières de l'Islam.

21 septembre 2006.

Les « indigènes » et la République. Commissaires du peuple ou du people ? Mehdi Belhaj Kacem et le nihilisme. Adjani à Marigny. L'Europe vue d'Utrecht.

Retour à Paris. Dépressionnisme généralisé. Chacun chez soi et chacun pour soi. Fausses querelles. Ruptures moroses. Camisole de préjugés et de ressentiments emprisonnant l'idéologie journalistique. Cette injonction de « débattre » par exemple, cette façon, à la télévision, de faire d'un soi-disant « débat » l'alpha et l'oméga du Spectacle contemporain. Est-ce moi qui n'étais pas là ou la fameuse « rentrée » qui, cette année, n'en finit pas de commencer ?

« Indigènes ». D'où vient, malgré la justesse de la cause, le léger malaise que l'on ressent face au film de Rachid Bouchareb et face aux déclarations, parfois, de son quatuor d'acteurs ? Les bons sentiments, bien sûr. Cette avalanche de bons sentiments avec lesquels, la chose est prouvée, on ne fait pas plus de bonne politique que de bonne littérature. La vision caricaturale de ces officiers pieds-noirs ou métropolitains envoyant à la boucherie les grands-parents des beurs d'aujourd'hui. Ou ces informations inexactes – or l'exactitude est, dans ce genre d'affaires, une vertu non seulement intellectuelle mais morale – que les grands médias reprennent en boucle et qui leur font dire par exemple que l'on aurait, à la Libération, omis de célébrer l'héroïsme des tirailleurs d'outre-mer. Et s'il y avait là une autre bigoterie ? Une autre bien-pensance ? Et si elle était, cette bien-pensance, à maints égards, le revers de l'autre : celle qui, la saison dernière, voulait réhabiliter « les aspects positifs de la colonisation » ?

L'annonce de la mort d'Oussama ben Laden. Au-delà des faux débats, le temps des fausses informations. Ou, plus exactement, ce drôle de temps où l'on feint de se passionner et où, de fait, l'on se passionne pour une information dont chacun sait primo qu'elle est certainement fausse et, qui plus est, manipulée (par Moucharraf à la veille de sa visite à Washington ? par Bush à l'avant-veille de la « mid-term election » où son parti joue son va-tout ?) ; secundo qu'elle n'aurait, si elle était vraie, aucune espèce de sens quant à l'état précis d'une organisation qui n'est plus, depuis long-temps, qu'une mouvance vague, sans contour ni chefferie, franchisée (que veut-on sauver quand on agit ainsi ? les futurs morts des futurs attentats ? ou l'idée que l'on se fait d'un terrorisme à l'ancienne, rassurant pour la raison politique, opiniâtre mais contrôlable ?).

La grande affaire du moment – celle qui, en tout cas, semble passionner les foules au moins autant que les querelles d'investiture au sein des partis de gouvernement : telle responsable socialiste, photographiée en bikini à la une de *VSD*, est-elle fondée à crier au crime de lèse-royalité ? tel autre, que l'on a connu voué à de plus nobles causes, a-t-il donné sans donner, ou pas donné du tout, ou à moitié donné seulement, une interview et des photos au magazine *Gala* ? sans parler de la grande et belle querelle des partisans de « voici mon programme » et de ceux de « mon programme c'est

"Voici" »... Où l'on passe, comme disait Muray, des commissaires du peuple aux commissaires du people.

Contre le nihilisme ambiant, contre ses passions grises et faibles, face au grand cadavre vague de ce que furent et la politique et la morale, on fait quoi ? On écrit ou on vit ? On prouve par les livres, la théorie, etc. – ou on réagit par une façon d'être, d'exister et, comme disait Nietzsche, de danser ? C'est la question posée par le plus prometteur des jeunes penseurs contemporains, Mehdi Belhaj Kacem, dans un livre d'entretiens avec Philippe Nassif intitulé « Pop philosophie » (Denoël). On vit, bien sûr, répond-il. On ne perd pas son temps à fabriquer des thèses et des livres antinihilistes et, donc, on vit. Sauf qu'à ceux qui le prenaient au mot lorsqu'il disait ne plus pouvoir croire qu'à un dieu qui saurait danser, Nietzsche justement répondait : « une jambe n'est pas une aile ».

Parmi les émotions – tout de même – de la semaine, le « Marie Stuart » de Wolfgang Hildesheimer, mis en scène par Didier Long au Théâtre Marigny. Le texte n'est peut-être pas à la hauteur de ses brouillons glorieux (Stefan Zweig, Schiller…). Mais il y a là une Adjani énigmatique et simple, insoucieuse d'elle-même et, pourtant, très belle – admirable dans ce théâtre de la cruauté où elle joue, à la fois, le couteau, la plaie, la tête sur le billot et le billot, le pourpre et le blanc, la machine infernale, sa vérité et celle de la reine morte, la distance et le gros plan, sa propre chair faite lumière, sa voix. J'entends Daniel Toscan du Plantier, au moment des « Sœurs Brontë », il y a vingt-cinq ans : « vous verrez, ce sera notre dernière vraie tragédienne ».

S'y prendre avec six ans d'avance pour fêter, à Utrecht, le 300ᵉ anniversaire des traités du même nom : l'idée pouvait sembler bizarre ; l'exercice fut d'ailleurs, à maints égards, périlleux ; mais enfin, venir parler du passé et du futur de l'Europe dans la ville de Descartes, dans celle de Leibniz inventant et le pamphlet et la diplomatie européenne moderne, dans celle, enfin, où Spinoza vint à la rencontre du prince de Condé pour dire le point de vue des libéraux hollandais – voilà qui m'a changé de la scène intellectuelle sus-décrite.

28 septembre 2006.

Pourquoi Redeker.

Plus tard, peut-être, je dirai ce que je pense, sur le fond, du texte de Robert Redeker paru dans *Le Figaro* du 19 septembre.

Pour l'heure, le principe est simple et doit être affirmé sans nuance.

On ne discute pas avec un homme à terre, on le relève.

On n'engage pas une dispute avec quelqu'un qui, à cause d'un article, se voit menacé de mort, traqué, stigmatisé – on lui tend la main, on le défend et, quand on est un gouvernement, on le protège, on protège sa famille, on le reloge.

Bref, je me moque de savoir si ce qu'a dit M. Redeker était stupide ou avisé ; je ne veux pas avoir à me demander s'il est bon ou mauvais professeur, apprécié ou non par ses collègues, aimé de ses élèves, bien noté ; je ne veux même pas me poser la question de ce qu'il avait en tête au moment de donner pour publication le texte incriminé; M. Redeker, dès lors que ce texte lui vaut d'avoir *sur* la tête, au pays des droits de l'homme et de Voltaire, une sorte de fatwa, mérite un soutien total, indiscuté, sans bémol.

La liberté d'opinion ne s'arrête-t-elle pas, s'inquiètent certains, là où commence le respect de l'opinion d'autrui ? Non. Elle s'arrête – et c'est tout autre chose – là où commencent l'appel à la haine raciale ou, pis, l'appel au meurtre sur fond de haine raciale : l'islam n'étant pas une race mais une religion, il s'ensuit que le texte, même faux, même idiot, d'un professeur de philosophie vitupérant le Coran n'entre pas dans cette catégorie ; et y entrerait-il d'ailleurs, l'argument religieux serait-il le masque, en la circonstance, d'une stigmatisation raciste inavouée, que ce serait aux tribunaux, et aux tribunaux seuls, d'en juger.

Le professeur n'était-il pas, insiste son ministre de tutelle, Gilles de Robien, tenu par un devoir, sinon de réserve, du moins de « modération » ? Non plus. Car autant le professeur est en effet astreint, dans l'exercice même de son métier, dans l'enceinte de sa salle de classe, à un devoir de neutralité, autant le citoyen est, quand il s'exprime dans un journal, libre de son propos ; et croire ou feindre de croire le contraire, confondre les deux rôles et adresser au chroniqueur les remontrances que l'on serait éventuellement fondé à adresser à l'enseignant (et encore ! dans les formes et procédures requises ! certainement pas comme cela, en public, par médias interposés, et alors que le nom de l'intéressé est déjà jeté aux chiens !), voilà qui est, de la part d'un ministre de la République, une incompréhensible ânerie doublée d'une faute juridique, politique, morale, inexcusable.

Et quant à ceux qui, enfin, soutiennent Redeker mais du bout des lèvres, quant à ceux qui ne le défendent qu'après avoir pris la peine de dire l'antipathie qu'il leur inspire, quant à ces gens qui, au MRAP par exemple, osent parler de « provocation » qui « génère l'inacceptable » et renvoient ainsi dos à dos l'inacceptable « agression » islamophobe et l'inadmissible menace de mort des islamistes qui lui « répondent », quant à tous ceux qui, çà et là, insinuent que si, ce qu'à Dieu ne plaise, ce « plumitif nauséabond » venait à subir le sort d'un Theo van Gogh à Amsterdam et était « puni » pour son « blasphème », il n'aurait que ce qu'il a cherché et serait la vraie cause du geste qui le tuerait – ceux-là, donc, c'est peu de dire qu'ils donnent la nausée : ils prennent le risque, et de justifier le crime, et d'affaiblir la République.

Car nous n'avons d'autre choix, au point où nous en sommes, que de défendre inconditionnellement le chroniqueur du *Figaro*, par ailleurs membre du comité de rédaction des *Temps modernes*.

Le contenu de son article, son caractère possiblement polémique ou injurieux, n'a, je le répète, strictement plus rien à faire dans un débat où ce qui est en cause, c'est, outre la vie d'un homme, ce principe de laïcité conquis de haute lutte, au fil des siècles, contre les abus de pouvoir, l'intolérance, d'autres Eglises.

Et il faut être conscient de ce que la moindre faiblesse dans ce débat, la moindre réserve orale ou même mentale quant à l'imprescriptible droit, pour chacun, de penser et imprimer ce que bon lui semble sur les religions et sur le reste, le moindre « malaise » concédé, la moindre « admonestation » ministérielle ou autre, la moindre indication suggérant qu'il y aurait des « limites » à ne pas franchir dans l'exercice de la libre-pensée et qu'elles auraient, en l'espèce, été franchies, serait un terrible cadeau fait à l'adversaire au milieu de la grande bataille en cours : comme dans l'affaire des caricatures ; comme au moment du tollé planétaire qui suivit le discours de Benoît XVI à Ratisbonne et le contraignit à des excuses ; comme avec la déprogrammation, la semaine dernière, à Berlin, d'un opéra de Mozart critiquant toutes les religions mais supposé, on ne sait pourquoi, offenser en particulier les musulmans…

Quand je dis « l'adversaire », j'entends (faut-il le préciser ?) non l'islam mais l'islamisme.

Quand je dis « la bataille en cours », je pense (faut-il, une fois de plus, le répéter ?) à la bataille que se livrent, en islam même, les partisans de la paix et de la guerre, de la démocratie et de la tyrannie – les héritiers de la haute civilisation musulmane et les prétendus théologiens qui tentent de s'approprier le Coran pour en faire un instrument de haine et de terreur.

5 octobre 2006.

L'assassinat de Politkovskaïa. Lisez Terlovea. Carignon, le retour. Un mot de Jack Straw. L'autre Mauriac.

L'assassinat d'Anna Politkovskaïa, de sang-froid, en plein Moscou, est à la fois une tragédie et un signe. Une tragédie parce que cette journaliste de talent, ce témoin des guerres tchétchènes, cette femme admirable qui s'est rendue des dizaines de fois à Grozny pour y rendre compte des massacres de civils, ce témoin vivant d'un esprit de dissidence redevenu, comme dans les années Brejnev, le cauchemar du régime, manquera cruellement à la Russie et au monde. Et un signe parce qu'elle est le septième journaliste éliminé dans des conditions, sinon semblables, du moins également suspectes au cœur d'une Russie supposée rouverte à la démocratie, aux droits de l'homme, à l'information, à la presse libre. Honte à Poutine. Honte à son régime assassin. Et honte à ceux qui, en Europe, argueront de notre « dépendance vis-à-vis du gaz russe » pour ne pas trop tancer le kagébiste devenu président. Relire d'urgence les textes des premiers surréalistes moquant l'ambassadeur Claudel prêt, pour de « grosses quantités », non de gaz, mais de « lard », à courber l'échine devant la dictature.

C'est le moment ou jamais, aussi, de lire le livre de Milana Terlovea, « Danser sur les ruines », chez Hachette Littératures. C'est le moment ou jamais, oui, de lire ce beau texte écrit par une jeune Tchétchène racontant, dans sa Grozny natale, la vie, la mort, l'espoir et le désespoir, la survie, les humbles joies et la franche horreur, les camps de filtration, les tortures, les cadavres mutilés rachetés 2 000 dollars par les familles, la résistance, les morts-vivants qui tiennent et qui s'entêtent. Courage, encore. Une dignité, une noblesse d'âme et de caractère sidérantes chez une si jeune fille. On pense à Sarajevo assiégée. Je ne peux pas, moi en tout cas, ne pas penser à mes amis bosniaques d'autrefois jouant, eux aussi, à cache-cache avec les snipers et le trajet des bombes. Et, comme à l'époque de la Bosnie, je ne peux pas ne pas avoir envie de hurler : « ces musulmans modérés que vous voulez, cet islam des Lumières que vous prétendez appeler de vos vœux, eh bien voilà, ils sont là, et vous êtes en train, une nouvelle fois, de les abandonner à leurs bourreaux ! »

J'écris cela à Londres où je suis venu débattre avec Christopher Hitchens, Martin Amis et quelques autres de ce vrai choc des civilisations qu'est le choc, au sein de l'islam, entre les valeurs de démocratie et le néofascisme. Pendant nos débats, la nouvelle tombe. L'ancien ministre Jack Straw a prononcé une petite phrase qui fait l'effet d'un coup de tonnerre. Il n'a rien contre l'islam, dit-il. Rien non plus, multiculturalisme britannique oblige, contre le port du foulard. Mais enfin, ajoute-t-il... Le visage des femmes... Leur beau visage et leur regard... Est-ce qu'il ne pourrait pas, lorsqu'elles viennent le solliciter dans sa mairie de Blackburn, nord-ouest de l'Angleterre, voir leur visage face à face ? Est-ce qu'on n'est pas plus « à l'aise », est-ce que la « considération » et le « respect » qui leur sont dus ne sont pas plus vifs encore, quand il n'y a pas cette fichue barrière du fichu ? C'est Jack Straw qui parle. Mais ce pourrait être Levinas. C'est même du Levinas quasi dans le texte. Et pourtant, s'esclaffent Amis et Hitchens, Mr Straw n'est sûrement pas un familier des « Lectures talmudiques ».

Un autre ancien ministre, français celui-là, et, par ailleurs, ancien condamné pour corruption, Alain Carignon, publie un petit livre, « 2011 nous appartient », aux éditions Numeris. Cette longue lettre à ses anciens et futurs électeurs n'est sûrement pas le livre de l'année. Et j'avoue avoir de la peine, malgré l'amitié, à me passionner pour la vie politique locale dans l'Isère. Mais je sens autour de ces pages et, surtout, de leur auteur un drôle de petit manège, un malaise, un climat de réprobation muette, d'acharnement dans l'opprobre et l'injure, quand ce n'est pas de lynchage soft et, en tout cas, d'injustice qui n'est pas tolérable. Je n'aime pas les boucs émissaires. Je n'aime pas que l'on fasse payer à un seul les crimes commis par tous. Je n'aimais pas cela il y a dix ans quand Alain Carignon fut jeté en prison pour des fautes dont la moitié de la classe politique était aussi coupable que lui. Je n'aime toujours pas cela aujourd'hui, alors qu'il a purgé sa peine, payé sa dette à la société et qu'il est donc redevenu – principe fondamental de l'éthique républicaine – un homme politique comme un autre.

Retour à Paris. Dans le train, un autre livre, énorme celui-là, les « notes confidentielles » de Jean Mauriac rassemblées par Jean-Luc Barré sous le titre « L'après de Gaulle » (Fayard). Portraits. Anecdotes. Grande et petite histoire. Scènes de genre. Toutes les dépêches impossibles, toutes les informations autocensurées, les notes prises sur le vif, le off, bref, le journal de bord, pendant vingt ans, d'un grand journaliste français qui fut l'interlocuteur privilégié du fondateur de la Ve République. On lit avec passion les conversations de Debré et de Guichard. Les premiers pas de Pompidou. Les manigances de Giscard ou la version mauriacienne de la part d'ombre de Mitterrand. Mais dans ce ballet réglé d'ambitions, trahisons, passions chauffées à blanc, haines recuites et vengeances froides, complots, c'est toute l'actualité présidentielle d'aujourd'hui qui semble défiler entre les lignes. Lisez, vous verrez.

12 octobre 2006.

Et si Chirac retirait sa Légion d'honneur à Vladimir Poutine ?

Bon. D'accord. Je sais qu'il ne faut pas accuser sans preuves. Je sais qu'il y a plusieurs commanditaires possibles de la mort, le 7 octobre, de quatre balles de pistolet Makarov, celui-là même qu'utilisent les forces de police russes, d'Anna Politkovskaïa. Et je veux bien que l'ex-kagébiste devenu maître de toutes les mafias russes doive être, comme n'importe quel suspect, tant qu'il n'en aura pas été reconnu formellement coupable, présumé innocent de ce forfait.

Mais tout de même...

Qui nous fera croire que cet acte n'a rien à voir avec le climat délétère, liberticide, pogromiste, qui règne aujourd'hui à Moscou et permet – c'est un exemple – que l'on y fasse la chasse au Géorgien aussi officiellement, impunément, que, hier, la chasse au Tchétchène ?

Qui peut nous assurer qu'il n'y a pas eu, au sommet de l'Etat, un assassin galonné, expert en mise au pas des journalistes trop curieux, pour se dire que cette curieuse-là, cette empêcheuse de normaliser et de mentir en rond, cette journaliste indomptable qui ne se contentait pas d'écrire mais agissait, il n'y avait plus d'autre solution que la tuer pour l'obliger à se coucher ?

Poutine lui-même, l'homme qui sort son revolver quand il entend le mot presse libre, le président sous le règne duquel on a déjà tué, avant Politkovskaïa, douze autres journalistes – douze ! le chiffre est dûment documenté, hélas, par Reporters sans frontières ! de même que sont documentés les trente autres reporters tués, entre 1992 et 2000, dans l'exercice de leur métier ! –, Poutine donc, le néo-tsar aux yeux vides et au parler délicat qui voulait aller buter les Tchétchènes jusque dans les chiottes, peut-il se laver les mains de ce nouveau crime ? et pouvons-nous, nous, accepter, sans hurler de colère et de dégoût, la petite phrase qu'il a fini par lâcher, devant Angela Merkel, et qui fut tout son hommage funèbre à sa compatriote assassinée : « sa capacité d'influer sur la vie politique du pays était extrêmement insignifiante » ?

Bref. C'est pour toutes ces raisons que j'ai voulu revenir ici, plus longuement que la semaine dernière, sur le meurtre d'Anna Politkovskaïa.

Et c'est pour ces raisons, c'est parce que j'ai peur, aussi, du côté oubli, affaire classée, une actualité chasse l'autre, etc., que je veux faire à ceux qui nous gouvernent deux ou trois recommandations simples.

D'abord, naturellement, reprendre la proposition lancée par le député UMP Pierre Lellouche d'une commission d'enquête internationale : Chirac l'a bien fait pour Hariri ; il a bien dit que, deux précautions valant mieux qu'une, il préférait qu'une instance indépendante se penche aussi sur les circonstances de la mort de son ami ; pourquoi ce qui vaut pour son ami ne vaudrait-il pas pour la nôtre ? pourquoi la France des droits de l'homme ne se soucierait-elle pas de l'héritière de Sakharov autant que de l'ex-président libanais ?

Ensuite, ne plus laisser le président russe en paix ; ne lui concéder aucun répit tant que la lumière, toute la lumière, ne sera pas faite sur cette tragédie ; faire qu'il n'y ait pas un sommet, pas une visite d'Etat, pas une conférence de presse commune avec l'un quelconque de ses collègues sans que la question lui soit posée, sans se lasser : « alors ? où en est-on ? qu'avez-vous de neuf à nous dire sur les commanditaires de ce crime commis, votre police étant ce qu'elle est, littéralement sous vos yeux ? » Anna Politkovskaïa était la conscience de la Russie. Elle doit devenir la mauvaise conscience de son président, le spectre qui le hante, son remords.

Et puis je recommande de mettre un bémol, enfin, à ces hommages dont on ne cesse de régaler le maître du Kremlin : un jour c'est l'Académie française qui le reçoit, entre deux opérations de vitrification à Grozny, comme s'il était une autorité littéraire et morale ; un autre ce sont des anciens, futurs et présents ministres des Affaires étrangères qui rivalisent de flagornerie pour exalter sa contribution à la cause de la démocratie ; et un autre, deux semaines à peine avant le meurtre, c'est notre président lui-même qui lui remet les insignes de grand-croix de la Légion d'honneur, le plus haut grade dans l'ordre le plus élevé de la méritocratie républicaine.

Humble supplique, alors, à Jacques Chirac. Vous avez, Monsieur le Président, statutairement le droit, s'agissant d'individus soit « pénalement sanctionnés », soit « ayant commis des actes contraires à l'honneur », de prononcer radiations et suspensions. Le sort de cette femme abattue comme une chienne alors qu'elle incarnait, précisément, l'honneur de la Russie étant un acte clairement contraire à l'honneur, et de lourdes présomptions, sinon de culpabilité, du moins de complicité pesant sur le maître du pays, par ailleurs criminel de guerre avéré, une mesure de « suspension provisoire » du type de celle que vous avez prononcée, il y a quelques années, à l'encontre du général tortionnaire Aussaresses me semble s'imposer. Le temps, encore une fois, de l'enquête. Le temps d'en avoir le cœur net. Faute de quoi l'élévation de cet homme au rang le plus élevé de la compagnie dont vous êtes le grand maître restera comme un crachat – à la face d'Anna Politkovskaïa et à la nôtre.

19 octobre 2006.

Eloge du politiquement correct. Pourquoi pas une loi sur le génocide arménien ? La Turquie doit attendre. Le Lawrence des frères Poivre d'Arvor. La haine de l'Occident est une vieille idée des fascistes.

Conférence à Milan, dans la « Aula Magna » de l'Université, là même où, il y a trente ans, je venais expliquer à une jeunesse tentée par l'extraparlementarisme que le terrorisme était un fascisme. Le sujet, ce matin, c'est le « politiquement correct ». Et je surprends en disant que d'accord la liberté de parole sans limite ; d'accord le ridicule des campus américains où l'on censure Blanche-Neige par respect pour les nains ; d'accord encore, cent fois d'accord, sur la folie de ces féministes réécrivant la Bible en remplaçant « Dieu le père » par « Dieu le père-mère » ; mais, en même temps… ; est-ce qu'elle est si folle que cela, en même temps, l'idée que c'est dans la langue que se sédimente l'archive du malheur ? est-ce que, dans le sud des Etats-Unis par exemple, l'assimilation du parler raciste à un délit n'a pas changé les choses ? est-ce qu'une dose de politiquement correct n'est pas, autrement dit, la bienvenue sur les deux ou trois fronts – racisme donc, antisémitisme, reconnaissance des génocides – où se noue et joue le lien social ?

Y compris les Arméniens ? Je veux dire : y compris s'agissant de ce génocide arménien dont un récent projet de loi, adopté en première lecture, propose de criminaliser la négation ? Eh bien oui, après tout. Je ne vois pas au nom de quoi l'on traiterait, sur ce point au moins, différemment les génocides. Et le grand argument en faveur de la loi Gayssot, l'argument développé par Claude Lanzmann par exemple dans un éditorial récent des *Temps modernes*, l'argument qui, en gros, rappelle que, dans le cas de la Shoah, la négation était dans le crime, qu'elle en faisait partie intégrante et que c'est dans le même geste que l'on tuait et que l'on effaçait la trace de la tuerie, cet argument-là, je ne vois pas comment l'on refuserait de l'opposer à un négationnisme dont le principe est, hélas, strictement identique. La liberté de l'historien est une chose, la loi en est une autre. Jamais la loi Gayssot n'a empêché un historien de travailler – une loi sur le génocide de 1915 réduirait au silence les braillards turcs néofascistes, elle ne gênerait nullement le libre travail de la recherche.

Je n'ai rien, je l'ai souvent dit, contre le *principe* de l'adhésion de la Turquie aux traités européens. Mais quant aux *faits*… Comment, quand on s'en tient aux faits et que l'on voit l'état de fureur où cette affaire de génocide continue de mettre les élites turques, comment, quand on voit leur colère à l'annonce de l'attribution du Nobel à un compatriote, Orhan Pamuk, dont le crime est de « croire » au génocide en question, comment, face à la montée de l'islamisme radical dans le pays qui fut celui de Mustafa Kemal, comment, face au néoantisémitisme qui se répand, au mensonge d'Etat qui fait loi sur les questions kurde et chypriote, comment, face aux violations des droits de l'homme dans les prisons d'Ankara, envisager la chose à court ou même moyen terme ? Les critères économiques d'adhésion sont une chose : on peut y arriver assez vite. Les critères moraux en sont une autre : elle suppose évolution profonde, conversion, révolution des âmes et des cœurs – tout le contraire du « vous voulez un mot sur les Arméniens ? une déclaration de conformité ? les voici » dont les Turcs sont capables mais qui ne seront jamais que l'oblique génuflexion du dévot pressé d'entrer dans la maison commune et qui, donc, ne vaudraient rien.

Turquie toujours. Sur la route de Milan à Rome – où l'on présente une version film d'« American Vertigo » – le hasard des lectures me fait tomber sur « Disparaître », le roman d'Olivier et Patrick Poivre d'Arvor (Gallimard). C'est le pari, qui m'a toujours passionné, de reconstituer les dernières pensées d'un grand esprit réduit au silence (Lawrence, dans le petit hôpital du Dorset après son accident de moto). C'est, entre confidences chuchotées, récits imaginés, faux documents, articles apocryphes, tout le mystère de l'auteur des « Sept piliers de la sagesse », que revisitent les deux frères (particulièrement réussi, le personnage de Lowell Thomas, l'inventeur de la légende dont on voit se mettre en place l'aigre, la folle, la presque comique haine de son objet). Mais c'est aussi, par la force des choses et du décor, une plongée dans cette scène du début du dernier siècle (Levant, révolte contre les Turcs, fin des empires, naissance des nationalismes arabe et juif) où nous sommes, à l'évidence, plus que jamais.

Autre lecture qui n'a rien à voir – encore que… « L'occidentalisme » de Ian Buruma et Avishai Margalit, chez Flammarion. Sous-titre : « Une brève histoire de la guerre contre l'Occident ». Et, sous ces titre et sous-titre, une thèse – que dis-je ? une démonstration – dont je n'ai pas besoin de souligner, non plus, la brûlante actualité : cette guerre contre l'Occident, cette haine de l'Europe et de l'Amérique en passe de devenir religion planétaire, le relativisme culturel, l'idée que l'universalisation des valeurs de démocratie et de droits de l'homme ne sera jamais qu'un abus de pouvoir des peuples riches contre les peuples prolétaires, l'anti-impérialisme pavlovisé sur fond de prétendu respect des identités, bref, tout cela, toute cette soupe idéologique qui est l'ordinaire du progressisme contemporain, a une généalogie qui n'est autre – mais oui ! – que celle des fascismes européens.

26 octobre 2006.

Pour oublier, un instant, les tribunaux ségolutionnaires.

Pour qui en aurait assez de l'affaire des tribunaux ségolutionnaires, pour ceux de mes lecteurs qui auraient le sentiment de m'avoir suffisamment entendu faire l'éloge de Dominique Strauss-Kahn et pour tous ceux qui, enfin, ont compris que la France n'est plus exactement le nombril du monde, quelques mots d'une autre élection dont on parle bizarrement moins : l'élection américaine dite de « mid term » qui doit, le 7 novembre prochain, renouveler le Congrès, la moitié du Sénat et la totalité des gouverneurs des Etats.

La première remarque – mais elle va quasiment sans dire – c'est que s'il y a bien, dans le monde d'aujourd'hui, une élection vraiment mondiale, s'il y a une élection dont dépend rien moins que la paix et la guerre entre les nations, s'il y a une élection où se joue l'avenir du Proche-Orient, celui de l'Iran et de ses futurs arsenaux, celui de l'Europe et de sa monnaie, de la France et de sa prospérité, s'il y a une bataille politique où se décide jusqu'à l'avenir le plus concret, le plus physique, de la planète (cf le Protocole de Kyoto et le refus, par Bush, de le ratifier), c'est bien cette élection américaine.

La seconde – qui tient à la singularité de son mode de scrutin – c'est que cette élection mondiale est aussi une élection locale. Mieux : du fait de ce fameux système des « swing states » qui voit dépendre les majorités présidentielles et, aujourd'hui, législatives de menus glissements de voix dans une poignée d'Etats à l'opinion incertaine mais à l'horizon pour le moins limité, la plus mondiale des élections du monde, celle où se tranchent, encore une fois, les choix les plus brûlants et les plus planétaires du moment, est aussi la plus régionale. Effet papillon, si l'on veut. Equivalent politique de la loi énoncée par les théoriciens du chaos et qui veut qu'un battement d'ailes de papillon au Brésil puisse déclencher un tremblement de terre à Kobé. C'est ainsi. Nous en sommes là. La décision de quitter ou non l'Irak, le type de sanctions opposé à l'Iran d'Ahmadinejad, le maintien de l'alliance avec le Pakistan ou le rééquilibrage en faveur de l'Inde, la guerre antiterroriste, la question de savoir s'il s'agit bien d'une guerre et contre qui, le règlement ou pas de la question palestinienne, la politique commerciale vis-à-vis de la Chine, tout cela va se jouer sur une petite phrase d'un ancien joueur de foot black en Pennsylvanie, sur la question du mariage gay dans le Sud Dakota ou les deux Carolines, sur la crédibilité des promesses faites à tel lobby d'agriculteurs de l'Ohio ou sur les réactions de la frange la plus pieuse de l'électorat cubain aux frasques homosexuelles d'un élu de Floride sans importance collective.

Et puis ma troisième remarque, enfin, c'est que tout le monde, en France et en Europe, fait comme si Bush et les siens étaient le visage même de l'Amérique. Tout le monde – c'est même *le* lieu commun le plus couru dans la plupart des commentaires sur l'Amérique contemporaine – fait comme si les Etats-Unis étaient submergés, que dis-je ? emportés par un courant conservateur aussi profond qu'irrésistible et qui serait, qu'on s'en réjouisse ou qu'on le déplore, la tendance lourde de l'époque. Or la vérité n'est pas celle-là. La vérité, si l'on prend les choses de haut et, surtout, dans la longue durée, la vérité, si l'on veut bien changer de perspective et ne plus juger de ce grand pays à la seule aune de ses humeurs récentes, la vérité, donc, c'est que la vraie tendance lourde des quarante dernières années, le vrai mouvement de fond, celui qui a changé le visage de l'Amérique en général et celui du Sud en particulier, c'est la révolution des droits civiques, la bataille pour l'égalité des minorités et des Noirs, le triomphe de la liberté des mœurs et des corps, la victoire, en un mot, non seulement de Martin Luther King, mais de la révolution idéologique des sixties. Et la vérité c'est donc que Bush, face à cela, face à la métamorphose d'un pays passé, en moins d'un demi-siècle, du Ku Klux Klan à l'antiracisme d'Etat, face aux acquis irréversibles, par exemple, des luttes féministes et d'un droit à l'avortement auquel les femmes américaines ne renonceront plus à aucun prix – la vérité c'est que Bush et la « lame de fond conservatrice » supposée noyer le pays risquent d'apparaître assez vite, face à tout cela, pour ce qu'ils sont : une péripétie ; un effet de surface ; un moment, juste un moment, de recul dans une longue histoire qui est celle d'une révolution démocratique réussie ; un combat d'arrière-garde ; un baroud d'honneur ; le dernier sursaut de la Bête qui sait qu'elle a perdu et qui joue son va-tout. Ma troisième remarque est un pari : que le reflux est amorcé ; que ce n'est même pas un reflux puisqu'il n'y avait pas, à proprement parler, de vague ; et que les Démocrates, pour cette raison au moins, l'emporteront le 7 novembre et commenceront de limiter, pour les deux ans qui restent, la liberté de manœuvre de la Maison-Blanche.

Je reviendrai vite aux élections françaises. Je reviendrai sur les raisons pour lesquelles les jeux électoraux me semblent, dans notre pays aussi, loin d'être faits. Mais voilà. C'étaient, en attendant, les dernières nouvelles de la plus ancienne, de la plus vivante, des démocraties du monde.

2 novembre 2006.

Salut à Bernard Frank. Saddam Hussein et son procès.

J'ai connu Bernard Frank au *Matin de Paris*, où nous tenions bloc-notes, l'un et l'autre, au début des années 80. Il avait déjà ce visage désaccordé, malice et amertume mêlées, qui changeait d'âge en cours de conversation. Il avait ce côté star du muet, bourru, on n'est pas là pour faire du charme, qui était ce qui lui restait de sa saison existentialiste. Et il écrivait les mêmes chroniques qu'aujourd'hui – paresseuses et subtiles, grands textes et papiers collés, un coup littérature, un coup gastronomie, une histoire de déménagement devenue scène de roman et le goût de Diderot pour les harengs mis sur le même pied que celui de Gide pour Oscar Wilde. La gauche – c'est-à-dire, à l'époque, l'essentiel du journal et de ses lecteurs –

observait avec méfiance ce curieux personnage qui préférait les poneys sauvages à Boulogne-Billancourt et Chardonne à André Stil : était-il le Mitterrand des lettres ? la réincarnation d'Emmanuel Berl ? était-ce un nouveau cas de ce fameux grand écart entre « esthétique de droite » et « idéologie de gauche » qui troublait les militants et qu'il fallait, en la circonstance, rien de moins la double bénédiction de Claude Perdriel et Jean Daniel pour réussir à leur faire avaler ? La droite littéraire qui, au même moment, relevait la tête et se voyait bien reprendre les rôles, tombés en déshérence, du répertoire Hussards, ne savait pas trop non plus, de son côté, sur quel pied danser : était-il son agent à La Havane ? son émissaire dans le camp adverse ? était-ce un personnage de « Feu follet » égaré dans l'un de ces films de Jean Renoir auxquels ressemblait encore, en ce temps-là, la sociologie d'un organe de presse voué à la défense du Programme commun ? et qu'est-ce que c'était d'ailleurs, au juste, que cette histoire d'article de 1952 censé avoir baptisé, donc, les « Hussards » mais dont on se souvenait, quand même, qu'il était paru dans *Les Temps modernes*, soit dans le quartier général du parti ennemi ou, pour mieux dire encore, dans l'antre du diable ? C'est tout cela qui a disparu ce samedi dans un restaurant parisien de la rive droite qui ne lui ressemblait pas tellement. Cette ambiguïté unique et magnifique. Cette façon de faire œuvre avec presque rien et de construire une légende en parlant chaque semaine tout en s'ingéniant, cependant, à ne laisser quasi pas de traces. Et puis, pour qui se souvient de la sorte de couple qu'il formait avec l'auteur de « Bonjour tristesse », pour qui les revoit, à Equemauville ou ailleurs, rire, vivre ou faire, comme disait Flaubert, double pupitre, c'est aussi – comment ne pas y songer ? – le dernier morceau de Sagan qui s'en va.

On peut – et c'est mon cas – être un opposant de la première heure de la guerre américaine en Irak. On peut – c'est évidemment aussi mon cas – être un adversaire inconditionnel du principe même de la peine de mort. On peut juger – et c'est encore mon sentiment – qu'exécuter Saddam aujourd'hui, pour le seul massacre des 148 chiites de Doujaïl, aurait pour principal effet de stopper les autres procès, de bloquer net le travail de la mémoire et de la vérité et de passer aux oubliettes, notamment, les 180 000 Kurdes massacrés de l'opération Anfal de 1988. Reste qu'on ne peut pas, pour autant, accepter sans réagir la frivolité de certains des commentaires qui accueillent, depuis dimanche, le verdict de Bagdad. Il n'est pas vrai qu'un procès qui a duré un an, qui a permis d'auditionner des centaines de victimes et de témoins, d'examiner des milliers de documents, de découvrir des fosses communes par dizaines, soit un procès bâclé. Il est non seulement faux, mais insultant pour les juges, procureurs, avocats, qui ont mis leur propre vie ainsi que celle de leurs proches en danger pour que ce procès ait lieu, de répéter, comme des automates déréglés, que cette justice irakienne, imparfaite mais naissante, maladroite mais déterminée, était une parodie de justice, un simulacre, une farce. Ou plutôt on peut le dire, oui, mais comme le disaient, toutes proportions gardées quoique exactement dans les mêmes termes, ceux qui, après la défaite du nazisme, virent dans les tribunaux de Nuremberg, puis de Jérusalem – je cite là l'épilogue d'« Eichmann à Jérusalem », de Hannah Arendt –, des « tribunaux de vainqueurs » appliquant des « lois rétroactives » et cherchant les « félicitations » du « président des Etats-Unis » pour le « bon travail » accompli. Je ne compare certes pas l'incomparable. Mais, sur un point au moins, comparaison vaut raison. Hitler s'est suicidé. Staline et Mao sont morts dans leur lit. Mengistu, le Negus rouge, coule des jours tranquilles au Zimbabwe. Les victimes de Pinochet ou de Pol Pot ont attendu des décennies – une vie – pour que l'on songe à inquiéter leurs tortionnaires. Les victimes de Saddam, elles, ont eu, dès le lendemain de sa chute, l'humble consolation d'un commencement de justice. Et Saddam Hussein lui-même a eu ce droit qu'il a refusé, vingt-quatre ans durant, aux innombrables hommes et femmes qu'il a assassinés : des avocats, des témoins à charge et à décharge, des débats, bref, un procès contradictoire, diffusé en quasi-direct dans tout l'Irak et soumis, qu'on le veuille ou non, à des règles et procédures formelles – le premier du genre dans le monde arabe et, à certains égards, dans l'histoire des dictatures déchues.

9 novembre 2006.

Dieudonné fils de Le Pen, bis. Pour Redeker. L'affaire Brenner. Eloge du valet de chambre. A bientôt, Barack Obama !

Dieudonné chez Le Pen. C'est comme, l'année dernière, Tariq Ramadan chez les altermondialistes français et anglais. Ou le dramaturge Harold Pinter, jadis, dans les comités de soutien à Milosevic. Ou le bon Noam Chomsky passant logiquement, implacablement, d'un négationnisme à l'autre. C'est presque trop beau pour être vrai. Trop vrai pour ne pas faire froid dans le dos. Il y a des moments où l'on a l'impression que ce n'est plus la peine de se fatiguer, qu'il faudrait juste laisser faire, laisser dire, et que l'Histoire s'écrit toute seule. « Dieudonné fils de Le Pen… Le Pen n'avait que des filles… Eh bien, voilà, dans sa clémence, Dieu lui a enfin donné un fils et il s'appelle donc Dieudonné… » Je l'ai écrit ici. Dans ces termes. Il y a deux ans. Et je me demande même si l'ex-comique n'a pas essayé de me faire un procès pour avoir énoncé cette évidence. Maintenant, donc, cette confirmation. Cette image. Cette grimace de la vérité et d'un court-circuit qui est, hélas, celui du moment.

Marre, en même temps, de la politique. Il y a des moments, comme cette semaine, où l'on n'a tout à coup plus envie de commenter ce ballet trop bien réglé où chacun est dans son rôle et où ce sont les événements eux-mêmes, les vrais, qui semblent s'être mis aux abonnés absents – Ségo, Sarko, boulot, dodo, quel ennui… Envie, ces semaines-là, de parler du reste. Les petits riens du reste et de la vie. Ce ciel d'aquarelle apocalyptique; ce matin, à Los Angeles. Cet érudit californien à qui je parle de Durban, mon obsession depuis septembre 2001, et qui me répond : « ah oui, la ville d'enfance de Pessoa ». Cet autre qui m'apprend que Breton, oui, André Breton, fut, dans sa prime jeunesse, l'un des derniers correcteurs de la « Recherche du temps perdu » et que c'est à lui que la première édition du livre doit donc, selon toute vraisemblance, quelques-unes de ses coquilles géniales. Ou encore cette nouvelle de Balzac que je ne connaissais pas non plus, « Echantillon de causerie française », et qu'il faudrait pouvoir distribuer, mercredi 15 novembre, à Toulouse, à tous ceux qui viendront témoigner en faveur de Robert Redeker :

la philanthropie a tué le roman, explique l'auteur des « Contes drolatiques »; le droit, non seulement de rire, mais de médire et de blasphémer de tout, absolument de tout, voilà l'oxygène des civilisations.

Brenner ? Trop petit, pour le coup. Vraiment trop petit. Et trop triste de voir notre vieux compagnon, côtoyé pendant vingt-cinq ans chez Grasset, avec son bon sourire et son air de papillon de nuit, manipulé ainsi post mortem et jeté aux chiens qu'il préférait certes aux humains – mais tout de même… Car, enfin, pourquoi tient-on un tel journal ? Pour être publié, vraiment ? Et publié comme cela ? Brut ? Sans retouches ni remords ? Ce « De la misère en milieu écrivant » où un grand lecteur, un éditeur, brûle, devant nous, à petit feu, tout ce qu'il a un peu aimé ? On songe à saint Bonaventure obtenant de Dieu le droit de continuer ses Mémoires après sa mort. Ou à Chateaubriand rêvant de « ressusciter à l'heure des fantômes », pour corriger les épreuves des siennes. Ou au mot fameux de Hegel, mais dont on oublie toujours la fin : s'il n'y a pas de grand homme pour son valet de chambre, ce n'est pas parce que les grands hommes n'existent pas, mais parce qu'il y a trop de valets de chambre. Voilà. Hélas.

Et, en même temps, ce n'est gentil ni pour Brenner ni pour les valets de chambre. Car il y a deux lignes sur la question, n'est-ce pas ? Celle de Hegel qui est aussi celle de Joseph Roth dans un texte de 1937 rappelé par Alain Finkielkraut dans l'entretien si étrange mené, via Elisabeth Lévy, avec Rony Brauman et que publient les éditions des Mille et Une Nuits : la philosophie, non pas exactement du valet, mais du concierge comme symbole de l'abaissement moral de l'époque.

Et puis celle de Proust justement qui, lui, les aimait bien, les valets, et avait même tendance, parfois, à y voir ses seuls amis : il y a un joli livre de Jérôme Prieur (« Proust fantôme », Gallimard, réédité ces jours-ci chez Folio) où on le voit jouer aux dames avec sa gouvernante, s'acoquiner avec les liftiers du Ritz, soudoyer les chasseurs et les maîtres d'hôtel de Cabourg, tisser tout un réseau d'espions dans les maisons de passe et les bouges, bref faire société avec ce peuple de la nuit et de la ville. Pitié pour le valet !

Il y avait un grand sujet, pourtant, cette semaine. Ou, plus exactement, un vrai grand homme. Il est américain. Il s'appelle Barack Obama. Et, non content d'avoir été l'une des vedettes incontestées de ces *mid term elections* qui ont signé, comme prévu, la défaite de Bush et de Rumsfeld, il pourrait bien devenir l'un des candidats démocrates les plus sérieux pour la course à la Maison-Blanche dans deux ans. Ce jeune sénateur né d'un père kényan et d'une mère de Kansas City, ce politicien de couleur mais qui, pour la première fois, n'est plus le descendant d'une famille d'esclaves de l'Alabama ou du Tennessee, ce Clinton noir aux gestes de voyou magnifique mâtiné de King of America et dont le nom, en swahili, veut dire, paraît-il, « béni », il se trouve que je le connais un peu. Et donc, j'y reviendrai.

16 novembre 2006.

Les deux destins de Ségolène.

N'étant pas membre, grâce au ciel, de cette amicale d'internautes en folie qu'est en train de devenir le PS et n'étant nullement astreint, donc, à cet art de la langue de bois et de l'avalement de couleuvres en tout genre que l'on y appelle discipline de parti, je me sens parfaitement à l'aise pour dire les sentiments mêlés que m'inspire le triomphe de Ségolène Royal.

Je passe sur le cas de Dominique Strauss-Kahn, dont je persiste à penser, n'en déplaise à ceux qui ont déjà retourné leur veste, qu'il eût été le meilleur pour réinventer la gauche de gouvernement.

Je passe sur le sort de Laurent Fabius shooté à bout portant par le sourire au laser de la chasseuse d'éléphants – méritait-il cela ? n'était-il pas, en dépit de ses erreurs, l'un des rares hommes d'Etat de la galaxie socialiste ?

Je passe sur le personnage de Ségolène Royal elle-même, ce mixte instable de démagogie et de caractère, de narcissisme extrême et de vraie audace politique – je passe sur ce côté Blanche-Neige et Dame Blanche, Jeanne d'Arc pour âge cathodique et Immaculée Conception néosocialiste, je passe sur ce « ralliez-vous à mon tailleur crème ! inscrivez-y vos rêves, doléances et désirs d'avenir ! » que décrit Marc Lambron dans un portrait qui paraît ces jours-ci (« Mignonne, allons voir... », Grasset) et dont je recommande vivement la lecture.

Non. Le problème est politique. Centralement et fondamentalement politique. Et il tient à ce nœud gordien d'idées et de réflexes que la candidate désignée a moins de six mois, maintenant, pour trancher.

De deux choses l'une, en effet.

Ou bien elle va de l'avant dans ce qu'elle a, visiblement, de meilleur ; elle profite du mouvement qu'elle a créé et de la prodigieuse liberté qu'il lui donne pour continuer son bon travail de briseuse d'idoles, tabous et autres totems qui étouffent le discours progressiste depuis tant et tant d'années ; elle continue de tordre le cou, par exemple, à ce qui reste de robespierrisme dans le parti de Jules Guesde et de Georges Frêche ; elle dit l'horreur que lui inspirent, au passage, les derniers propos racistes dudit Frêche et, en dépit, voire à cause, du fait qu'il a contribué à la faire reine, elle invite son parti à exclure, cette fois pour de bon, le pourfendeur des « sous-hommes » et autres footballeurs trop « blacks » pour être tout à fait français ; elle liquide les résidus de conformisme marxiste qui n'en finissent pas de coller à la soi-disant gauche de la gauche ; elle finit de nous réconcilier avec le marché ; elle invente un blairisme à la française où le mot même de libéralisme cesserait d'être une insulte et un gros mot ; bref, elle modernise ; elle rénove ; la première femme de l'histoire de la gauche à postuler à la succession de Jean Jaurès et Léon Blum devient – quel beau symbole ! – l'agente de la providence ou, mieux, la ruse de l'Histoire qu'appelait de ses vœux Maurice Clavel quand, il y a presque quarante ans, il exhortait à « casser la gauche » pour « vaincre un jour, vraiment, la droite » ; et alors, oui, à la condition supplémentaire mais non négligeable qu'elle nous dise aussi à quoi devra, selon elle, ressembler une planète dont l'horizon ne s'arrête pas aux frontières du Poitou-Charentes, son plébiscite d'aujourd'hui puis sa victoire de demain seront une bonne nouvelle pour la France.

Ou bien elle suit, au contraire, l'autre pente – elle sort, en effet, des robespierrismes, marxismes, etc., mais en suivant cette deuxième pente qu'elle appelle la nostalgie de l'« ordre juste » et qui lui a fait commettre, déjà, ses premiers faux pas : les profs, tous cupides et paresseux ; les intellectuels transformés au mieux en « experts », au pire en « personnes-ressources » ; l'affaire des jeunes délinquants encadrés militairement; celle des élus qu'il conviendra, au nom de la nouvelle « démocratie participative », de faire surveiller de près par des jurys tirés au sort ; sans parler de toutes les questions difficiles, type entrée de la Turquie en Europe, dont elle ne craint pas de nous dire que ce sera à l'Opinion, c'est-à-dire aux Sondages, de décider le moment venu la façon dont on les arbitrera ; Mme Royal croit-elle vraiment cela ? est-elle cette opinionomane résolue ? cette girouette de l'idéologie tournant au gré de l'air du temps ? aurait-elle attendu de savoir ce que disaient les sondages avant de légiférer, comme Simone Veil, sur l'avortement ou, comme Robert Badinter, sur la peine de mort ? pense-t-elle, comme son conseiller Arnaud Montebourg, que nous entrons dans un temps de turbulence où compétence et expérience peuvent devenir, sic, de sérieux handicaps ? si elle le croit, c'est terrible ; si elle ne le croit pas mais croit seulement que c'est ce que ses futurs électeurs entendent et veulent qu'elle croie, c'est presque plus terrible encore ; car il y a dans tout cela un côté « l'œil du Poitou voit juste et le terrain, lui, ne ment pas » qui, pour le coup, ne rassure guère ; il flotte autour de ce royalisme-là, garanti province contre Paris et 100 % tradition française, un parfum de « travail, famille, matrie » qui n'augure, réellement, rien de bon.

Gauche moderne ou populisme ? Pragmatisme ou pureté dangereuse sur fond d'idéologie française et de défense du chabichou ? Nous en sommes là.

23 novembre 2006.

Et pendant ce temps-là...

Une information comme ça, en passant, au détour d'un programme de la chaîne américaine CBS annonçant qu'Al-Qaeda préparerait des attentats en Europe pendant la période des vacances de Noël. Et une interview, dans *Le Figaro*, qui ne fait pas non plus grand bruit et où Ali Belhadj, l'idéologue tueur de l'ex-FIS algérien, est encore plus précis puisqu'il nous annonce, lui, que la France, malgré sa politique antiaméricaine, pro-arabe, etc., malgré son indécrottable certitude d'avoir pris, une fois pour toutes, le parti des fameux « Français innocents » chers à un Premier ministre d'il y a vingt ans, ne serait pas épargnée et serait peut-être même, allez savoir, en haut de la liste noire... Que penser de cette annonce ? La nouvelle, même s'il ne faut pas la dramatiser, n'est-elle pas au moins aussi importante que la grande réunion des présidents de région socialistes ou que les guerres de clan au sein de l'UMP ? Et est-ce Tony Blair qui a raison lorsqu'il confie, en guise de testament politique, que la menace terroriste durera, dans les démocraties, autant que nos vies ?

Le Liban. L'assassinat, en plein Beyrouth, à bout portant, du jeune ministre Pierre Gemayel. Les regards qui, comme pour la mort de Rafic Hariri et comme pour celle, un an plus tard, des journalistes laïques, démocrates et antisyriens Samir Kassir et Gebrane Tuéni, se tournent tout naturellement vers Damas et, donc, vers le Hezbollah. Les ministres restants qui vivent la peur au ventre, car il suffirait, et ils le savent, que l'on en tue encore un, juste un, pour que le gouvernement n'ait plus le quorum nécessaire à la ratification du traité portant constitution du tribunal spécial chargé de l'affaire

Hariri. Et le pays du Cèdre qui, exsangue, sans forces, otage d'affrontements politiques, de luttes à mort, qui le dépassent, menace de replonger dans le cauchemar de la lutte de tous contre tous. Message, là aussi, aux fauteurs de guerre ? Nature et ampleur de notre solidarité avec ce pays ami, parent, souffrant ? Notre camp, en un mot, dans le conflit mondial déclenché par l'Internationale terroriste et dont il est, pour son malheur, devenu l'un des théâtres d'élection ?

L'Irak. Les 200 morts, jeudi dernier, de Sadr City, le quartier chiite de Bagdad. Un record, nous dit-on. L'attentat le plus meurtrier depuis mai 2003 et la fin de la guerre proprement dite. Sauf qu'il y a cette autre statistique qui tombe au même instant et qui parle de 130 morts par jour, en moyenne, pendant le mois écoulé. Cent trente morts, oui... On a bien lu : plus de quatre fois le fameux drame de Cana, par exemple, attribué à Tsahal, au Liban justement, l'été dernier, et qui souleva la tempête que l'on sait... Plus de quatre fois par jour, tous les jours, à l'arme blanche, à la voiture piégée, parfois à la porte des mosquées, l'équivalent de ce Cana qui, parce qu'Israël y fut mêlé, est resté dans les mémoires... Et, là encore, l'indifférence. Et, là non plus, pas un mot, ni dans les programmes, ni dans les débats, de cette précampagne électorale. Comme s'il suffisait de se gargariser du fait que la France, elle au moins, a vu juste depuis le début en refusant la guerre de Bush contre Saddam. Comme si la patrie que nous sommes du *nation building* démocratique n'avait pas quelque chose à dire, *aussi*, de la façon dont on peut, dont on doit, reconstruire l'Irak d'après Saddam.

Et puis l'Iran enfin. Cet Iran terrifiant, où règne un gang de néonazis, et dont le discours, ces jours-ci, revient de plus en plus à dire : « oubliez l'Irak, le Liban, Al-Qaeda… ou plutôt non, ne les oubliez pas tout à fait, mais laissez-nous nous en soucier pour vous… laissez-nous nous en charger à votre place… laissez-nous, en échange d'un peu de considération et d'une certaine indulgence à l'endroit de nos projets nucléaires, faire la police et la paix dans cette région qui est la nôtre et dont nous avons les clés… ». Un nombre croissant d'Américains, je le sais, sont sensibles à l'argument. De plus en plus de sénateurs, congressmen, voire membres de la très étrange commission Baker, semblent prêts à ce marchandage où l'on troquerait, donc, la « paix iranienne » au Liban et en Irak contre l'impunité de Téhéran dans son affaire d'armes atomiques. Que faut-il en penser là encore ? Sommes-nous prêts à ce Munich persan, sous couleurs américaines ? Ou restons-nous sur la position de fermeté de l'« Appel aux dirigeants européens » lancé, fin septembre dernier, par un groupe d'intellectuels français et qui mettait en garde contre tous les marchés de dupes proposés par le guide suprême Khamenei et son valet Ahmadinejad ?

Voilà quelques-unes des questions sur lesquelles on aimerait entendre Mme Royal, M. Sarkozy et les autres. Voilà le type de débats sur lesquels on voudrait que se joue, également, la bataille présidentielle qui s'annonce et qui, pour le moment, a l'air de passionner les Français. Sauf à se résigner à sa frivolité définitive. Et sauf à se laisser gagner par cette forme très particulière de vertige qu'est l'autisme, le provincialisme, d'un pays shooté à l'enfermement nombrilique et se fantasmant à l'abri des grandes fureurs planétaires. Jadis, on disait : la France seule. Aujourd'hui : l'antimondialisme. Mais gare, dans tous les cas, au réveil. Gare aux faits qui, non contents d'être têtus, ont parfois tendance à se venger. L'illusion n'a pas d'avenir.

30 novembre 2006.

Bruguière et le Rwanda. Les « ligues » du PSG. Ségolène au Proche-Orient. Pinochet-Castro-Chavez ? Lire Thomas Friedman.

J'ai de la considération pour le juge Bruguière. Et j'ai toujours trouvé qu'il faisait montre, face aux menaces terroristes, d'un courage et d'une ténacité sans égal. Mais quelle mouche l'a donc piqué dans cette affaire de Rwanda ? Et pourquoi ces déclarations où il nous dit que l'assassinat par le président Kagame, alors simplement chef du FPR, de son prédécesseur hutu Habyarimana, fut le déclencheur du génocide ? Pour l'assassinat, peut-être a-t-il raison – et l'enquête, dans ce cas, l'établira. Mais entre un crime politique (même établi) et un génocide (de cette ampleur), il y a un saut, que dis-je ? un abîme que des raisonnements pareils ne peuvent que recouvrir. Dire : « la mort de l'ancien président fut cause du massacre » c'est réduire le massacre à un effet ; une riposte ; une fièvre vague et qui aurait, finalement, eu ses raisons ; c'est oublier la dimension de préméditation, de planification, nécessaire à un crime contre l'humanité de cette envergure ; c'est entrer, qu'on le veuille ou non, dans la logique infernale du négationnisme.

Le PSG, franchement… Ce club qui porte le nom de Paris… Mieux, celui d'un quartier de Paris inventé par un certain Sartre et quelques autres… Je n'irai pas, comme Philippe Val, dans son bel édito de *Charlie Hebdo*, jusqu'à souhaiter la fermeture de ce club de footeurs de haine qui déshonore la capitale. Mais le Kop de Boulogne, oui, sûrement. Et les associations de nervis qui occupent les tribunes et sont à l'origine des actes de violence, oui aussi, sans l'ombre d'un doute et sans tarder. Dissoutes, elles se reconstitueraient autrement ? Interdites, elles trouveraient le moyen, sous un nouveau nom, de réoccuper le terrain ? C'est toujours ce que l'on dit. C'est l'argument que l'on nous ressort chaque fois que l'on met hors la loi un groupe de factieux. Or ces organisations de supporters en folie sont les groupes factieux de notre époque. Elles sont les équivalents postmodernes des ligues des années 30. On fête, cette année, le soixantième-dixième anniversaire du Front populaire. Ai-je rêvé, ou l'un des premiers gestes du Front populaire fut-il de dissoudre les ligues qui faisaient le lit du fascisme ?

Toujours le même malaise face aux ambiguïtés de Mme Royal. Et toujours le même sentiment d'avoir affaire, pour reprendre le mot de Kafka, à « une écuyère montant deux chevaux ». D'un côté le courage ; le cran ; le principe même de ce voyage, en pleine épreuve de force hezbollique ; sans parler des mots forts, sans équivoque pour le coup, adressés, le surlendemain, au Premier ministre israélien. Mais, de l'autre, face au Hezbollah justement et à ce député transformant Israël en un Etat nazi, l'énorme faux pas ; la bévue ; mais n'était-ce qu'une bévue, justement ? et une part d'elle-même ne croit-elle pas que la « démocratie participative », le « dialogue », le refus tous azimuts des « conventions », la résistance à la « langue de bois », passent par le fait de « parler avec tout le monde » et de tenir donc pour rien la frontière qui sépare un incendiaire d'un démocrate ? On peut n'être ni « machiste » ni « hostile » et se poser, sérieusement, la question de savoir où en sera la candidate, le jour venu, sur des questions dont dépend rien de moins que la paix, la guerre, l'avenir de la démocratie dans le monde.

En Amérique un dictateur, et même deux, quittent la scène : Augusto Pinochet et Fidel Castro, ces jumeaux qui, entre autres points communs, auront celui de finir leur vie sans avoir eu à répondre de leurs crimes. Un autre personnage s'installe, en revanche, au même moment et reprend le flambeau : le Bolivarien Hugo Chavez, triomphalement réélu, à Caracas, au terme d'une campagne où le populisme l'a disputé à un autoritarisme à peine déguisé. Chavez c'est l'ami du dictateur biélorusse, admirateur de Hitler et de Staline, Loukachenko. C'est celui de la Syrie, du Hamas et, encore, du Hezbollah. C'est l'homme qui a déclaré, lui aussi, que les Israéliens « critiquent beaucoup Hitler » mais font « la même chose et presque pire ». C'est l'allié des terroristes qui détiennent Ingrid Betancourt en Colombie. Et c'est, depuis son voyage à Téhéran, l'un des soutiens des ambitions nucléaires de l'Iran. Téhéran-Caracas : l'axe de fer de *l'oiligarchie* contemporaine ; la vraie internationale des marchands de pétrole et peut-être, demain, de mort.

Pour ceux que lasse une rhétorique anti-impérialiste dont les clichés font rage au-delà de la seule Amérique latine, il y a un livre à lire, cette semaine : celui de Thomas Friedman, l'éditorialiste, trois fois Prix Pulitzer, du *New York Times* – « La terre est plate » (Saint-Simon). On peut, et c'est mon cas, ne pas partager son optimisme technologique. On peut être en désaccord avec son parti pris ultralibéral et hyperdroitier. Mais il y a, dans cette peinture d'une planète où la révolution Internet a multiplié, dispersé et, finalement, redistribué les centres de pouvoir, une nouveauté d'approche, une originalité, pas vues depuis longtemps. La montée de la Chine ? De l'Inde ? La puissance des grandes firmes, désormais supérieure à celle de l'« Empire » en majesté ? Si, peut-être... Loin, très loin, à l'autre bout du spectre politique, les thèses de Toni Negri qui trouvent, là, une sorte d'écho... Ruse de l'idéologie. Nouvelles aventures de la dialectique.

7 décembre 2006.

Pinochet et Castro, encore. Halter contre Marcion.

Eh bien voilà. Augusto Pinochet est bel et bien mort cette fois-ci, dans son lit, tranquillement, emportant dans la tombe ses crimes et le secret de ses crimes. Amertume des rescapés. Tristesse des fils et filles de victimes qui savent que l'homme qui a brisé leurs vies n'aura plus à répondre, jamais, de ses forfaits. Et défaite, une fois de plus, de cette justice internationale qui, malgré l'opiniâtreté de quelques-uns, malgré le juge Garzon, malgré le juge Guzman, malgré les associations chiliennes et étrangères de défense de la démocratie, aura été bafouée, voire bernée, par une défense d'autant plus redoutable qu'elle savait pouvoir compter sur des alliés puissants et à peine dissimulés. Ah! les condoléances d'une Margaret Thatcher nous laissant entendre, sans se gêner, que l'aide des services de renseignement chiliens au moment de la guerre des Malouines valait bien, pour elle et pour les siens, quelques milliers de suppliciés, torturés à mort, assassinés... Oh! le tonitruant silence d'un ancien secrétaire d'Etat et Prix Nobel de la paix dont nous savons et qui sait lui-même – au moins depuis le film de Christopher Hitchens, « Le Procès de Henry Kissinger », qui le suit partout, comme son ombre, comme un remords – que pèsent sur lui de sérieux soupçons de complicité avec ce qui restera comme l'une des plus sanglantes dictatures d'Amérique latine... Pinochet impuni, Pinochet s'éteignant ainsi, doucement, entouré des siens, dans la paix, en ce jour qui – ô symbole – se trouve être, de surcroît, la Journée internationale des droits de l'homme, c'est une honte pour le Chili, pour le monde, pour nous tous...

A propos de dictature sanglante, cela dit... Je signale à ceux que scandalise donc, comme moi, cette impunité pour un assassin d'Etat qu'il y a un autre dictateur qui est en train de connaître le même sort et qui n'a, lui, contrairement à Pinochet, même pas fait l'objet d'une tentative d'inculpation. Il s'appelle, cet autre dictateur, Fidel Castro. Son règne aura duré, non pas dix-sept, mais cinquante ans. Et il affiche un bilan dont le moins que l'on puisse dire est qu'il soutient plutôt bien, à la fin des fins, la comparaison avec celui de son rival et jumeau. 100 000 prisonniers politiques ayant, à un moment ou à un autre, tâté de son goulag version tropicale... Entre 15 000 et 17 000 fusillés (contre 3 200 assassinés, 28 000 torturés, au Chili) dont la seule faute fut de s'opposer, frontalement, à lui... Des centaines de milliers d'exilés (un nombre comparable à celui du Chili)... Sans parler des dizaines de milliers de « *balseros* » qui se sont noyés en tentant de fuir, sur des radeaux de fortune, l'enfer sur terre qu'est, très tôt, devenue l'île et qui sont, eux, en revanche, une spécialité cubaine... Je sais que les chiffres ne disent pas tout. Et j'entends bien qu'il faille se garder de ce que d'aucuns appellent l'« amalgame ». N'empêche. Les faits sont là. Et l'évidence du crime. Et l'inconséquence de belles âmes dont je suis prêt à parier qu'elles se presseront aux obsèques du « monstre sacré » avec la même énergie qu'elles mettent à déplorer, aujourd'hui, la défaillance de la justice pour le Caudillo. Allons, camarades et amis ! Un peu de cohérence ! Encore un effort, s'il vous plaît, pour être vraiment démocrates et républicains ! Il vous reste, il nous reste, un tout petit peu de temps pour, en hommage à tous les suppliciés de toutes les dictatures d'Amérique centrale et du Sud, souhaiter que Fidel Castro ait à comparaître pour ses crimes comme Pinochet.

Un qui sait de quoi il retourne en ces affaires : mon ami Marek Halter, vétéran, en Amérique latine et ailleurs, des luttes pour les droits de l'homme et qui publie, ces jours-ci, un livre qui n'a rien à voir – encore que... – mais qui n'en est pas moins, à mes yeux, d'une importance stratégique extrême. Il s'intitule, ce livre, « Marie ». Juste « Marie ». Et s'il est si important, c'est qu'en brossant la biographie de la plus célèbre des mères juives de l'Histoire, en rendant – car c'est de cela, d'abord, qu'il s'agit – son décor proprement juif à la naissance, la vie, la mort, de la mère d'un certain Jésus de Nazareth, il prend à la racine l'une des plus pernicieuses illusions modernes. N'importe quel chrétien sait que, de toutes les hérésies auxquelles le premier christianisme eut à faire face, la pire, la plus durable et, souvent, la plus meurtrière fut celle que l'on appela le marcionisme, du nom de cet évêque de Sinope, en Asie Mineure, qui prétendait nier et extirper les racines juives de la nouvelle foi. Eh bien c'est à eux, aux antimarcionistes conséquents, à tous ceux qui savent reconnaître le marcionisme jusque sous ses masques politiques les plus profanes, c'est à ceux qui, de Paris à Beyrouth et des pamphlets antisémites de Céline et Wagner à ceux de Roger Garaudy, savent voir la résurgence du marcionisme dans la folle énergie mise à prouver que le Christ n'est pas né juif, mais franc, germain, celte, druide, arabe, n'importe quoi mais surtout pas juif, c'est aux tenants impénitents, autrement dit, de cette alliance judéo-chrétienne et, en particulier, judéo-catholique pour laquelle je plaide, ici, depuis tant d'années et qui me paraît être, plus que jamais, l'un de nos moins mauvais remparts contre la tentation du pire, c'est à ceux-là, oui, à tous ceux-là, que s'adresse ce beau livre.

14 décembre 2006.

Daniel, Camus, Le Nouvel Obs *et notre jeunesse.*

Il y avait, dans *Le Monde*, il y a quelques jours, une photo tout à fait étonnante.

Elle illustrait un article sur les nominations survenues à la tête du *Nouvel Observateur*.

Présentant Claude Perdriel et Jean Daniel, ses fondateurs, assis l'un en face de l'autre, le cheveu blanc, la mine grave, la silhouette élégante mais un peu figée de princes-abbés du monde d'hier, elle était censée montrer le « coup de jeune » en train de rénover ce monument de la presse française.

Sauf qu'un je-ne-sais-quoi dans l'allure des deux personnages, dans leur maintien, dans ce que l'on devinait, en eux, d'ironique et altier, dans ce mélange qu'ils laissaient percer de détachement et de curiosité, de lassitude feinte et d'appétit inentamé, faisait que la photo disait l'inverse de ce que l'on voulait qu'elle dise et qu'il émanait d'elle un air de jeunesse irrésistiblement romanesque et sans pareil.

Question : qu'est-ce qui fait d'un octogénaire un jeune homme définitif ? quelle est cette juvénilité étrange, à la source généralement invisible, qui s'attache à certains êtres et qui, hélas, ne se transmet pas ?

Réponse (classique) : affaire de tête, pas de corps ; affaire d'âme, de caractère, plus que de muscles ou d'artères.

Réponse (spécifique – et que comprendront à demi-mot ceux qui suivent, comme moi, depuis quarante ans, l'aventure de cet hebdomadaire hors normes) : affaire d'oreille plus que d'âme ; affaire d'oreille, oui, une au moins, la troisième, qui fait que l'on continue, malgré le temps qui passe, malgré le succès, les lauriers, l'embourgeoisement qui va avec la prospérité, la normalisation marchande, la fatigue, à entendre, non seulement le grondement, l'impatience, la colère, mais le *désordre profond* du monde.

Hypothèse : un homme entre, vraiment, dans le grand âge quand il se met à n'entendre que d'une oreille (celle de l'ordre) et qu'il devient sourd de l'autre (celle du désordre).

Illustration de l'hypothèse : Sartre, perpétuellement jeune car en guerre jusqu'au bout contre le scandale, le désaccord parfait, le désordre, qui sont l'intrigue des choses.

Contre-illustration : son « petit camarade » Raymond Aron, tout de suite devenu vieux car tout de suite décidé à n'entendre que de la mauvaise oreille, la plus pauvre, celle des maîtres et experts en assentiment à l'ordre des maîtres.

Et exemple donc, ici : ces deux-là, inventeurs d'un journal qui incarna un peu de notre jeunesse et qu'ils continuent de tenir à la hauteur des exigences, rêves et révoltes de ce temps si lointain et qui demeure notre temps.

J'en étais là de ma réflexion lorsque je suis tombé sur le dernier livre de Jean Daniel, « Avec Camus » (Gallimard).

J'avais lu, ici ou là, qu'il s'agissait d'un éloge du journalisme à travers le portrait en pied de l'un de ses princes.

Mais non !

Bien mieux, justement, que cela – et davantage !

Car un livre qui, d'abord, est comme une « reconnaissance de dette » écrite par un toujours jeune disciple de Malraux, Dostoïevski, Nietzsche et, surtout, Gide, le maître décisif et, le plus souvent, inacquitté.

Car un livre qui, ensuite, revient, avec une belle rage, sur la double fascination de l'Innocence et de l'Histoire qui a été, tout au long du XXe siècle, le moteur secret, le cœur, de l'aspiration totalitaire et dont les thèses de « L'état de siège » ou de « La peste » furent, pour ceux qui eurent des yeux pour lire, un antidote subtil et radical.

Et un livre qui, enfin, revient sur ce qui fait l'air du temps d'aujourd'hui et dont Daniel traite les symptômes en « homme révolté » impénitent : le terrorisme et ses habits neufs islamo-fascistes ; la volonté de Pureté ou d'Absolu qui survit, moyennant amnésie, à ses incarnations communistes et nazies ; ou encore la récente guerre du Liban où il se risque à affirmer que l'auteur du « Mythe de Sisyphe » aurait désapprouvé la riposte « disproportionnée » des Israéliens tout en leur conservant la même « compassion admirative »…

Je ne suis pas d'accord avec toutes les thèses de ce livre qui saute parfois trop vite du fragment d'autobiographie à la grande scène historico-mondiale.

Il me cherche personnellement querelle, par exemple, sur la question de la relation de Camus avec Sartre et je ne suis pas convaincu, je l'avoue, par les arguments qu'il m'oppose.

Mais l'essentiel n'est pas là.

L'essentiel est que, d'un homme capable, à 86 ans, de cette page sur la tentation rimbaldienne d'un Camus comprenant, à 20 ans, que l'on puisse décider de cesser d'écrire, de ce grand témoin qui ne se sent pas plus contemporain, au fond, de telle péripétie de la guerre d'Algérie que du Congrès de la paix où, en 1867, Dostoïevski rencontre Garibaldi, Bakounine ou Edgar Quinet, de ce journaliste allant avec une égale aisance d'une réflexion sur l'éthique de son métier à une discussion avec Michel Foucault ou à une méditation passionnée sur la dialectique de la Promesse, de la Chute et du Rachat dans un monde qui a survécu à Buchenwald et au goulag, on continuera longtemps de dire qu'il est, plus que bien d'autres, « notre jeune homme ».

21 et 28 décembre 2006.

2007

Il était une fois 2006...

C'est l'année où le président de la République a attendu d'aller au cinéma pour réparer une injustice (les pensions impayées des anciens harkis).

C'est l'année où un ancien chancelier, en Allemagne, s'est empressé, sitôt son mandat achevé, de se vendre à un ancien kagébiste (Poutine, Gazprom et compagnie).

C'est l'année de l'entrée du polonium dans la *short list* des armes de destruction, non massives, mais minimales les plus sophistiquées et, dorénavant, les plus courues.

C'est l'année, partout, des femmes remarquables (Angela Merkel, Ségolène Royal, Michèle Bachelet au Chili, Ellen Johnson-Sirleaf au Liberia – sans parler, aux USA, du triummulierat Clinton-Condi-Pelosi).

C'est l'année du coup de boule de Zidane – à moins que ce ne soit celui, justement, de Ségolène dans son match contre les éléphants.

C'est l'année de la « panenka » du même Zidane, à moins que ce ne soit celui de la même Ségolène : ni à droite, ni à gauche, mais au centre – n'est-ce pas le programme commun aux grands tireurs au but et aux politiques avisés ?

C'est l'année, dans les stades et hors des stades, d'une montée sans précédent du *mate-racisme* et de l'antisémitisme – comme dit la jeunesse dorée de Milan : « *Maserati si, Materazzi no* ».

C'est l'année où Peter Handke, affichant sa serbitude jusqu'à la nausée, s'est définitivement déshonoré.

C'est l'année où, dans cette affaire Handke comme dans quelques autres un peu plus tôt ou un peu plus tard (Harold Pinter défendant lui aussi Milosevic, Noam Chomsky défendu par Hugo Chavez), on a eu le choix entre le politiquement abject et le politiquement correct.

C'est l'année où l'ancien comique Dieudonné a décidé de donner à Le Pen le fils qu'il n'a pas eu et c'est l'année où les Le Pen (père, fille et, désormais, fils) ont fini de banaliser le Front national.

C'est l'année où des caricaturistes danois, un pape, puis un philosophe, ont repris le mot d'ordre voltairien « écrasons l'infâme » et c'est l'année où l'on a vu les huissiers de la bien-pensance rétorquer : « que l'infâme écrase Voltaire ».

C'est l'année où l'on a constaté, comme d'habitude, que 32 morts à Beit Hanoun avaient cent fois plus d'écho, donc d'importance, que 250 000 au Darfour.

C'est l'année où l'humanité est restée les bras croisés, par conséquent, comme de coutume, face à un génocide annoncé.

C'est l'année où un Etat membre des Nations unies (l'Iran) en a condamné un autre à mort (Israël) – froidement, sans se gêner, et sans que cela émeuve outre mesure une opinion mondiale tétanisée (en avant vers un Munich persan!).

C'est l'année où la lutte des classes a définitivement cédé la place à la lutte des mémoires et des victimes.

C'est l'année où a triomphé, à Cannes, puis dans le monde entier, un film complotiste, obscurantiste, révisionniste : « Da Vinci Code ».

C'est l'année, partout, de toutes les théories du complot : Israël, Vatican, internationales et maçonneries diverses et variées, les juifs encore, les Danois, l'Opus Dei, les neocons aux Etats-Unis, les mafias russes et tchétchènes, j'en passe – partout des vérités cachées ; partout des acteurs clandestins et opérant dans l'ombre de la scène apparente ; encore quelques années et c'est la réalité elle-même qui disparaîtra, vaincue par les assauts de cette *rétrologie* (une autre réalité, mais derrière, en retrait et, de ce fait, plus réelle et plus vraie).

C'est l'année où les réserves de change de la banque centrale chinoise ont atteint le chiffre faramineux de 1 000 milliards de dollars – menaçant d'implosion le système financier international.

Ce fut aussi le montant total (1 000 milliards de dollars) des ventes d'armes, dans le monde ; et c'est encore celui du volume des échanges, chaque jour, sur les marchés boursiers et monétaires (autre vertige… autre bulle… autre prise en otage du réel par le virtuel…).

C'est l'année où il s'est confirmé que la vraie source de l'ignorance n'est pas dans la rétention, la rareté, la censure de l'information mais dans son déferlement, dans le flot ininterrompu des nouvelles et des commentaires, dans le tsunami des chaînes, des écrans, des nouveaux supports, des blogs.

C'est l'année des blogs justement, c'est-à-dire du nombrilisme planétaire.

C'est l'année, cependant, où le nombre des *ex-bloggers* a rejoint celui des bloggers – preuve que le nombrilisme n'est peut-être pas, tout compte fait, un journalisme.

C'est l'année où un Valéry postmoderne aurait pu s'écrier : « nous autres, *Libération*, savons désormais que nous sommes mortels ».

C'est l'année où l'on a enfin compris qu'il ne fallait plus dire : « le climat se détraque » mais « la planète se réchauffe ».

C'est l'année où Saddam Hussein a été jugé (un procès plutôt digne) puis exécuté (le jour de l'Aïd el-Kebir, comme un animal – quelle erreur ! quelle faute !).

C'est l'année où un ami de Philippe Noiret, venu sur le canal Saint-Martin, s'est écrié : « je ne veux pas mourir sans que soit résolue, pour de bon, la question des SDF » – quel panache ! quel texte !

C'est l'année où il est devenu clair que la fin de l'Histoire, pas plus que la Révolution, n'est un dîner de gala.

4 janvier 2007.

Le gibet de Saddam. Aux tentes, citoyens !

Oui, naturellement, l'exécution de Saddam fut une erreur. Elle le fut à cause du moment choisi. A cause de la manière. A cause des insultes et quolibets poursuivant le condamné jusqu'à la dernière seconde. Mais elle le fut aussi pour une raison de fond touchant à l'histoire même de l'Irak et des crimes qui y furent commis. J'imagine un dictionnaire politique du siècle prochain. Et j'imagine, à l'article Saddam, ce qui fera désormais figure de vérité, non seulement judiciaire, mais historique : « dictateur, etc. ; né etc. ; mort, le 30 décembre 2006, au terme d'un procès où il fut reconnu coupable du meurtre de 143 villageois de Doudjaïl, village du nord de l'Irak où etc. ». Et les gazés de Hallabja ? Et les autres villes et villages détruits du pays Chiite ? Et les centaines de milliers de Kurdes génocidés, au moment de la guerre avec l'Iran, parce que soupçonnés, comme les Arméniens en 1917, d'être une cinquième colonne au service de l'ennemi ? Et les salles de torture ? Et les ossuaires dans tout le pays ? Et les disparus en grand nombre ? Ignoré, tout cela. Pas évoqué au procès, donc juridiquement éteint et, dans le grand livre des morts qu'est aussi l'histoire des hommes, effacé, dénié et comptant dorénavant pour rien. Gershom Scholem expliqua un jour à Hannah Arendt, que l'exécution d'Adolf Eichmann ne fut qu'en apparence une peine capitale car, avec sa façon de suggérer qu'à des crimes sans pareil on avait opposé une peine elle aussi maximale, avec sa façon de dire : « voilà, c'est terminé, qu'on le pende et qu'on n'en parle plus, qu'il paie et la page sera tournée », elle avait constitué, en réalité, une sorte de peine minimale – « un dénouement faible, concluait Scholem, pour des crimes colossaux ; une fin presque burlesque pour une tragédie sans précédent »… Eh bien même chose pour cette exécution à la sauvette de Saddam Hussein. Même chose pour ce dictateur dont le procès inachevé et, en vérité, à peine commencé laisse un goût d'amertume. Une peine qui minimise. Une peine qui banalise. Une peine – et une mise à mort – dont on a tout lieu de craindre qu'elles ne signent le premier acte de la grande entreprise révisionniste qui accompagne toujours les massacres de quelque ampleur. Sans parler des nigauds qui, comme cet homme de théâtre, l'autre soir, dans l'émission de Frédéric Taddeï, ne tarderont pas à s'exclamer, en songeant aux derniers instants du despote offerts, via Internet, au voyeurisme planétaire : « quelle dignité ! quelle allure ! »… Là, en effet, est le pire. Et le comble pour une justice qui, croyant condamner, atténue le crime et exalte le criminel.

Je connais les arguments opposables, si j'ose dire, au grand ramdam médiatique déclenché par les enfants de don Quichotte plaidant, à la veille de Noël, pour un nouveau droit au logement inscrit dans le marbre de nos lois. Démagogie, dit-on… Démocratie d'opinion et d'émotion… Tous ces hommes politiques qui – à l'exception, soit dit en passant, de Sarkozy dont l'honnêteté oblige à dire que c'est lui qui, bizarrement, lança le premier, dès octobre, dans son discours fleuve de Périgueux, la formule désormais fameuse de ce « droit opposable au logement » – tous ces politiques, donc, qui opinent, qui en rajoutent et qui, sans avoir l'air de réaliser qu'ils n'auront ni les infrastructures ni l'argent pour tenir, le moment venu, les promesses qu'ils lancent à qui mieux mieux, s'engouffrent dans la brèche et sautent sur le manège en folie de ce nouveau « SDF show »… Et puis ce parfum de contrôle social, enfin, qu'un disciple sérieux de Foucault ne manquerait pas de renifler dans cette demande, faite à l'Etat, de régler le problème de la pauvreté en en terminant, une fois pour toutes, avec ce scandale des « sans feu ni lieu », autrement dit des « sans abri », dont la fixation, puis le renfermement, marquèrent, à en croire « L'Histoire de la Folie », l'entrée dans l'âge classique… N'empêche. Il y a, *tout compte fait*, quelque chose de profondément réjouissant dans le spectacle de ces fils, non seulement de Cervantès, mais de Coluche contraignant la classe politique à prendre acte, en vingt jours, d'une réalité qu'elle ignore depuis vingt ans. Il y a quelque chose de magnifique dans cette victoire inattendue, dans une France que l'on disait frileuse, repliée sur elle-même, indifférente à la misère qu'elle côtoie, de l'esprit de Quichotte sur celui de Tartuffe ou de Pilate. Faire voir ce que l'on ne veut pas voir : l'âme de la philosophie. Rendre visible, juste visible, cette part d'elles-mêmes que les sociétés s'arrangent pour plonger dans l'invisibilité : le principe même, le premier mot, de la philosophie dite politique. N'auraient-ils fait que cela, leur rôle se serait-il borné à mettre sous les projecteurs cet envers de notre monde, cette part d'ombre et maudite, cette nuit dont nous ne voulions pas prendre acte et qui, pourtant, nous constitue, leur contribution au débat se serait-elle résumée à dire que cette humanité de la marge, presque résiduelle, dépouillée de tout et d'abord, encore une fois, de lumière, est une humanité de *prochains* dont le premier droit est d'être éclairés, oui, d'abord et littéralement éclairés, après quoi viendra le reste des droits et, notamment, le droit à un logement décent – que nous devrions rendre grâce, déjà, aux amis d'Augustin Legrand. L'esprit du Picaro est bien là.

11 janvier 2007.

Ahmadinejad et Chavez contre les pauvres. Moravia aurait 100 ans. Le trou noir pakistanais. « Belle du Seigneur » selon Nicole Avril. Poutine, voyou ?

L'événement de la semaine ? Il a fait moins de bruit, en France, que l'entrée en campagne de Sarkozy ou l'éloge, par Ségolène Royal, de la « rapidité » de la justice chinoise. Mais c'est la rencontre au sommet – et aux portes de l'Amérique – d'Ahmadinejad et Chavez se donnant du « camarade révolutionnaire » par-ci, du « frère en anti-impérialisme » par-là, et réfléchissant comme deux mafieux, ou deux spéculateurs, sur le moyen de faire grimper les cours de leur pétrole. Le tiers monde appréciera. Je veux dire les nations prolétaires, les vraies, celles dont un point d'augmentation du baril suffit à paralyser l'économie et à plonger les populations dans la désolation et la misère. La gauche et la droite ? La lutte des classes à l'échelle internationale ? Bien sûr. Sauf que, vu depuis la planète des pauvres, l'ennemi principal d'aujourd'hui, c'est moins les Etats-Unis que les *oiligarchies* du Venezuela et d'Iran.

Ce sera, cette année, le centenaire de la naissance d'Alberto Moravia. Et les éditions Arléa ont eu la bonne idée de publier « Une certaine idée de l'Inde » – le récit, inédit en français, du voyage qu'il fit, en 1961, en compagnie de Pasolini. Difficile de faire plus différent que ces deux-là. Difficile d'imaginer tempéraments plus opposés que ce voyageur à l'anglaise, disciple de Stendhal et de Sterne, précis, presque froid, décrivant d'une plume sèche « le bleu vitreux et terne » de la mer au large de Bombay ou les concentrations de lépreux qui « blessent le regard » – et puis, tirant du même voyage une « Odeur de l'Inde » (Folio) à peine mieux connue, l'homme des errances nocturnes dans les taudis, la « bête assoiffée » d'« expériences », uniformément érotiques et mystiques... Moravia et Pasolini comme Corneille et Racine. Ou

Voltaire et Rousseau. Ou Sartre et Camus. Avec, au passage, de fortes notations sur les vraies raisons – que feraient bien de méditer les anti-impérialistes pavoisés d'aujourd'hui – de ce sous-développement qui semblait, à l'époque, coller à l'Inde comme un destin.

L'autre événement de la semaine : John Negroponte, chef du renseignement américain, reconnaissant que le Pakistan est le vrai sanctuaire d'Al-Qaeda. C'est ce que, depuis mon livre sur Daniel Pearl, je me tue à répéter. C'est ce que j'ai dit, ici même, dans un bloc-notes (12 mai 2005) où je montrais comment chaque chef terroriste livré par Moucharraf correspondait à un moment clé, bien calculé, de son bras de fer avec les Américains : Abou Zoubeida quand le Pakistan réclame ses F16 gelés par le Pentagone ; Naeem Noor Khan au milieu d'une négociation sur un nouveau prêt de 3 milliards de dollars ; Khaled Sheikh Mohamed, la veille du jour où les Pakistanais vont voter, au Conseil de sécurité, contre la résolution sur la guerre en Irak ; Abou Faraj al-Libbi, la semaine où ils refusent au FBI le droit d'interroger lui-même le docteur Folamour soupçonné d'avoir livré à la Corée du Nord et à l'Iran les secrets de la bombe... Eh bien, de même que Spinoza ne s'offusquait pas que le fou puisse, lui aussi, dire à midi : « il fait jour » – de même je me réjouis qu'un bushiste de choc commence de reconnaître la très probable erreur qu'aura été, depuis vingt ans, l'alliance stratégique avec Islamabad.

Depuis le temps que j'attendais le jour où quelqu'un nous expliquerait que « Belle du Seigneur », le chef-d'œuvre d'Albert Cohen, ce livre qui fut comme un roman d'éducation pour tant de jeunes Français de la fin des années 60, n'est pas une apologie mais un procès de la passion amoureuse ! Eh bien, c'est chose faite avec le « Dictionnaire de la passion amoureuse » que signe Nicole Avril chez Plon. La différence entre Casanova et Don Juan. La rupture de Kierkegaard et Régine. Les amours inexplicables selon Proust. Dora Maar chez Lacan. Frida Kahlo sur son lit de supplice et de volupté. Le mystère Brontë. La mémoire des corps et l'amnésie des âmes. Pourquoi l'expression d'un sentiment peut être plus obscène que l'exhibition d'un organe. Piaf et le professeur Unrat. Jules, Jim, Anna Karénine. L'autre poète de Charleville. Tout y est. Tout. Jusqu'à ces belles pages, oui, sur la malédiction de l'amour chez Cohen et sur le fait que, à la fin des fins, dans le huis clos de la chair éperdue de l'autre chair, c'est toujours la mort qui gagne. Hélas.

Cent jours sans elle. Cent jours sans Anna Politkovskaïa, journaliste assassinée, le 7 octobre dernier, dans la cage d'escalier de son immeuble, en plein Moscou. Nous sommes quelques-uns, ce lundi, à être venus nous recueillir, sur le parvis de Notre-Dame, en hommage à cette grande dame qui fut l'honneur de la presse libre. De Romain Goupil à Robert Menard, d'André et Raphaël Glucksmann aux militants des droits de l'homme qui ont, par ce petit matin froid, pris la peine d'être là, des questions simples, sur toutes les lèvres : qui a tué notre amie ? qui a commandité le meurtre ? les enquêteurs, à Moscou, ont-ils mission d'élucider l'affaire ou de l'étouffer ? et quant à leur patron, le dictateur Poutine, n'y aurait-il pas lieu, dans le doute, de prononcer sa « suspension provisoire » dans l'ordre de la Légion d'honneur où il fut, quelques semaines avant le crime, promu dans le grade le plus élevé ? C'est à Chirac de se prononcer. Et à l'opinion de le lui demander.

18 janvier 2007.

Cette campagne est lamentable...

Il y a eu le démarrage en fanfare de Ségolène Royal salué, comme il se devait, par la plupart de ceux qui, comme moi, auraient préféré un Strauss-Kahn.

Il y a eu l'entrée en lice de Nicolas Sarkozy avec son désormais fameux discours d'investiture dont chacun a reconnu, à gauche autant qu'à droite, le souffle, l'ambition.

Mais après ?

Contre l'une, les procès d'intention aussi bêtes que méchants : tant d'énergie consacrée à commenter l'affaire de la « bravitude » – quelle misère !

Contre l'autre, des attaques ad hominem d'une violence inouïe : cet incroyable « rapport Besson », par exemple ! ce fait sans précédent qu'est la confection d'un rapport tout entier destiné à démolir, non le programme, mais la personne de l'adversaire !

La première, oui, que l'on vient tourmenter sur des questions de patrimoine qui se révèlent, après que les harpies de la transparence ont enquêté, parfaitement insignifiantes (ah ! les mystères de La Sapinière... oh ! l'inépuisable ressource de ce thème de l'argent caché...).

Le second, que l'on qualifie de « caniche de Bush », quand ce n'est pas de « néoconservateur américain à passeport français », autant dire de « candidat de l'étranger » (on croyait cette rhétorique réservée au Front national – mais non, ce sont des hommes de gauche qui parlent ainsi…).

Le Front national, précisément.

Notre bon Front national qui, à la faveur de ce climat, ne se gêne plus pour pousser son avantage.

Le Pen, partout invité, constamment et respectueusement interrogé, qui n'a plus besoin de faire campagne tant la campagne des autres fait, en profondeur, le travail pour lui.

Comme il est loin, le temps où il allait de soi que le vieux chef fasciste n'était pas un homme politique comme un autre !

Comme il semble hors de saison, ce souci d'une « lepénisation des esprits » qui passait, ô combien justement, pour être l'affaire de chacun : plus personne, aujourd'hui, pour écouter même ce que dit le FN puisque, par un tour de passe-passe dont l'irresponsabilité sidère, c'est Sarko qui tient officiellement le rôle du facho !

La guerre, à la façon de l'extrême droite, des officines et des coups tordus.

La manufacture, partout, des petites phrases, des mots qui tuent, des calomnies et de leur drogue dure.

Les rumeurs qui font l'événement.

Le poids nouveau d'Internet, de ses vidéos pirates, de ses corbeaux Web mais, hélas, nullement virtuels.

Ces sites dont le nom laisse rêver : « jaimepaslesriches » ou « petitesphrases.com ».

Le populisme version pipolisme.

Ce côté « Star Ac » que prend, sur fond de sondage permanent, l'élection républicaine par excellence.

Quand a-t-on vu, en France, un couple épié, fût-ce par retour de boomerang, comme le furent les Sarkozy ?

Où a-t-on vu les adversaires d'une candidate choisir comme angle d'attaque privilégié le couple atypique qu'elle forme avec son compagnon, François Hollande ?

Et le porte-parole de la candidate… Quand le porte-parole entre lui-même dans le jeu et, comme Arnaud Montebourde, en rajoute dans le sexisme et le machisme qui sont, depuis le début, le poison dont on la menace, n'est-ce pas le signe que c'est le système, tout le système, qui devient fou ?

Si, du reste. On a vu cela. Mais aux Etats-Unis qui, par parenthèse, sont en train d'en revenir. Alors que nous…

Traiterons-nous, toutes proportions gardées, le couple Hollande-Royal comme on a traité, là-bas, le couple Clinton ?

Et faut-il voir un clin d'œil de l'Histoire dans le fait que Hillary se lance dans la bataille au moment même où la campagne de son émule s'attarde dans des voies qu'elle a explorées et, sans doute, dépassées ?

Ce qui est sûr, c'est que nous tenons là notre première élection « américaine » au sens ancien, trivial, du mot.

Ce qui est incontestable, c'est que, pour la première fois dans une élection française, les idées comptent soudain moins que la gueule, ou l'aura, que l'on se fait.

Prenez un thème comme celui de la fiscalité.

Voyez comme, tout à leur obsession des failles dans le programme commun Hollande-Royal, les commentateurs passent à côté du seul fait qui pèse vraiment : c'est la première fois que, à droite comme à gauche, tout le monde s'accorde à considérer l'impôt comme une sorte de punition que l'action politique aurait pour seule fonction d'alléger – c'est la première fois que son rôle éventuellement citoyen, redistributeur, etc., est si allégrement, et unanimement, passé sous silence.

Tout à l'ego.

Champions de soi-même.

Des candidats occupés à nous donner une certaine idée, non de la France, mais de leur image.

Je sais bien qu'une campagne présidentielle est toujours, un peu, un corps-à-corps.

Mais tout de même !

Pas au point où c'est l'idée même du bien commun, de la délibération démocratique, qui cède à la loi du show !

Pour ceux qui croient à la politique et qui l'aiment, il y a là une situation qui ne peut pas durer sans devenir, très vite, désespérante, révoltante.

25 janvier 2007.

Je voterai Europe.

Un exemple encore de la médiocrité inouïe où se complaît, pour l'heure, cette campagne.

Il s'est produit, la semaine dernière, un événement considérable.

Nous avons assisté, le 26 janvier précisément, à un épisode qui passe en importance, et de loin, toutes les maladresses de l'une, toutes les manœuvres de l'autre.

Or ni l'un ni l'autre justement, ni surtout la presse, trop occupée, visiblement, à son décompte des coups bas, coups tordus et attaques à la vie privée qui deviennent l'ordinaire du web-village gaulois, n'y ont prêté de vraie attention.

Cet événement ce fut la tenue, à Madrid, d'un sommet européen.

Ce fut la réunion, autour d'Angela Merkel, des ministres des Affaires européennes des dix-huit pays ayant ratifié le projet de Constitution (plus les représentants de quatre pays, « engagés » dans le processus, mais l'ayant « suspendu » : le Portugal, l'Irlande, le Danemark, la Suède).

Sauf que, à ce sommet où, à l'exception des Anglais et des Hollandais, il y avait donc à peu près tout le monde, à cette première vraie réunion de travail d'après la Grande Panne des années 2005 et 2006, il manquait un pays qui n'est pas n'importe quel pays : pour la première fois dans l'histoire des sommets de cette sorte, pour la première fois depuis le traité de Rome jetant les bases, il y a cinquante ans, de l'une des rares révolutions réussies dont il ait été donné aux hommes et femmes de nos générations d'être à la fois acteurs et témoins, il y avait un absent, un grand absent – et cet absent c'était la France…

On prendra le problème par le bout que l'on voudra.

On ratiocinera qu'une nation en campagne n'est plus tout à fait elle-même et que ceci explique cela.

On se consolera en songeant que cette réunion n'avait pas, non plus, le statut des « grands » sommets style Nice.

On objectera même que l'on put, la veille, en marge du programme officiel, dans le cadre d'un colloque organisé par une fondation allemande, entendre un brillant exposé de l'ancien ministre Hubert Védrine.

Reste, hélas, le symptôme.

Reste le symbole, énorme comme un aveu.

Le fait même qu'une rencontre de cette nature puisse se tenir aujourd'hui sans nous, le fait que l'on puisse, à l'aube du IIIe millénaire, évoquer, sans la France, le futur d'une Europe au destin de laquelle elle a, depuis les tout débuts, si constamment présidé, le fait aussi, par parenthèse, qu'en vertu d'une ironie de l'Histoire presque plus grinçante encore, les dix-huit pays en question n'aient rien trouvé de mieux, pour baptiser leur Convention, que le beau nom d'« amis de la Constitution » qui est un nom français, né de la Révolution française puisque c'était le nom du club installé, en 1789, dans le couvent des Jacobins – tout cela est, plus que lamentable, offensant ; plus qu'offensant, honteux ; et, plus honteux s'il se peut, signe d'une honte pour ainsi dire redoublée et au carré, est le fait que la chose soit passée comme une lettre à la poste, quasi inaperçue, sans que ni Mme Royal, ni M. Sarkozy, ni aucun des idéologues engagés dans cette campagne décidément de plus en plus provinciale, n'ait semblé avoir honte de cette honte.

Nous célébrions l'abbé Pierre – et c'était bien.

Nous nous réjouissions de la victoire du président Platini – un grand Français ! et, pour le coup, une belle campagne !

La France passait de l'un à l'autre, switchait, dribblait littéralement, du pouvoir de la compassion au pouvoir footballistique avec une aisance ahurissante – et, à la limite, pourquoi pas ?

Mais de cette perte de pouvoir-là, du fait que la France du non passait au même instant, et pour de bon, en deuxième division européenne, du fait que les ministres luxembourgeois ou espagnols puissent, dans leurs adresses et mises en garde, mettre l'un des pays fondateurs de l'Union sur le même pied, ou peu s'en faut, que la Pologne ou la Tchéquie, il n'était question nulle part – et c'est terrible.

Alors, il reste quatre-vingts jours, n'est-ce pas ? avant le premier tour de l'élection.

Il reste quatre-vingts jours, à chacun d'entre nous, pour choisir, posément, en conscience, celui des programmes qui lui semblera le mieux équipé pour conjurer cette tentation du déclin, voire de la sortie hors de l'Histoire, à laquelle la France des Lumières et des droits de l'homme semble, depuis quelque temps, céder.

Eh bien j'ai envie de dire que, pour les Européens de cœur et de savoir, pour ceux qui ont mal à l'Europe car ils savent qu'il n'y a pas de futur du tout pour une France qui tournerait le dos à l'héritage, sur ce point, de Valéry Giscard d'Estaing et de François Mitterrand, pour ceux qui savent que la France ne sera plus jamais grande, ni solidaire, si elle ne renoue pas, très vite, avec le bon génie de l'Europe, il y aura peu de sujets plus décisifs, que celui-là – j'ai envie de dire aux candidats que, pour moi par exemple, ce jour-là, il s'agira *aussi* de reconnaître lequel d'entre eux, ou d'entre elles, sera le plus décidé et, naturellement, le mieux armé pour effacer la honte et, d'une certaine façon, l'affront de Madrid.

1er février 2007.

Un dîner avec Ségolène

Elle savait, avant de me rencontrer, que je n'ai pas été, loin s'en faut, un chaud partisan de sa candidature.

Mais cela n'a pas l'air de la gêner. Et si je perçois bien, dans les premiers instants, au fond de cette salle à manger d'hôtel presque vide et sans doute trop solennelle où a été fixé le rendez-vous, un peu de réticence, voire de méfiance, ce qui me frappe c'est, très vite, l'étonnante fraîcheur, la liberté de ton, du personnage...

Ses gaffes par exemple... Ces fameuses gaffes dont tout Paris se gausse et qui vont de ses déclarations sur le Québec à ses incertitudes sur le nombre des sous-marins nucléaires de l'armée française...

Elle éclate d'un bon rire, sans coquetterie, juvénile.

« Ce n'est pas moi qui ai parlé, que je sache, de vitrifier Téhéran ; c'est le Président de la République, Jacques Chirac ».

Le maître d'hôtel nous interrompt pour prendre la commande – salade, filets de sole, vin blanc sec. Elle enchaîne ;

« Car est-ce que ce n'est pas drôle, à la fin ? Quand les autres font une gaffe on dit que c'est un lapsus. Quand c'est moi, ça devient une bourde ou une bêtise. Deux poids, deux mesures ! »

Puis, plus sérieuse, lueur froide dans le regard, le cerne autour des yeux se plissant légèrement.

« De toute façon ils me traquent. Mes collaborateurs, mes enfants, cette amie qu'ils viennent de barrer au Conseil supérieur de l'audiovisuel, moi-même et mes supposées bourdes : tout leur est bon ; ce sont des flics ; ils me harcèlent. »

Je lui fais observer qu'il n'y a pas que les bourdes et que sa phrase sur la justice chinoise, par exemple, dont elle a vanté, à Pékin, la merveilleuse rapidité...

« Cette phrase a été tirée de son contexte ! Je parlais de la justice commerciale. Pas de la justice pénale.

– Soit. Mais ce qui a troublé, c'est que vous étiez très en retrait, en même temps, sur la question des droits de l'homme. Et ce, alors que Sarkozy prenait des positions fortes sur le Darfour, la Tchétchénie, les dictatures…

– Oh Sarkozy et les dictatures ! »

Elle pouffe, juvénile à nouveau, presque gamine.

« La droite et les dictatures, je demande à voir… Mais, quant à ce voyage en Chine, je vous le répète : avec chacun de mes interlocuteurs, vraiment chacun, j'ai insisté, au contraire, sur le non-respect des droits humains.

– Justement : pourquoi dites-vous droits humains par exemple et pas, comme tout le monde, droits de l'homme ? On a l'impression que cela vous écorche la langue de dire juste droits de l'homme… »

S'engage alors un dialogue de sourds, très étrange, parfois surréaliste, où je lui explique que, pour la gauche antitotalitaire en train de se détourner d'elle, « droits de l'homme » n'est pas une formule mais un concept et que ce concept est chargé de toute une mémoire de souffrances, de résistances, avec laquelle on ne joue pas – et où elle, raisonneuse, intraitable, quelque chose d'aigu, presque d'osseux, qui s'imprime brusquement dans le haut du visage, m'oppose que non, c'est le contraire, et que, quand on lui dit droits de l'homme, elle ne peut pas ne pas entendre droits de l'homme au sens étroit, droits du mâle contre la femme, droits de son père face à sa mère, et que c'est pour cela qu'elle préfère dire droits humains.

« Récemment, insiste-t-elle, je parlais avec une villageoise malienne. Pour elle, c'est comme ça : si vous lui dites "droits de l'homme", elle comprend automatiquement les droits de la horde mâle qui dicte sa loi depuis des siècles. Alors, je prends le point de vue de la Malienne. Lequel est aussi, soit dit en passant, celui de n'importe quel enfant que vous interrogerez dans la rue. Et c'est pourquoi, oui, je tiens à élargir les choses et à dire "droits humains" ».

Sentant que le malentendu est maximal et que, dans cinq minutes, elle plaidera, comme les féministes américaines dures, qu'il faudrait essayer de dire « herstory » plutôt qu'« history » et qu'elle ne comprend pas pourquoi, dans les cours de catéchisme de son enfance catholique, on ne disait pas « Dieu le Père-Mère » au lieu de l'hyper machiste « Dieu le Père », je préfère, moi, changer de sujet.

Où en est-elle, avec ses rivaux ? Que se passe-t-il avec ce Parti socialiste dont on ne sait plus, à force, si c'est elle qui n'en veut pas ou lui qui, face aux sondages catastrophiques, se met aux abris et l'abandonne ?

« J'ai proposé une mission à Dominique Strauss-Kahn, lâche-t-elle, comme pour se justifier. Une mission sur la question fiscale. Et quant à Jospin… »

Le sommelier nous ressert. J'observe qu'elle mange de bon appétit, qu'elle boit bien : quelque chose de la bonne nature de Mitterrand avant sa maladie ; quelque chose, aussi, du coup de fourchette de Chirac – un signe ?

« Quant à Jospin, je lui ai téléphoné pour l'inviter le 11 et lui dire que sa place était là, à mes côtés ».

Elle a montré une chaise, près de nous, en retrait, que le maître d'hôtel a retirée quand nous sommes arrivés.

« Mais non. Il a dit non. Il a mieux à faire, apparemment, ce jour-là. Et… »

Un homme, à la table voisine, s'est levé pour venir lui dire qu'il l'admirait. Elle s'est levée aussi, bizarrement émue, plus rose que le rose de son tailleur, contente, son long et joli cou semblant s'allonger encore sous l'effet du contentement.

« Remarquez, reprend-elle en se rasseyant, je comprends Jospin. Qu'une fille comme moi, une Bécassine, lui passe devant pour l'investiture puis réussisse des choses où il s'est, lui, cassé les dents, je conçois que ça le fasse rager.

– Des choses comme quoi, par exemple ?

– Comme Chevènement… Jospin n'arrive toujours pas à comprendre comment j'ai pu avoir Chevènement alors qu'il pense, lui, que c'est de ne pas avoir eu Chevènement, et de l'avoir même eu contre lui, qui est la vraie raison de sa défaite. »

Je suis sur le point de lui rétorquer que ce n'est pas une telle affaire, non plus, d'avoir ou non dans son jeu le très souverainiste, très anti-européen, Chevènement. Mais elle poursuit – songeuse.

« D'ailleurs, oui… Il a perdu pourquoi, selon vous ? Vous avez une explication, vous, sur l'échec de Jospin, il y a cinq ans, face à Chirac et même à Le Pen ? ».

Puis, comme je lui réponds, à tout hasard, que c'est une forme d'élitisme politique qui, peut-être, ne passe plus et fut, alors, sanctionné : « c'est cela, oui ; c'est probablement cela ; et ce qui les énerve c'est ma volonté, justement, de rompre avec cet élitisme, cette arrogance ; prenez la démocratie participative ; je n'ai jamais dit que c'était la panacée ; ni qu'il fallait gouverner l'œil fixé sur l'opinion et en l'interrogeant à tout bout de champ avant de prendre les décisions ; mais écouter les gens, juste les écouter pour savoir ce qu'ils ont dans la tête alors que, depuis tant d'années, on leur assène nos vérités, ça oui, il fallait le faire et je suis fière de l'avoir fait. »

Nous parlons de sa vision de l'Europe ou de l'Iran – sujets où elle m'apparaît bien moins incompétente, franchement, qu'on ne l'a écrit ; n'aurait-elle pas, au demeurant, face aux échéances qui s'annoncent, et par rapport à tous ses concurrents, l'avantage non négligeable de pouvoir rallier, sinon à son panache, du moins à son tailleur blanc, une part des électeurs qui votèrent non, il y a deux ans, lors du référendum sur la Constitution ?

Elle me dit, au passage, qu'il est sans doute fini le temps de ces fameux tailleurs blancs que l'on a tellement commentés et associés à son image : le blanc de l'attente ; le blanc de la page blanche où il fallait que le peuple de France vienne écrire ses doléances en même temps que ses désirs d'avenir ; le peuple, maintenant, s'est exprimé ; elle va, dimanche prochain, traduire ce qu'elle a compris de ce qu'il lui a dit ; ce jour-là, me révèle-t-elle, sans doute parlera-t-elle devant un mur constellé des photos de ces innombrables hommes et femmes qu'elle a rencontrés ces dernières semaines et elle ne sera, face à ce mur de visages, sûrement plus vêtue de blanc.

Elle est certaine de gagner, dit-elle encore ; elle a un peu peur de cette échéance du 11 février où on l'attend tellement qu'une déception, bien sûr, est toujours possible – mais comme Hillary Clinton, qu'elle admire, elle est certaine, oui, de l'emporter sur ce camp conservateur, figé dans ses certitudes et incapable d'affronter les défis qui s'annoncent : « les banlieues, par exemple ? n'y a-t-il pas d'autre politique, face aux banlieues qui brûlent, que cette politique de pure répression qui fait considérer les émeutiers comme des sauvages, à la lettre des barbares, exclus de la Cité ? comme chez les anciens Grecs nous qualifions de barbares ceux qui n'ont pas, à la parole, le même accès que nous ; et cela est fou ; et cela est suicidaire… ».

Je lui dis encore, moi, pourquoi le rôle d'un intellectuel n'est pas de se rallier mais d'interpeller, poser des questions, voire des conditions, pour, à la fin, le plus tard possible, vraiment le plus tard, se prononcer – et elle écoute avec un air d'humilité qui tranche, lui aussi, avec sa réputation de maîtresse d'école autoritaire et glacée.

Il est minuit passé.

Le restaurant s'est vidé.

Un tout dernier mot sur ses lectures : un livre sur les femmes et le travail d'une certaine Dominique Méda dont elle semble surprise que je ne la connaisse pas ; le volume des « Contemplations » de Victor Hugo dont, me confie-t-elle, elle ne se sépare pas depuis quelque temps.

Je la quitte, toujours perplexe, certainement pas convaincu, mais avec le sentiment qu'on a peut-être été injuste – moi le premier – avec cette femme ; et qu'elle ne ressemble guère, en tout cas, à la statue – un peu gauche – qu'elle s'est sculptée.

8 février 2007.

Du rôle des intellectuels par temps de campagne électorale.

Qui se souvient des votes de Fernand Braudel ou de Levinas ?

Qui sait ce qu'un François Furet a voté en 1981 et 1988 ?

Et Foucault ? Et Lacan ? Et Barthes ? Et Deleuze ?

On en a une idée, sans doute, chaque fois.

Les biographes le savent, dans chaque cas, de manière probablement assez précise.

Mais le moins que l'on puisse dire est que ce ne fut la grande affaire ni de la vie ni, encore moins, de l'œuvre des intéressés.

Le moins que l'on puisse dire est que leur vote, lorsqu'ils ont voté, n'est pas resté dans les annales.

Et l'on se doit de le rappeler en ce début de campagne, décidément de plus en plus bizarre, où la question du « choix », du « ralliement », voire de l'« enrôlement » des intellectuels est en train de prendre une tournure pour le moins inattendue.

Entendons-nous.

Les intellectuels sont des personnes publiques et il est normal qu'ils s'expriment publiquement sur la question.

Les intellectuels sont des hommes et femmes d'opinion qui peuvent être conduits à rencontrer les candidats et il est naturel qu'ils le relatent comme je l'ai fait, ici, la semaine dernière, pour madame Royal.

Il peut même leur arriver – c'est mon cas avec Bayrou et, de manière plus ancienne, avec Sarkozy – d'avoir, avec tel autre, des relations cordiales, voire amicales, et il est honnête, alors, d'en faire état.

Mais quant au vote lui-même, quant au choix citoyen que nous serons tous, comme tous les citoyens, conduits, le moment venu, à faire et à rendre public, il obéit à des règles simples – si simples, et qui ont si régulièrement fait leurs preuves, qu'on a scrupule d'avoir à les rappeler.

Une règle de probité, d'abord. J'allais dire de modestie. Quelles que soient les vertus de tel ou telle, quel que soit l'engagement pris par l'un (Sarko) de rassembler la France de Jean Jaurès à Charles de Gaulle ou par l'autre (Ségo) de placer son mandat sous le signe de la lutte contre les dictatures, les purifications ethniques, les génocides, j'ai passé l'âge de croire aux personnages providentiels. Et mon choix, lorsque je l'exprimerai, sera un choix par défaut, un choix de moindre mal, un choix qui tiendra compte du fait que la politique n'est plus, grâces en soient rendues à nos maîtres en antitotalitarisme, le règne du Bien mais celui du préférable – ce ne sera certainement pas un choix de candeur et de ferveur.

Un principe d'efficacité, ensuite. Il faudrait dire de négociation, de marchandage. Car enfin de deux choses l'une. Ou bien les intellectuels ne comptent pas – et alors n'en parlons plus et fuyons les sergents recruteurs. Ou bien ils comptent un peu ; il y a des questions, des combats, des grandes causes, sur lesquels ils ont une expertise, une autorité, une sensibilité particulières ; et leur devoir est, alors, de troquer leur vote contre des mots, des gestes, qui ne seraient peut-être pas venus sans eux. C'est ainsi que nous avons fonctionné au moment de la guerre de Bosnie. C'est ainsi, sur ce ton, que nous interpellions la droite comme la gauche à l'époque où l'objectif était d'obtenir des visas, des bourses d'études ou des signes de bienvenue pour les dissidents réchappés de l'enfer communiste. Il n'y a pas de raison de changer de méthode. Il n'y a pas de raison, aujourd'hui, face au nouveau défi que représente la montée du fascislamisme de ne pas monnayer notre soutien contre des engagements clairs sur ce que l'on opposera, une fois élu, à quelqu'un comme Ahmadinejad.

Et puis une question, enfin, de calendrier et presque de timing. Car si tel est bien le but, si telle est bien, entre intellectuels et politiques, la règle du jeu la plus juste et, surtout, la plus utile à la bonne tenue du débat démocratique, pourquoi se précipiter ? pourquoi se prononcer trop tôt ? pourquoi ne pas prendre le temps, primo d'écouter ce que chacun et chacune ont à nous dire (courtoisie républicaine élémentaire), secundo d'obtenir plus, et plus encore, de ces gens qui sollicitent, après tout, nos suffrages (règle numéro un d'un rapport de forces bien mené) ? pourquoi, en d'autres termes, ne pas maintenir la pression, toute la pression, jusqu'à la toute dernière minute du tout dernier arbitrage ? Nicolas Sarkozy a eu le mérite de dire que le génocide au Darfour n'était pas un point de détail : je suis sûr qu'il peut aller plus loin et nous dire comment l'on peut, selon lui, arrêter les génocideurs. Ségolène Royal a trouvé les mots justes pour dénoncer les massacres en Tchétchénie et saluer la mémoire d'Anna Politkovskaïa, la journaliste russe, honneur de sa profession, abattue en plein Moscou : je suis sûr qu'elle a assez de caractère pour, si elle est élue, et si ses électeurs lui en ont préalablement donné le mandat, faire, elle aussi, davantage et harceler Vladimir Poutine jusqu'à ce que lumière soit faite sur les circonstances, pour le moins troubles, de cet assassinat.

Il reste soixante-dix jours avant l'élection.

Il reste, pour les flibustiers de l'esprit démocratique que sont les intellectuels, beaucoup à dire encore, beaucoup à demander, exiger, proposer, avant de se prononcer.

15 février 2007.

Crépuscule sur Téhéran ?

Il vient de se produire, sur le théâtre d'ombres qu'est la scène politique iranienne, une série d'événements dont on n'a pas toujours pris la mesure.

Ce sont, rapportés par le *Sunday Times*, les propos d'Ali Khamenei, leader spirituel de la République islamique, considérant que les provocations répétées du président Ahmadinejad vont « à l'encontre de l'intérêt national iranien ».

C'est le même Khamenei qui, dans un éditorial publié dans *La République islamique*, recommande à son protégé – faut-il déjà dire son ancien protégé ? – de cesser de « défier les grandes puissances » et de se « concentrer » sur « les problèmes quotidiens du peuple iranien ».

C'est la perte d'influence, au sein de la toute-puissante Assemblée des experts, et au profit de l'ancien président Rafsandjani, de l'ayatollah le plus dur du régime, chef de la faction « mahdiste » et, à ce titre, mentor, gourou, ayatollah personnel d'Ahmadinejad : l'ayatollah Mesbah Yazdi.

Et ce sont enfin les déclarations d'Ali Akbar Velayati qui est considéré, lui, comme le porte-parole de Khamenei et qui, interrogé par Bernard Guetta pour le quotidien italien *La Repubblica*, insiste lourdement sur le fait qu'il n'a « pas pris part » à la pseudo « Conférence internationale » sur la Shoah et qu'il désavoue, quant à lui, les propos négationnistes du président.

Alors il faut être prudent, naturellement.

Il faut se souvenir que les régimes totalitaires ont toujours excellé à souffler le chaud et le froid ; à inventer des factions prétendument modérées chargées de prendre le relais des factions radicales déconsidérées ; il faut se souvenir que le mécanisme de production d'un bouc émissaire brusquement accablé de tous les crimes commis en commun et disculpant, de ce fait, le reste de la secte est un grand classique du genre ; et je me souviens, moi, de ces années sombres où, avec quelques autres, nous tenions que la levée de la fatwa condamnant à mort Salman Rushdie était, exactement comme aujourd'hui la renonciation au nucléaire militaire, un préalable absolu à toute discussion normale avec l'Iran – je me souviens, oui, de toutes les fausses joies, de toutes les fausses bonnes nouvelles, de tous les prétendus infléchissements de ligne dont se gargarisaient les soi-disant experts et qui n'avaient pour résultat concret que de resserrer, chaque jour un peu plus, l'étau autour de notre ami.

Mais enfin…

Il n'est pas déraisonnable non plus de penser que, comme dans l'affaire Rushdie justement, la fermeté, la menace de sanctions ainsi qu'une pression qui a eu, cette fois-ci, le mérite de s'afficher à la fois financière et militaire, commencent quand même à payer.

Il n'est ni déraisonnable ni absurde de se dire qu'on a affaire à un régime qui, contrairement à l'Irak de Saddam Hussein, n'est pas un régime autiste, enfermé dans son propre délire, sourd et aveugle à l'évolution d'un rapport de forces qui lui devient défavorable.

Et, surtout, surtout, on est en train de découvrir que n'avaient pas complètement tort ceux des stratèges européens et américains qui misaient sur les ressorts d'une population civile trop occidentalisée, trop moderne et trop avide, tout simplement, d'exister pour accepter le Viva la muerte qui est devenu, au fil des mois, dans le plus pur style totalitaire, le seul programme de son président.

Alors, totalitarisme pour totalitarisme, et puisque le régime iranien est, on ne le répétera jamais assez, l'héritier des totalitarismes du XXe siècle, poussons la comparaison jusqu'au bout.

Et si ce qui se trame à Téhéran, dans l'entourage immédiat d'Ahmadinejad, était un lointain équivalent du complot du 20 juillet 1944 contre Hitler ?

Et si ce qui se joue, au sein des diverses instances censées donner son cap au régime, était la possible apparition d'une sorte de Gorbatchev qui, de glasnost obligée en pérestroïka tactique, finirait par se prendre à son jeu et à donner une voix, ce faisant, à cette jeunesse qui, l'an dernier, manifestait à visage découvert, dans les rues puis dans les urnes, son opposition à l'islamofascisme ?

Et si Ahmadinejad, Yazdi, leur clique, se retrouvaient dans la position de cette fameuse « Bande des quatre » dont le règne coïncida avec les pires crimes de la révolution culturelle chinoise et dont la chute sonna, très logiquement, le glas de la tyrannie ?

Et si l'Amérique était mûre pour un remake, non de la guerre en Irak, mais de « Nixon in China », ce bon opéra (de John Adams, Alice Goodman et Peter Sellars) inspiré d'un bon voyage (de Nixon et, juste avant, de Kissinger) chez l'Ennemi préalablement épuisé par des années de guerre froide à l'extérieur et de dissidence à l'intérieur ?

Il ne faut pas désarmer, naturellement.

Il faut, moins que jamais, baisser la garde.

Mais peut-être le moment est-il venu de réenvisager, aussi, l'autre voie : celle d'un dialogue qui, s'il est mené sans faiblesse et sur la base de ces nouveaux signaux que semble émettre Téhéran et dont on saura vite s'ils se confirment ou non, sera bel et bien, pour le coup, la continuation de la guerre par d'autres moyens.

22 février 2007.

Quand Raymond Barre se lâche...

Il est un peu plus de 20 heures, jeudi, sur France Culture.

C'est un grand universitaire, un ancien ministre et ancien Premier ministre, un ex-candidat à la présidence de la République, c'est Raymond Barre, qui est à l'antenne.

Et les fidèles de l'émission « Le rendez-vous des politiques » vont entendre tout à coup, pendant quinze longues, très longues, minutes, ce que l'on n'avait, je crois, jamais entendu sur une radio.

Je cite.

Interrogé sur le cas de Maurice Papon dont il fit, de 1978 à 1981, son ministre du Budget, il répond : « je ne le regrette pas » car « c'était un grand commis de l'Etat », un « parlementaire tout à fait raisonnable », un « modéré » et un « modéré » qui, de surcroît, s'est montré « très courageux » quand, en 1961, préfet de police, la tâche lui incomba – au prix, comme chacun sait, d'un bain de sang en plein Paris – « d'assurer la remise en ordre ».

Interrogé sur le rôle que joua, vingt ans plus tôt, dans la déportation des juifs de France, cet homme « courageux et modéré », il observe qu'un « jury d'honneur réuni par M. Papon » avait conclu qu'« il n'avait rien fait de contraire à sa responsabilité de grand commis de l'Etat » ; et à la question, ensuite, de savoir « si tous les fonctionnaires qui étaient en fonction à l'époque auraient dû abandonner leurs responsabilités ou rester pour essayer (c'est toujours lui, Barre, qui parle) de limiter la casse », il répond que « quand on a des responsabilités essentielles dans un département, une région ou un pays, on ne démissionne pas » – il déclare, plus exactement, qu'« on ne démissionne que lorsqu'il s'agit vraiment d'un intérêt national majeur » et pressé de dire alors si l'ordre donné aux préfets de rafler les enfants juifs et de les charger dans les trains de la mort n'était pas, précisément, un « cas d'intérêt national majeur », il a cette réponse tranquille et, il faut bien le dire, ahurissante : « non, ce n'était pas le cas, car il fallait faire fonctionner la France ».

Pourquoi, lui demande encore l'animateur, « Papon n'a-t-il pas exprimé de regrets ? ». Réponse : « parce que Papon était un homme fier » ; parce que Papon « est un homme qui exerçait de grandes responsabilités » et qu'« il n'était pas quelqu'un à dire : je regrette ce que j'ai fait ». Et l'ancien Premier ministre, sentant bien l'énormité de ce qu'il énonce, d'ajouter : « que vous me fassiez passer pour un antisémite, pour quelqu'un qui ne reconnaît pas la Shoah, j'ai entendu cela cent fois, cela m'est totalement égal, je voudrais que cela soit clair ».

Vient une question sur Bruno Gollnisch, responsable du Front national qui fut son conseiller municipal, à Lyon, et qui vient d'être condamné, lui, justement, pour propos négationnistes : « voilà, s'emporte-t-il à nouveau, vous revenez aujourd'hui avec toutes les petites critiques sordides que j'ai entendues » ; eh bien « je vais mettre les choses au point ; Gollnisch était mon collègue à Caen » ; c'est quelqu'un qui « se conduit correctement » ; c'est « un homme bien » ; c'était « un bon conseiller municipal et que ceux qui ne sont pas satisfaits de cela pensent ce qu'ils veulent ».

Et quant au mot fameux, enfin, prononcé au moment de la rue Copernic, quant à la petite phrase sur « l'attentat odieux qui voulait frapper les juifs se trouvant dans cette synagogue et qui a frappé des Français innocents qui traversaient la rue », quant à ce mot, donc, que ses amis de l'époque eurent la charité de tenir pour un lapsus, non seulement il l'assume, non seulement il dénonce « la campagne » orchestrée alors par « le lobby juif », mais il explicite le sens de ce qui n'est plus le moins du monde un lapsus : « ceux qui voulaient s'en prendre aux juifs auraient pu faire sauter la synagogue et les juifs ; mais pas du tout ; ils font un attentat aveugle et il y a trois Français, non juifs, c'est une réalité, non juifs » qui sont ainsi « châtiés » par erreur…

Il manque à cette recension le ton sur lequel tout cela fut prononcé.

Il manque la vulgarité haineuse de l'homme qui n'a rien à perdre et qui a choisi de se lâcher.

Compte tenu de la personnalité de cet homme, compte tenu de son passé et du respect qu'il a pu inspirer, il me semble difficile, pourtant, de tenir ce passage à l'acte méthodique, raisonné, presque glacé, pour un simple dérapage de vieillard irresponsable.

De deux choses l'une.

Ou bien on laisse passer ; on laisse dire que les fidèles d'une synagogue sont des juifs coupables et punis comme tels ; et c'est un signe terrible ; c'est un bond en arrière sans précédent ; c'est comme si le procès Papon, justement, n'avait pas existé.

Ou bien on tient ferme sur les principes sans lesquels la France républicaine, pour le coup, ne fonctionne plus ; et les propos de l'ancien Premier ministre doivent susciter un tollé national : les juges qu'il insulte en réhabilitant l'ancien secrétaire général de la préfecture de la Gironde, les victimes qu'il bafoue en considérant le terrorisme comme une méthode erronée au service d'un juste châtiment, le président de la République qui s'est honoré en reconnaissant la responsabilité de l'Etat dans Vichy, les candidats à la prochaine élection, les responsables de sa famille politique, tous doivent dire sans tarder, sobrement mais clairement, la nausée que leur inspirent les propos de M. Barre.

8 mars 2007.

Au jour le jour.

Retour du Darfour. Images d'horreur. Urgence. Au Rwanda nous avions, si j'ose dire, l'« excuse » de la soudaineté et l'on pouvait dire : c'est allé si vite, on a si peu vu arriver la chose, que les opinions n'ont pas eu le temps de se mobiliser. Mais là… Quatre ans… Quatre ! Les villages brûlés que je traverse, certains des survivants dont je recueille le témoignage, me parlent d'événements qui datent de l'été 2003 ! Et rien. Ce silence. Cette indifférence. Cette apathie, non seulement des Etats, mais des gens. Et ce, alors qu'existent les moyens d'agir, les solutions pour arrêter le massacre, les moyens de pression. J'y reviendrai.

Jacques Chirac, fin de partie. Emotion, malgré tout. Car peut-être pas, au bout du compte, un bilan si désastreux que ne le disent ses biographes. Je repense à l'Irak, naturellement. Mais aussi au Kosovo. Et, plus encore, à la Bosnie où il a, avec Bill Clinton, mis fin à la politique de collaboration avec le pire qui avait été, qu'on le veuille ou non, celle de Mitterrand et Balladur. De cela, de la décision, le 29 août 1995, de bombarder les positions serbes autour de Sarajevo – comme, encore, de ses mots si décisifs sur la responsabilité de l'Etat français dans Vichy et dans la tentative de destruction des Juifs de France – je lui saurai, personnellement, toujours gré.

Dans le livre de Renaud Revel sur Claude Chirac et sur le couple politique si étrange qu'elle forme, depuis dix ans et plus, avec son président de père (« L'Egérie », Lattès), cet axiome que, si l'on en croit l'auteur, il partageait, lui, en revanche, avec Mitterrand : « à grands événements, grand président ; seuls les grands événements sont en mesure de glorifier la fonction présidentielle. » Eh bien en voici un, Monsieur le Président, de grand événement. Je parle encore, hélas, des crimes contre l'humanité commis au Darfour. Je parle de ce qui deviendra, si nous ne faisons rien, le premier génocide du XXIe siècle. Et j'imagine la grandeur qu'il y aurait à achever votre mandat avec un geste fort à destination de ces morts sans nombre, sans nom, sans visage et souvent sans sépulture qui seront, un jour, notre remords.

Jamais ne me sont apparues si clairement que là, au Darfour, les limites de ce qu'il est convenu d'appeler l'action humanitaire. Oh, ces hommes et ces femmes, ces médecins, ces logisticiens, ces gens qui tentent, dans des conditions de difficulté et, parfois, de péril extrêmes, de soulager la souffrance des victimes sont, naturellement, des gens admirables. Ils sont l'âme d'un monde sans âme. L'esprit d'un monde sans esprit. Ils sont le soupir de la créature tourmentée. Un sourire dans une vallée de larmes. Mais le problème c'est la mise en suspens du politique qui en est, en même temps, le corrélat. Le problème, c'est cette façon qu'ont les politiques de nous dire : « les humanitaires sont là, ils font le boulot, tout va bien. » Relire, dans le roman inachevé de Balzac, « Les petits bourgeois », le portrait de Théodose de La Peyrade. Malheureusement, tout y est.

Est-ce l'éloignement qui, lorsque l'on revient, déforme les perceptions ? Ou cette campagne qui, réellement, tourne au ballet d'ombres et d'armées fantômes où l'on ne sait plus, ni qui est qui, ni qui vote pour qui et pour quoi ? C'est Roger Hanin qui, aux dernières nouvelles, voterait communiste au premier tour et UMP au second. Qu'il me pardonne. Mais je le préfère, franchement, en acteur. Ou même en romancier. Ce « Loin de Kharkov » truculent, déjanté, drolatique, rabelaisien, que je lis dans l'avion du retour et dont les personnages me rappellent ceux des premiers livres de lui que je l'avais, il y a vingt ans, si vivement encouragé à écrire.

Ils faisaient, je m'en souviens, hurler de rire François Mitterrand. Intacte est leur force baroque, rocambolesque, ironique.

Etait-il si nécessaire, vraiment, que Le Pen et Besancenot soient présents dans l'élection ? Et l'inconvénient de leur absence méritait-il d'aller, comme vient de le faire le ministre de l'Intérieur, jusqu'à forcer la main de ces maires de petites communes, républicains viscéraux, gens de bien, qui savent juste que ces deux-là ne sont, précisément, ni des républicains ni des démocrates ? Je vais sans doute choquer. Mais je pense, moi, qu'une présidentielle où l'on a déjà Laguiller et José Bové pouvait se passer de Besancenot. Et quant à Le Pen... Oh, quant à Le Pen, je renverrai juste à un autre livre : « Elu ! », le savoureux récit de politique-fiction que Guy Konopnicki publie, ces jours-ci, chez Hugoroman et où l'on voit, dans le détail, comment le programme du Front national est, à la lettre, d'inspiration fasciste.

Arrestation, pendant ce temps, dans un hôtel de Quetta, au Pakistan, du mollah Obaidullah Akhund qui fut le ministre de la Défense des talibans. L'événement se produit à quelques heures d'une visite-éclair du vice-président Dick Cheney à Islamabad. Et alors que les Etats-Unis s'inquiètent, à mots de moins en moins couverts, du double jeu de Moucharraf. Nouvelle illustration de la théorie que j'ai, plusieurs fois, exposée ici. A savoir : primo que le Pakistan est le vrai épicentre du terrorisme ; et, secundo, que ses dirigeants ont sous le coude, parfaitement localisés, tout un stock de hauts gradés d'Al-Qaeda qu'ils nous livrent un à un, tranquillement, au gré des besoins, c'est-à-dire des péripéties de leur relation tumultueuse avec l'allié américain. Jusqu'à quand, la comédie ?

15 mars 2007.

Qui a vraiment tué Daniel Pearl ? La clé du Darfour est à Pékin. Battisti et l'« identité nationale ».

Khalid Cheikh Mohammed, l'ex-numéro trois d'Al-Qaeda, arrêté en février 2003 au Pakistan, était-il donc l'assassin de Daniel Pearl ? Et est-ce lui qui, comme il l'a avoué aux enquêteurs de Guantanamo, a tué de ses propres mains le journaliste du *Wall Street Journal* ? J'avais, dans les dernières pages de mon livre-enquête, évoqué cette hypothèse qui circulait déjà, à l'époque, dans les cercles djihadistes de Karachi. Mais un certain nombre d'éléments – à commencer par le récit de Fazal Karim, l'homme qui tenait la tête de Pearl tandis qu'on l'égorgeait et qui est donc l'un des témoins oculaires les plus fiables de l'événement – m'avaient conduit, après examen, à l'écarter. Je n'ai pas changé d'avis. Et ce n'est pas ce que je sais – et que, là aussi, j'ai un peu *vu* – des conditions dans lesquelles peut se dérouler un interrogatoire à Guantanamo qui modifiera ma conclusion. Mohammed était sans conteste l'un des hauts responsables de l'armée du crime de Ben Laden. C'est lui qui, sans aucun doute, a inventé, à Manille, la stratégie de l'avion-suicide qui a eu, dix ans plus tard, sur le World Trade Center, l'effet que l'on connaît. Et le personnage étrange qu'il était alors, cet homme à la fois flamboyant et démoniaque, amateur de bonne vie, de filles, de grands hôtels et, en même temps, fanatiquement islamiste, était capable, je le crois, des actes les plus barbares. Et pourtant… Quelque désir qu'aient les Américains de classer l'affaire, de tourner la page et d'avoir le sentiment, surtout, que justice est faite, je suis persuadé, moi, hélas ! que l'assassin de Daniel Pearl, le vrai, n'est toujours pas identifié.

Urgence Darfour… SOS Darfour… Jusqu'à présent, c'étaient des mots. A peine des slogans. Et des slogans dont l'écho n'allait pas beaucoup plus loin que le petit cercle des militants qui, autour de François Zimeray et de Jackie Mamou, de Médecins du monde et sans frontières, s'époumonaient, depuis quatre ans, à dénoncer les crimes commis, dans l'indifférence quasi générale, par le régime islamiste de Khartoum et ses terribles miliciens à cheval. Depuis quelques mois, pourtant, les choses bougent. C'est un frémissement. Peut-être une prise de conscience. Presque un début de mouvement d'opinion. Jusqu'aux candidats à la présidentielle qui accepteraient, aux dernières nouvelles, d'inscrire le martyre du Darfour en tête de leur agenda de politique internationale ! Car les solutions, il ne faut pas se lasser de le répéter, existent. Elles passent par des sanctions sur le Soudan. Le gel de ses avoirs financiers à l'étranger. Le refus de donner des visas à ceux de ses dirigeants dont la culpabilité dans les massacres est avérée. Elles passent, aussi, par une pression sur le principal allié de Khartoum, la Chine, où doivent se tenir, en 2008, les prochains Jeux olympiques. Serait-il impensable, vraiment, de dire aux Chinois : « Non aux jeux du sang et de la honte » ? Serait-il inconcevable, franchement, de faire savoir à Pékin qu'il y aurait un vrai problème à voir des Olympiades se tenir dans la capitale d'un pays qui bloque systématiquement, au Conseil de sécurité des Nations unies, les résolutions visant à protéger les civils du Darfour ? La France peut dire cela. Notre prochain ou prochaine présidente de la République aura l'autorité requise pour tenir ce langage de fermeté et de justice.

Ainsi donc, c'est quelques semaines avant la présidentielle, et quelques jours avant son départ du ministère de l'Intérieur, que la police de Nicolas Sarkozy a miraculeusement retrouvé la trace de Cesare Battisti. Je n'ai pas envie de redire ici, pour la énième fois, l'horreur que m'inspirent le terrorisme et ceux qui le pratiquent. Mais je veux rappeler, en revanche, à tous ceux que cette opération absurdement électoraliste ne semble pas choquer plus que cela, un certain nombre de vérités élémentaires. Oui, Cesare Battisti vivait, quand cette affaire a commencé, sous la protection de la parole donnée, solennellement, par l'Etat français, aux anciens extrémistes italiens ayant renoncé à la lutte armée. Oui, Cesare Battisti a été condamné, dans son pays, pour des crimes qu'il a toujours niés et sur la seule foi du témoignage d'un repenti, c'est-à-dire d'un criminel achetant sa propre impunité en chargeant l'un de ses anciens complices. Et, oui, le régime italien de la contumace fait que, si le Brésil décide maintenant de l'extrader, Battisti n'aura pas droit à un nouveau procès et filera donc directement à la case prison à vie. Le problème, autrement dit, ce n'est pas seulement Battisti, ce sont les principes. Et ce sont ces principes simples que sont le respect de la parole donnée, la tradition du droit d'asile et le droit, pour chacun, quelque crime qu'on le soupçonne d'avoir commis, à un procès contradictoire où il puisse, une fois au moins, être confronté à ses accusateurs et à ses juges. Ces principes, que l'on y prenne garde, sont constitutifs du pacte républicain ; constitutifs de la morale démocratique ; et constitutifs surtout, depuis des siècles, de cette « identité nationale » dont on reparle beaucoup ces temps-ci – mais sans s'aviser, apparemment, que c'est avec des gestes comme celui-ci qu'elle est le plus insidieusement altérée.

22 mars 2007.

Le Darfour et l'Europe : bilan d'étape.

Acte 1. Un reportage dans *Le Monde*. Une une de *Libération* appelant à « agir ». Les *French doctor*s historiques que l'on voit, derrière l'ancien président de Médecins du monde Jacky Mamou, courir radios et télévisions sur le thème « la compassion, ça suffit ; vite, maintenant, des décisions ».

Acte 2. Un beau message du président de la République, Jacques Chirac, qui m'est remis dans l'après-midi et dont on me demande de donner lecture, le soir même, en ouverture du meeting organisé, à la Mutualité, par Urgence Darfour, SOS Darfour et la plupart des associations qui, depuis quatre ans, crient dans le désert leur indignation et leur rage : si les « exactions » continuent, répond enfin le président, si les « crimes contre l'humanité » se poursuivent, si l'on ne parvient pas à « juguler les milices qui sèment la terreur », la communauté internationale n'aura « plus d'autre choix », en effet, que de décréter des « sanctions » contre Khartoum.

Acte 3. Tous les grands candidats à la succession qui défilent à la même tribune pour déclarer : l'un (Bayrou) qu'il « n'y a rien de plus facile que d'arrêter cette tragédie » ; l'autre (Royal) qu'il suffit, pour contraindre le Soudan, de faire pression sur son allié chinois et que la meilleure des pressions sera d'« utiliser la date des Jeux olympiques », c'est-à-dire, en clair, de menacer de les boycotter ; le troisième (Sarkozy, dans un texte lu par Nicole Guedj) qu'il s'engage, s'il est élu, à un « durcissement décisif » et, s'il le faut, « unilatéral » des sanctions contre un régime dont il avait déjà dit, dans son discours d'investiture, qu'il se refusait à tenir les crimes pour un « détail » – sans parler du ministre des Affaires étrangères, Philippe Douste-Blazy, s'invitant en fin de meeting pour, non sans un certain panache, tenter d'expliquer une politique à laquelle, visiblement, lui-même ne croit plus.

Acte 4. Publiée, à la veille du sommet de Berlin, par *The Independent* de Londres en même temps que par quelques-uns des grands titres de la presse européenne, une « Lettre aux dirigeants européens » que signent des écrivains dont le moins que l'on puisse dire est qu'ils n'ont pas l'habitude de se trouver ainsi rassemblés (Harold Pinter et Vaclav Havel ; Günter Grass et moi ; sir Tom Stoppard ; Dario Fo ; Umberto Eco ; Seamus Heaney ; Franca Rame ; Jürgen Habermas) : « l'Europe qui a permis Auschwitz et qui a échoué en Bosnie ne peut pas tolérer les meurtres du Darfour » ; l'Union européenne dont on célèbre le cinquantenaire ne peut pas rester sans mot dire face à des « massacres » qui « répètent Srebrenica » ; que vaudrait cette « célébration », que pèserait notre « civilisation », si nous laissions, une fois de plus, se perpétrer un forfait d'une telle ampleur ?

Acte 5, enfin. La présidente en exercice de l'Europe, Angela Merkel, qui, à Berlin donc, le lendemain, et alors que, comme le raconte bien la presse de ce lundi (Stephen Castle, notamment, dans *The Independent*) la question du Darfour n'était pas inscrite à l'agenda du Sommet, hausse à son tour le ton et amplifie le mouvement : dénonciation sans ambiguïté des souffrances « intolérables » des Darfouris ; « appel au président Omar el-Béchir du Soudan pour qu'il se plie aux résolutions des Nations unies » ; annonce, « franche » et « solennelle », d'un « durcissement » de « sanctions » que l'entêtement prévisible de son régime rendra, hélas, « inévitables » – tout est dit !

Alors on parlera, si l'on y tient, de poussée de fièvre médiatique, d'emballement.

On ironisera, si la souffrance sans nom de ces millions de gens ne vous a pas ôté le goût de la polémique, sur ceux de ces responsables qui, sans rendez-vous électoral ni mobilisation des opinions, ne se seraient pas si clairement engagés.

On ne pourra nier qu'il s'est passé quelque chose, là, pendant ces jours miraculeux où la question, si longtemps occultée, s'est imposée soudain à tous – on ne pourra nier que la « loi du tapage » chère à Bernard Kouchner, la « loi du bon chantage démocratique » que j'ai évoquée dans ces colonnes n'aient produit, une nouvelle fois, quelques-uns de leurs effets.

Elections piège à cons ?

Oh non ! Elections, sommation.

Elections, occasion, pour tous les électeurs et pour ceux d'entre eux qui, en particulier, ont le moyen de parler un peu plus haut, de prendre leur champion au collet et, une fois élu, au mot : sur cette question-ci, sur la question de ces crimes qui, si nous ne faisons rien, constitueront le premier génocide du nouveau siècle, il n'y a plus place pour la querelle et il faut parler d'une seule voix.

L'avenir dira la part, dans l'esprit de ceux qui nous ont répondu, de la sincérité et du cynisme.

Et nous saurons vite s'il s'est agi d'un frémissement ou d'un sursaut, d'une fièvre sans lendemain ou d'une vraie prise de conscience.

D'une chose, en tout cas, il faut que nul ne doute : nous sommes un très grand nombre, en France et partout en Europe, qui, quoi qu'il arrive, ne lâcherons plus prise ; nous sommes (écrivains, humanitaires, citoyens de toutes origines, confessions, opinions) des millions et des millions qui exercerons jusqu'au bout, c'est-à-dire jusqu'à ce que paix s'ensuive, notre droit d'interpellation légitime et, en la circonstance, vitale.

29 mars 2007.

Une affaire Dolto ? La paix des Saoud. Une polémique bien inutile sur le Darfour.

Ah ! les familles…. Pour un cas – celui d'un Jacques Lacan où les ayants droit se conduisent avec scrupule et discernement – que d'abus de pouvoir, de ressentiments, de paranoïas, d'aigreurs ! Je me rappelle les polémiques autour d'Artaud et de son séjour à Rodez. Le cas de Baudelaire à l'agonie dont les proches semblaient n'avoir, déjà, d'autre souci que de verrouiller la mémoire. Barthes et ses leçons inédites au Collège de France, bloquées par François Wahl à l'époque où

La Règle du jeu voulait les publier. Tant d'autres… Et, maintenant, dernier en date, le procès fait à Daniela Lumbroso pour avoir osé s'emparer, elle, simple journaliste et, qui plus est, journaliste de télévision, de la vie et de l'œuvre de Françoise Dolto. Truffée d'erreurs, cette bio ? L'auteur dément point par point – et elle est convaincante. Incomplète ? Insuffisante ? Pas la somme que l'on attendait et que méritait le personnage ? Peut-être ; mais rien n'interdit à d'autres de s'y mettre ; jamais un essai biographique n'a prétendu épuiser ni geler son sujet. Légère, alors ? Vulgaire ? Il faudrait nous en dire plus, aller au fond des choses, détailler – ce que ni la famille, ni les amis de la famille, ni les amis des amis qui montent, l'un après l'autre, au front, n'ont, à l'heure où j'écris, daigné faire. Au lieu de quoi ces cris d'orfraie, ces invectives, ces procès d'intention aussi expéditifs que méprisants et dont la vraie victime est, pour l'heure, la mémoire de Françoise Dolto elle-même…

Evidemment qu'il faut prendre « en considération » l'initiative de paix dite saoudienne. Et Israël, par parenthèse, ne dit pas autre chose quand, par la voix de Shimon Peres, il répond : « un diktat, non ; le préalable du retour des réfugiés, non plus ; mais une base de discussion, le point de départ d'une négociation sincère et sérieuse, naturellement, oui, nous y sommes ouverts ! » Je lisais, cette semaine, publié par Laffont, le livre d'Annette Lévy-Willard, « Trente-trois jours en été », sa chronique de la dernière guerre d'Israël au Liban (en même temps, d'ailleurs, que le livre d'Olivier Rafowicz, chez Favre, « Israël-Hezbollah »). On y croise des Israéliens harassés par un conflit qui n'en finit pas de finir et de recommencer. Déroutés par un leadership insuffisant et lui-même déboussolé. On y voit les habitants de Haïfa et Kyriat Shmona devenues, sous le feu des missiles iraniens de Hassan Nasrallah, de véritables villes-fantômes. On y rencontre des membres des unités d'élite de Tsahal, retour d'opération, hébétés par ce qu'ils ont découvert de la détermination froide, sans mots ni raisons, de leur nouvel adversaire. On y voit mourir, bêtement, dans une guerre voulue par un Parti de Dieu dont le seul but est, encore une fois, et contrairement aux Palestiniens d'autrefois, de rayer purement et simplement l'« entité sioniste » de la carte, un Uri Grossman, le fils de l'écrivain David Grossman, tué quelques heures avant le cessez-le-feu. Alors, rien que pour lui, rien que pour eux, rien que pour ces jeunes soldats que j'ai vus, moi aussi, à la même époque, revenir de mission avec la certitude que, comme disait Thucydide à propos de l'Athènes de Périclès, personne n'est jamais n'est assez fort pour être sûr d'être toujours le plus fort, je suis partisan de prendre au sérieux toutes les initiatives de paix – à commencer donc, aujourd'hui, par cette percée saoudienne.

L'esprit de chapelle, à Paris, est décidément increvable. Voilà la question du Darfour qui, comme je le disais la semaine dernière, vient enfin au cœur de l'actualité. Voilà des militants de la cause darfourie qui, après tant d'années passées à prêcher dans le désert, ont enfin l'oreille du président et de ceux qui aspirent à lui succéder. Voilà, entre les uns et les autres, à la tribune de la Mutualité, un vrai début de consensus sur cette idée toute simple : faire pression sur le maître de Khartoum, le général Al-Bachir, pour qu'il accepte le principe de cette force d'interposition et de paix qu'il feint de considérer, jusqu'à présent, comme une atteinte « néocoloniale » à la souveraineté de son pays. Or que croit-on qu'il se passe, à ce moment-là ? La grande famille des amis des droits de l'homme va-t-elle se réjouir de cette avancée ? Eh bien non. Pas vraiment. C'est, ici, une tribune qui pinaille sur le nombre des victimes. C'est, là, une discussion théorique, pour ne pas dire théologique, sur l'opportunité ou non de donner à ce carnage le nom de génocide. Ce sont, ailleurs, des considérations d'experts sur la nature du régime de Khartoum et sur le fait que l'on devrait, en bonne géopolitique, un peu plus le ménager. Et je ne parle pas de l'étrange procès fait à ceux qui sont allés sur place, qui témoignent et à qui l'on reproche tout à coup, dans une rhétorique que l'on n'avait plus entendue depuis la guerre de Bosnie, de demander à « des Casques bleus issus du tiers monde » d'aller « mourir à leur place au Darfour ». Allons, camarades ! Un peu de décence ! De retenue ! Ne pourrait-on, un court instant, oublier les petites querelles, les rivalités de clans ou de boutiques, les débats oiseux, les règlements de comptes ? L'urgence est de sauver les corps. Elle est de s'unir pour essayer de stopper le massacre. Il sera toujours temps, après, de revenir à vos disputes.

5 avril 2007.

Connaissez-vous Barack Obama ?

Si ce nom ne vous dit rien, c'est le moment ou jamais de vous en soucier.

Car c'est l'homme qui, depuis quelques jours, talonne Hillary Clinton dans les sondages pour l'investiture du Parti démocrate.

Et ce sera peut-être donc, s'il finit par l'emporter et s'il bat, ensuite, le candidat républicain, le premier président black de l'histoire des Etats-Unis.

Black, d'ailleurs, n'est pas le mot.

Car père noir et mère blanche, native de Kansas City.

Et, quant au père noir, cette particularité qui, aux Etats-Unis, change tout : être né en Afrique, au Kenya très précisément, et n'être donc pas le descendant d'un esclave affranchi de l'Alabama ou du Tennessee, porteur de toute la souffrance, la mémoire, parfois le ressentiment, des Noirs américains traditionnels.

Un double métissage, autrement dit.

Un métissage au carré, et comme multiplié.

Un désaveu vivant, si l'on préfère, de toutes les identités – y compris, et c'est le plus nouveau, cette identité afro-américaine, sudiste, qui fonctionne comme une prison pour tant de Noirs américains.

Son adversaire, dans les élections sénatoriales de l'Illinois, ne venait-il pas, au moment où nous nous sommes connus, il y a trois ans, de lui reprocher de n'être « pas assez noir » ?

Qui est ce « nègre blanc », feignaient de s'étonner ses rivaux, ce soir-là, en marge de la convention démocrate qui était en train de désigner John Kerry et où il prit la parole, pour la première fois, sur une grande scène fédérale – qui est ce demi-nègre, qui n'est même pas l'arrière-arrière-petit-fils d'un esclave de La Nouvelle-Orléans ?

Son aisance, pourtant, cette nuit-là.

Son air d'incroyable liberté, sa gouaille.

Son allure de mauvais garçon passé par Harvard et capable d'en remontrer, en matière de finances ou de droit public, à n'importe quel Gore, Kerry ou Kennedy.

Son éloquence, aussi.

Ce texte qui, comme tous les textes dits dans toutes les conventions, avait été calibré à l'intonation près, mais dont il donnait le sentiment, lui, parfait débutant, d'improviser le moindre soupir.

La salle a vibré, pour ce nouveau venu, comme pour aucun autre hiérarque du parti.

Elle a senti, dès qu'il a surgi, que quelque chose de complètement inattendu, et de neuf, était en train de se produire.

Et le premier à s'en aviser fut d'ailleurs, comme il se doit, celui dont la nouvelle star ravissait soudain le rôle : le révérend Al Sharpton ; l'éternel candidat black à toutes les investitures ; le provocateur patenté ; le professionnel, en principe, de toutes les insolences ; l'auteur aussi, par parenthèse, du seul discours hors normes de toute la convention ; le seul à avoir osé quitter les rails des speech writers du parti pour hurler, poing levé, que les sans-logis de Louisiane et de Virginie attendaient toujours les 40 acres promis, il y a un siècle et demi, aux esclaves libérés par la guerre de Sécession ; sauf que, là, rien ne va plus ; ses colères tombent à plat ; ses anathèmes sonnent faux ; car Obama est arrivé ; et c'est comme si la grâce avait quitté, du coup, le vieux comédien désavoué.

Barack Obama...

Barack Obama...

Je me suis juré, à cet instant, de bien me souvenir de ce nom.

Je me suis promis – et j'ai consigné cette promesse dans un chapitre d'« American Vertigo » – de ne jamais oublier cette image de lui, quand, à 23 heures précises, il a bondi sur la scène de son pas légèrement dansant, s'est projeté sous les sunlights et a offert à l'assistance médusée son étrange visage de Brown American, jumeau imaginaire du bâtard de Thomas Jefferson.

Et je me suis promis, le lendemain, quand je l'ai revu dans la salle de restaurant d'hôtel où il m'avait fixé rendez-vous, de ne jamais oublier non plus ses propos à la fois sages et rebelles, étrangement consensuels et qui, bizarrement, rendaient un son neuf – je me suis promis de garder en mémoire cet air de Clinton noir, entonnant le credo américain, se réclamant des pères fondateurs et de leur exceptionnalisme, mais avec juste ce qu'il fallait d'écart, et peut-être d'ironie, pour ne ressembler, tout à coup, à personne.

Je me souviens de Barack Obama.

Je revois ses gestes de voyou magnifique mâtiné de King of America.

Je repense à sa façon de dire, sur un ton de confidence, que Barack, en swahili, voulait dire, en réalité, « béni ».

Le premier Noir à avoir compris qu'il ne fallait plus jouer sur la culpabilité mais sur la séduction ?

Le premier à avoir décidé d'être, au lieu du reproche de l'Amérique, sa promesse, sa nouvelle chance ?

Le passage du Black en guerre au Black qui rassure et rassemble – et la fin, par conséquent, de toutes les religions identitaires ?

Peut-être, oui, qui sait ? le vainqueur annoncé de cette autre élection : l'américaine, l'année prochaine, celle qui désignera le président de la première puissance mondiale et décidera donc, pour partie, du destin de l'Afghanistan, de l'Irak ou des ambitions nucléaires iraniennes. Rien de moins.

12 avril 2007.

Réponse à Nicolas Sarkozy sur les Jeux olympiques, la Chine et le Darfour.

Ainsi donc, parmi toutes les « idées stupides » – sic – qu'il a été donné à Nicolas Sarkozy d'entendre dans sa vie, « la plus stupide de toutes », la « championne olympique » de toutes les idées stupides, serait de menacer les Chinois de boycotter les Jeux olympiques de 2008 s'ils persistaient à soutenir le régime terroriste et criminel de Khartoum.

Ayant été, je l'avoue à ma courte honte, un peu à l'origine de cette idée et étant l'un des premiers, avant Mme Royal et M. Bayrou, à m'être fait le porte-parole de cette « stupidité » dont se gausse le candidat et dont je pense, moi, au contraire, que c'est l'un des outils dont nous disposons, parmi d'autres, si nous voulons faire pression sur la Chine pour qu'elle fasse elle-même pression sur le Soudan et que celui-ci arrête enfin, au Darfour, un massacre responsable, au bas mot, de 300 000 morts et de 2,5 millions de déplacés, je me dois de lui répondre.

Je passe sur les propos, que j'espère de circonstance, sur le sport « sublime », source de « paix » et de « joie », auxquels de mauvais esprits seraient en train de vouloir mêler le mauvais sang des Darfouris.

Je passe sur les considérations du style « veut-on que la Chine s'ouvre ou se ferme ? veut-on qu'elle devienne la Corée du Nord ? » : c'est toujours ce que l'on dit ; c'est toujours comme cela que l'on se justifie quand on a décidé, au nom de la realpolitik, de s'asseoir sur les principes ; or, Nicolas Sarkozy le sait aussi bien que moi, c'est toujours une faute ; c'est toujours une erreur d'analyse ; et c'est un discours qui, de surcroît, est toujours reçu comme un outrage, voire un lâchage, par ceux qui, sur place, luttent pour que leur pays s'ouvre, vraiment, aux droits de l'homme et aux libertés.

Je passe enfin sur l'argument bizarre selon lequel les JO ne s'étant pas interrompus, en 1972, après le massacre des athlètes israéliens à Munich, il n'y aurait pas de raison, cette fois non plus, de réagir outre mesure : pourquoi ne pas invoquer, tant que l'on y est, le précédent des Jeux nazis de 1936 ? et pourquoi ne pas ériger en principe la règle selon laquelle les lâchetés commises par les aînés, loin de servir de leçon pour les cadets, devraient valoir excuse pour les infamies à venir ?

Je veux juste, en fait, poser à celui qui sera peut-être notre prochain président de la République trois questions très simples.

Que s'est-il passé entre l'époque, il s'en souvient sûrement, où il trouvait, comme moi, intéressante la menace, lancée par Andreï Sakharov, de boycotter les Jeux olympiques de Moscou si le régime de Brejnev ne donnait pas des signes d'ouverture sérieux en direction des dissidents – et l'époque, aujourd'hui donc, où la même hypothèse lui semble le comble de l'absurdité ?

Que s'est-il passé entre le jour, il y a deux mois, où, dans son discours d'investiture, il disait que rien n'était plus important que de ne pas laisser les crimes du Darfour devenir un point de détail de l'histoire du XXIe siècle et ce samedi où, face à un public de sportifs qui n'en demandait à mon avis pas tant, il déclare que « le sport, c'est plus important que tout » (sous-entendu : plus important que des centaines de milliers d'hommes, femmes, enfants, brûlés vifs, éventrés, terrorisés comme du bétail, déplacés) parce que ça fait partie, sic, des « petits bonheurs de la vie » ?

Et puis étant donné, enfin, qu'il a, comme les autres candidats, comme Mme Royal et comme M. Bayrou, signé, l'autre soir, à la Mutualité, la charte d'engagement proposée par Urgence Darfour et où il était expressément stipulé que, s'il était élu, il « dénoncerait avec énergie tout pays qui s'opposerait aux sanctions prises à l'encontre du Soudan » (sous-entendu : la Chine, qui ne cesse, depuis quatre ans, au Conseil de sécurité, de faire obstacle à tous les projets de résolution qui vont dans le sens d'une condamnation de Khartoum), a-t-il une idée plus énergique, pour faire plier la Chine, que cette menace de boycott – et, si oui, peut-il nous indiquer laquelle ?

Pour l'heure, et dans l'attente, je m'en tiens à ce que j'entends et vois.

La plupart des responsables des Nations unies, à New York, où je me trouve, s'accordent à penser et dire que le spectre de ce possible boycott a déjà eu pour effet, à quelques heures d'une réunion capitale sur la question, d'assouplir la position de Wang Guangya, le représentant permanent de la Chine.

Et, surtout, surtout, il y a eu le récent voyage à Khartoum du président de la République Hu Jintao qui, pour la première fois, en écho direct à la mobilisation qui monte dans le monde entier et dont l'écho est arrivé jusqu'à Pékin, a exhorté son homologue soudanais, le général El Bechir, à accepter le principe de cette force onusienne d'interposition et de paix dont il n'était, jusqu'à présent, pas question.

Les Chinois tiennent plus que tout à ces olympiades. A aucun prix ils n'accepteront de voir leur slogan, « un seul monde, un seul rêve », stupidement gâché, pour le coup, par un allié persévérant dans son cauchemar génocidaire. Eh bien qu'ils en paient le prix ; qu'ils mettent au pas cet allié dont ils sont aussi les clients et sur lequel ils ont une influence décisive ; qu'ils nous aident à faire en sorte que ces Jeux ne soient pas les Jeux du sang et de la honte – mais, comme il se doit, ceux de la paix. C'est, pour ce qui reste du Darfour, la dernière chance.

19 avril 2007.

Les bonnes nouvelles du premier tour.

La première bonne surprise de cette élection, c'est évidemment le taux de participation. Du jamais vu sous la Ve République. Du jamais connu depuis trente ans, et plus, que j'observe des campagnes présidentielles. Ce peuple que l'on disait blasé, lassé, dépolitisé, ces majorités indécises, cet Homo politicus à l'agonie qui était supposé céder la place au téléspectateur et au blogueur, eh bien non, il bouge, il est vivant et il nous dit – comment l'appeler autrement ? – son amour de la politique. On pense au Kant de « Qu'est-ce que les Lumières ». On pense à ce devenir-majeur, sans tuteur, du citoyen émancipé, hors des chaînes de la pensée toute faite. Enfin !

La deuxième bonne surprise, c'est Le Pen. Il n'a jamais été si bas. Son ascension, que l'on croyait irrésistible, a été clairement stoppée. Alors, bien sûr, on peut pinailler. On peut expliquer que rien ne sert de contrer le FN si c'est pour récupérer ses arguments. Soit. Mais enfin... Ne vaut-il pas mieux, quand même, le fantôme du FN dans la tête de quelqu'un dont nous savons qu'il n'en est pas ? Et peut-on répéter, comme nous le faisons depuis vingt ans, qu'entre l'original et la copie les électeurs choisissent toujours l'original et, quand ils démentent le pronostic, ne pas le reconnaître loyalement et s'en réjouir ? Je n'ai pas voté, et ne voterai pas, pour Nicolas Sarkozy. J'ai voté, et voterai, pour Ségolène Royal. Mais il y a là, qu'on le veuille ou non, et pour partie, un effet de la stratégie du candidat de l'UMP.

La troisième bonne surprise, c'est l'extrême gauche. Je n'ai pas les chiffres, là, des élections précédentes. J'écris à chaud et je n'ai donc pas les chiffres exacts. Mais le conspirationniste Bové à 1%, la sinistre Laguiller finissant sa vie politique sur un score aussi piteux, et le Parti communiste touchant des niveaux si bas que se pose le problème de sa survie : pour un antitotalitaire conséquent, quelle heureuse nouvelle ! pour tous ceux qui ne se résolvent pas à penser qu'un totalitaire de gauche vaut mieux qu'un totalitaire de droite, quelle libération ! Cette libération, ce succès, c'est à l'autre grande gagnante de la soirée, la radieuse Ségolène Royal, que nous les devons. Cela, aussi, doit être dit.

La quatrième bonne nouvelle – que l'on doit, elle, au troisième homme de la campagne, François Bayrou –, c'est l'apparition, pour la première fois dans l'histoire de la Ve, d'un centre digne de ce nom. Pas le centre de Barre en 1988. Pas le centre de Balladur en 1995. Un vrai centre. Un vrai troisième parti, centriste, doté de valeurs et de principes qui sont les siens. Il lui reste, certes, à trouver sa forme. Son nom. Sa place exacte sur l'échiquier. Il lui reste à aller au bout de sa logique et à dire donc, nettement, qu'il n'est pas juste cette « seconde droite » que d'aucuns le soupçonnent d'être. Mais, s'il le fait, s'il rompt, cela change tout. Et c'est vrai que l'alternance, grâce à lui, devient possible.

Le corollaire de tout cela, c'est que Michel Rocard, Bernard Kouchner et Daniel Cohn-Bendit avaient raison. Trop tôt, peut-être. Mais ils avaient raison. Car si l'on met bout à bout ce qui précède, si l'on pense ensemble la percée de Bayrou et l'effondrement de l'extrême gauche, la conclusion s'impose : il n'y a plus de majorité de gouvernement, pour la gauche, avec l'appoint de l'extrême gauche ; les stratégies dites de gauche plurielle ou, pis, d'union de la gauche appartiennent au passé ; la gauche, autrement dit, peut gagner, mais elle ne le fera qu'en s'alliant clairement, sans réserve, avec ce tiers parti centriste. C'était, naguère, le programme de Maurice Clavel : casser la gauche pour vaincre la droite. Celui de Claude Lefort : briser l'homonymie qui donne le même nom – « la » gauche – aux héritiers de Lénine et de Jaurès. Enfin, nous y sommes. Enfin, nous sortons de l'âge de plomb du guesdisme et du mollettisme.

Mme Royal le sait-elle ? Fera-t-elle les gestes, très vite, qui montreront qu'elle l'a compris ? Une phrase, une seule, en direction de François Bayrou et de ces 6 millions d'électeurs qui, pour nombre d'entre eux, sont prêts à la rejoindre… Une phrase, une seule, en direction de celui, Dominique Strauss-Kahn, dont je ne cesse de répéter – j'en demande pardon à mes lecteurs – qu'il est l'incarnation, auprès d'elle, de ce renouveau et tient donc les clés du succès… Qu'elle prononce ces deux phrases, qu'elle bouscule, en les prononçant, les archontes de son propre parti, et elle change le visage de la France pour, peut-être, l'emporter.

Car j'oubliais l'essentiel. Le style de Ségolène Royal. Son allure. Cette façon, décidément neuve, de faire de la politique et de la dire. Ce cran. Cette trempe. Cette obstination inentamée qui a eu raison des pièges et embûches venus, comme souvent, de son propre camp. A cause de tout cela, à cause aussi des engagements pris, hier soir encore, sur l'Europe, à cause de son insistance à se réclamer d'une France qui soit d'abord une Idée et qui, partout dans le monde, portera, comme elle le dit, le message des droits de l'homme et des Lumières, à cause de tout cela, oui, et dans l'espoir, je le répète, qu'elle ose les mots pour dire cette gauche moderne, libérale, réformatrice que le pays attend et mérite, elle demeure – naturellement – ma candidate.

26 avril 2007.

Otelo de Carvalho, trente ans après…

Lisbonne. 25 avril. Revenir ici, à Lisbonne, alors que la campagne, en France, bat son plein et que Ségolène Royal reprend la main. Et y revenir, trente ans après, en ce jour anniversaire de cette « révolution des œillets » que j'étais venu voir de près, deux étés de suite – 1974,

1975, je rentrais du Bangladesh, j'avais 20 ans passés, je sentais bien que l'esprit du monde abattait là l'une de ses cartes décisives…

Je retrouve Otelo de Carvalho, le héros de l'époque et architecte de l'insurrection, dans un restaurant proche de la place du Marquis de Pombal, derrière le parc.

Il a 70 ans mais n'a pas tellement changé – juste blanchi, le visage et la silhouette affinés, je me souvenais de plus de corpulence, d'un côté plus poupin, visage de chérubin sur un corps de chef de guerre : je le voyais, à l'époque, comme un Danton en uniforme, le surgissement du baroque au milieu de la momification salazariste –, les révolutions, d'habitude, produisent des Saint-Just ; là, non ; un personnage excessif et joyeux ; un parfum de truculence avant l'inévitable glaciation ; un acteur de commedia del arte dans l'univers de convention des révolutions-qui-ne-sont-pas-des-dîners-de-gala…

Se souvient-il de notre « boulevard du rhum », une nuit, dans une salle du palais de Belem dont on avait arraché les tapisseries ? Des milliers de manifestants, en bas, sur la place, scandaient *« O povo unido jamais sera vincido »*. Il allait, tel un pape, paraître à la fenêtre. Mais il avait retiré sa vareuse. Ouvert son col de chemise. Et un officier d'ordonnance avait pris le temps de disposer, sur une table de bois verni, douze verres de porto qu'il fallait boire cul sec, chacun partant d'un bout, le but du jeu étant d'arriver le premier au centre de la table. « Bien sûr que je m'en souviens, s'esclaffe-t-il dans ce français parfait que parlent les vieux Lisboètes… Ce jeu était absurde… Je vous avais laissé gagner… »

Et Dominique de Roux ? Se rappelle-t-il Dominique de Roux, l'écrivain français qui avait fui Paris pour se mettre à son service et qui disait que les héros étaient les vrais rivaux des écrivains parce que eux aussi créaient des mythes ? « Si je me le rappelle ! L'auteur du "Cinquième Empire" ! Notre premier ami ! Je l'avais connu avant, dès la Guinée-Bissau. C'est lui le visionnaire qui a compris que le monde, ici, changeait de bases. Il nous a aidés. Un jour, je raconterai. »

Son nom, Otelo ? Ce nom de Maure, non de Venise, mais de Lisbonne, qui a tant fait pour sa légende et qui, pour le lettré que j'étais, sonnait forcément shakespearien ? « Je ne sais pas. Peut-être. Mon grand-père était acteur. Moi aussi, je voulais être acteur. Je ne le disais pas, à l'époque. Mais je suis devenu capitaine par défaut. Mon vrai rêve était de partir à New York et d'entrer à l'Actor's Studio. Croyez-vous qu'il y ait un héritage des noms ? Et, ensuite, une prédestination ? »

Et Malaparte ? C'est moi qui, pour le coup, n'osais lui poser la question à l'époque : mais aujourd'hui… une révolution comme celle-là, une conspiration si parfaite, cet ordre de mission qu'il avait rédigé de sa main, qui n'existait qu'en un exemplaire mais qui fut la feuille de route, le même jour, au même instant, de dizaines d'officiers dispersés à travers le pays – est-ce que je peux lui poser, aujourd'hui, la question qui me brûlait les lèvres et qui était de savoir s'il fallait, pour fomenter un pareil coup d'Etat, avoir lu Curzio Malaparte ? « Vous parlez comme Dominique, me dit-il en éclatant à nouveau de rire ! Lui aussi, ça le travaillait ! Je me demande même s'il ne m'avait pas offert le livre ! Mais non ! Rien ! Ni Malaparte, ni Marx, rien – tout était là, tout venait de là… »

Il a fait ce geste de se toucher la tempe qui peut vouloir dire aussi : « nous étions fous, mabouls, je ne sais pas si nous nous rendions compte de ce que nous faisions ni des risques que nous prenions ».

Car Otelo, entre-temps, s'est assagi.

Il s'est fait une tête à la Pessoa, sec et modeste, intégrité faite homme, des mondes derrière ses lunettes cerclées.

Tel un Rimbaud qui aurait trouvé son Harrar, mais chez lui, à domicile, il prétend s'occuper maintenant, depuis Lisbonne, de commerce avec l'Angola.

Il a fait de la prison, trois fois, dont une pendant cinq ans, au début des années 80, pour constitution de bande armée et terrorisme : « un piège des communistes, souffle-t-il… j'étais leur vrai ennemi… celui qui leur a volé leur révolution… normal qu'ils ne me l'aient pas pardonné et qu'ils aient tenté d'avoir ma peau ».

Mais sur le fond, oui, il est le même. Et quand les clients du restaurant, qui l'ont reconnu, s'approchent, quand les serveurs viennent lui dire la reconnaissance du peuple pour l'homme qui a changé le visage de leur pays, je retrouve, moi aussi, intacte, mon émotion d'autrefois face à celui qui incarna notre dernière grande révolution en même temps que la première à être restée, jusqu'au bout, romantique, pacifique, démocratique.

Enigme Otelo. Mystère de cet homme qui, sans toujours le savoir lui-même, fermait le cycle noir des soulèvements barbares. A-t-il, cet homme, la place qui lui revient dans nos imaginaires ? Et lui reconnaîtra-t-on un jour son rôle, tout son rôle, sur le théâtre d'une Europe qui commençait, alors, de tourner le dos à ses démons ? Il est temps.

3 mai 2007.

Hommage à Ségolène Royal.

Eh bien oui.

Au risque de surprendre, je pense que Ségolène Royal a fait une bonne campagne.

Elle a perdu, c'est entendu.

Et perdu plus lourdement que ne le donnaient à penser, ces derniers mois, les prévisions.

Mais elle a perdu pour des raisons que l'on commence à bien cerner et dont je prétends, moi, qu'elles sont à son honneur.

Elle a été diabolisée, d'abord. On a beaucoup parlé – et on avait raison – de la tentative de diabolisation dont fut victime son adversaire. Mais autrement plus insidieuse, donc plus ruineuse, fut la diabolisation qui l'a poursuivie, elle, depuis ses premiers pas. Incompétente quand elle la fermait ; agressive quand elle l'ouvrait… N'ayant rien à dire quand elle prenait le temps d'écouter ses électeurs ; scandaleuse quand elle rompait le silence (les 35 heures) ou brisait les orthodoxies (ses prises de position, si courageuses, sur le nucléaire iranien ou le Darfour)… Bécassine, enfin, avant son débat avec Sarkozy ; Cruella après et, surtout, pendant – quand elle a commis le crime de lèse-future majesté de l'interrompre, interpeller, ne rien laisser passer, le mettre dans les cordes… Ce n'est plus une femme, gronda la rumeur, c'est une sorcière. Ce n'était plus la douce, la maternelle Ségolène, c'était un bretteur, une tueuse – voyez ces yeux minces où passent des épées de feu ; entendez cette voix de mauvaise sirène, une octave trop haut, si dure… Ah, l'increvable misogynie des Français et souvent, malheureusement, des Françaises ! J'ai aimé, moi, cette dernière image dans ce dernier débat. J'ai aimé la stature qu'elle a prise à cet instant – et la belle droiture qui émanait de son regard et de son port. Elle honorait la gauche, cette droiture. Et elle honorait la France.

Elle a livré bataille, deuxièmement, à un moment d'inflexion, mais encore, hélas, de suspens, où il devenait clair que la vieille stratégie d'union des gauches n'avait plus de chance de l'emporter, mais où la nouvelle stratégie d'alliance avec le centre restait trop insolite, inédite, bref, révolutionnaire, pour passer le cap des hypothèses et retourner, réellement, les esprits. Mme Royal a dit les mots qu'il fallait dire. Elle a fait les gestes qu'il fallait faire. Peut-être, d'ailleurs, le grand débat de la campagne, celui qui restera, celui qui fit bouger les lignes en même temps que, au passage, les liturgies cathodiques, fut-il ce débat avec Bayrou dont elle a pris l'initiative et qui ouvrait, on le verra maintenant très vite, un vrai nouveau chapitre de l'histoire politique française. Mais voilà... Il était trop tôt... On a dit, ici ou là, qu'il était trop tard, que c'est avant qu'il fallait le dire, avant qu'il fallait le faire, etc. Non, voyons. Le contraire. Il était trop tôt dans le siècle. Trop tôt dans l'histoire du pays. Sauf que c'est elle, Mme Royal, qui, trop tôt ou trop tard, l'aura fait. Sauf que, ce big bang rêvé par les uns, annoncé par les autres, c'est elle, et personne d'autre, qui l'aura osé et déclenché. Pour cela, elle restera. Pour cela, même si elle a perdu, elle a gagné.

Et puis il faut bien reconnaître, enfin, que Nicolas Sarkozy a été bon. Vraiment bon. Je veux dire par là qu'il a su surfer, avec un mélange de talent et de cynisme non moins remarquables l'un que l'autre, sur une vague de fond dont il semble que tout le monde ait, à part lui, sous-estimé la terrible puissance. Qui, parmi les commentateurs, avait prévu que l'éloge d'une France qui n'a jamais commis – sic – de crime contre l'humanité puisse faire recette à ce point, douze ans après les paroles de Jacques Chirac reconnaissant, au Vél' d'Hiv, notre participation au crime nazi ? Qui imaginait de tels hurlements de joie et, au fond, de soulagement chaque fois que fut dit et redit, de meeting en meeting, que la France ex-coloniale n'était coupable de rien, qu'elle n'était en dette vis-à-vis de personne et qu'elle devait être fière, au contraire, de son œuvre civilisatrice ? Qui, encore, pouvait deviner que le traumatisme de Mai 68 fût resté si vif dans les esprits que l'appel répété à « liquider » – quel mot ! – l'héritage du « parti des voyous et des casseurs » puisse faire jaillir, lui aussi, de tels geysers de fiel, de joie triste et de ressentiment ? Mme Royal a résisté à ce discours. Fidèle à la ligne tenue, sur ces sujets, peu ou prou, par nos deux derniers présidents, elle a tenté d'endiguer ce flot de haine et de rancune. Et, de cela aussi, je lui sais gré.

Je ne parle pas – car seul le mauvais esprit gaulois en a douté – du sang-froid dont elle a fait montre, d'un bout à l'autre de l'aventure.

Je n'insiste pas – encore que le fait fût unique dans notre histoire électorale – sur la double bataille qu'il lui a fallu mener : l'une, publique, contre son adversaire ; l'autre, secrète, contre les siens.

Et je n'évoque que pour mémoire, enfin, le ton et, comme dit un poète qu'elle affectionne, le « frisson nouveau » qu'elle a fait passer dans cette vieille musique socialiste qui n'en finissait pas de mourir et qui n'attendait, peut-être, que ce salutaire coup de grâce.

Tout cela, elle l'a fait. Et il faut espérer que s'en souviennent ceux qui, à partir de ce lundi matin, vont être tentés de se livrer au petit jeu de la chasse à la sorcière ou de la production de la chèvre émissaire.

Ségolène Royal est loin d'avoir dit son dernier mot – et c'est tant mieux.

9 mai 2007.

Visite à Cesare Battisti dans sa prison brésilienne.

Il est amaigri. Le cheveu ras. Une barbiche qui lui allonge le visage. Et l'œil qui, ce matin-là, me semble étonnamment brillant, presque joyeux.

La conversation n'est pas facile vu que nous sommes, dans cette prison haute sécurité de la banlieue de Brasilia, séparés par une vitre blindée et obligés de nous parler à travers une sorte de téléphone – les autres visiteurs procédant de même avec les autres détenus, et le tout faisant un terrible vacarme.

Je lui pose, sans attendre, la question qui me brûle les lèvres depuis mon départ de Paris : on a dit qu'il était, au moment de son arrestation, pisté depuis plusieurs mois par les polices brésilienne et, sans doute, française – est-ce vrai ?

« Oui. Depuis un an, je pense. Je louais un appartement – ils louaient l'appartement du dessus. J'allais au restaurant – ils avaient réservé la table à côté. J'étais dans ma salle de bains – je les voyais, suspendus par un harnais et se balançant, dans le vide, devant ma fenêtre. Je changeais de ville, d'Etat, je faisais des milliers de kilomètres dans ce pays grand comme quinze fois la

France : chaque fois, ils étaient là ; chaque fois, je les retrouvais ; tantôt se contentant de me suivre, de me narguer, de m'observer de loin ; tantôt venant, au milieu de la nuit, sonner ou cogner à ma porte – et, quand j'allais ouvrir, il n'y avait évidemment personne… Au bout d'un moment, ça rend fou. Vous vous demandez si vous ne rêvez pas ; si ce n'est pas vous, à force, qui êtes en train de les filer ; si vous n'êtes pas devenu complètement paranoïaque – et, de fait, vous le devenez un peu…

– Jusqu'à… ?

– Jusqu'à ce fameux matin, juste avant vos élections, où on a décidé de me vendre à Berlusconi. Les types, alors, ont reçu l'ordre d'intervenir. Ils m'ont accosté. Courtoisement. Sans histoire. Alors, Cesare, on y va ? On y va, j'ai répondu. Désolé pour les menottes, ils ont ajouté, mais c'est le règlement. Pas de problème, j'ai rétorqué – de toute façon, je vous attendais. Voilà. C'était fini. Je n'avais pas complètement rêvé. »

Il raconte son histoire en souriant, sans émotion particulière, un peu comme dans ces romans – les siens – où arrive toujours le moment où la vie du fugitif, le souci de se cacher, l'obligation de se tenir sur ses gardes, de mentir, de bien penser à ne jamais trahir son identité d'emprunt deviennent littéralement intenables et où l'arrestation semble, du coup, et en comparaison, une forme de délivrance. Je change de sujet.

« Et sinon ? Les prisons brésiliennes ? Comment sont les prisons brésiliennes ?

– Cela va à peu près. Le vrai problème c'est la taille des cellules et leur surpopulation. Quinze mètres carrés pour, en ce moment, sept détenus. On est obligés de coller les matelas les uns contre les autres.

– Quel genre de détenus ?

– Des jeunes. D'habitude, dans ces trucs-là, j'étais toujours le plus gamin. Là, non. Je suis le plus vieux. Une sorte d'ancien. Considéré et respecté comme tel. »

Il rit. D'un bon rire – qui le fait paraître, au contraire, enfantin.

« Mais encore ? Plutôt des droits communs ? Ou plutôt des politiques ?

– Des fédéraux. Vous êtes, ici, dans une prison fédérale. Donc ce sont plutôt des gros bonnets du crime. Avec, pourtant, ce détail absurde : des petits délinquants, parfois des clochards, qui vont, dans les chantiers, sur les poteaux téléphoniques, dans les gares, les installations électriques, voler des fils de cuivre. Or le cuivre étant considéré, au Brésil, comme propriété de l'Etat, on les retrouve parmi les fédéraux… »

J'essaie de plaisanter sur « L'achat du Cuivre », cette pièce de Bertold Brecht que lisaient, autrefois, les jeunes marxistes-léninistes et j'enchaîne sur ses lectures d'aujourd'hui. Est-ce qu'il arrive à lire, dans ces conditions ? Et quoi ?

« Oh oui ! rit-il à nouveau. Bon qu'à ça, comme dit Beckett. Et, en plus, rien d'autre à faire. Le problème c'est que le règlement ne me donne droit qu'à un livre par semaine et que je lis vite. Dites donc bien à notre amie Fred Vargas qu'il faut m'envoyer des gros livres, bien copieux, genre Pléiade, papier bible, etc. La semaine dernière, c'était bien : j'ai eu tout Kafka, sauf « Le Château ». Et là, cette semaine, les œuvres complètes de Dostoïevski dans la nouvelle traduction, géniale, d'André Markowicz. Vous la connaissez ? »

Puis, sans attendre ma réponse et un éclair d'inquiétude – le premier – dans le regard.

« Mais attendez. Votre permis de visite n'est que d'une heure. Et j'ai tant de choses à vous dire. D'abord ça – si vous pouvez noter et transmettre, également, à Fred ainsi qu'à Tatiana, la jeune visiteuse qui fait le lien entre mon avocat et moi. »

Il me montre, à travers la vitre, un papier d'écolier où il a dressé la liste, en portugais, de ses menus besoins : savon en poudre ; briquet ; timbres poste et enveloppes ; un bic compact, et tout d'un bloc, car l'habitude de la Maison est de désosser les stylos pour ne leur laisser que le réservoir d'encre sans l'enveloppe ni le capuchon de plastique – comment écrire dans ces conditions ?

Puis, un autre papier avec le nom d'Angelo Gioia, le « Delegado », on dirait en français le « chef maton », avec lequel il faudrait entrer en contact car lui seul est capable, semble-t-il, de prendre une décision qui changerait tout : le faire accéder, au moins quelques heures par jour, à cette autre cellule que l'on appelle « l'Ecole » et qui est, à l'étage, une cellule un peu plus grande, plus lumineuse et avec l'immense avantage de disposer d'une table.

« Car enfin, enchaîne-t-il, il y a l'essentiel : le roman dont je suis en train de terminer le tout dernier chapitre et que j'écris, cette fois, en français… »

Il voit mon air surpris.

« Oui. Car il s'est passé, à partir de l'instant où j'ai posé le pied dans ce pays, une chose très bizarre et même extraordinaire. Je pense toujours à l'Italie, naturellement. Je pense aux victimes, par exemple, des groupes terroristes en Italie. Et c'est même la première fois que j'y pense vraiment, profondément, pas juste pour me disculper, dire et répéter que je n'ai pas tué, le prouver. Mais écrire en italien, ça, non, je n'y arrive plus ; c'est plus fort que moi ; c'est comme une porte qui se serait fermée ; et c'est la raison pour laquelle je me suis mis, donc, au français. Bref. Ceci pour dire que je termine le livre ici mais que tout le début est dans mon ordinateur et que mon ordinateur est resté dans mon dernier appartement, sans doute saisi par la police. Ma question est : croyez-vous qu'il y ait un moyen de le récupérer ?

– Peut-être, dis-je. Oui, il y a peut-être une solution. J'ai vu, avant-hier, le nouveau ministre brésilien de la Justice et…

– Le ministre lui-même ? Tarso Genro ? »

A mon tour d'être surpris par sa surprise. Le contenu de la rencontre étant, depuis hier, du fait du ministre lui-même qui a tenu à convoquer la presse, relaté dans tous les grands journaux du pays, il faut croire qu'il a droit à Dostoïevski mais pas aux journaux.

« Oui, Genro. J'étais à Porto Alegre, sa ville, pour une conférence sur l'Amérique. Et j'ai profité de la circonstance pour lui demander un rendez-vous et venir lui dire ce que je dis, partout, depuis le début de votre affaire. A savoir que le terrorisme est, pour moi, le mal absolu et n'a, naturellement, aucune espèce d'excuse, jamais. Mais que l'hypothèse de votre innocence me semble être une hypothèse plus que sérieuse. Et que vous extrader vers un pays, l'Italie, qui ne rejuge pas les contumaces équivaudrait à vous envoyer, sans vrai procès et sur la seule foi des accusations du repenti Pietro Mutti, à la case prison à vie…

– Et alors ? »

Je sens une telle attente dans cet « et alors » que j'hésite, cette fois, à lui répondre.

« Alors, je ne sais pas. Il m'a semblé attentif. Amical. Par moments, presque encourageant. Et me citant le cas, notamment, de ces Colombiens des FARC qui sont, eux, contrairement à vous, des assassins et que la Cour Suprême a décidé, pourtant, de ne pas extrader. D'autant...

– Oui ?

– D'autant que les Brésiliens sont des gens sérieux qui ne plaisantent pas avec le droit et qui, selon mes informations, n'ont pas tellement aimé la façon dont Rome a essayé de les rouler dans la farine. Savez-vous que le ministre italien de la Justice, sachant que le Brésil a supprimé de son Droit pénal la peine de prison à vie et risquait donc, ne serait-ce que pour cette raison, de refuser l'extradition, a cru malin d'écrire puis de téléphoner à son homologue brésilien pour lui dire "ne vous faites pas de souci ; il ne fera pas sa perpétuité ; on aménagera sa peine et il sortira, bien sûr, au bout de quelques années" ? Et ce, alors que, dans le même temps, il fanfaronnait dans la presse de son pays – et à l'adresse, cette fois, des familles de victimes et de l'opinion – en déclarant très exactement l'inverse : "non, non ; ne craignez rien ; si Battisti est extradé, on ne lui fera aucun cadeau ; il purgera jusqu'au bout, c'est-à-dire jusqu'à son dernier souffle, la peine à laquelle il a été condamné..."

– Oui, d'accord, m'interrompt-il, une pointe d'impatience dans la voix, et se rapprochant de la vitre blindée comme si, ce qu'il avait à me dire maintenant, il voulait me le chuchoter à l'oreille. D'accord, j'ai bien compris cela. Mais mon ordinateur ? Est-ce que vous pensez qu'on peut lui parler, aussi, de mon ordinateur ? »

Cesare Battisti joue sa liberté et, au sens propre, sa vie. Mais il est d'abord, à cet instant, un écrivain emprisonné.

17 mai 2007.

Bernard Kouchner aux Affaires étrangères.

On pense, d'abord, à la France, à l'image d'elle qu'elle se donne et qu'elle projette dans le monde : la nomination, à ce poste, de l'inventeur de Médecins sans frontières et de Médecins du monde, l'arrivée au Quai-d'Orsay de ce grand Français, partout respecté, est évidemment une bonne nouvelle – seuls les esprits chagrins la bouderont ; seuls les mauvais perdants parleront de trahison et crieront, tel Harpagon, « ma cassette ! mon Kouchner ! » ; ce n'est pas seulement, en d'autres termes, ce « beau coup » dont on nous rebat les oreilles quand on confond la politique et le football – c'est un geste éclatant, un vrai déplacement des lignes et un déplacement qui, pour l'instant, fait plutôt honneur à chacun. On pense ensuite au Darfour, à ce qui reste de la Tchétchénie, à tous les peuples martyrs dont nous sommes quelques-uns (et lui, Bernard, au premier chef) à plaider la cause depuis trente ans : et c'est, encore, le mieux qui pouvait arriver ; et c'est, sans le moindre doute, la meilleure nouvelle que pouvaient attendre les avocats, en France et ailleurs, de ces grandes et terribles causes – qui peut honnêtement prétendre que, pour mettre fin, par exemple, aux exactions des Janjawids au Darfour, il eût mieux valu un M. de Norpois, rompu à la langue de bois diplomatique et rompu, d'avance, par elle ? qui peut nier que l'arrivée aux commandes de l'homme de tous les combats antitotalitaires des quarante dernières années, l'homme du Biafra, l'ami des Kurdes et d'Israël, sera perçue, s'il reste fidèle à lui-même et à la foi de sa jeunesse, comme une vraie bouffée d'espoir pour tous les rescapés des massacres récents, pour tous les morts en sursis des génocides annoncés ? ne réussirait-il qu'une chose, ne parviendrait-il qu'à faire entendre raison aux islamistes de Khartoum et à faire plier leurs alliés chinois en brandissant la menace, à laquelle on le sait favorable, d'un boycott des Jeux olympiques de 2008, qu'il aurait déjà gagné…

Mais on pense à lui, enfin, Kouchner, vraiment lui, et au type de rapport de forces – car c'est bien ainsi, forcément, qu'il convient de voir aussi les choses – qu'il aura ou pas su installer avec, non seulement la machine d'Etat, non seulement le monstre froid qu'il lui faudra apprivoiser puis dompter, mais avec l'homme, Nicolas Sarkozy, qui l'a convaincu de franchir le pas et dont la politique étrangère restera, que cela plaise ou non, conformément à l'esprit des institutions, le « domaine réservé » : c'est là, on le sent et le sait bien, que, quelles que soient les bonnes intentions de chacun, quelle que soit la part de sincérité et de ruse des protagonistes de cette incroyable histoire, les problèmes vont se poser.

Car de deux choses l'une.

Ou bien mon ami réussit. Il injecte dans l'univers des relations internationales un peu plus de morale, d'hommage aux droits de l'homme et de souci du droit des victimes. Il grave, dans le marbre d'une politique, les principes du devoir d'ingérence et, pour la première fois dans l'histoire de la République, parvient à les conjoindre à ceux, vieux comme le monde, de la diplomatie d'Etat. Et, alors, quelle victoire ! Quelle révolution ! Et, pour tous ceux que de soi-disant experts tentent, depuis la Bosnie et même avant, de faire taire au nom de la realpolitik et de ses prétendus impératifs, quelle revanche !

Ou bien il n'y parvient pas. Il est vaincu par les automatismes, les bureaucraties, les petits calculs de tel voisin de table au conseil des ministres, la force et l'inertie des choses, la ruse d'un président dont la volonté d'ouverture n'irait pas au-delà du présent état de grâce ou de la volonté, à peine déguisée, de se servir de cette « prise de guerre » pour achever de mettre à genoux, à quelques semaines des législatives, ses adversaires centristes et socialistes. Et alors, quelle tristesse ! Quelle déception ! Et une déception qui, prenons-y garde, serait à la mesure du vent d'optimisme que la nomination d'aujourd'hui a fait lever : il en irait, dans ce cas, et toutes proportions gardées, de Bernard Kouchner comme de ces néoconservateurs américains qui, venus de la gauche, parfois de l'extrême gauche, ont rejoint George W. Bush dans la louable intention de promouvoir, partout dans le monde, les idéaux démocratiques et dont l'échec, notamment en Irak, a été aussi, hélas, celui des idéaux qu'ils incarnaient et dont on commence de constater, aux Etats-Unis, le franc recul – un retour de flamme isolationniste après l'embellie wilsonienne ; le bébé des droits de l'homme emporté avec l'eau du bain de la débâcle irakienne ; une défaite pour eux, un désastre pour tous…

Pour l'heure, c'est la première hypothèse que l'on retiendra ici.

Parce que le pire n'est jamais sûr.

Parce que le *French doctor* est un homme de convictions, intraitable sur l'essentiel et doublé, je peux en témoigner, d'un excellent joueur d'échecs.

Et parce que, enfin, je suis républicain et que, par principe, même et surtout si je n'ai pas voté pour lui, je souhaite sincèrement bonne chance au nouveau président, à l'équipe qu'il a choisie et aux individus qui ont pris le pari, donc, de faire ce bout de chemin avec lui.

24 mai 2007.

Du nouveau sur la mort de Daniel Pearl ?

J'ai, entre autres défauts, celui de l'entêtement.

Et, au chapitre de l'entêtement, il y a un souci que je ne me résous franchement pas à passer par pertes et profits du temps et de ses supposées vertus apaisantes : c'est celui de l'enquête sur la mort de Daniel Pearl.

Depuis la parution, au printemps 2003, de mon livre sur les circonstances et les raisons de cette mort, il y a un certain nombre d'éléments qui sont venus prolonger, enrichir ou, simplement, confirmer mes conclusions.

On a vu se vérifier, par exemple, mes hypothèses sur Abdul Kader Khan, l'inventeur de la bombe pakistanaise dont je montrais que le journaliste du *Wall Street Journal* était, au moment de son enlèvement, sur le point de découvrir le rôle qu'il avait joué, et qu'il jouait toujours, dans le transfert vers l'Iran, la Corée du Nord et, peut-être, Al-Qaeda d'une partie de son savoir-faire.

On a vu resurgir l'ex-numéro trois de Ben Laden, Khalid Cheikh Mohammed, dont je suggérais qu'il avait été lâché par les services pakistanais, puis livré, voire vendu, aux Américains, à la veille de la séance du Conseil de sécurité où le président Moucharraf comptait bien voter contre la guerre en Irak, et dont on vient nous raconter maintenant – mais cela, en revanche, je n'y crois pas – qu'il aurait avoué sous la torture avoir, de ses propres mains, égorgé le jeune journaliste.

Or voici que les amis pakistanais avec lesquels je suis resté en contact m'annoncent qu'un troisième élément, énorme celui-là, vient de s'ajouter à la liste : la réapparition, puis la mort, de Saud Memon, le riche marchand de Karachi qui était le propriétaire du terrain de Gulzar e-Hijri où Daniel Pearl fut détenu, décapité, puis enterré – la réapparition et la mort de Memon, oui, le personnage le plus énigmatique de cette affaire, la pièce manquante du puzzle, l'homme avec lequel j'avais précisément rendez-vous le dernier jour de mon dernier séjour et dont je n'avais réussi à voir, ce matin-là, dans une maison délabrée, au bout d'un dédale de ruelles, de chemins de terre et d'égouts crevés à ciel ouvert, qu'un oncle grabataire.

L'élément nouveau, donc, c'est que l'homme clé de l'affaire Pearl, celui qui en connaissait, je pense, tous les secrets ultimes, est mort, il y a quelques jours, au vu et à l'insu de tous, dans le très central Liaquat National Hospital de Karachi où j'avais déjà, à l'époque, retrouvé la trace d'un militant d'Al-Qaeda prétendument en fuite.

C'est que, préalablement à cela, quelques semaines avant son transfert en urgence à l'hôpital, on l'a retrouvé, lui, le représentant d'une des familles les plus cossues de la capitale économique du pays, jeté comme un chien sur une décharge d'ordures proche de la maison familiale, inconscient, squelettique et ayant, apparemment, perdu la mémoire.

Mais l'élément nouveau, c'est aussi que j'ai enfin l'information qui me manquait le jour de mon rendez-vous manqué avec lui : il venait, le matin même, sachant qu'on allait l'arrêter, de quitter le pays et de s'envoler pour l'Afrique du Sud – après quoi il fut, presque aussitôt, capturé par des agents du FBI ; transféré et détenu, deux ans durant, à Guantanamo ; puis, sans doute à l'été 2005, remis aux services pakistanais qui l'ont « traité » pendant deux ans.

Je passe sur les tortures qui furent, semble-t-il, infligées à cet homme et qui posent, une fois de plus, le problème des méthodes des services de Monsieur Moucharraf.

Je passe sur le kidnapping en plein Pretoria, puis sur la mise au secret à Guantanamo, qui posent la question, pour le coup, et une fois de plus, des non moins inacceptables méthodes des Etats-Unis dans leur guerre contre le terrorisme. Cette histoire est, pour moi, décisive à trois titres au moins.

Elle confirme ce que j'ai toujours dit du « trou noir » pakistanais, ce pays apparemment normal, allié de l'Amérique, mais qui est, en réalité, un formidable vivier de djihadistes vivant dans ses grandes villes, à visage quasi découvert, et y exerçant, comme Memon, des professions tout à fait honorables – les Pakistanais les tiennent au chaud et les lâchent au compte-gouttes, savamment, au gré des circonstances et des besoins de leur alliance mouvementée avec Washington.

Elle confirme ce que nous sommes un certain nombre à avoir toujours ressenti de l'inexplicable malaise américain face à cette enquête sur la mort de Daniel Pearl qui aurait dû être traitée, depuis longtemps, comme une priorité absolue, une grande cause nationale, une obligation morale et politique – au lieu de quoi tant de non-dits, de réactions embarrassées ou de demi-vérités : pourquoi ne nous avoir rien dit par exemple, depuis quatre ans, de l'arrestation de l'homme clé de cette affaire ? pourquoi avoir attendu qu'il perde la mémoire, et qu'il meure, pour laisser filtrer l'information ? et qu'attend-on aujourd'hui pour nous rapporter, comme on a prétendu le faire pour Khalid Cheikh Mohammed, ce qu'il a révélé aux enquêteurs du FBI, puis de l'Isi, pendant ces quatre années de détention ?

Elle confirme, autrement dit, que cette terrible affaire Pearl, annonciatrice de l'époque nouvelle au même titre que le 11 septembre 2001 ou la mort du commandant Massoud, demeure aussi mystérieuse, ou presque, qu'au premier jour.

31 mai 2007.

Composition par Asiatype
Achevé d'imprimer en septembre 2007 au Danemark par
NØRHAVEN
Viborg
Dépôt légal 1re publication : septembre 2007
Numéro d'éditeur : 90712
LIBRAIRIE GÉNÉRALE FRANÇAISE
31, rue de Fleurus – 75278 Paris Cedex 06